रचनाओं पर चिन्तन

रचनाओं पर चिन्तन

डॉ. पी.एन. सिंह

लोकभारती प्रकाशन

लोकभारती प्रकाशन
पहली मंजिल, दरबारी बिल्डिंग, महात्मा गाँधी मार्ग
प्रयागराज-211 001
वेबसाइट : www.lokbhartiprakashan.com
ईमेल : info@lokbhartiprakashan.com

शाखाएँ : 1-बी, नेता जी सुभाष मार्ग, दरियागंज
नयी दिल्ली-110 002
अशोक राजपथ, साइन्स कॉलेज के सामने
पटना-800 006
36-ए, शेक्सपियर सरणी
कोलकाता-700 017 (प. बंगाल)

प्रथम संस्करण : 2019

जे.के. आर्ट प्रेस
प्रयागराज द्वारा मुद्रित

RACHNAON PAR CHINTAN
by Dr. P.N. Singh

ISBN : 978-93-88211-36-9

मूल्य : ₹ 550

नाट्य-लेखन और चिन्तन के आचार्य

डॉ. शिवमूरत सिंह

को सादर

अनुक्रम

भूमिका 9

आभार-ज्ञापन 15

खण्ड-एक

उपन्यास : विश्लेषण

अलग-अलग वैतरणी, सोना माटी और आधा गाँव में व्यक्त त्रासद-बोध 19

आख़िरी कलाम : राजनीतिक समालोचना का सर्जनात्मक विस्फोट 35

संस्कृति विमर्शकार निर्मल वर्मा 64

लज्जा : एक मानवीय आर्त्तनाद 82

शहर में कर्फ्यू : ईमानदार संवेदना का साक्ष्य 94

गिरिराज किशोर का क्लासिक : पहला गिरमिटिया 102

गिरिराज किशोर का उपन्यास बा : मेरी दृष्टि में 112

यशपाल की शव परीक्षा की समीक्षा 118

खण्ड-दो

नाट्य प्रस्तुतियाँ

अन्धा युग का अन्धापन 145

एवम् इन्द्रजित् : अनाटकीय जीवन का नाटक 155

गान्धार कोमल गान्धार—एक विशिष्ट कथ्यात्मक प्रयास 168

सारी रात : एक जोखिम भरा प्रयास 181

बाकी इतिहास—'माध्यम की एक अविस्मरणीय प्रस्तुति 190

पूर्वार्द्ध का मंचन : एक यादगार शाम 194

समकालीनता का प्रश्न और हिन्दी उपन्यास 199

'महाभोज' में दलित उपस्थिति 211

भूमिका

डॉ. पी. एन. सिंह मेरे सम्मानित और आत्मीय-साहित्यिक मित्र हैं। उन्होंने मुझसे आग्रह किया कि मैं उनकी पुस्तक की भूमिका लिख दूँ। मैं चकित हुआ। मैं एक सामान्य लेखक, मुझसे वे यह आग्रह क्यों कर रहे हैं? वे बड़े आलोचक हैं और विचारक भी, स्वयं लिख सकते थे। दूसरा संकोच था कि मैं अनेक मित्रों से इस बारे में क्षमा माँग चुका था। मैंने भी कभी किसी विद्वान् मित्र को अपनी किसी पुस्तक की भूमिका लिखने की जहमत नहीं दी। खैर, पता नहीं मेरे मुँह से कैसे निकल गया। साथ ही उन्होंने मुझसे यह भी कहा आप ही इसका नामकरण भी कर दें। नाम रखने में मुझे वैसे भी दिक्कत होती है। अपनी रचनाओं का नाम रखने में नाकों दम हो जाता है। उनकी विद्वत्ता के दबाव में मैंने यह जिम्मेदारी भी ले ली। जब मैं उन लेखों को पढ़ चुका तो मैंने फिर एक बार सोचा कि रचनात्मक लेखक होकर क्या मैं इन चिन्तनशील आलोखों के साथ समुचित न्याय कर सकूँगा? वायदा मैंने किया था तो नतीजा भी मुझे ही भुगतना होगा। कलई उतरे या चढ़े क्या डरना। दरअसल, समकालीन रचनाओं पर ये समीक्षात्मक लेख उन रचनाओं पर चिन्तन की परम्परा का अहसास अधिक कराते हैं जिनमें चिन्तन मुख्य होता है। मात्र पुस्तक अच्छी है या बुरी, बात यहीं तक नहीं रहती। वे आलोच्य पुस्तक को वृहत् वैचारिक परम्परा से जोड़ने या उस कसौटी पर कसने का आधार भी तैयार करते हैं। मैंने लेखों को पढ़ने के बाद सबसे पहले अपने मन में नामकरण करने का काम किया। मुझे यही नाम जमा, "रचनाओं पर चिन्तन"। उन्हें फोन पर बताकर सहमति लेने के बाद लिखने का श्रीगणेश किया।

श्रीगणेश कर तो दिया पर मन में परीक्षा का भाव बना था कि अतिथि का समुचित स्वागत हो पायेगा या नहीं। हमारी तरफ कहावत है चमगादड़ों के आये मेहमानों को उलटा लटकना पड़ता है। एक बार मैंने डॉ. सिंह से कहा था कि आप लोग तो कम्युनिस्ट हैं, गाँधी जी को तो मानते नहीं। उन्होंने बहुत सुचिन्तित उत्तर दिया 'नहीं, गिरिराज जी मैं मार्क्सिस्ट हूँ।' उनकी इस बात से मुझे सन्देश मिला, गलत या सही,

कि दर्शन से जुड़ा व्यक्ति कभी सेक्टेरियन नहीं होता या नहीं होना चाहिए। उसे विचार की सम्भावना के सब रास्ते खुले रखने होते हैं। कठमुल्लापन कूपमण्डूक बनाता है, कूपमण्डूक ही नहीं नृशंस भी...चाहे विचार की हत्या हो या इन्सान की।

इन लेखों में कई स्थलों पर मुझे इस बात की झलक दिखालायी पड़ी। खासतौर से यशपाल की शव परीक्षा पर विचार करते हुए उन्होंने यशपाल जैसे बड़े लेखक के गाँधी के बारे में किये गये संकुचित चिन्तन को काफी हद तक उद्घाटित किया है। इसके लिए उनके पास पर्याप्त आधार है। गाँधी को कठघरे में खड़े करने के चक्कर में यशपाल स्वयं कठघरे में खड़े हो गये। उन्होंने मार्क्स को उद्धृत करते हुए अपने आलेख में लिखा है, "गाँधी जी की यात्रा... फ्रायड के लिबिडो के निषेध की यात्रा है, तब भी मनुष्य महाकाव्य, ऋग्वेद की ऋचाएँ और अल कुरान की आयतें रच रहा था या अजंता एलोरा की गुफाओं में चित्र उत्कीर्ण कर रहा था। जब वह मशीनी सभ्यताकी दृष्टि से बहुत पिछड़ा था। वस्तुतः मशीन उपकरण है, मनुष्य का मनुष्यत्व नहीं, जिस पर यशपाल जी इतना बल देते हैं। कार्ल मार्क्स ने खुद मनुष्यत्व को मशीन में नहीं बल्कि मनुष्य की सूक्ष्मतर एवं उत्तरोत्तर संवेदनशील एवं समृद्ध होती ऐन्द्रीय क्षमताओं में देखा था। अर्थात्, मार्क्स ने मनुष्य को मशीनीकृत जीव नहीं बल्कि सौन्दर्यबोधी जीव के रूप में परिभाषित किया था जबकि उसकी हर आत्माभिव्यक्ति आत्मपुष्टि होती है।" (देखें, कार्ल मार्क्सः अली राइटिंग्स, पेन्विन बुक्स, 1975, पृ. 377, 379)। सम्भवतः कम्युनिस्ट ऐसे उद्धरण कम देते हैं। डॉ. सिंह का मानना है यशपाल जी के पास सत्ता, मशीन और भौतिक समृद्धि से इतर कुछ नहीं है। (पृ. 83) उनकी यह बात उन पर ही नहीं आज की तथाकथित विकास-गाथा पर पूरी तरह लागू होती है। लगता है कि अगर ऐसा ही चला तो इस देश में भी मनुष्य की मनुष्यता, जिसके गाँधी या कार्ल मार्क्स समर्थक थे, संकट में पड़ जायेगी।

इस पुस्तक के तीन लेखों में, पाँच महत्त्वपूर्ण उपन्यासों के बारे में भी लेखक ने चिन्तन किया है उसे आप मूल्यांकन भी कह सकते हैं। मूल्यांकन सरोकारों और चिन्ताओं का ही प्रतिफल होता है। उसमें दूधनाथ सिंह का *आख़िरी कलाम,* शिवप्रसाद सिंह का *अलग-अलग वैतरणी,* विवेकी राय का *सोनामाटी,* राही मासूम *रजा का आधा गाँव* और बाँग्ला लेखिका तसलीमा नसरीन का *लज्जा* हैं। *अलग-अलग वैतरणी, सोनामाटी* और *आधा गाँव* इन तीनों उपन्यासों को उन्होंने एक ही लेख में समेटा है। उसका मुख्य कारण, बकौल उनके, तीनों गाजीपुर से जुड़े हैं और डॉ. सिंह के हिसाब से तीनों लेखकों की ये श्रेष्ठतम उपलब्धियाँ हैं। पहला तर्क तो समझ में आता है कि माटी की गन्ध मुख्य आकर्षण है। दूसरी बात के बारे में हो सकता है मत वैभिन्न हो। डॉ. सिंह इस सन्दर्भ में कहते हें 'मूर्त सार्वभौम' के रूप में कोई भी कृति निपट आँचलिक नहीं हो सकती। उसका कारण बताते हैं कि, "कथानक की जड़े चाहे जहाँ भी गड़ी हो, उसकी शाखाओं, उपशाखाओं, टहनियों-पत्तियोंवाला

भाव-विन्यास उस आकाश में विचरता है जो किसी के लिए निषिद्ध नहीं है, यानी सबकी वहाँ गति है। निपट आँचलिकता का सार्वभौम सम्प्रेषण सम्भव नहीं। याची आँचलिकता की पहुँच स्थानीयता से जुड़ी है।" यह बात आँचलिक लेखकों के लिए एक चुनौती हो सकती है। हालाँकि वे यह भी मानते हैं कि तीनों उपन्यास आँचलिक होते हुए भी आँचलिकता का अतिक्रमण करते हैं। रेणु ने तो मैला आँचल में आँचलिकता को संवेदना के स्तर पर यह काम शुद्ध रूप में किया है, जबकि परती परिकथा में भाषा कई जगह व्यवधान बनती है। आँचलिकता में भी संवेदनाएँ वहीं रहती है जो नागरी में रहती हैं। क्या कोई रचना भाषा के कारण बँध जाती है? यहाँ एक बड़ा प्रश्न उठता है : क्या विश्व स्तर पर स्वदेशी भाषाओं में किया जा रहा लेखन सार्वभौमिक स्तर पर आँचलिक ही माना जायेगा? भाषाएँ संवेदनाओं के लिए क्या पर्दादारी करती हैं? जब तक वे अनूदित होकर पाठक को अपनी भाषा में उपलब्ध न हो तब तक बड़ी-से-बड़ी कृति पाठक के लिए असम्प्रेषणीय बनी रहती हैं। भारत के सन्दर्भ में जहाँ ग्रामीण भाषा और जीवन जीने का संस्कार नगरीय से बिल्कुल भिन्न होता है वहाँ गाँवों से शहरों को प्रस्थान का दबाव बढ़ जाता है। डॉ. सिंह ने उदाहरण दिये हैं। यथा विपिन, जो पढ़ाई के बाद ग्राम-सुधार के उद्देश्य से लौटता है, अन्ततः गाँव छोड़ने के लिए विवश हो जाता है। उसके पूर्व डॉ. देवनाथ जमानिया में प्रैक्टिस करने के लिए जा चुका है और मास्टर शशिकान्त ने करैता की पाठशाला से अपना स्थानान्तरण करा लिया। वह वहाँ भी खुश नहीं रहता। यह माइग्रेशन भारत में गाँव से शहर और कस्बों तक में क्यों होता है? बोलियों से भाषा के वृत्त में जाने के लिए या जीवन की सुविधाओं का आकर्षण, या तेजी से बदलता जीवन दर्शन...ये सवाल साहित्यिक और सामाजिक नजरिये से परखे जाने की माँग करते हैं।

लज्जा उपन्यास एक विदेशी बाँग्लाभाषी लेखिका तसलीमा नसरीन का उपन्यास है जो भारत में कुछ वर्षों से अतिथिवत् अस्थायी पारपत्र की तरह रह रही हैं। बाँग्लादेश, पाकिस्तान और भारत में साम्प्रदायिक मानसिकता कमोवेश समान है। यहाँ मुसलमान दूसरी बहुसंख्यक आबादी होने के बावजूद अल्पसंख्यक हैं, जबकि बाँग्लादेश और पाकिस्तान में मुसलमान बहुसंख्यक हैं और हिन्दु अल्पसंख्यक। *लज्जा* मुख्यतः हिन्दुओं की समस्याओं पर आधारित है। पी.एन. सिंह यह मानते हैं कि *लज्जा* कलात्मक दृष्टि से कोई उत्कृष्ट उपन्यास नहीं है। उन्होंने उसे शान्त निर्भिकता, मारक विडम्बना एवं मानवीय सरोकार के चलते *सेटेनिक वर्सेज* यानी *शैतानी आयतें* से महत्त्वपूर्ण माना है। दरअसल, उन्हीं के शब्दों में यह मानवीय सरोकारों के कारण बाँग्लादेशी अल्पसंख्यक हिन्दुओं के करुण आर्त्तनाद का तथ्यगत मर्मस्पर्शी अंकन है। मन्तव्य यह है कि सामान्यतः बहुसंख्यक वर्ग क्रूर वहशियाना अन्दाज में रहता है, उसके बीच अल्पसंख्यक उसके वहशीपन को झेलने के लिए अभिशप्त हैं। यद्यपि भारत में अल्पसंख्यक अपेक्षाकृत सुरक्षित हैं, फिर भी 1984

का संहार और इधर मुजफ्फरनगर जैसा वहशीपन भारत में देखने को मिलता है, जो अक्षम्य है।

दूधनाथ सिंह के उपन्यास *आख़िरी कलाम* पर सकारात्मक समीक्षा–'राजनीतिक समालोचना का सर्जनात्मक विस्फोट' लिखी है। उसके आरम्भ में कार्ल मार्क्स और बट्रेण्ड रसेल के *कोट* दिये हैं। दोनों *कोट* में पहला पुराने विश्व को दिन के पूर्ण उजाले में खींच कर लाने और उसे नया सकारात्मक शिल्प देने और दूसरे में, सार्वभौम की खुशी में प्रमुख बाधा धर्म को बताया गया है और कहा है हमारे बच्चों को बुद्धिसंगत शिक्षा से धर्म रोकता है। मेरे विचार से बुद्धिसंगत शिक्षा से धर्म तभी रोकेगा जब हम उसे व्यक्तिगत व्यवहार से हटाकर समाज से जोड़ेंगे। अगर सेक्स व्यवहार को सार्वजनिक क्रिया न बनायें तो वह सामाजिक जीवन को प्रभावित नहीं कर सकता। वह नितान्त निजी रहेगा। मैं डॉ. सिंह की इस मान्यता से सहमत हूँ कि वर्तमान माहौल में चिन्तनशील विवेक के लिए जगह सिमटती जा रही है। अन्ध आस्थाओं का मीडिया के माध्यम से और राजनीतिक कारणों से भी विस्तार हुआ है। यह भी सही है कि मनुष्य की सर्जनात्मक क्षमता सिमटी है, इसलिए उसमें अविश्वास भी बढ़ा है। बाबरी मस्जिद के विध्वंस पर यह अकेला उपन्यास है। इस उपन्यास को आलोचक ने माइनर क्लैसिक माना है, वैसे उसमें पूर्ण क्लैसिक होने की पूरी सम्भावना थी। अलबत्ता यह सही है कि यह उनका सार्थक औपन्यासिक प्रयास है। शायद पहला भी। इसमें कोई शक नहीं कि इस उपन्यास में अनेक राजनीतिक टिप्पणियाँ हैं जो लेखक की सोच से जुड़ी हुई हैं। लेकिन सँभलकर लिखी गयी हैं। यह सही है कि लेखक हिन्दुत्वी उन्माद में इतना उलझ गया है कि वह धर्म के राजनीतिक एवं परमहंसी दुरुपयोग को ही धर्म का सत्त्व मान बैठा है। यह बात समझनेवाली है कि, "धर्म का उन्मूलन सम्भव नहीं, लेकिन बेहतर धर्म की तलाश एक शाश्वत सच है।" वह मानवीय धर्म हो सकता है जो मानवीय सरोकार से विकसित होगा। सैद्धान्तिक कट्टरवाद से नहीं, चाहे वह धार्मिक कट्टरवाद के कारण हो या वैचारिक प्रतिबद्धता के चलते। यह लेख विभिन्न व्याख्याओं से पूर्ण है। यह 31 पृष्ठों का सबसे लम्बा लेख है। मैं समझता हूँ कि इसी तरह सामान्य लेखकों और गम्भीर पाठकों की साहित्य के प्रति जिज्ञासा बढ़ेगी।

कब्रिस्तान में पंचायत एक बड़े माने-जानेवाले कवि की गद्य कृति है जिसमें 41 संस्मरणात्मक आलेख हैं। इस संकलन को केदारनाथ के साहित्यक-गैरसाहित्यिक संस्मरणों-प्रेक्षणों का संचयन कहा गया है। डॉ. पी. एन. सिंह ने माना है कि इस संकलन में किसी विषयवस्तु की तलाश बेमानी है। दरअसल, संस्मरण की विषयवस्तु वह स्थान, व्यक्ति, घटना आदि ही होते हैं जिससे वह सम्बन्धित है, भले ही उसमें केन्द्रीय विषय भिन्न हों। केदार जी ने अपनी वर्ण श्रेष्ठता की निन्दा की है। उसे

वे दलित कविता का पूर्वाभास मानते हैं, एक उद्धरण भी दिया है जो आज की परिस्थितियों में सटीक हैं—

व्यास एक मछली पकड़ने वाले के पुत्र थे
मारकण्डेय जाति च्युत थे जन्म से
चिन्ता मत करो जाति की
अगस्त्य वास्तव में चिड़ीमार थे
दुर्वासा गाँठते थे जूता।

उपरोक्त के अतिरिक्त निर्मल वर्मा के बारे में डॉ. पी. एन. सिंह का लेख 'हिन्दुत्व विह्वल संस्कृति-विमर्शकार निर्मल वर्मा' और वीर भारत तलवार की पुस्तक *रस्साकशी* पर उनका लेख 'रस्साकशी : एकालापी पाण्डित्य का निदर्शन' भी महत्त्वपूर्ण हैं। इन दोनों लेखों के शीर्षक ही लेखक की मंशा स्पष्ट करते हुए लगते हैं। मैं तो निर्मल जी से अनेक बार मिला हूँ। डॉ. सिंह की यह बात सही है कि उनकी यारबाशी का सबूत उनके चित्रों और रचनाओं से नहीं मिलता। उनकी रचनाओं से परिन्दे जैसी कहानी को छोड़कर उनके अन्दर की रचनात्मक लेखन से उत्पन्न ऊष्मा का अहसास नहीं होता। वे उनके कम्युनिस्ट होने में भी, उनके मानसिक शिल्प के कारण, शंका व्यक्त करते हैं। एक कारण यह भी बताते हैं कि वे स्मृतिजीवी और रूपजीवी थे। वे बताते हैं कि उनके चिन्तन प्रधान लेखन में पाँच सरोकार मुख्य है—1. आधुनिकता का विखण्डन, 2. इतिहास-सन्तप्त खण्डित सेक्युलर चेतना का प्रतिवाद, 3. इतिहास-क्षत भारतीय परम्परा का पुनर्संयोजन, 4. स्मृतियों और मिथकों के सहारे साहित्य-चेतना का अतिक्रमण और 5. साहित्य के मूल मिथकीय स्वरूप और लेखकीय स्वातन्त्र्य की प्रतिष्ठा। जहाँ तक पाँचवाँ बिन्दु है वह तो प्रगतिशील लेखन में भी परिलक्षित होता है। कई मान्यताओं और मुद्दों के बारे में चर्चा हो सकती है, पर यहाँ यह सम्भव नहीं है।

वीर भारत तलवार पर लिखे लेख का मैं ऊपर उल्लेख कर चुका हूँ। *रस्साकशी* के बारे में लेखक की अपनी स्थापना है कि, "हिन्दी नवजागरण अपने-अपने वर्गीय, साम्प्रदायिक स्वार्थों में लिपटे राजभक्त हिन्दू और मुस्लिम भद्रजनों की, एक-दूसरे की कीमत पर, अंग्रेजी शासन से कुछ पाते रहने की आपसी रस्साकशी हैं।" गुलाम देशों में ऐसा होना अस्वाभाविक नहीं होता। आज तो स्वतन्त्र देश में यह मानसिकता अधिक सक्रिय है। मेरे मन में एक सवाल उठता है कि क्या यह नवजागरण यूरोप में हुए नवजागरण से समानता रखता है। कोई भी नवजागरण शायद सीमित नहीं होता। उसका फलक विस्तृत होना चाहिए। केवल भाषा और धर्म तक उथल-पुथल होना उसे सीमित बना देता है। हो सकता है मैं गलत हूँ। वीर भारत तलवार स्वयं जानते हैं कि यह तथाकथित नवजागरण केवल वर्गीय नवजागरण था। आदिवासी, दलित, पिछड़ी जातियाँ इस नवजागरण का भाग नहीं थीं। फुले और नारायण गुरु इस नवजागरण का

हिस्सा नहीं बन पाये। इस दृष्टि से थोड़ी बहुत जाग्रति देश में पैदा हुई तो गाँधी जी के द्वारा हुई थी। इस तथ्य को अनेक कारणों से बरतरफ कर दिया गया है।

डॉ. पी.एन. सिंह ने पाँच समकालीन नाटकों को भी अपनी विचार-योजना में सम्मिलित किया। यह देखकर मुझे इसलिए अच्छा लगा कि सामान्यतः हिन्दी के गम्भीर आलोचक नाटकों को अपने चिन्तन का अंग कम ही बनाते हैं। ऐसा क्यों है? इस पक्ष पर गम्भीरता से विचार होना चाहिए। या तो वे नाटक को साहित्य की प्रमुख विधा नहीं मानते, जबकि नाटक सांस्कृतिक परम्परा का मुख्य अंग रहा है। इसका प्रमाण भरत मुनि का *नाट्यशास्त्र* है, या फिर इस विधा का मंचीय और संवेदनात्मक अनुभव न होने के कारण लिखने में हिचकते हैं। खैर जो भी हो, डॉ. सिंह ने भारती जी का *अन्धा युग,* शंकर शेष का *कोमल गान्धार* (दोनों ही अलग-अलग दृष्टिकोण से महाभारत से जुड़े हैं), बाँग्ला नाटक एवं इन्द्रजित, डॉ. शिवमूरत सिंह का एक नाटक *पूर्वार्द्ध* लिए हैं डॉ. सिंह ने *अन्धा युग* पर लिखते हुए सख्त कसौटी बनायी है। कई बिन्दुओं पर वे नाटककार से असहमत हैं। उन्होंने उसकी समानता *कोमल गान्धार* से की है। यह ठीक है कि *कोमल गान्धार* में अपेक्षाकृत अधिक आधुनिक नजरिया है, लेकिन भारती जी ने जब लिखा था तबके और शंकर शेष के समय में नजरिये का अन्तर है। मुझे नहीं मालूम कि *अन्धा युग* का अन्धापन शीर्षक में अन्धापन का प्रयोग उस काल के लिए किया गया है, या नाटक में प्रयुक्त दृष्टि के लिए। अगर युग के लिए किया है तो महाभारत काल तो अन्धों का युग था ही, भीष्म से लेकर युधिष्ठिर तक सब भविष्य-दृष्टि खो चुके थे। कृष्ण ही थे जो भविष्य के प्रवक्ता थे, गीता प्रवचन में उन्होंने मृत्यु तक का दर्शन अर्जुन को बता दिया था। जहाँ तक *पूर्वार्द्ध* का प्रश्न है मैंने डॉ. साहब के नाटकों के बारे में तो सुना है पर पढ़ नहीं पाया। डॉ. पी. एन. सिंह चूँकि स्वयं गाजीपुर के हैं, उन्होंने उनके नाटक पढ़े भी हैं और उनका मंचन भी देखा है। इसलिए जो कुछ उन्होंने अधिकारिक रूप से लिखा है वह प्रशंसनीय है। नाटकों के बारे में डॉ. पी. एन. सिंह की संलग्नता से मैं प्रभावित हुआ हूँ।

डॉ. पी. एन. सिंह ने रचनाओं पर लिखते हुए अपने चिन्तन को अपने विशद अध्ययन का पूरा लाभ दिया है। शायद अध्ययन और चिन्तन एक-दूसरे के पूरक हैं। उनके इस अध्ययन का लाभ रचना को तो जो मिला सो मिला, पुस्तक के अध्येताओं को भी मिलेगा। मुझे स्वयं इन आलेखों को पढ़ते हुए महसूस हुआ कि समीक्षा लिखना आसान है, पर उन्हें अपने ज्ञान का अवदान देना कठिन है। मैं यह भूमिका लिखते हुए अपनी सीमाओं के प्रति पूरी तरह जागरूक हूँ।

11/210 सूटरगंज,
कानपुर 208001
मो. 09839214906

गिरिराज किशोर

आभार-ज्ञापन

मेरी पुस्तक 'रचनाओं पर चिन्तन' के आलेख विभिन्न अवसरों पर विभिन्न पत्रिकाओं में छपे हैं, जैसे *आलोचना, वसुधा, साखी, शब्दिता, समकालीन सोच, रंगप्रमा* आदि में। अतः इनमें परस्पर संगति और तालमेल का अभाव हो सकता है। इसके लिए मैं अपने पाठकों से थोड़े धैर्य की अपेक्षा रखता हूँ।

इधर मैं कई वर्षों से मानसिक रूप से अस्वस्थ हूँ, लेकिन इन निबन्धों को प्रकाशित कराने की ललक मुझमें कायम रही है। स्वयं मैं इस पुस्तक का शीर्षक तय करने और भूमिका लिखने की स्थिति में नहीं था। अतः मैंने गिरिराज किशोर जी से इनके लिए निवेदन किया और सौभाग्य से वे तैयार हो गये। उन्होंने ही भूमिका लिखी और पुस्तक का शीर्षक 'रचनाओं पर चिन्तन' रखने का सुझाव भी दिया जिन्हें मैंने यथावत् स्वीकार कर लिया। गिरिराज जी की भूमिका से कई असहमतियाँ भी हैं, लेकिन असहमति ही बौद्धिक जगत् की पहचान है। मैं महसूस करता हूँ कि ये असहमतियाँ मेरी अपनी सोच-समझ में मदद करेंगी। इसके लिए मैं गिरिराज जी के प्रति आभारी हूँ।

प्रथम खण्ड में शिवप्रसाद सिंह का *अलग-अलग वैतरणी*, विवेकी राय का *सोनामाटी*, राही मासूम रज़ा का *आधा गाँव*, दूधनाथ सिंह का *आख़िरी कलाम*, निर्मल वर्मा का *अन्तिम अरण्य*, तसलीमा नसरीन का *लज्जा* और गिरिराज किशोर का *पहला गिरमिटिया* और *बा* जैसे उपन्यासों पर आलेख हैं। इसी खण्ड में एक और निबन्ध 'यशपाल की शव परीक्षा की समीक्षा' भी दिया गया है। यह निबन्ध भी कथ्य की दृष्टि से महत्त्वपूर्ण है। मुझे विश्वास है, ये निबन्ध पाठकों को कुछ जरूर देंगे।

पुस्तक का दूसरा खण्ड नाटकों की समीक्षाओं से सम्बन्धित है जिसमें 'अन्धायुग का अन्धापन', 'एवं इन्द्रजित् - अनाटकीय जीवन का नाटक', *'कोमल गान्धार* - एक विशिष्ट कथ्यात्मक प्रयास, *'सारी रात : एक जोखिम भरा प्रयास'* और *'पूर्वार्द्ध : एक यादगार क्षण'* समाहित हैं। ये सारे आलेख मात्र शिवमूरत सिंह के नाटक *पूर्वार्द्ध* को छोड़कर, मंचन के पूर्व ही लिखे गये थे जो उनकी पत्रिका रंगप्रमा

में छपे हैं। सम्भव है, मेरे आलेख इन नाटकों पर कोई नयी रोशनी दे जायें।

इस खण्ड के साथ कुछ दिक्कतें भी हैं। पहली दिक्कत यह है कि गिरिराज किशोर के उपन्यासों, *पहला गिरमिटिया* और *बा*, पर उनकी भूमिका में कोई टिप्पणी नहीं है। ऐसा इसलिए है कि गिरिराज जी के उपन्यास उनकी भूमिका-लेखन के बाद शामिल किये गये हैं। यह भी सम्भव है कि वे अपने उपन्यासों पर न लिखते। टेलीफोन पर उन्होंने कहा, "अगर इन्हें आप अपनी पुस्तक में रखना ही चाहते हैं तो रख लें।" अतः उनके प्रति मैं विशेष रूप से आभारी हूँ। दूसरी दिक्कत यह है कि मैंने केदारनाथ सिंह की संस्मरणात्मक पुस्तक *कब्रिस्तान में पंचायत* और वीर भारत तलवार की आलोचनात्मक पुस्तक *रस्साकशी* पर लिखी गयी अपनी समीक्षाओं को इस पुस्तक से निकाल दिया है, क्योंकि पुस्तक की आत्मा से ये मेल नहीं खातीं। एक बात और मैंने विभूति नारायण राय के उपन्यास *शहर में कर्फ्यू* को भी बिना गिरिराज जी के आदेश के ही इस पुस्तक में रख लिया है। यह मेरी मजबूरी थी। मुझे विश्वास है, वे इसका अन्यथा नहीं लेंगे। उनकी भूमिका को यथावत् पुस्तक में दे रहा हूँ ताकि कुछ पाठकों को इन निकाली गयी कृतियों के बारे में मेरी दृष्टि से भी अवगत हो सकें।

वैसे मैं अपनी अस्वस्थता के ही चलते बहुत सारे मित्रों का भी आभारी हूँ जिन्होने मेरी मदद की है। मैं डॉ. रविनन्दन सिंह, डॉ. रामप्रकाश कुशवाहा, डॉ. कैलाशनाथ पाण्डेय, श्री कमलाशंकर यादव, श्री कन्हई राम प्रजापति, डॉ. मुहम्मद हारून रशीद खान जानशेर आलम और अब्दुल खालिद के प्रति कृतज्ञ हूँ जिन्होंने मेरी तरह-तरह से मदद की है।

अन्ततः मैं इसके प्रकाशक लोकभारती प्रकाशन इलाहाबाद के प्रति भी कृतज्ञ महसूस करता हूँ जिन्होंने इस पुस्तक को प्रकाशित करने की जहमत उठायी है।

पी. एन. सिंह

दिनांक : 17-12-2016

गौतम बुद्ध कालोनी
मालगोदाम रोड
गाजीपुर - 233001 (उ. प्र.)
मो. 09451316529

खण्ड-एक

उपन्यास : विश्लेषण

अलग-अलग वैतरणी, सोना माटी और आधा गाँव में व्यक्त त्रासद-बोध

डॉ. शिवप्रसाद सिंह के चर्चित उपन्यास *अलग-अलग वैतरणी* पर कुछ लिखने की जब विवशता हुई तो मैंने इसके साथ विवेकी राय कृत *सोनामाटी* और राही मासूम रजा कृत *आधा गाँव* को समेट लेना ही कई कारणों से उचित समझा है। पहला तो यह कि *अलग-अलग वैतरणी* पर इतने सारे अच्छे निबन्ध लिखे गये हैं कि केवल इस पर एक और निबन्ध लिखना मात्र एक संख्यात्मक अवदान होता; दूसरा यह कि तीनों उपन्यास संवेदनात्मक स्तर पर गाजीपुर से ही जुड़े हैं, और तीसरा यह कि आँचलिक जीवन की अभिव्यक्ति के रूप में ये अपने-अपने कृतिकारों की श्रेष्ठतम रचनाएँ हैं। यह कहा जा सकता है कि गंगौली पर केन्द्रित *'आधा गाँव'* और करैता गाँव पर केन्द्रित *अलग-अलग वैतरणी* उस रूप में आँचलिक नहीं है जिस रूप में समूचे करइल अंचल को समेटे *सोनामाटी* है। लेकिन सबका परिवेश ग्रामीण है और सभी एक ही जनपद गाजीपुर के विभिन्न कोनों से जुड़े हैं। एक समझ यह भी बनायी जा सकती है कि *'मूर्त सार्वभौम'* के रूप में कोई भी कृति निपट आँचलिक नहीं हो सकती, क्योंकि उसके कथानक की जड़े चाहे जहाँ भी गड़ी हों, उसकी शाखाओं, उपशाखाओं, टहनियों-पत्तियों वाला भाव-विन्यास उस आकाश में विचरण करता है जो किसी के लिए निषिद्ध नहीं है। निपट आँचलिकता का सार्वभौम सम्प्रेषण सम्भव नहीं। इस रूप में ये तीनों उपन्यास आँचलिक होते हुए भी आँचलिकता को अतिक्रमित करते हैं। आधुनिकता का दबाव सर्वव्यापी है और आज की प्रत्येक आँचलिक रचना दरअसल अबूझ एवं पीड़ादायी संक्रमण में फँसी छटपटाती आँचलिकता का मार्मिक अंकन ही हो सकती है।

(1)

कौन-सी अनुभूति संप्रेषित कर अपने पाठकों से विदा लेते हैं? इन लेखकीय पाठों की व्यंजना क्या है? अन्य आलोचकों एवं सुबुद्ध पाठकों की प्रतिक्रियाओं की चर्चा भी यहाँ उचित होती, लेकिन इनसे यथासम्भव बचते हुए यहाँ अपने 'रिस्पान्स' तक ही सीमित रहने का प्रयास है।

अलग-अलग वैतरणी में डॉ. शिवप्रसाद सिंह ने गाजीपुर की दक्षिणी सरहद से सटे करैता गाँव की 'ठनक' को बाँधने का प्रयास किया है, जिसकी सफलता के बारे में वे आश्वस्त नहीं हैं। उन्हें यह भी खटकता-सा है कि उन्होंने उपन्यास को सहसा एक बिन्दु पर विराम दे दिया है, लेकिन मुझे तो यह अत्यन्त ही व्यंजक लगा। उपन्यास का अन्त दुर्निवार अवसाद में होता है। विपिन, जो अपनी पढ़ाई पूरी कर इस आदर्शवादी उत्साह के साथ गाँव लौटा था कि वह सुधार-विकास के लिए कुछ करेगा, अन्ततः अध्यापकी करने हेतु गाँव छोड़ने पर विवश होता है। उसके पूर्व डॉ. देवनाथ जमानियाँ में प्रैक्टिस करने को विवश हो चुका है और मास्टर शशिकान्त ने करैता की पाठशाला से अपना स्थानान्तरण करा लिया है। गाँव में एक वर्ष रहकर विपिन ने भी महसूस किया है कि करैता रहने लायक जगह नहीं है। गाँव की सरहद तक पहुँचाने आये जग्गन मिसिर से वह साफ-साफ कहता है–

यहाँ रहकर कूड़ा बनने से अच्छा है कि कहीं चला ही जाऊँ। मै तो बड़ी उम्मीद लेकर आया था। जन्म-भूमि के प्रति अपने मन में कम मोह नहीं है। पर ऐसा गन्दा और वाहियात हो गया है यह गाँव, यह मैं नहीं जानता था... इस गाँव पर सचमुच ही कीनाराम का शाप है। इसे बरबाद होने से कोई रोक नहीं सकता।

जग्गन मिसिर दुःखी हैं। उन्हें अफसोस है कि गाँव की हर अच्छी चीज दूध, दही, सब्जी, अनाज से लेकर हट्टे-कट्टे और पढ़े-लिखे लोग तक 'निर्यात' हो रहे हैं। जमाना ही कुछ ऐसा आ गया है। वे किसी को रोक तो नहीं सकते लेकिन वे इतना जरूर चाहते हैं कि जानेवाले गाँव को गाली देकर न जायें- 'तोहमत लगाकर लोग मेहरारू छोड़ते हैं, महतारी नहीं।' खैर! जो हो, सीपिया नाला को पार कर विपिन अन्तिम बार अपने गाँव की ओर देखता है–

पूरब तरफ सीपिया नाला है। इधर पश्चिम छोर पर पेड़ों की पातों में खोया गाँव का हाशिया काजल की लकीर की तरह बीच में ढलते सूरज की रोशनी में फैला है करैता का सिवान। कहीं हरियाली नहीं, कहीं जल नहीं, बिल्कुल वीरान, तेज बुखार में तपती उदास आँख की तरह। तभी विपिन को कनिया याद आ गयी, छावनी के दरवाजे पर बाजू से सटी हुई कनिया। वह अपनी वीरान, उदास आँखों से उसे एकटक देखे जा रही थी।

उपन्यास इसी सघन, अवसादमय अनुभूति के साथ समाप्त हो जाता है। करैता में सब-कुछ वीरान और उदास है–"तेज बुखार में तपती उदास आँख की तरह।" जो गाँव के भविष्य को लेकर चिन्तित रहे–'शशिकान्त, देवनाथ और विपिन, एक-एक कर गाँव छोड़कर चले गये। खलील मियाँ जैसे शिष्ट, नेकदिल इन्सान को करैता छोड़कर जमानियाँ जाने हेतु विवश होना पड़ा। देवीचक के सँवरू भगत जैसे समझदार व्यक्ति की हत्या हो जाती है। तापकवाले समझदार जमींदार, 'मालिक' ठाकुर जैपाल सिंह अपने लखैरे बेटे बुझारत के चलते घुट-घुट कर दम तोड़ चुके हैं

गाँव के धावक मासूम एवं हँसोड़ दयाल पण्डित भी कनिया के कहने पर विपिन के साथ गाजीपुर हो लेते हैं। मरते समय ठाकुर जैपाल सिंह ने अपनी बहू, कनिया पर सारी जिम्मेदारियों को सौपते हुए कहा था—'इस परिवार पर किसी कुग्रह की दृष्टि है। जो सबसे बहुमूल्य होता है, वही खो जाता है।' लोक विश्वास है कि करैता गाँव कीनाराम द्वारा शापित है। अतः जो इस ठाकुर-परिवार की सच्चाई है, वही सच्चाई करैता गाँव की भी है। अन्ततः गाँव में भले बचे रहे जाते हैं— जग्गन मिसिर और कनिया। लेकिन कनिया घर-परिवार की परम्पराओं की मर्यादा की चहारदीवारी में घुट-घुटकर अपने लखैरे पति बुझारत और नासमझ बेटे बुद्धन के साथ जीने के लिये अभिशप्त है; और अपनी सन्तानहीनता एवं पत्नी-वियोग की अथाह पीड़ा लिए जग्गन मिसिर अकेले बाहर हैं। वे अपनी ग्राम-माता को छोड़ें अथवा न छोड़ें, अन्य पढ़े-लिखे एवं हट्टे-कट्टे लोग शहर जोरू के लिए इस 'महतारी' को छोड़ेंगे। वह भी समझते हैं कि गाँव अब निर्विकल्पता का विकल्प है—''यहाँ रहते वे हैं जो यहाँ रहना चाहते हैं पर रह नहीं पाते।'' गाँव की नियति सुरजू सिंह और जगेसर यादव जैसे आततायियों, हरसू सरदार जैसे चापलूसों, सुखदेव राम जैसे फरेबी नेताओं, फेरू सिंह, सिरिया, बुझारत जैसे लफंगों एवं खुदाबख्स के हाथों निर्धारित होगी, जो विषधर करैतों की तरह करैता में बारहों महीने ठनकेंगे और जाने-अनजाने लोगों को डँसते रहेंगे।

उपन्यास का आरम्भ भी इसी सत्य को उद्घाटित करता है। आरम्भ देवीधाम के मेले से होता है। ठाकुर जैपाल सिंह को जो मेले की मर्यादा के रक्षक रहे, मरे तीन साल गुजर चुके हैं। हरिया-सिरिया जैसे लफंगे अब उसमें साँड़ की तरह घूमते हैं। औरतों की छेड़-छाड़ को लेकर मेले में मारपीट होती है और बीच-बचाव करने में जग्गन मिसिर की कनपटी पर लाठी लगती है। उनका लहू-लुहान होना अर्थगर्भी है। 'फ्लैश बैक' तकनीक से देवीधाम के मेले में आये इस क्षरण का अंकन और जग्गन मिसिर का लहूलुहान होना यह बताता है कि ऊँट किसी करवट बैठ रहा है! जग्गन मिसिर एक स्थान पर स्वतः खलील मियाँ से कहते हैं—''यह गाँव साला हरामियों से भर गया है।' गोलबंद नैतिकता हावी है। लोग या तो दोस्त हैं या दुश्मन। गाँव में सत्य और न्याय नहीं है। वहाँ जीवन अवसादमय है। विडम्बनाओं से आक्रान्त विपिन एक स्थान पर विदीर्ण मन से सोचता है—

करैता आये एक साल हो गया। कुछ अधिक ही। यह पूरा-का-पूरा साल जैसे दुःस्वप्नों के मेले में गुजर गया हो। क्या-क्या मनसूबे थे। क्या-क्या इरादे थे। पर क्या हुआ' (पृ. 255)।

अलग-अलग वैतरणी में करैता की इसी विडम्बना का मार्मिक, यथार्थपरक अंकन है। विडम्बना आरोपित नहीं, अस्तित्वगत है, बिल्कुल शेक्सपियर के त्रासद नाटकों के रचना-संसार की तरह। एक स्थान पर तो विपिन हैलमेट की याद भी दिला

जाता है। (पृ. 256)। यही अस्तित्वगत विडम्बना है जो जितनी आत्मिक है, उतनी ही बाह्य, और यही इस उपन्यास में व्यक्त त्रासदबोध का मूल स्रोत है।

डॉ. शिवप्रसाद सिंह ने भले ही अपने औपन्यासिक जीवन का आरम्भ *'अलग-अलग वैतरणी'* जैसे आँचलिक उपन्यास से किया हो, लेकिन उन्हें आँचलिकता देर तक उलझाए नहीं रह सकी। शायद यही उनकी सृजनात्मकता के हित में था। उन्होंने विवेकी राय की तरह कभी अपने को दुहराया नहीं; वे टिप्पणी से बच पाये। इसमें कथ्यगत विविधता है। आश्चर्य नहीं, इस उपन्यास में उनके सम्भावना-संपन्न पात्रों ने ही गाँव नहीं छोड़ा है; उनकी कलात्मक संवेदना ने भी इन्हीं के साथ विदा ले लिया। *'शैलूष'* में पुनरागमन कथ्यगत भिन्नता के साथ है, अतः खटकता नहीं। ग्रामांचल की खट्टी-मीठी स्मृतियाँ मलिन पड़ती गयीं और शिवप्रसाद जी उत्तरोत्तर काशी में रमते गये और अपनी *'निज बोधरूपा'* काशी के ऐतिहासिक सांस्कृतिक जीवन को उकेरने में अपनी सृजन-क्षमता को निछावर-सा कर दिया। उनकी काशिकात्रयी (*गली आगे मुड़ती है, नीला चाँद* और *वैश्वानर*) की तुलना लारेन्स डरेल के इलेक्जेण्ड्रियन क्वार्टेट से की जाती है, जो अटपटा है; क्योंकि इन दोनों का लय, स्वर, मिजाज, आकांक्षा, जीवन-बोध और निरूपण में कोई मेल नहीं है। *'मंजुशिमा'* को छोड़कर उनके अन्य सारे उपन्यास- *'औरत', 'दिल्ली दूर है'* इत्यादि उनकी प्रतिभा के अनुरांगी प्रयास हैं। एक बात और- *'गली आगे मुड़ती है'* की आधुनिक काशी करैता के वर्तमान से बहुत भिन्न नहीं है— मुल्यों का वही स्खलन, आक्रोश और अवशता। अतः उपन्यासकार काशी के सांस्कृतिक व्यक्तित्व को उभारने के लिए उसके अतीत की ओर मुड़ता है और 11वीं सदी की काशी भी करैता से भिन्न नहीं है, लेकिन *अमोघ इच्छाशक्ति* की संजीवनी से कीरत के सहारे उसके गौरव-बोध को पुनः स्थापति करता है। परन्तु काशी के जिन तीन कालखण्डों का अंकन है, उनमें अतः सम्बद्धता नहीं है। काशी लेखक का गन्तव्य है, वर्तमान महानगरीय मशीनी जिन्दगी की संजीवनी है, उसका फक्कड़पन एहसास और साधना की वस्तु है (बीहड़ पथ के पथिक, पृ. 420)। काशी से जुड़ी इस रूमानियत से उनकी यह त्रयी सराबोर है, जिसने उनकी इतिहास-दृष्टि को धुँधला बनाया है और वैयक्तिकता में असीम आस्था दी है, जिनकी चरम अभिव्यक्ति *नीला चाँद* के कीरत और श्री माँ में हुई है। दरअसल ये दोनों उस साधु संकल्प के परिपाक हैं जो *अलग-अलग वैतरणी* के विपिन, शशिकान्त, देवनाथ और कनिया में कमजोर एवं सँकरा है। यह परिपाक गाँव की तद्भवता से अलग नगर और संस्कृति की तत्समता में ही सम्भव था। अतः अलग-अलग वैतरणी डॉ. शिवप्रसाद सिंह का प्रस्थान-बिन्दु है, गन्तव्य नहीं, और जाने-अनजाने उनकी इपिक क्षमता ने जो राह पकड़ी, वह सही थी। अब गाँव को महाकाव्यात्मक वितान देना ऐतिहासिक भूल और रचनात्मक ऊर्जा का अपव्यय होता।

(2)

डॉ. विवेकी राय, फणीश्वर नाथ रेणु की तरह, सम्पूर्णतः ग्रामजीवन के महाकथाकार हैं और इन्होंने अपने जीवनानुभवों से जुड़े जनपद बलिया और गाजीपुर के सरहद पर फैले करइल क्षेत्र का अंकन किया है। ये सम्पूर्णतः आँचलिक कथाकार हैं और *सोनामाटी* उनके आँचलिक लेखन की सर्वोत्तम अभिव्यक्ति है। वैसे ये 'आँचलिक' विशेषण से कुछ बिदकते-से लगते हैं, क्योंकि एक दिन अनौपचारिक बातचीत में उन्होंने बाबा नागार्जुन को उद्धृत करते हुए कहा कि किसी कथाकार को आँचलिक घोषित करना किसी व्यक्ति की पीठ पर 'चोर' शब्द लिखकर उसे नंगे बदन घुमाने जैसा है। अतः इनका कहना है कि *समर शेष* है में इन्होने उस रूढ़ आँचलिकता को अतिक्रमित किया है और उन्होंने इस उपन्यास के प्रतीकात्मक पात्र-गठन और रूप-विन्यास की भूरि-भूरि प्रशंसा की। इनकी दृष्टि में *समर शेष* है उनका सर्वोत्तम उपन्यास माना जाना चाहिए ओर *सोनामाटी* को उनका सर्वोत्तम आँचलिक उपन्यास। जो भी हो, डॉ. शिवप्रसाद सिंह ने *अलग-अलग वैतरणी* को आँचलिक मानने से इनकार किया, लेकिन डॉ. विवेकी राय सोनामाटी की आँचलिकता को सुराज, रामराज, विराज और जयन्ती जैसे प्रतीकात्मक पात्रों के सहारे समर शेष है में अतिक्रान्त करने का दावा करते हैं। *अलग-अलग वैतरणी* शिवप्रसाद जी का पहला एवं अन्तिम आँचलिक उपन्यास है, लेकिन विवेकी राय अपने आँचलिक लेखन के दौरान अनेक टेढ़े-मेढ़े रास्तों एवं सोपानों से गुजरते हुए, करइल अँचल के विभिन्न रूपों को देखते-परखते, मोहित होते, खिलखिलाते *सोनामाटी* तक पहुँचे हैं। यूँ तो डॉ. विवेकी राय ने अपने नगर स्थित मकान पर *गँवई गन्ध गुलाब* जैसी चटकार एवं रूमानी इबारत उकेर रखी है, लेकिन एक दिन अचानक ही उनके मुँह से निकला था- 'गाँव ने बड़ा निष्ठुर धक्का दिया है।' करैता के सुरजू, सिरिया, हरिया, जगेसर, बुझारत आदि की ही तरह *'सोना माटी'* के महुवारी गाँव में भी हनुमान प्रसाद उर्फ करइल, भुवनेश्वर उर्फ मनचोला, मास्टर भरतेन्दु वर्मा, दीनदयाल, सुग्रीव जैसे तिकड़मी एवं 'जाकी लाठी वाकी भैंस' वाली नैतिकता वाले लोग ही सकून से जी सकते हैं। *बबूल, पुरुष-पुराण, लोकऋण, सोनमाटी, समर शेष* है इत्यादि सभी उपन्यासों में गुलाबी गन्ध गायब है, गुलाब कुम्हलाकर विकृत हो रहा है और गाँव में जड़ परम्पराओं में लिप्त लोगों के विवेकहीन संघर्ष की दुर्गन्ध की ही परिव्याप्ति है। गाँव की बीती-रीति स्मृतियाँ तो हैं, जो *पुरुष-पुराण* में चरम पर हैं, लेकिन उनका कोई जीवन्त अंकन नहीं है। उन्होंने ग्रामजीवन की कोई यूटोपिया नहीं लिखी है। उनके उपन्यास आज के गाँव के प्रति किसी भी प्रकार की मोहाच्छान्नता से मुक्त हैं। उनका पहला डायरीनुमा एवं रिपोर्ताज जैसा उपन्यास *बबूल* में, जिसके चलते रायसाहब चर्चा में आये, गाँव घुरबिन चमार जैसे मेहनती, नेकदिल और सन्तोषी प्रकृतिवाले इन्सान के लायक नहीं है, और न ही यह उसके मेहनती ओर

खुशदिल पुत्र महेसवा के लायक है। दोनों ही अभाव, शोषण एवं उत्पीड़न की चक्की में पिस जाते हैं। चमारों की यह पीढ़ी-दर-पीढ़ी की नियति है। जो सताते हैं उन्हीं के यहाँ फरियाद करनी है। अतः बबूल में अंकित बाढ़नपुर गाँव पहलवान साहब के लिए है, जिसके पास जमीन, सामाजिक प्रतिष्ठा और शारीरिक बल तीनों हैं और जो संवेदनहीन इतने हैं कि उन्हें बीमार, भूखे पेट विवश हो हल जोतते समय घाम लगने से मृत पड़े (शायद उन्हें यह नहीं मालूम कि वह मर भी गया है) महेसवा की चिन्ता नहीं, अपने काम के नुकसान की चिन्ता है। दलित बस्ती में आकर दी गयी सूचना ध्यातव्य है :

सरला के बाप को घाम लग गया है, चक्कर खाकर गिर पड़ा है। वहीं खेत में बबूल के नीचे लेटा है। जाकर उठवा लाओ। आज तो काम का भी पूरा हर्ज हुआ। (पृ.166)।

यह ठण्डी सूचनात्मकता संकीर्ण स्वार्थों को अतिक्रमित न कर पाने से उत्पन्न संवेदनहीनता की स्वाभाविक परिणति है। ग्रामजीवन के पोर-पोर में व्याप्त निष्ठुर स्थितिगत क्रूरता का यह सरल-सहज मार्मिक उद्घाटन है। इसमें निहित मौन, स्वीकृत एवं रूटीन अमानवीयताओं पर यह गम्भीर व्यंग्य अनचाहे ही प्रेमचन्द के *गोदान* के समापन बिन्दु की याद दिलाता है।

सोनामाटी में अंकित जीवन का केन्द्र दलित जीवन का दुःख दारिद्रय और परवशता न होकर संकीर्ण स्वार्थों में लिप्त खेतिहर मध्यवर्गीय किसान जीवन की घटियाई और उसके विरुद्ध संघर्ष की असफलता है। *बबूल* के घूरा बाबू या पहलवान साहब अपनी पारम्परिक दरिन्दगी की वास्तविकता से अनभिज्ञ-से हैं। कुल मिलाकर अभी वे मासूम हैं। उनकी संकीर्णता स्थितिगत है, उनके पारम्परिक जीवन-बोध में निहित है; लेकिन *सोनामाटी* के हनुमान प्रसाद, दीनदयाल, भुवनेश्वर, खुबवा, सुग्रीव ने मासूमियत का गला घोंट डाला है और ये सभी तिकड़मी जीवन-बोध के शिकार हैं। अब अन्याय, अत्याचार, फरेब इत्यादि उनके औचित्य-बोध के दायरे की चीजें हैं। *सोनामाटी* के रचना-संसार में आदर्शवादिता के लिए कोई जगह नहीं है। आदर्शवाद यहाँ पराजित है, और इस प्रकार इसमें सम्प्रेषित दृष्टि अथवा जीवन-बोध अधिक अवसादमय एवं यथार्थपरक है। *समर शेष* है के सन्तोषी पण्डित के सपाट रूमानी संकल्प की तुलना में *सोनामाटी* के ग्राम-कवि खोरा का अन्त तक हनुमान प्रसाद, भुवनेश्वर, भारतेन्दु के मायाजाल में फँसकर आदर्शच्युत होना और कमजोर संकल्प वाले आदर्शवादी रामरूप का टूटना आँचलिक ग्रामीण यथार्थ के अधिक निकट एवं विश्वसनीय है। अतः इसकी अभिव्यक्ति एवं व्यंजना में अधिक धार है। डॉ. राय के इस उपन्यास में करइल की सोना उगलनेवाली मिट्टी तिकड़मी हनुमान प्रसाद, उसके पुत्र युवा नेता भुवनेश्वर उर्फ मनचोला और उनके लग्गू-भग्गुओं की दुरभिसन्धियों से पदाक्रान्त है—"यहाँ की सोना माटी अभिशप्त हो गयी है। यहाँ के

साधनहीन उर्वर मरूस्थल के समस्त भाव उभरने के साथ ही अभाव के कुटिल कुचक्र में पिस जाते हैं'' (पृ. 391) लेकिन यह विश्लेषण *'सोना माटी'* के कथानक से मेल नहीं खाता। करइल की *सोनामाटी* अवश्य अभिशप्त है लेकिन यह अभाव के कुटिल कुचक्र के कारण है। उपन्यास में एक जगह रामरूप अभावग्रस्त लोगों की गिनती करने को जरूर विवश हुआ है, लेकिन वे कहीं भी इसके सक्रिय धरातल पर नहीं दिखते हैं और खुबना, सुग्रीव आदि जो दिखते हैं वे समृद्ध महत्त्वकांक्षाओं के हाथ-पैर हैं।

मास्टर रामरूप की गरीबी का बार-बार रेखांकन खटकता है। दरअसल बाढ़ और सूखा की चपेट में पड़े करइल की वास्तविक पीड़ा वे झेलते हैं, जो न मास्टर हैं अर्थात् न नौकरी करते हैं, न ही जिनके पास खेत हैं। *बबूल* में डॉ. राय का वहीं ध्यान है और इसीलिए एपीसॉडिक होने के बावजूद वह अधिक छूता है। दरअसल *सोनामाटी* में अभिव्यक्त अभिशाप आर्थिक अभाव नहीं बल्कि, नैतिक रिक्तता है और इसकी चरम अभिव्यक्ति तब होती है जब उपन्यास के अन्त में बाढ़ की विनाशक विभीमषिका को झेलना रामरूप येन-केन-प्रकारेण अपने एकमात्र मित्र और नैतिक संबल ग्राम-कवि खोरा से मिलने 'खोरा-बाग' में जाता है और उसे सूचना मिलती है कि वह भी लखनऊ चला गया है, अर्थात् हनुमान, भुवनेश्वर, वर्मा की मायावी व्यूह-रचना में फँस गया, बिक गया है :

कैसी बीहड़ सिद्ध हुई यह आज की रात। और फिर यह प्रभात? हाँ खोरा बाग में पहुँचते-पहुँचते प्रभात हो गया, परन्तु यह क्या? सारा बाग पानी में डूबा है। न तो झोपड़ी का पता है और न इन्स्टीट्यूट के किंचित आरम्भिक निर्माण का। डूब गया वह भी!

नाव मुड़कर गाँव में आयी और एक गली में घुसकर जहाँ लगी संयोगवश वहीं खोरा के परिवार के लोग थे। पूछने पर एक लड़के ने कहा—वे लखनऊ चले गये।'

'वे लखनऊ चले गये', एक सामान्य-सी अभिव्यक्ति नहीं है। यह वर्तमान राजनीतिकृत समाज की उस क्रूर विडम्बना को व्यंजित करती है, जिसमें खोरा जैसे प्रतिभाशाली, संवेदनशील एवं संघर्षशील लोग भी अपनी रीढ़ बचा पाने की स्थिति में नहीं हैं:

खोरा बहुत ठोस है। वह मोड़ रहित, सहज, चिकना और गोल है। वह बहुत काम का है। वह गृहस्थ साधु है। वह धप्-धप् चमकता है। वह कवि वनवासी है। उसकी झनक में स्वर्गीय माधुर्य है। वह शांत, पवित्र, प्रसन्न और आत्मस्थ है। दुनिया के बाजार से बहुत दूर है...(पृ. 18)।

दुनिया के बाजार से दूर रहने वाला 'आत्मस्थ', 'गृहस्थ-साधु' कवि खोरा अन्ततः राजनीति और पैसे के बाजार में बिक जाता है, और लड़ने के लिए बच जाता है संवेदनशील, आदर्शोन्मुख किन्तु छोटी-छोटी वफादारियों एवं जिम्मेदारियों में

बँटा-फँसा मास्टर रामरूप, जो *समर शेष* है में सन्तोषी पण्डित के रूप में सामने आता है। वह विद्यालयी, राजनीतिक, शासकीय भ्रष्टाचार और अपने जड़ हिन्दू संस्कारों के विरुद्ध खड़ा होता, लड़ता, हारता, पिटता, अपमानित होता अन्ततः इस निष्कर्ष पर पहुँचता है कि संघर्ष जितना आन्तरिक है, उतना ही बाह्य भी है, और इन दोनों रास्तों पर लड़ना ही होगा–'एक बड़ी भारी वैयक्तिक लड़ाई और एक भीषण सामाजिक-विद्रोह दोनों मेरी प्रतीक्षा कर रहे हैं। अब मैं पीछे हटने वाला नहीं।'' (पृ 506)

इस प्रकार *समर शेष* है का समापन एक दृढ़ आशावाद के साथ होता है, लेकिन सोनामाटी का अन्त त्रासद मोहभंग के साथ, इस गहरे एहसास के साथ कि सत्ता और सम्पत्ति के मायाजाल में आदर्श भी फँसते और विरूपित होते हैं। सन्तोषी पण्डित के रूमानी संकल्प की तुलना में रामरूप का यह मोहभंग अधिक यथार्थपरक है, अधिक यथार्थगर्भी एवं व्यंजना सम्पन्न भी। आशय यह कि *अलग-अलग वैतरणी* की ही तरह *सोनामाटी* के तमाम संघर्षों की परिणति मोहभंग है, एक गहरा पीड़ादायक एहसास कि वर्तमान राजनीतिक ग्रामीण समाज में किसी भी मूल्य एवं आदर्श का टिक पाना लगभग असम्भव है। आधुनिकता के भँवर में फँसे पारम्परिक ग्रामीण समाज की यही मारक विडम्बना है।

(3)

राही मासूस रज़ा कृत *आधा गाँव* (1966) अपने किस्म का एक अजूबा उपन्यास है। गाजीपुर शहर से 34-35 किलोमीटर उत्तर-पूर्व में यूसुफपुर-मऊ रोड पर बसे मुस्लिम बहुल गंगौली का यह एक अद्भुत जिन्दगीनामा है। गंगौली न शहर है और न गाँव; यह कस्बा है। राही ने इसे 'आधा गाँव' कहा है। इसे आधा शहर भी कहा जा सकता था। न यहाँ पारम्परिकता है और न शहर की आधुनिकता। *आधा गाँव* में अंकित गंगौली में कभी मूल्य अथवा आदर्शों की चर्चा नहीं होती। लोग-बाग अपना स्वभाव जीते हैं। इसमें कोई बुद्धिजीवी पात्र नहीं है, अर्थात कोई विपिन, शशिकान्त, जग्गन मिसिर, अथवा गिरीश, रामरूप, खोरा, सुराज, सन्तोषी पण्डित जैसे पात्र नहीं हैं। यहाँ लोग सोचते नहीं केवल जीते हैं और अपने सीमित हितों एवं विद्वेषों की परिस्थिति में सक्रिय रहते हैं। केवल रचनाकार जगह-जगह यूनानी नाटकों के कोरस की तरह कुछ सार्थक, मार्गदर्शक टिप्पणियाँ करता रहता है। लेखक कभी किसी पात्र के मुँह से बोलता नहीं सुनायी देता। यहाँ शेक्सपियर के नाटकों की चरितार्थ वस्तुगतता है, जो पात्रों को वैयक्तिकता एवं विश्वसनीयता प्रदान करती है।

अलग-अलग वैतरणी की ही तरह आधा गाँव की कथा का वितान 1946 (जब भारत के विभाजन का मुद्दा अपने चरम पर है) से लेकर 1952 के प्रथम राष्ट्रीय चुनाव के एक दो वर्ष बाद तक फैला है। 1946 में गंगोली के सैयद जमींदारों ने

मुस्लिम लीग के खिलाफ निर्णय लिया था, क्योंकि देश के विभाजन के बाद उनकी गंगौली पाकिस्तान में न जाकर यहीं रह जायेगी—"फुन्नन मियाँ की तकदीर तो गंगौली में गड़ी है।" "ए भाई बाप-दादा की कबुर हियाँ है, चौक इमामबाड़ा हियाँ है, खेत-बाड़ी हियाँ है। हम कौनों बुरबक हैं कि तोरे पाकिस्तान जिन्दाबाद में फँस जाएँ।" (पृ. 155)। यह तो अनुभवजन्य निष्कर्ष है जो गंगौली के मुसलमानों की संवेदना का अविभाज्य अंग है। हकीम अली कबीर का इकलौता सद्दन पाकिस्तान चला गया है और गंगौली में मृत्युशय्या पर पड़े हकीम अली कबीर बड़बड़ा रहे हैं—'ए सद्दन, तू हम्मे छोड़ दियो। हम कह रहें कि छोड़ दियो तूँ अपने बाप को...छोड़ दियो, त का हम हूँ अपने बाप को छोड़ दें? नाखल्क" (पृ. 306)। पहली अभिव्यक्ति में हितबोध है और दूसरी अभिव्यक्ति में संवेदनात्मक जुड़ाव और दोनों ही मिलकर सच्चे राष्ट्रवाद की नींव बनाते हैं। अवचतेन में धँसे आम आदमी के राष्ट्रवाद का यही सावयविक रूप है, जिसे विभाजित करने का खूनी खेल बहुसंख्यक और अल्पसंख्यक राष्ट्रवादी खेलते हैं और नयी पीढ़ी की टकराती महत्त्वाकांक्षाएँ इसे जमीन देती हैं तथा अचकचरा या महत्त्वाकांक्षी बुद्धिजीवी इसकी वैचारिकी गढ़ता है।

लेकिन अगर *आधा गाँव* इतना ही होता तो किसी विशेष्ट पहचान का हकदार न होता, मात्र विचारात्मक उपन्यास बनकर किसी कोने में पड़ा रहता। *आधा गाँव* का मूल आकर्षण है—गंगौली के अन्तरंग जीवन की बेलाग अभिव्यक्ति। यह उपन्यास प्रमुखतः स्वतन्त्रता के बाद जमींदारी उन्मूलन से पामाल गंगौली के सैयद जमींदारों के उजड़ते जीवन का संजीदा, मार्मिक एवं तलस्पर्शी अंकन है। इस चौतरफा टूटती जिन्दगी के एक-एक रेशे को कल्पना के बारीक उस्तरे से जिस प्रकार उधेड़ा गया है, वह अद्भुत है। जमींदारी उन्मूलन के बाद सैयदों का आर्थिक आधार टूट गया है सामाजिक बदलाव के साथ 'ऐडजस्टमेण्ट सम्भव नहीं हो पा रहा है, धार्मिक-सांस्कृतिक अवसरों की मलिन होती चमक अब लौटनेवाली नहीं लगती। लेकिन इस सबके बावजूद शेखी और रंगीनी कायम है, एक-से-एक मनचले और शोखजवाँ हैं सैयदों में। पारिवारिक मर्यादाएँ ध्वस्त-सी दिखती हैं जो पहले जमींदारी की रूबाब से ढँकी हुई थीं। नैतिक दृष्टि से माहौल बहुत ही लिजलिजा है। पर्याप्त उथले प्रेम-प्रसंग हैं। प्रेम-प्रसंग *सोनामाटी* और *अलग-अलग वैतरणी* में भी हैं जैसे हनुमान प्रसाद कोइली या बुझारथ-सुगनी, सुरजू-सुगनी, बिधुर जग्गन मिसिर और उनकी विधवा भाभी, मुंशी जवाहर लाल का बालक-प्रेम जैसे प्रसंग, इत्यादि। लेकिन जग्गन मिसिर का प्रेम-प्रसंग घर की चहारदीवारियों में छिपा रह जाता है और सभी निन्दा के पात्र हैं। कल्पू और पटनहिया भाभी की सिसकती जिन्दगी गाँव के चारित्रिक क्षरण एवं जड़ मान्यताओं पर करारा व्यंग्य है। *सोनामाटी* में हनुमान प्रसाद-कोइली प्रसंग, हनुमान प्रसाद के तड़पते सामर्थ्य के बावजूद, कायम नहीं रह पाता और अन्ततः कोइली अपने नारीत्व की रक्षा कर लेती है।

लेकिन *आधा गाँव* के रचना-संसार में ऐसी कोई बहत्तर मूल्यगत चेतना नहीं है। इसमें अंकित तद्भवता अश्लीलता की छोर तक जाती है, इसमें यह बेलगाम सहजता और बेपर्द स्पष्टता के साथ विद्यमान है। सैयदों के बीच खलवतें स्वीकृत तथ्य हैं। इनके औचित्य-अनौचित्य पर कोई बहस नहीं है। सैयदों की बेपर्द इश्कमिजाजी गाँव के बुनकरों एवं छोटी जाति के हिन्दुओं की बहु-बेटियों पर जाल फेंकती रहती है—

दूसरा ब्याह कर लेना या किसी ऐरी-गैरी औरत को घर में डाल लेना बुरा नहीं समझा जाता था, शायद ही मियाँ लोगों का कोई ऐसा खानदान हो जिसमें कलमी लड़के और लड़कियाँ न हों। जिनके घर में खाने को नहीं था, वे भी किसी-न-किसी तरह कलमी आमों और कलमी परिवार का शौक पूरा कर ही लेते थे।" (पृ. 1)

सैयद परिवारों की आर्थिक टूटन भी उतनी ही चिन्ताजनक है—

हर घर में अम्बारों बक्स थे। हर जानने कमर-बन्द में कुंजियों का भारी गुच्छा था, पर बक्स खाली थे, तालों की कोई जरूरत नहीं थी पर औरतें कुंजिया के गुच्छों से चिपकी हुई थीं। क्योंकि वह उनकी खुशहाली के दिनों के यादगार रह गये थे. ..इन कुंजियों का नाका उन्हें जिलाये हुए था वरना उनकी आँखें बुझ चुकी थीं और उनकी कमरें बेटियों की कुँवारी जवानी के बोझ से दुहरी हुई जा रही थीं। (पृ. 340)

इसी अनुपात में उनकी सामाजिक हैसियत भी गिरी है। अली हुसैन मियाँ की लड़की कामिला से अब पढ़ा-लिखा 'बरकतवा' (बर्कतुल्ला अंसारी) प्यार करता है। कम्मों (डॉ. कमालुद्दीन अंसारी) के यहाँ उनका लड़का जर्गाम काम करता है और इश्कमिजाजी के चक्कर में निकाल भी दिया जाता है। अब्बू मियाँ पैसे-पैसे के मोहताज हैं। फुस्सू मियाँ ने अपना सैयदाना छोड़कर जूते की दुकान खोल ली है और टूटे हुए सैयदों का दरबार उनके यहाँ लगता है। परशुराम चमार एम.एल.ए. हो गया है और गंगौली में ही किसी मियाँ साहब का खँडहर खरीदकर मकान बनवाया है। अब वह गाँव का शक्ति-केन्द्र है, इसलिए दरबार उसके यहाँ भी लगता है। परशुराम की बीबी को अपनी बीबी द्वारा अपमानित किये जाने पर हम्माद मियाँ अपनी बीबी को समझाते हैं : 'परशुराम से बिगाड़ करके एक दिन इस गाँव में रहना नामुमकिन है—समझी।' वे परशुराम से मेट-माट चाहते हैं। लेकिन परशुराम बदला लेकर रहेगा—'कह दो जाके मियाँ से कि अब ऊ पाकिस्तान चले जायाँ (पृ. 350)। वह बदला नहीं ले पाता, यह बात तो अलग है, लेकिन इस हम्माद मियाँ ने भी पाकिस्तान का विरोध किया था। भारतीय मुसलमान की यही स्थितिगत विडम्बना रही है—न वह भारत का हो सका है और न पाकिस्तान का। आज पाकिस्तानी मोहाजिर भी इसी विडम्बना के शिकार हैं।

आधा गाँव बहुत सारे गम्भीर सवालों को अपने स्वाभाविक कथागत विस्तार के साथ उठाता रहता है। उपन्यास का अन्तिम अध्याय अर्थगर्भी घटनाओं से भरा पड़ा

है— पस्तहाल सैयद परिवार, अंसारियों और राकियों का सामाजिक उभार, राजनीति में अनजाने प्रवेश पाती साम्प्रदायिकता, गंगौली गाँव का वर्गगत बँटवारा, गोलबन्दी, फुन्नन मियाँ जैसे जाँबाज और साफ-दिल आदमी की हत्या और हकीम अली कबीर की दर्दनाक मौत। *आधा गाँव* का समापन बिन्दु भी ध्यात्तव्य है। मैकबेथ के 'स्लीप वाकिंग सीन' की तरह यहाँ भी अवचेतन में दबी स्मृतियों के बेतरतीब चकत्तों से इस बिन्दु को अद्‌भुत मार्मिकता प्रदान की गयी है। मरते-मरते हकीम अली कबीर ने 'गन्धिया' को माफ कर दिया है, जिसने कहा था कि परदादा से मिली उनकी जमींदारी उनकी नहीं बल्कि चमटोली-भरटोलीवालों की है। उन्हें यह देखकर खुशी भी है कि गंगौली की गलियों में खड़ँजा लग गया है और अब गाजीपुर से बरसात में मुहर्रम में आना-जाना आसान होगा। उन्हें किसी ने बताया है कि आशुरे के दिन बेदार मियाँ के इमामबाड़े में इमाम हुसैन बैठ के रोये हैं और बहुत खफा थे; उन्हें तकलीफ है कि बेदार मियाँ उन्हें छोड़कर पहले ही चले गये, वे अपने इकलौते बेटे सद्‌दन से खफा हैं जिसने बाप-दादों की धरती छोड़ दी और पाकिस्तान चला गया। उन्हें अपने पोते-पोतियों की स्मृतियाँ आवाज देने लगती हैं—''ई का कर रहा है बे? देख रही बीबी ई सूअर मूत दिहिस। आप एके ना पहचान रहें का? अरे ई सद्‌दन का लड़का है ना। परदादा को सलाम कर बे...।''

शेक्सपिरियन लहजे में फ्लैशबैक टेकनीक का इतना सघन, मार्मिक एवं खूबसूरत उपयोग अन्य दोनों सदर्न्भित उपन्यासों में नहीं दिखता। बेतरतीब स्मृतियों में फँसे हकीम साहब मर जाते हैं और उनके चेहरे पर चादर फैला दी जाती है। उसी समय रोते फुस्सू मियाँ को कान में सूचना दी जाती है—''जल्दी से घर चलिये। सैयद के हियाँ लड़का भवा है।' और फुस्सू मियाँ घर के लिए तुरन्त बाहर निकल आते हैं। उपन्यास को इसी बिन्दु पर समाप्त हो जाना चाहिए था। लेकिन राही एक पैरा जोड़ते हैं, केवल यह बताने के लिए कि सुबह खूबसूरत है; मुर्गा-मुर्गी का पीछा कर रहा है; कौवा खपरैल पर किसी को आवाज दे रहा है; नंग-धड़ंग बच्चे एक-दूसरे पर पानी उछाल रहे हैं; एक जवान लड़की घुटनों तक साड़ी उठाये बरतन माँज रही है; ईंट की चिमनी से गाढ़ा धुआँ निकल रहा है; और एक बच्चा बस्ता लिये स्कूल जा रहा है। कुछ बातें और लाई जा सकती थीं, जैसे दूसरे मुहल्ले में औरतें झगड़ा कर रही हैं, हम्माद मियाँ किसी मुकदमें की तैयारी में जुट हैं, बड़े अब्बा की लाश के किनारे खड़ा जर्गाम शरारती निगाह से सरवर की ओर देखे जा रहा है और परशुराम चापलूसों से घिरा अपनी राजनीति की गोटी फिट कर रहा है इत्यादि।

यह सब-कुछ *आधा गाँव* के मन मिजाज के अनुकूल होता। कुछ ने, विशेषतः डॉ. तुलसी नारायन सिंह ने अपनी अद्यतन पुस्तक प्रेमचन्दोत्तर तेरह हिन्दी उपन्यास (1999) में हकीम साहब के इन्तकाल को एक उथल-पुथल भरे युग के अन्त और खुशनुमा प्रभात वेला में नवजात शिशु के आगमन की, गंगौली के सैयदों के लिए

ही नहीं बल्कि पूरे राष्ट्र के लिए एक बेहतर भविष्य का शुभ संकेत माना है। (पृ. 125) लेकिन मुझे *अलग-अलग वैतरणी* और *सोनामाटी* के समापन की तरह *आधा गाँव* के इस समापन में भी एक क्रूर विडम्बना का ही एहसास हुआ है—अपनी अहम्मन्य सार्थकता के लिए दौड़ता-हाँफता लड़ता, लहू-लुहान करता-होता व्यक्ति इस असीम जीवन व्यापार में कोई मानी-मतलब नहीं रखता। भुवनेश्वर की जगह परशुराम लेता है या सुखराम या कोई और, फर्क नहीं पड़ता। जीवन जीना, सलीके से जीना, यथासम्भव अपनी शर्तों पर जीना व्यक्ति का आग्रह या दायित्व हो सकता है, लेकिन सामाजिक बदलाव की प्रक्रिया अपने में एक व्यक्ति-निरपेक्ष असील प्रवाह है। व्यक्ति अपनी-अपनी वैरतणी में डूबते-उतराते रहने का अभिशप्त है।

(4)

इन तीनों आँचलिक उपन्यासों ने एक एहसास दिया है कि जीवन की बहुरंगी प्रक्रियाओं के आत्मीय अंकन के लिए जितना उदार फलक आँचलिकता प्रदान करती है, उतना पारम्परिक शिष्ट, तत्सम जीवन नहीं। इसकी तत्समता में व्यक्ति की पीड़ा अथवा उसके आन्तरिक संघर्षों के अंकन अथवा मूर्त ऐतिहासिक प्रक्रियाओं का अंकन चाहे जितना भी हो, लेकिन जीवन की वह आभा, सामान्य जीवन-प्रक्रिया में ही रचे-पचे होने का सामर्थ्य कम ही दिखता है। इसी कारण शिवप्रसाद सिंह का नीला चाँद बौद्धिक प्रयास लगता है। *वे दिन, चितकोबरा* या *शेखर एक जीवनी* शिल्प और तकनीक की दृष्टि से जो भी स्थान रखते हों, अपनी अन्तरंगतता के बावजूद, मुझे ऊ माहीन और औपचारिक लगते हैं। इनसे भिन्न मैला आँचल, परती परिकथा, बलचनवा और इस आलेख में सन्दर्भित तीनों उपन्यास जीवन को प्रथम तल पर अंकित करते हैं, इनमें जीवन अधिक और चिन्तन कम है। इनमें सब-कुछ स्वाभाविक चलता रहता है, और इस स्वाभाविकता में ही इसे अतिक्रमित करनेवाले बड़े-बड़े निष्कर्ष अनजाने ही निकलते रहते हैं। इस सन्दर्भ में कई एक उद्धरण कधौते हैं, जैसे *अलग-अलग वैतरणी* में सरूप भगत का निष्कर्ष, "ठीक कहते हो बाबू। गरीबी और वारदात जुड़वा बहने हैं। जिधर चलती हैं साथ-साथ चलती हैं।' या 'बड़े-से-बड़े जुल्म का निस्तार मिल सकता है बेटा; मगर उस जुल्म से कोई निस्तार नहीं जिसे भोगने वाला उसे जुल्म माने ही नहीं।" (पृ. 237, 244) इसी प्रकार आधा गाँव में अपढ़ झिंगुरिया का अनुभवजन्य निष्कर्ष देखें जो स्वतन्त्र भारत की हिन्दू साम्प्रदायिकता को अपनी वर्गीय यथार्थ की पहचान से अतिक्रमित करता है—

हम अंग्रेजन के ना जानीलाँ बाकी हम जहीर मियाँ और कबीर मियाँ औरी फस्सू मियाँ और अनवारूल हसन राकी के जानीलाँ। हम ना मानब आप के बात। औरों जेकर नाम आप लेत बाड़ी ऊ साला होई कौनो बदमास। जमींदारन के जुलुम के

हम ना कहत बाड़ी। बाकी जेहू के पास जमींदारी होई, ओह के जुलुम करेके पड़ी। ना करी त जमींदारी ना चली, और मियहूँ लोग जमींदारे हौवन। (पृ. 175)

अर्थात् 'जुलुम' की जड़ जमींदारी है जमींदार नहीं, और इस रूप में हिन्दू और मुसलमान जमींदार में कोई फर्क नहीं है। ऐसी वर्गीय सोच शिवप्रसाद सिंह में नहीं दिखती। *अलग-अलग वैतरणी* में उनका सामाजिक विवेक सरूप भगत (चमार), जग्गन मिसिर (ब्राह्मण), जैपाल सिंह जमींदार(ठाकुर) में विभक्त है, जो अमूर्त मानवीय न्याय बोध में फँसकर मूर्त न्याय में बाधक बनता है। डॉ. विवेकी राय के *सोनामाटी* में भी लाल झण्डा जरूर दिखता है, लेकिन उसकी कोई भूमिका नहीं बन पाती और सारा कथानक करइल के भुवनेश्वर-भरतेन्दु तथा खोरा-रामरूप तक सीमित रह जाता है।

(5)

शिल्प की दृष्टि से *सोनामाटी* सर्वाधिक ढीलाढाला है। बाद के उपन्यासों में डॉ. राय ने अपने उपन्यासों के आकार पर अधिक, उनकी सघनता और नाटकीयता पर कम ध्यान दिया है। कम-से-कम *सोनामाटी* और *समर शेष* है की यह सामान्य कमजोरी है। रामरूप और सन्तोषी पण्डित के लम्बे-लम्बे आत्मालाप आन्तरिकता को उजागर करने का पुराना तरीका है। यही सही है कि इस तकनीक को चेतना-प्रवाह उपन्यासों में अपनाया गया है, लेकिन ये उपन्यास कोई पारम्परिक कथानक नहीं गढ़ते। उनमें गहराई है, फैलाव नहीं। इसका सर्वोत्तम उदाहरण जेम्स जायस और बर्जीनिया उल्फ की कृतियाँ हैं, जिनकी अनुगूँज हिन्दी में अज्ञेय के *शेखर एक जीवनी* में स्पष्ट है। इन उपन्यासों में बाह्य घटनाएँ आनुषंगिक हैं। लेकिन डॉ. राय के उपन्यास मूलतः घटना-प्रधान, समस्या-मूलक, यथार्थवादी उपन्यास हैं। अतः इन लम्बे-लम्बे आत्मालापों में डॉ. विवेकी राय का सुषुप्त काव्यत्व संरचना की कसावट को तोड़ता बार-बार मुखर होता रहता है और इसी कारण प्रमुख पात्रों में इनके कल्पक को देखा-पढ़ा जा सकता है। इससे राय साहब को काव्याभिव्यक्ति जैसा सुख भले मिला हो, इनके मुखपात्रों एवं औपन्यासिक शिल्प के गठन पर नकारात्मक प्रभाव पड़ा है। एक और कमजोरी बार-बार खटकती रही। उपन्यासकार धरातली वर्णनों का शिकार है, उसके गूढ़ निहितार्थों को दरकिनार करता है, और अगर ये झलकते भी हैं तो अनुषंगी बनकर। *सोनामाटी* में रामरूप की लड़की के तिलक और विवाह का पृष्ठ-दर-पृष्ठ सुदीर्घ वर्णन केवल घिसती कर्मकाण्डी औपचारिकताओं की अनावश्यक फेहरिस्त है, जिसका कोई औपन्यासिक प्रयोजन नहीं दिखता। इसी प्रकार इस उपन्यास में करइल की बाढ़ का वर्णन कहीं नहीं छूता है, इसके बावजूद कि उपन्यासकार ने नाटकीय घटनाओं से इसे भरने की कोशिश की है। अपनी कन्या का तिलक ले गये रामरूप का चुपके से कोइली से मिलने जाना न अवसर के अनुकूल है और न ही रामरूप के चरित्र के। लेखक का ध्यान रामरूप

की एक और कमजोरी को अंकित करते हुए कोइली के नारीत्व को उभारने पर है, लेकिन इसके लिए कुछ प्रासंगिक पीठिका होनी चाहिए थी। इसके लिए अन्य कोई घटना सृजित की जा सकती थी। इसी प्रकार उपन्यास के अन्तिम अध्याय में जो बाढ़ से लबालब है, रामरूप को साँप से कटवाना और उसको परेशान दिखाना किसी भी प्रकार के औपन्यासिक प्रयोजन से रिक्त है। डॉ. गोपालराय ने बाढ़ के इस दृश्य को एक कन्द्रीय मेटाफर के रूप में प्रस्तुत कर इसे 'किंग लियर' के 'स्टार्म सीन' से तुलना की है, जो नाइन्साफी है, क्योंकि काव्यत्व के किसी घनीभूत मानवीय क्षण की तुलना सपाट गद्यता से नहीं की जानी चाहिए। इतना ही नहीं, करइल की जिस सामाजिक एवं मानवीय ट्रेजडी की अभिव्यक्ति का रूपक गढ़ा गया है, उसके लिए करइल जी अत्यन्त ही अभिव्यक्तिशील 'मेटाफर' है। हर स्तर पर सूक्ष्मता का अभाव खटकता है। *समर शेष* है का समापन कहानी पर कहानी पर कहानी में होता है, जो पाठकीय उत्सुकता को थकाता है और अंग्रेजी निबन्धकार जोसेफ एडिसन की कलात्मक बोध सम्बन्धी इस चेतावनी की याद ताजी कर देता है कि कथाकार को कल्पना के अंतिरेक से बचना चाहिए क्योंकि किसी कथा का सटीक बिन्दु पर आरम्भ जितना जरूरी है उतना ही समापन भी। *अलग-अलग वैतरणी* और *आधा गाँव* इस किस्म की कमजोरियों से कमोबेश मुक्त है। *अलग-अलग वैतरणी* में उपन्यास के एक-दो अन्तिम अध्यायों में जग्गन मिसिर से उपन्यासकार ने वही गलती करायी है, जो डॉ. राय, रामरूप, सन्तोषी पण्डित अथवा सुराज एवं जयन्ती से कराते रहते हैं। जग्गन मिसिर के लम्बे-लम्बे संवाद और उनमें व्यक्त विवेक मिसिर जी की बनावट और परिस्थिति के अनुकूल नहीं हैं। जग्गन मिसिर न्यायप्रिय हैं, लेकिन अनपढ़ (क्योंकि उनकी शैक्षणिक पीठिका की कहीं चर्चा नहीं है) और लठैत भी है। दरअसल, इस उपन्यास के तीन पात्रों, ठाकुर जैपाल सिंह, कनिया और जग्गन मिसिर के साथ उनके रचनाकार की व्यक्तिगत अनुभूतियाँ जुड़ी हैं, जिसके चलते उनका अंकन इतना मार्मिक और सशक्त है। यही कारण है कि जग्गन मिसिर अपनी छाप छोड़ जाते हैं। उनमें कहीं-न-कहीं रचनाकार बैठा है।

आधा गाँव में राही ने एक पात्र के रूप में व्यक्तिवाची सर्वनाम 'मैं' को घुसाकर उपर्युक्त कमजोरी से अपने उपन्यास को बचा लिया है। किसी भी पात्र से कहीं कोई लेखकीय तादात्म्य बनता नहीं दिखता, इसीलिए उनके निरूपण में रूमानियत नहीं है। सभी अपना-अपना स्वभाव जीते हैं और अपने-अपने अनुभवों के दायरे में बने रहते हैं, जिसके चलते सभी ठोस एवं विश्वसनीय है। लेखकीय उपस्थिति है, लेकिन 'मैं' के रूप में घोषित है। यूनानी कोरस की तरह एक निस्पृह टिप्पणीकार के रूप में वह अपनी भूमिका निभाता रहता है। *आधा गाँव* का चरित्र-चित्रण एक मानी में और विशिष्ट है। इनमें न कोई नायक है और न कोई खलनायक। सभी सामान्य हैं, औसत हैं, अपनी-अपनी विशिष्टताओं, अर्थात निजता के साथ। फुन्नन मियाँ, हम्माद मियाँ अथवा बारिखपुर के ठाकुरों को नायक अथवा खलनायक बनाया जा

सकता था, लेकिन राही ने ऐसा नहीं किया। हाँ एक बात जरूर है—नेता परशुराम को छोड़कर किसी हिन्दू पात्र पर कोई प्रतिकूल टिप्पणी नहीं है। यह उनकी धर्म निरपेक्षता का तकाजा भले हो, यथार्थ सच्चाई के प्रतिकूल है। इसके विपरीत *अलग-अलग वैतरणी* और *सोनामाटी* में क्रमशः सुरजू सिंह, जगेसर, बुझारथ, सिरिया, हरिया, हनुमान प्रसाद, मनचोला, भारतेन्दु, दीनदयाल और अन्ततः खोरा जैसे भी अनेक खलनायक हैं। इसी प्रकार विपिन, शशिकान्त, देवनाथ, जैपाल सिंह, कनिया, जग्गन मिसिर, दयाल पण्डित को नायकत्व सौपा गया है। *सोनामाटी* में रामरूप के चरित्र में तो इस कमजोरी से बचा गया है, लेकिन *समर शेष* है में सुराज, जयन्ती, सन्तोषी पण्डित आदि के माध्यम से पुनः नायकत्व हावी होता जाता है। ऐसे चरित्रांकन में एक भारी कमजोरी दिखती है— पात्र स्याह-सफेद में विभाजित हो जाते हैं, जो इस बात का सबूत है कि व्यक्ति की आन्तरिकता की पकड़ ढीली है और पुराना पापी-पुण्यात्मावाला फार्मूला लागू हो जाता है। *आधा गाँव* इस दृष्टि से एक अनुपम उपलब्धि है, क्योंकि इसमें पात्रों पर लेखकीय आरोपण न्यूनतम है। हाँ, राही को जरूर यह सलाह दी जा सकती थी कि बेलाग तद्भावना की आड़ में ग्रामीण जीवन से सटी भाविक एवं लैंगिक अश्लीलताओं को विश्वसनीय रखते हुए भी मर्यादित रखा जा सकता था।

(6)

लेकिन मूल विषय है इन उपन्यासों में अभिव्यक्त त्रासद-बोध, जिसकी चर्चा ऊपर हुई है। एक प्रश्न बार-बार उठता है कि इस त्रासद-बोध का स्रोत क्या है? क्यों ये उपन्यासकार जीवन को इतना विडम्बनाग्रस्त मानते हैं? मेरी समझ में इनके अभिव्यक्त जीवन में निहित विडम्बनाओं का तीखा एहसास ही इसका स्रोत है। विपिन जैसे पात्र चाहते कुछ और हैं, लेकिन हो कुछ और ही जाता है, और जो होता है वह चाह के बिल्कुल प्रतिकूल है—टामस हार्डी के उपन्यासों की तरह। स्वराज्य के सपनों के अगिया बैताल सूरजभान को गुणा-भागी जैपाल सिंह, कमाऊ सुखराम और सूरज सिंह जैसों ने ध्वस्त कर दिया है, और गाँव बीमार है। रामरूप के आदर्श खोरा में अचानक आया परिवर्तन शब्दातीत है, हतप्रभ करने वाला है। 'आत्मस्थ' 'गृहस्थ-साधु' जिसका काव्यमय चरित्र 'धपू-धपू' चमकता है, अचानक राजनीतिक मायाजाल का अंग बन जाता है। काली बाबू रामरूप को बताते हैं:

सुना कि बड़ा भारी तान्त्रिक हो गया है। अदृश्य भाखने के साथ उसको वाकसिद्धि हो गयी है। विधायक और उसके बाप, दोनों को चेला मूड़ लिया है। दिल्ली तक बुलाहट हो रही है। आपका भी कोई मामला है? (पृ. 456)

समर शेष है में 'रामराज' पिट रहा है और सुराज (स्वराज्य) और जयन्ती (जनता) के बीच दुर्गम विकास की खाई है। अब करइल जी और भुवनेश्वर का स्थान समरेश बहादुर ने ले लिया है। इसका अन्त जरूर संकल्प में होता है, लेकिन इसका कोई प्रतिफलन नहीं है, मात्र प्रतिक्रिया है। इसी प्रकार *आधा गाँव* का समापन

शेरदिल फुन्नन मियाँ की विश्वासघाती हत्या, हकीम साहब की मौत और उनके अवचेतन से निकली बेतरतीब स्मृतियों की अर्थगर्भी व्यंजना तथा उनके मौत के साथ ही एक शिशु का जन्म लेना और बाहर की दुनिया की इन सारी घटनाओं से बेखबर एवं निरापद अपने स्वाभाविक प्रवाह में कायम रहना, उपन्यास में व्यक्त सैयद परिवारों के मोहक अतीत पर क्रूर टिप्पणी है। फुन्नन मियाँ को अपनी लाठी और शौर्य का भरोसा रहा है। वे जुलाहा किन्तु अलीगढ़ में पढ़े-लिखे अंसारी 'बरकतवा' को आगाह करते हैं: "कह दीहो अपनी महतारी के भतार से कि जेह की जमींदारी गयी हुई है, ओकी गयी हुई है, फुन्नन मियाँ की जमींदारी नहीं गयी है।" (पृ. 343)।

लेकिन जिस लाठी के बल का भरोसा था, वह काम नहीं आया। उनकी धोखेबाजी से हत्या कर दी जाती है। अब आमने-सामने के दिन लद गये। अब राजनीतिक दुनिया आयी है, जिसमें किसिम-किसिम के स्वाभाविक-अस्वाभाविक समझौते होंगे। अब्बू मियाँ की समझ में नहीं आ रहा है कि आखिर क्यों परशुराम चमार होकर भी चमारों का साथ छोड़कर अहीरों का साथ दे रहा है हकीम साहब परेशान हैं कि 'बदजात' कम्मो ने डाक्टर बनकर उनकी हकीमी छीन ली है और कमीने अब कुर्सी पर बैठने लगे हैं : अब ई जमाना आ गया है कि कमीने कुर्सी पर बैठने लगे। अरे लखना! अब कुर्सियाँ सब भीतर पहुँचा दे रे! कह दे कि जलाके खाना पका डालें लोग! अब ई-हे होइहे। (पृ. 274)।

कुल मिलाकर कहा जा सकता है कि *अलग-अलग वैतरणी, आधा गाँव* और सोनामाटी के कल्पित लोक में व्यक्त त्रास-बोध के मूल स्रोत वास्तविक, अनुभूत जीवन में निहित विडम्बनायें हैं, जो स्वातन्त्र्योत्तर भारत के यथार्थ और घोषित आदर्शों के बीच व्याप्त गहराते अन्तराल के तीखे एहसास की अभिव्यक्ति है। यह अभिव्यक्ति *आधा गाँव* में अत्यन्त ही मार्मिक है, क्योंकि यह व्यक्तियों एवं परिवारों की नियति से सटी है; इनकी नियति में इतिहास समाया है। कमोबेश यही स्थिति *अलग-अलग वैतरणी* की भी है। यहाँ भी करैता के माध्यम से स्वातन्त्र्योत्तर भारत के इतिहास की 'ठनक' और उसमें निहित आतंक, विरूपण और पीड़ादायी संक्रमण को सुना-देखा जा सकता है। इसके पात्र भी मूर्त सार्वभौम हैं। जितनी ये ऐतिहासिक सच्चाइयाँ हैं, उतनी ही अनुभूतिगत सच्चाइयाँ भी। *सोनामाटी* में अनुभूतिगत बिखराव है, लेकिन कदम-कदम पर इस विडम्बना का एहसास होता है और ग्राम कवि खोरा की चारित्रिक उलटवाँसी इस विडम्बना को त्रासद गहराई प्रदान करती है।

आख़िरी कलाम : राजनीतिक समालोचना का सर्जनात्मक विस्फोट

'हमारा दायित्व है कि हम पुराने विश्व को दिन के पूर्ण उजाले में खींच कर लायें और इसे एक नया सकारात्मक शिल्प दें। इतिहास जितना ही अधिक समय विचारशील लोगों को चिन्तन के लिए और दुःखी जन को अपनी ताकत समेटने के लिए देगा, उतना ही पूर्ण वह फल होगा जिसे वर्तमान अपने गर्भ में छिपाये है।'

कार्ल मार्क्स

"आज इतना ज्ञान उपलब्ध है कि सार्वभौम खुशी प्राप्त की जा सकती है। इस उद्‌देश्य से इसके (ज्ञान के) उपयोग में प्रमुख बाधा धर्म की शिक्षा है। हमारे बच्चों को बुद्धिसंगत शिक्षा से धर्म रोकता है। युद्ध के मूलभूत कारणों को दूर करने से भी रोकता है। पाप और दण्ड के पुराने डरावने सिद्धान्त के स्थान पर वैज्ञानिक सहयोग की नैतिक शिक्षा में भी यह अवरोध है। सम्भव है मानव स्वर्णिम युग के कगार पर हो; लेकिन, अगर ऐसा है, तो सर्वप्रथम उस ड्रैगन (कल्पित सर्पीला आग उगलता जानवर) को मारना होगा जो दरवाजे का रक्षक है, और यह ड्रैगन धर्म है।"

बर्ट्रेण्ड रसेल

वर्तमान माहौल में जब चिन्तनशील विवेक के लिए जगह सिमटती जा रही हो, जब चारों ओर अन्ध आस्थाओं का घना कुहरा छाया हो, जब मीडिया-प्रक्षेपित धर्म और संस्कृति के धुन्ध में हिस्त्र साम्प्रदायिकता का डरावना भौं-भौं सुनायी पड़ रहा हो, जब सत्ता-बल, धन-बल और पशु-बल संगठित हो रहे हों, तब विचारशील व्यक्ति क्या करे? चुप्पी साध ले? लेकिन यह तो आत्महत्या होगा। इतना ही नहीं, यह मनुष्य की सर्जनात्मक क्षमता में अविश्वास भी होगा। आखिर मनुष्य अपनी आदिम बर्बर अवस्था से, इतिहास की अनेक-अनेक बाधाओं को दूर करता यहाँ तक पहुँचा है। फिर यह कैसे मान लिया जाये कि वह यहीं अवरुद्ध, ठहरा रह जायेगा। विचाराधारात्मक स्तर पर असहमत मार्क्स और रसेल भी आश्वस्त हैं कि बुद्धिसंगत विवेक के उत्तरोत्तर विस्तार के साथ मनुष्य इस वर्तमान डरावने दौर को भी

अतिक्रमित करेगा। उपर्युक्त उद्धरणों से यह भी स्पष्ट है कि कार्ल मार्क्स को चिन्तन में समालोचनात्मक विवेक और पीड़ितों के संगठित प्रयास का भरोसा है, तथा विवेकवादी रसेल साहब को विवेक के अविरल विस्तार का। दरअसल, संगठन, समालोचना और विवेक में सीधा रिश्ता है। आश्चर्य नहीं, संगठनवादी मार्क्स और विवेकवादी रसेल आजीवन समालोचना लिखते रहे। समालोचना का अस्तित्व ही सामाजिक सजगता की पहचान और उसका उत्स है। संस्कृति-उत्पाद के रूप में मनुष्य इसके लिए विवश भी है। मनुष्य के रूप में वह न अपने इतिहास को अस्वीकार कर सकता है और न अपने बेहतर भविष्य के सपने देखना बन्द कर सकता है। आलोचना का दायित्व, चाहे वह सैद्धान्तिक हो या सर्जनात्मक, इसी इतिहास और भविष्य के प्रति विवेकसंगत सजगता पैदा करना है, और इस विश्वास के साथ कि ऐसा करना अकारथ नहीं जाता। यह सभ्यतागत अर्थात् मानवीय दायित्व ही इसे जिन्दा रखता है। यही प्रामीथियस को असीम यातना सहते रहने का धैर्य और साहस देता है, और यही विक्षिप्त कसाण्ड्रा को सार्थक बनाता है। यही विश्वास गौतम बुद्ध से राज-पाट छुड़वाता है और सुकरात को जहर पीने का नैतिक साहस देता है; जीसस को सलीब पर भी क्षमाशील बनाये रखता है, गाँधी को 'हे राम' तक पहुँचाता है, और कार्ल मार्क्स को असीम अभावों और जोखिमों के बीच आजीवन सक्रिय बनाये रखता है।

दूधनाथ सिंह के उपन्यास *आख़िरी कलाम* (राजकमल, नयी दिल्ली, 2003) को पढ़ते समय इतिहास की ये आदर्श आकृतियाँ कौंधती रहीं। लगा कि यह उपन्यास सही समय पर एक सही सर्जनात्मक हस्तक्षेप है। उपन्यास के महानायक 83 वर्षीय आचार्य जी (प्रोफेसर तत्सत पाण्डेय) को अपनी सेक्युलर समझ और समालाचा में असीम विश्वास ही उन्हें नितान्त प्रतिकूल उन्मादी माहौल के विरुद्ध, अन्तिम श्वास तक सक्रिय बनाये हुए है। चार से छह दिसम्बर 1992 को उनकी अयोध्या-यात्रा वहाँ के साम्प्रदायिक उन्माद के विरुद्ध एक प्रतिबद्ध बूढ़े विद्वान व्यक्ति की वैचारिक एवं नैतिक चुनौती है। चुनौती का प्रतिबद्ध तेवर ध्यातव्य है :

'उधर कहाँ जा रहे हो?' बिल्लेश्वर ने पूछा।

'उधर ही हाट लगी है।' आचार्य जी ने रावटियों और एक विशाल पण्डाल की ओर छड़ी से इशारा किया।

'वहाँ क्या करोगे?'

'कुछ नहीं।'

'फिर क्यों जा रहे हो?'

'पता नहीं।'

'पागल हो गये हो तुम।'...

'सिरफिरा हूँ, पागल नहीं बेटे और कुछ ज्यादा ही देखता हूँ।' आचार्य जी ने अपना हाथ बिल्लेश्वर के कन्धे पर रख दिया।

सभी चुप।

'बहुत सारी बातों का उद्देश्य नहीं होता।... तभी समझना चाहिए कि ऐसा क्यों है? जब हम व्यर्थ हो जाते हैं तभी सार्थक होते हैं।...लेकिन तू अभी बच्चा है और अब स्थिति यह है कि मैं काबू से बाहर हूँ। एक तिरासी साल के आदमी को कैसे काबू करोगे? रास्ता एक ही है, छोड़कर चले जाओ और वह तुम करोगे नहीं।

दरअसल, प्रतिभा दृष्टिग्रस्त या कहें दृष्टि-सन्तप्त होती है। वह अपने को जानती है और उसकी दृष्टि वर्तमान के धुन्ध को चीरकर किसी विराट् सपने पर टिकी होती है, जो उसके वर्तमान से टकराव का कारण है। आचार्य जी कहते हैं—"सिरफिरा हूँ, पागल नहीं बेटे! और कुछ ज्यादा ही देखता हूँ।" 'कुछ ज्यादा देखना' ही आर्चाय जी की वर्तमान बेचैनी का कारण है, और यही उन्हें साहस देता है और अथक सक्रियता भी। लेकिन यही एक नये, सौहार्दपूर्ण सुखी भारत के लिए आशा की किरण भी है। इसी बिन्दु से लेखकीय चिन्ता को भी समझा जा सकता है, जो *आख़िरी कलाम* के हर पृष्ठ पर दर्ज है।

यहाँ मेरा अभिप्राय उपन्यास की राजनीतिक समालोचना है। लेकिन राजनीतिक समालोचना एक बहुआयामी सरोकार है। राजनीतिक सिद्धान्त एवं व्यवहार के अलावा धर्म, दर्शन, साहित्य, विज्ञान, इत्यादि भी इसके दायरे में आते हैं। व्यक्तिगत मुखरता, अस्पष्टवादिता या चुप्पी के भी निहितार्थ होते हैं। दृष्टिगत भिन्नता के बावजूद मुखरता की सोद्देश्यता स्पष्ट है, लेकिन अस्पष्टवादिता 'नरो वा कुंजरो' वाली अवसरवादी मनः स्थिति है, जिसे 'आपद्धर्म' के रूप में मर्यादित किया जाता है। इसी प्रकार जब कोई छोटी या बड़ी अन्यायी सत्ता समर्थन चाहती हो तो चुप्पी नैतिक प्रतिरोध है; किन्तु सामान्य स्थितियों में यह गलत-सही जो हो रहा होता है, का मूक समर्थन है, जिसका लाभ हमेशा आक्रामक पक्ष को मिलता है। वर्तमान लोकतान्त्रिक समाजों में व्यक्ति के यौन-सम्बन्ध जैसे नितान्त निजी सरोकार के भी राजनीतिक निहितार्थ हैं। दरअसल, व्यक्ति आत्मसात् समाज है, और राजनीति सामाजिक महासरोकार। अतः दोनों की अन्योन्याश्रित एक असन्दिग्ध तथ्य है। पूँजी अंग्रेजी पूँजीवाद की व्याख्या और समालोचना मात्र नहीं है, यह उसकी नैतिक, सामाजिक, दार्शनिक, साहित्यिक समालोचना भी है। इसी प्रकार *हिन्द स्वराज* पश्चिमी पूँजीवाद पर सभ्यतागत टिप्पणी है। इल्युजन ऐण्ड रिअलिटी और वोल्गा से गंगा जैसी साहित्यिक कृतियों की बहुआयामीयता भी निर्विवाद है। ऐसा ही एक महाप्रयास आख़िरी कलाम के माध्यम से डॉ. दूधनाथ सिंह ने भी किया है और अगर डैविस डेचीज की भाषा में कहें तो यह एक 'माइनर क्लैसिक' होने का हकदार है। जिस सर्जनात्मक ताकत के साथ 6 दिसम्बर, 1992 के अयोध्या मुद्दे को इस उपन्यास में उठाया गया है, वह अन्यत्र नहीं दिखता। पक्ष-प्रतिपक्ष की राजनीति फतवेबाजी या साम्प्रदायिकों के प्रलाप अथवा कतिपय कविताओं और कहानियों के

अलावा अब तब कोई गम्भीर प्रतिवाद सामने से नहीं गुजरा है। सम्भवतः आख़िरी कलाम पहला सार्थक औपन्यासिक प्रयास है।

उपन्यास के नायक 83 वर्षीय आचार्य जी (प्रोफेसर तत्सत् पाण्डेय), एक प्रतिबद्ध, मुखर एवं विद्वान् मार्क्सवादी हैं, लेकिन अपनी निजता के साथ। सर्वात्मन उनका मार्क्सवादी शिष्य है, जो कम्युनिस्ट पार्टी का प्रान्तीय स्तर का नेता है, और आचार्य जी के प्रति समर्पित हैं। बिल्लेश्वर किसी की नाजायज सन्तान है, जिसे आचार्य जी ने चिथड़ों में फेंका पाया था, लेकिन परिवार के दमघोंटू वातावरण में भी उन्होंने उसे पोते का स्नेह दिया है। वह कम पढ़ा-लिखा है, लेकिन विवेकवान् है, मुँहफट है और आचार्य जी का मुँहलगा अपरिहार्य सम्बल है। कहीं-कहीं वह कबीर की याद दिलाता है तो कहीं किंगलियर के 'द फूल' की। आचार्य जी अपने असीम ज्ञान और विवेक के बावजूद लियर की जिद्दी, आत्मघाती भूमिका में भी दिखते हैं। उपन्यास में गायत्री और स्वामी अचेतानन्द जैसे पात्र हैं और इसमें जमील मियाँ जैसा शरीफ पात्र भी है जो हिन्दुत्ववादी दहशत के दबाव में टूट गया है और अन्ततः अपना मानसिक सन्तुलन खो बैठा है। लेकिन आचार्य जी का इकलौता बेटा माधवानन्द अमेरिका में एक श्रेष्ठ 'ब्राह्मण वैज्ञानिक' के रूप में गायत्री-सिण्ड्रोम से बच पाता है। अयोध्या के पार्टी कार्यकर्त्ता मिसिर जी हैं जो जमीनी हकीकतों के इतने दबाव में हैं कि उनके लिए पार्टी सिद्धान्त का कोई माने-मतलब नहीं है, और उनके राजनीतिक-सामाजिक आचरण से उस 'स्फटिक फाँक' की समझ बनती है जो कम्युनिस्ट पार्टी के सिद्धान्त और व्यवहार के बीच व्याप्त है। आचार्य जी की पत्नी, माता जी, पोता रविकान्त और उसकी पत्नी सुहासिनी, अयोध्या में 'शहीद' बिजलानी भाइयों की अन्धभक्त 'थुलथुल' माँ, लँहकट बाबा और जमील मियाँ के पिता गफ्फार मियाँ जैसे पात्र भी है, जो अपनी तीक्ष्ण अथवा असहाय उपस्थिति से तत्क्षण छाप छोड़ते हैं और फिर ओझल हो जाते हैं। अनेक अनाम चेहरे हैं, जो उन्माद-ग्रस्त और आक्रोशित हैं, या संस्कार-भीरू भीड़ है जो 'रामजन्म भूमि' -दर्शन हेतु इकट्ठी हुई है और इन सबको देखती, व्यवस्थित करती, सब पर टिप्पणी करती यूनानी प्राफेट टाइरेसियन जैसी दृष्टि-सम्पन्न सर्वव्यापी लेखकीय उपस्थिति भी है जिसके बिना इस एपीसोडिक नरेटिव को औपन्यासिक शक्ल न मिल पाती।

उपन्यास कुल चार खण्डों में विभक्त है—'गृह-जंजाल', 'प्रस्थान-पर्व', 'देव-श्मशान' और 'पुनश्च'। प्रथम तीन के नायक आचार्य जी हैं। ये आचार्य जी की संघर्षशील जीवन-यात्रा के तीन निर्णायक चरण हैं, जिन्हें सर्वात्मन 'समानान्तर युद्ध' (पृ. 430) के रूप में याद करता है। वैसे तो सर्वात्मन का ध्यान प्रथम चरण पर नहीं है, लेकिन यह भी 'समानान्तर युद्ध' ही था। अन्तिम खण्ड 'पुनश्च' 6 दिसम्बर, 1992 की घटना के 10 वर्ष बाद सर्वात्मन के अयोध्या में पुनर्भ्रमण पर केन्द्रित है। अब अयोध्या का नक्शा बिल्कुल बदल गया है, अब यह कुछ और 'उजड्ड' बना है। जहाँ

लहलहाते गेहूँ और आलू के खेत थे, वहाँ अब नये-नये परमहंस और अखाड़े काबिज हैं। पाँच बूढ़े मुसलमानों की छोटी-सी बस्ती (परिवार के अन्य लोग 6 दिसम्बर के पहले ही घर छोड़ चुके थे) का अब नामोनिशान नहीं है। सर्वोपरि, विक्षिप्त जमील मियाँ बेतरतीब स्मृति के शिकार उन्हीं खण्डहरों में घूम रहे हैं :

मेरे कमरे में सियासत हो रही है... बड़ा शोर है? सोने नहीं देते।

अल्लामा इकबाल आये थे। उन्होंने दाढ़ी रख ली है। (पृ. 438)।

यहाँ बरबस शेक्सपीयर के विक्षिप्त एवं स्मृति-विगलित लियर या लेडी मैकबेथ की याद आती है। लेकिन ये दोनों तो अपनी स्थिति के लिए बहुत दूर तक स्वयं जिम्मेदार थे। इन्होने तो नासमझ निर्णय लिये थे। लियर अपने उजड्ड अहंकार के चलते बर्बाद होता है और लेडी मैकबेथ अपनी उजड्ड, पति-केन्द्रित महत्त्वाकांक्षा के चलते। लेकिन जमील मियाँ के पास न अहंकार था, न महत्त्वाकांक्षा ही। वह तो हिन्दू धर्मान्धों की उजड्ड, अहंकारी राजनीतिक-धार्मिक महत्त्वाकाक्षा के शिकार हुए हैं। बरबस याद आते हैं दलित कुल में जन्मे अति-संवेदनशील नवगीतकार एवं खूबसूरत इन्सान देवेन्द्र कुमार जिन्हें, बकौल केदारनाथ सिंह, लगता था कि लोग अनवरत उनका पीछा कर रहे हैं। (देखें, कब्रिस्तान में पंचायत, राधाकृष्ण, 2003, पृ. 78-80)। गोरखपुर के भेड़िया माहौल ने देवेन्द्र कुमार को विक्षिप्त किया था, और अयोध्या के वैसे ही माहौल ने जमील मियाँ को विक्षिप्त किया है, यद्यपि दोनों ही यथासम्भव अपने को 'ऐडजस्ट' करते रहे। यहाँ तसलीमा नसरीन के उपन्यास *लज्जा* के सुधामय और सुरंजन की याद भी स्वाभाविक है। राजनीतिक अथवा धार्मिक उन्माद नहीं जानता कि भले एवं संवेदनशील लोगों पर क्या गुजरती है और ये कैसे-कैसे कितनी कीमत चुकाते हैं।

उपन्यास का पहला खण्ड 'गृह-जंजाल' आचार्य जी (प्रोफेसर तत्सत् पाण्डेय) की पारिवारिक एवं विश्वविद्यालयी जिन्दगी से सम्बन्धित है। दरअसल, यह 'जिन्दगी' नहीं बल्कि पारिवारिक एवं विश्वविद्यालयी सड़यँध के विरुद्ध आचार्य का असफल समानान्तर युद्ध है। राज-पुरोहित के अत्यन्त मेधावी बेटे थे, इसलिए उच्चशिक्षा सोर्बोन में हो गयी। वहीं मार्क्सवादी बने, और भारत लौटकर इलाहाबाद विश्वविद्यालय में प्रवक्ता बने। राज-दीवान भी बन सकते थे, लेकिन राजा साहब और पिता की असमय मृत्यु के कारण सम्भव न हो सका। स्वाधीनता संग्राम में सीधी सिरकत कर सकते थे, लेकिन घर की परिस्थितियाँ बाधक बनीं। राजनेताओं में उन्हें नेहरू पसन्द थे, क्योंकि भारत में वही एक ऐसी शख्सियत थे, जो यूरोप और हिन्दुस्तान दोनों जगह शक के दायरे से बाहर थे (पृ. 29)। नेहरू जी के पुस्तक-प्रेम को देखकर उन्होंने अपनी पुस्तकें भेजी थीं। नेहरू जी के यहाँ आनन्द भवन में उनका आना-जाना था और उनके माध्यम से वह गाँधी जी और गुरुदेव टैगोर से मिले थे। इससे आचार्य जी के मानसिक संस्कार का पता चलता है। वह प्रतिबद्ध मार्क्सवादी

हैं, अतः अनिवार्यतः अनीश्वरवादी और जात-पाँतवाद एवं साम्प्रदायिकता के विरोधी भी, तथा भारतीय सांस्कृतिक अतीत के प्रति रैडिकल सोच के कायल हैं। ऐसा व्यक्ति एक गरीब परम्परारुद्ध पुरोहित परिवार और 'पूरब के आक्सफोर्ड' इलाहाबाद विश्वविद्यालय के जात-पाँतवादी, साम्प्रदायिक एवं अवसरवादी माहौल में बने रहने के लिए अभिशप्त था। एक मुलाकात में उन्होंने नेहरू जी से कहा भी थाः

पुरोहिताई पर परिवार चलता था, अब पिता जी के जाने के बाद वह भी नहीं रही, और मैं व्यावहारिक रूप से अक्षम हूँ। आपकी तरह शक्तिशाली और धुन का पक्का भी नहीं। न वो प्रतिभा है, न साहस। और फिर, मुझे लगता है, मैं इतिहास से बाहर का आदमी हूँ। मेरी उपयोगिता नहीं है। (पृ. 32)

दरअसल, तत्सत् पाण्डेय में साहस था और प्रतिभा भी। उनके पुस्तक-प्रेम ने उन्हें व्यावहारिक रूप से स्वाधीनता संग्राम से ही नहीं बाहर किया था, परिवार और विश्वविद्यालय में भी बेगाना बनाया था। इकलौते बेटे माधवानन्द की शादी की थी और अपने पुजारी पिता के दुराचारी आचरण से ग्रन्थिग्रस्त बहू हर पुरुष को दुराचारी और गलीज समझती थी, अपने ससुर आचार्य जी और अपने पति माधवानन्द को भी। उसके यान्त्रिक कर्मकाण्डों को अपनी दुनिया बनाया और उसके आने के साथ ही आचार्य जी का 'सत्यधाम' पूर्णतः कर्मकाण्ड धाम में बदल गया। उसने आते ही घर के कूड़ाघर को पूजाघर में बदल दिया और आचार्य जी किंकर्त्तव्यविमूढ़ बने रहे। उपन्यास में अंकित एक स्थिति है जिससे गायत्री आरती की थाली लिये उनके सामने खड़ी और आचार्य जी के अनाड़ीपन पर मुस्कुरा रही है, और उनकी पत्नी जो आज तक चुप सब-कुछ सहती आयी है, बहू के साथ है। संवाद ध्यातव्य है :

'पूजा कहाँ हो रही थी? आचार्य जी ने अब माता जी को घूरा।

'अब छोड़ो भी।'...

"मतलब?" आचार्य जी बोले

'तुम्हारा क्या जाता है?'

'चुप।' आचार्य जी ने जोर से कहा।

× × ×

'इस घर में आदमी रहते हैं।' आचार्य जी ने माता जी को लक्ष्य करते हुए कहा।

'हाँ आं, एक तुम्हीं तो आदमी हो।' माता जी बोलीं।

'हाँ...हूँ।' आचार्य जी चीखे।

'तुम हिटलर हो, हिटलर।' माता जी ने कहा।

'तो? तो?'

'एक दिन भुगतोगे, देखना।' माता जी ने शाप की शैली में कहा।

'भुगत लूँगा, भुगत लुँगा।' आचार्य जी ने जैसे चुनौती स्वीकार की।

'सिर्फ अपनी चलाता है, ये आदमी।' माता जी बोलीं और अन्दर चली आयीं।

परिवार में तनाव व्याप्त है। माता जी को सदमा लगता रहता है और वह लगभग निष्क्रिय, अपने में सिमटी रहती हैं। गायत्री के मानसिक उन्माद से परेशान आचार्य जी का इकलौता बेटा माधवानन्द, अपने इकलौते बेटे रविकान्त को भी छोड़ अमरीकावासी हो गया है और वहाँ 'ब्राह्मण वैज्ञानिक' के रूप में अति प्रतिष्ठित है। रविकान्त ने इण्टर फेल होकर पढ़ाई छोड़ दी है और 'कुल मिलाकर मुस्टण्डा' है। ट्रक के स्पेयर पार्ट्स का व्यवसायी बना है और घोर कर्मकाण्डी है। आचार्य जी परिवार में बेगाने हैं। बिल्लेश्वर के सिवाय कोई उनका अपना नहीं हैं रविकान्त अपने हनुमान से प्रार्थना करता है—"हे बजरंग बली, तुम मेरे बाबा को सद्बुद्धि दो।" (पृ. 22)। आचार्य जी को चिन्ता है कि उनके ज्ञान, उनके विचारों का क्या होगा? हर सत् की तरह उनका सत् भी नश्वर है, जिसके बलबूते वह अब तक बुद्ध, रवीन्द्रनाथ और आदिशंकर की आलोचना करते रहे हैं। उनहें आशंका है कि उनके बाद उनका पोता रविकान्त उनकी पुस्तकों को बेचकर पुस्तकालय को ट्रक के स्पेयर पार्ट्स की दूकान में बदल देगा। उनके आत्मालाप के निष्कर्ष को देखेंः

दुनिया एक बलि की बेदी है प्रोफेसर! जिन पेड़ों को तुम बहुत प्यार करते हो, जिनकी घनी छाँव में भटकते हो, हो सकता है कि वे बड़े-बड़े भुतहे पेड़ कल कट जाएँ और ट्रकों पर लदकर कहीं चले जाएँ और उन पर आरा मशीन चले। श्रीमान् पांडे जी, तुम पानी पाण्डे होते तब भी यही होता और तुम अन्तराष्ट्रीय सम्मान के प्रोफेसर आचार्य तत्सत पाण्डेय हो तब भी होगा। फटफटाओ चाहे जितना लेकिन क्या कर लोगे तुम (पृ. 22-24)।

"निष्कर्ष घोर निराशावादी है और इसके शिकार अन्ततः ऐसे बुद्धिजीवी बनते हैं जो लोक-चेतना और अपनी प्रतिबुद्ध चेतना के बीच कोई सार्थक संवाद नहीं बना पाते। यही 'स्फटिक फाँक' हैं, जिसकी चर्चा कम्युनिस्ट पार्टी के सन्दर्भ में सर्वात्मन बार-बार करता रहता है।"

आचार्य जी विश्वविद्यालय में भी इस 'स्फटिक फाँक' से उत्पन्न परायेपन के शिकार हैं। पूरब का यह 'आक्सफर्ड' परस्पर विरोधी जात-पाँतवादी गुटों के तिकड़म का शिकार है। यह कायस्थ और ब्राह्मण गुटों के स्वार्थों का अखाड़ा है। आचार्य जी प्रोफेसर पद के प्रत्याशी हैं। उपकुलपति एक विद्याविहीन 'संघी' है। वह भारतीय धर्मशास्त्र और दर्शन के मोहाच्छन्न हैं, लेकिन इनका गूढ़ार्थ नहीं जानते। विशेषज्ञ भी गम्भीरता से इसे 'अत्यन्त गहन' कहकर चुक जाते हैं। आचार्य जी इसे 'असत्. .. से घिरा' बताते हैं, क्योंकि यह तर्क को तर्कातीत बनाकर अमूर्तन अर्थात् 'असत्' की सृष्टि करता है। यह जिज्ञासा और तर्क पर आस्था को वरीयता देना है। अर्जुन संशयी बना रहता है तो कृष्ण 'महारूप दर्शन' द्वारा उसे चुप कर देते हैं। कृष्ण के भीतर बैठा ब्राह्मण अन्त में 'अपना यह तर्कातीत तर्कजाल' पेश करता है।

ईशोपनिषद् के पहले ही श्लोक में एक बार कुछ को 'गत' बताया जाता है और फिर अचानक ईश्वर को ऊपर से टपका दिया जाता है। अगर इस अन्तर्विरोध की तरफ कोई इशारा करे तो उसे 'धर्म-विरुद्ध' घोषित कर दिया जाता है (देखें, पृ. 33-34)। साक्षात्कार के दौरान तत्सत पाण्डेय वक्ता हैं और शेष श्रोता। तुलनात्मक साहित्य विभाग के अध्यक्ष आचार्य जी की राजनीति में 'गहरी दखल' की बात उठाते हैं, जिसका तत्क्षण उत्तर मिलता है– 'लेकिन तुलनात्मक साहित्य में उससे ज्यादा।' साक्षात्कार के दौरान आचार्य जी का हठीलापन कायम है, उद्दण्डता की सीमा तक। लेखक ऐसी प्रस्तुति से बच सकता था। खैर, परिस्थितिवश आचार्य जी की नियुक्ति की संस्तुति हो जाती है और कागजात कार्यकारिणी के समक्ष प्रस्तुत होने के लिए लिफाफे में बन्द कर दिये जाते हैं।

साक्षात्कार के बाद इसे लेकर अनेक व्याख्याएँ और किंवदन्तियाँ विश्वविद्यालय परिसर में व्याप्त हैं, और उनकी नियुक्ति को कैसे रोका जाये, इसका चक्रव्यूह रचा जाने लगा है। उपकुलपति इसलिए खिलाफ हैं कि तत्सत पाण्डेय मार्क्सवादी हैं। कायस्थ इसलिए विरोध में हैं कि वह ब्राह्मण हैं, और ब्राह्मण इसलिए विरोध में हैं कि सच्चा ब्राह्मण मार्क्सवादी नहीं हो सकता। लेकिन आचार्य जी अन्ततः नौकरी का तर्क मानकर सबसे निवेदन कर रहे हैं। इस पर असंयत, क्रूर लेखकीय टिप्पणियाँ हैं जो अनपेक्षित हैं। (पृ. 41-42)। लेकिन दूधनाथ जी विरूपण में माहिर हैं और अतिरंजनाओं का सहारा लेते हैं। प्रतिपक्ष को सहानुभूति देते नहीं दिखते। इससे दो निष्कर्ष निकाले जा सकते हैं—या तो उनकी प्रतिबद्धता दिखाऊ है या वह 'साइकिक क्लोजर' के शिकार हैं। दूसरा विकल्प, शायद, सच के अधिक निकट हो। खैर, लेखक के शब्दों में आचार्य जी के आचरण की एक प्रस्तुति सामने है :

फिर तो वह पूरी तरह केचुआ बन गये, वे द्वार-द्वार रेंगते हुए गये। जो खाते, वही हगते। कभी आगे सरकते कभी पीछे। कभी टेढ़े-मेढ़े, बायें-दायें।...याचना का कटोरा कभी आगे करते, कभी संकोच में अपने चूतड़ों की आड़ में छिपा लेते (पृ. 42)।

कुल मिलाकर, शुरुआती हिचकिचाहट के बाद,
आचार्य जी ने कार्य परिषद् की बैठक के पहले वे सब 'पाप' किये।
जिसका वे दम भरते थे कि वे कभी नहीं करेंगे (पृ. 41)।

लेखक ने कार्य परिषद के सदस्यों के 'ज्योतिर्मय संलाप' के बारे में सविस्तार लिखा है, जिसकी बानगी आवश्यक है, क्योंकि इसके बिना इस 'आक्सफर्ड' की बौद्धिक एवं नैतिक संस्कृति को नहीं समझा जा सकता। कार्य परिषद् में कई परस्पर विरोधी जात-पाँतवादी घटक हैं, लेकिन फिलहाल सबके लक्ष्य आचार्य जी हैं। इनकी टिप्पणियाँ ध्यातव्य हैं :

पहला ग्रूप

'आये थे।'

'कौन?'

'मार्क्स के चाचा।'

'आज तक तो कभी नहीं आये।'

'उल्टी छुरी से मूँड दो इस बार।'

'बहुत दिनों तक कल्लाएगा।' हँसी।

दूसरा ग्रूप

'आये थे।'

'कौन?'

'सरप्लस वैलू।'

'कौन?'

'रविन्द्र नाथ के साले।'

'अच्छा।'

'खबरदार रहना, उधर भी फेरा लगेगा।'

'अबकी सरप्लस वैलू का पता चलेगा, कितना है।'

तीसरा ग्रूप

'आये थे।'

'कौन?'

'अच्छा...ब्रह्मा?'

'बैठक की बात करो, कैसे निपटोगे।'

'टाप सीक्रेट है।'

'और बाभन?'

'वो? द्वैपायन है। जो कम्युनिस्ट है वो बाभन कहाँ?'

'लेक़िन ब्राह्मणों में एका है।'

'होने दो, हम भी डी.डी.लाल के पोते हैं।'

'डी. डी. लाल?'

'द ग्रेट दस दुआरी लाल।'

इस डी.डी.लाल का एक ही सिद्धान्त है...'अपना आदमी सर्वश्रेष्ठ होता है... चाहे वह छछूँदर भी हो।' और अपना आदमी कौन? एकमात्र उत्तर है– 'लाला'।

कार्य परिषद् में एक 'जनप्रतिनिधि' ब्राह्मण सदस्य ऐसे भी हैं जो आचार्य जी के ब्राह्मण होने मात्र से उनकी नियुक्ति की स्वीकृति अपने गुंडों के बलबूते दिलवायेंगे- 'गुरुदेव, ब्राह्मणों की मूँछ का सवाल है और उस कश्मीरी कुबड़े की

हिम्मत कि टिटिर-बिटिर करे।...प्रणाम गुरुदेव' (देखें, पृ 41-45)। अन्ततः कार्य परिषद् ने आचार्य जी की नियुक्ति को विवादास्पद बनाकर महामहिम जी के पास भेज दिया। महामहिम (सम्भवतः के. एम. मुंशी) स्वयं एक चर्चित लेखक थे, जिनके लेखन पर आचार्य जी ने प्रतिकूल टिप्पणियाँ की थीं जिसकी सूचना पी. ए. के माध्यम से महामहिम तक पहुँचा दी गयी और वहाँ से भी नियुक्ति को संस्तुति नहीं मिली। आचार्य जी तब अन्ततः न्यायपालिका की शरण में गये, बहसें हुईं और फैसले में वही 'तार्किक अमूर्तन' था, जिसमें अर्थ था भी और नहीं भी था।' इस अस्पष्टता का लाभ आचार्य जी के 'कूबड़े' उपकुलपति ने उठाया और आचार्य जी प्रोफेसर नहीं बन पाये। वह किताबी ज्ञान के आदमी थे और विश्वविद्यालय, महामहिम और न्यायालय जैसी संस्थाओं की 'उच्चकोटि की नीच ठगी' को नहीं समझते थे। यहाँ भी उनकी किताबी एवं स्वप्नदर्शी दुनिया और पढ़े-लिखे प्रोफेशनल्स की घटिया व्यावहारिक दुनिया के बीच वही 'स्फटिक फाँक' थी जो उनके रूढ़िग्रस्त परिवार और उनमें है। लेकिन एक स्थान पर लेखक आचार्य जी के व्यक्तित्व में निहित 'द्वैत' को रेखांकित करता है जो कम-से-कम मेरे गले नहीं उतरता—

वैज्ञानिक मार्क्सवाद में अनंत आस्था होने के बावजूद उनकी जीवन-शैली नितान्त अवैज्ञानिक, ठेठ और घरऊ थी। वहाँ तर्क और व्याख्यानों और सन्यस्त तटस्थता के लिए कोई जगह नहीं थी। जैसा था, वैसा था,—एकदम पारदर्शी, छल-कपट रहित, बिना दिखावे के, कमजोर और सहज-सरल-बेबनावट। बाहर-भीतर का यह द्वैत ही उनसे घात कर रहा था (पृ. 64)।

यह टिप्पणी आचार्य जी में व्याप्त आशंकाओं को लेकर है जब माधवानन्द अपनी मनोरोगी पत्नी गायत्री को साथ लेकर फेलोशिप पर अमरीका जा रहा है। दरअसल, आशंकाएँ स्वाभाविक हैं, जो किसी भी पिता में होंगी, जो यह महसूस करता है कि 'अनजाने में ही उनसे अपने बेटे का वध हो गया है' (पृ. 63)। लेखक यह भी नहीं महसूस कर पाता कि 'बेबनावट', 'पारदर्शी', 'छल-कपट रहित' जीवन जीने के लिए कितनी मजबूत रीढ़ चाहिए और फिर वह कैसा 'वैज्ञानिक मार्क्सवाद' जो पारिवारिक संवेदनाओं से सर्वथा रिक्त हो! दरअसल, आचार्य जी के 'द्वैत' या 'स्फटिक फाँक' का धरातल दूसरा है। वह सही ही अपने को 'इतिहास से बाहर' महसूस करते हैं। यही वह स्थिति है जहाँ से व्यक्ति का आचरण या सोच इतिहास पर निर्णय बनता है, राजनीतिक समालोचना की दृष्टि और कूबत जुटा पाता है। *फरदर स्टडीज इन डाइंग कल्चर* में कॉडवेल का कहना है कि महापुरुष, सन्त और कवि यथार्थ यानी इतिहास के हाशिये पर जीते हैं, और इसी कारण अर्थवान् होते हैं। आचार्य जी की अर्थवत्ता भी उनके हाशिये पर जीने में ही है। वह भीड़ के साथ नहीं हैं, लेकिन उनमें 'सन्यस्त तटस्थता' जैसी गैर-जिम्मेदार मानसिकता भी नहीं है, जिसे लेखक यदा-कदा मर्यादित करता है। जर्जर अवस्था के बावजूद आचार्य में

बौद्धिक संलग्नता है, जो उन्हें अयोध्या तक के -'गदर' के विरुद्ध 'प्रोटेस्ट' हेतु जाने के लिए विवश करती है।

उपन्यास का दूसरा खण्ड 'प्रस्थान-पर्व' 3 दिसम्बर, 1992 को आरम्भ होता है। अब वह 83 वर्ष के वृद्ध हैं। उनके एक शिष्य सविनय ने 4 दिसम्बर को अयोध्या में एक सचल ग्रामीण पुस्तकालय का उद्घाटन करने और 'किताबें शक पैदा करती हैं' विषय पर व्याख्यान देने के लिए आमन्त्रित किया है। उपन्यास सविनय के फोन और आचार्य जी के निर्णय के साथ आरम्भ होता है। आचार्य जी इस संवेदनशील, जोखिम-भरे अवसर पर अपनी अयोध्या-यात्रा का अर्थ समझते हैं। माता जी के पूछने पर कहते हैं :

उसी सविनय अवज्ञा आन्दोलन के उद्घाटन का। पिछड़े इलाके में। वहाँ गदर है। और मेरी तरफ से प्रोटेस्ट (पृ. 16)।

मन्तव्य स्पष्ट है। अयोध्या में 'कार सेवा' नहीं 'गदर' है। गदर इसलिए कि वह 'पिछड़ा' है, और पिछड़ा इसलिए कि वहाँ पुस्तकें नहीं हैं, विचार नहीं हैं। अतः अयोध्या उनके लिए 'मसान' अर्थात् 'देव-श्मशान' है। इसलिए उनकी अयोध्या-यात्रा एक 'प्रोटेस्ट' है, महात्मा गाँधी के डाण्डी मार्च की तरह। बिना 'प्रोटेस्ट' के विकल्पों की तलाश सम्भव नहीं है। वैकल्पिक राजनीति की पहली सीढ़ी ही 'प्रोटेस्ट' है। लेनिन ने श्रमिकों के जुलूस को 'स्कूलिंग' कहा था। प्रत्येक जुलूस प्रोटेस्ट-मार्च हुआ करता है। इस प्रकार आचार्य जी की अयोध्या-यात्रा गाँधी के डाण्डी मार्च की तरह, निजाम की राजनीतिक समालोचना है। अन्तर इतना भर है कि गाँधी के साथ पूरा देश उद्वेलित हो उठा था, आचार्य जी अकेले हैं। सर्वात्मन और बिल्लेश्वर निर्विकल्प हैं, इसलिए साथ हैं। आचार्य जी को यह भी आभास है कि यह उनकी अन्तिम यात्रा है। अतः अपने मकान को परित्यक्ता बहू के नाम करते हैं, जिसके पास 'जीवित वैधव्य' के सिवाय कुछ नहीं बचा है। बेटा माधवानन्द को अमेरिका फोन के लिए कहते हैं। 'गदर में अपनी नियति का पूर्वाभास उन्हें है कि यही उनका 'आख़िरी कलाम' है।

इलाहाबाद स्टेशन से चर्च की ओर आती 'कार सेवकों' की भीड़ आचार्य जी के लिए 'लुप्त सरस्वती' की सूचक है। सर्वात्मन को वे 'कार सेवा' का अर्थ समझाते हैं कि किसी प्रकार इस शब्द को सिक्ख गुरुओं के अपने आत्म-बलिदान से पवित्र बनाया था जो अब 'मैला' हो गया है, और :

'कारज' किसी बेबसी या जिद या अन्ध श्रद्धा के सम्पादन या समापन को भी कहते हैं। 'कारज' होता है अन्तिम छुटकारा पाने के लिए। 'कारज' हमारे यहाँ 'तेरही' को भी कहते हैं...'कारज' किसी प्रयत्न के अन्त को कहते हैं। वह साध्य और कार सेवक उसके साधन। निमित्त मात्र। 'कारज' शुभ-अशुभ दोनों होता है।. ..ये कार सेवक किस तरह के 'कारज' को जा रहे हैं (पृ 107)।

आगे चौराहे पर किसी धनी व्यापारी ने 'राम चौक' नाम का बोर्ड लगवा दिया है और एक तरफ हनुमान का गदा ताने एक विशाल कट-आउट है, मानों 'आकाश' का सिर फोड़ देगा। इस पर बिल्लेश्वर की टिप्पणी है—''हनुमान जी राम जी के कमाण्डो हैं।'' फिर रामजी के धनुष पर किसी आभूषण विक्रेता का विज्ञापन लगा हुआ है, जो धर्म और व्यवसाय के संयोग का सूचक है। आचार्य जी की टिप्पणी है—''करो भाई...धन्धा करो।' सर्वात्मन को सूचना है कि उस बनिये का नाम भी 'राम' से शुरू होता है। आचार्य जी प्रश्न उठाते हैं—'धर्मादा खाता...प्याऊ...सदाव्रत. ..दान-पुन्न और इनकम टैक्स...तुमसे पूछूँ कि ये सगे भाई क्यों है?' (पृ 109-10)। अगर इसी लड़ी में सत्ता यानी अनुकूल सत्ता शब्द जुड़ जाता तो वर्तमान राजनीति का स्वरूप स्पष्ट हो जाता और यह लड़ी वर्तमान राजनीति की अर्थवान् समालोचना बन जाती। आगे कहीं सड़क कार सेवकों की पों-पों, भों-भों करती गाड़ियों से भरी है। उन पर जोगिया रंग के झण्डे-पताके लगे हैं। आचार्य कहते हैं कि यह जोगिया रंग कभी विशाखा ने गौतम बुद्ध को श्रावस्ती में अर्पित किया था; कभी इसे पाँचों शंकराचार्य धारण करते थे; और अब इसे एक लम्पट 'नियोग संस्कृति' धारण किये हुए है। आचार्य जी की बातचीत ध्यातव्य है : 'मुस्टण्डे... खूँखार... गुर्राते हुए। चढ़ बैठने को बेताब। अहमन्य... लम्पट... हमलावार—यह रंग।' (पृ 132)

गाँधी, गुरुदेव और रामकिंकर से सम्बन्धित एक संस्मरण से स्पष्ट है कि आचार्य जी की पसन्द मूर्तिकार रामकिंकर हैं जो शान्ति निकेतन में अनवरत शराब पीते रहते थे—

और फिर बड़ा कलाकार क्या करेगा? जो रमा हुआ है, वह जाहिल शोर को, जिसे तुम्हारे जैसे लोग 'व्याख्या' कहते हैं, कभी नहीं सुनता। वह प्रशान्ति चाहता है। रामकिंकर उस प्रशान्ति की खोज में, उस लय की खोज में मदिरा तक गये लेकिन गुरुदेव को वह अन्तर्लय, वह प्रशान्ति नहीं मिली। (पृ. 116)

आशय स्पष्ट है। जाहिल शोर के दबाव से कलात्मक प्रतिभा को बचाने की चिन्ता है। वह कैसी सत्ता होगी जो इस 'जाहिल' 'नियोगी' शोर से निकलेगी। जो सत्ता प्रतिभा भी शर्तों को निषिद्ध करती है, उसके द्वारा निर्मित राष्ट्र कैसा होगा? आचार्य जी को आम लोगों से भय नहीं है, उन्हें इस 'भेड़ियाधसान' से भय है, जो एक-दूसरे को धकियाते आगे निकलने को व्याकुल हैं—'किस अप्रतिम, अनहोने शिकार की खोज में। कहाँ? किस ओर? गदर है जहाँ... विद्रोह नहीं, गदर। बदअमनी।' (पृ. 146)

आचार्य जी की दृष्टि में 'समूहधर्मी मनुष्य के लिए आध्यात्मिक छलावे के रूप में यह रेल-पेल, यह धक्कम-धक्का, यह भेड़ियाधसान, सामान्यजन की मनोवैज्ञानिक आवश्यकता है। इस आवश्यकता को वर्तमान सत्ता भुना रही है। आचार्य जी को भय है कि अगर यह 'गदर' चलता रहा तो 'आजादी के बाद सचमुच हमने जो थोड़ा-बहुत

पाया है, तो वह भी खोने जा रहा है'। (पृ. 150)। इससे तो 'गृह-युद्ध' बेहतर होता। लेकिन इसके विरुद्ध तो केवल 'निर्वीर्य' किस्म की चें-चें सुनायी देती हैं। इन्हें जनता में उतरना चाहिए था, इसे समझाना चाहिए था। लेकिन न ये राजनीतिक दल दिख रहे हैं और न वह वर्ग-मुक्त जनता ही जिसका एक अर्से से दावा किया जाता रहा है। आचार्य जी का मुद्दा कितना प्रासंगिक, कितना जायज और कितना विराट् है, उसका अन्दाज उनकी निम्न चिन्ता से लगाया जा सकता हैः

क्या धर्म के सवाल पर इस देश के सारे लोग ब्राह्मण हो जाते हैं? तब हो चुका। यह मन्दिर-मस्जिद का सवाल नहीं है सर्वात्मन...यह मनुष्य होने या न होने का सवाल है। अब जो तुम देख रहे हो, वह क्या है? यह वही भेड़चाल है। बाद में कुछ नये गड़ेरिये आयेंगे और अपना पक्ष तर्कपूर्वक नहीं, बलपूर्वक रखेंगे। (पृ. 150)

आचार्य जी सही हैं। उन्मादी धार्मिक भीड़ फासीवाद का उपकरण बनती है। मुसोलिनी 40 हजार की उन्मादी भीड़ लेकर इटली की संसद पर काबिज हुआ था। इसी उन्मादी भीड़ के बलबूते हिटलर 'फूरियर' बन सत्तासीन हुआ था। इटली और जर्मनी में सांस्कृतिक राष्ट्रवाद का उन्माद था, और भारत जैसे पारम्परिक समाजों में सांस्कृतिक माने अन्ततः धार्मिक होता है। लेकिन इसका समाधान क्या है? यहूदी प्रश्न (1843) में कार्ल मार्क्स ने ईसाई-यहूदी परस्पर धार्मिक विरोध का स्थायी समाधान 'धर्म के पूर्ण विलोपन' में देखा था। आचार्य जी भी इसी शास्त्रीय स्थापना के साथ हैं:

मैं जब यहाँ से शुरू करता हूँ कि धर्म ही एक षड्यन्त्र है जो जाहिर है, धर्मनिरपेक्षता का क्या मतलब! और यह सह है सर्वात्मन कि धर्म एक वृहद, अनजाना षड्यन्त्र है, मानवता के खिलाफ, धर्म एक ठगी है। धर्म डराता है। अन्धत्व प्रदान करता है। कहता है 'अन्धे होकर चलो, तुम्हारी लाठी मैं हूँ।' धर्म मनुष्य की सांस्कारिक, मनोवैज्ञानिक कमजोरी को भुनाता है। जो आज के नैतिक सवाल हैं, धर्म के बिना भी हल किये जा सकते हैं। लेकिन यह बात कहना भी आज अपराध है। लोग इस बूढ़े पर हँसेगे। (पृ. 150)

इतना ही नहीं, आचार्य जी की यह मान्यता है कि राजनीति का जनता के इस उन्माद पर नैतिक, नियन्त्रण होना चाहिए, अन्यथा इसकी आवश्यकता क्या है? आचार्य जी अकेले हैं। सामूहिक प्रतिरोध उनके बूते का नहीं। लेकिन वह मुर्दे की तरह जीना भी नहीं चाहते। वह 'असहमत होना जरूरी' मानते हैं (पृ.148)। अतः वह अयोध्या पुस्तकालय के 'उद्घाटन' के लिए नहीं बल्कि 'रहस्योद्घाटन' के लिए जा रहे हैं (पृ. 155)। उनकी अयोध्या-यात्रा एक सोचा-समझा नैतिक प्रतिवाद है। लेखकीय धर्म सम्बन्धी अवधारणा से असहमत हुआ जा सकता है, क्योंकि धर्म केवल शोषण का उपकरण या छलावा नहीं है, लेकिन इस नैतिक प्रतिवाद से असहमत होना

सम्भव नहीं है। दरअसल, प्रत्येक विराट् आन्दोलन सामान्यतया नैतिक प्रतिवाद के रूप में ही आरम्भ होता है।

उपन्यास के तीसरे खण्ड 'देव-श्मशान' में धर्म के प्रति उपर्युक्त दृष्टि का ही प्रतिपादन है। शीर्षक से ही स्पष्ट है, अयोध्या देव-स्थली नहीं, 'देव-श्मशान' है। आचार्य जी का इससे सीधा साबका होता है 'सचल ग्रामीण पुस्तकालय' के उद्‌घाटन व्याख्यान से। व्याख्यान का विषय भी पूर्व-निश्चित है–"किताबें शक पैदा करती हैं।" आचार्य जी का व्याख्यान विस्फोटक है। उनके अनुसार अयोध्या में ऐसा विषय रखना "दुःस्वप्नों के भीतर एक स्वप्न है।" अयोध्या का सारा बवाल राम से जुड़ी किंवदन्तियों के चलते हैं, जो तुलसी के रामचरितमानस के माध्यम से जन-जन की आस्था की वस्तु है। अतः आचार्य जी धर्मग्रन्थ और तुलसी पर पिल पड़ते हैं :

किताबों और जनता के बीच कौन खड़ा है?–धर्मग्रन्थ और तुलसीदास... इसे हटा दो। दुःस्वप्नों से मुक्त हो तब... तब किताबें शक पैदा करेंगी। जो किताब तुम्हें जेहाद के लिए, धर्मयुद्ध के लिए उकसाये वह तुम्हारा दुश्मन है। जो किताब अपने को ज्ञान की अन्तिम सीढ़ी कहे, जो परमतत्व की ओर इशारा करे, वह किताब एक चुका हुआ विचार है।...जो किताब तुम्हारी जिज्ञासा का वध करे, वह एक दुःस्वप्न है, जीवित मृत्यु है।(पृ. 175)

अतः आचार्य श्री श्रोताओं का आह्वान करते हैं :–'अतः तैयार रहो- एक वृद्ध और बंजर और अपाहिज और दैत्याकार किताब से लड़ने के लिए सदा तैयार रहो।. .. अपनी जीवित मृत्यु से बचो।... अपनी अन्तर्मेधा को साधो' (वही)

आचार्य जी तुलसी को 'महान्' मानते हुए भी अप्रासंगिक मानते हैं और हिन्दू जनमानस पर उनके प्रभाव को खतरनाक बताते हैं। इसी जोश में वह अयोध्या को 'शौचालय' घोषित कर डालते हैं। 'गदर' मूर्त हो उठता है। पण्डाल और पुस्तकें लूट ली जाती हैं और कुछ जला दी जाती हैं। आचार्य जी सही हैं, लेकिन उनका स्वर और समय दोनों गलत हैं। लेकिन वह तो टकराने ही आये हैं। नैतिक प्रतिवाद भी लचीला नहीं होता। आचार्य जी 'जैऽ श्रीराऽऽम' के उन्मादी जैकारे के बीच 'रामजन्मभूमि' में पहुँच गये हैं। बाबरी मस्जिद तोड़ी जा चुकी है। *विनय पत्रिका* की साम्प्रदायिक व्याख्या जोरों पर है। गाँधी जी के प्रसिद्ध भजन "ईश्वर अल्ला तेरे नाम" के स्थान पर "जै रघुनन्दन" जै घनश्याम' कर दिया गया है, ठीक उसी तर्ज पर जैसे सिक्ख उग्रवादी एक दौर में *गुरुग्रन्थ साहिब* का खालसाकरण कर रहे थे। राजनीतिक कारसेवक उनकी खुफियागिरी में लगे हुए हैं। लेकिन आचार्य जी अपनी धुन में हैं और तुलसीदास के घटाटोप को इस सारे फसादात के लिए जिम्मेदार बताते हैं–

उसी अन्धी आस्था का कमाल है... जो आप देख रहे हैं– उसी वैचारिक तानाशाही का कमाल। जो अब जाकर उभरा है। जो कथा 1575 ई. में रची गयी,

उसका असर चार सौ वर्षों बाद उजागर हो रहा है। यह है गोस्वामी जी का घटाटोप। एक ऐसा उत्कृष्ट कवि-कर्म, जो विचारों की इजारेदारी में बदल गया। (पृ. 314)

सर्वात्मन को लगता है कि आचार्य जी जैसे 'अराजक' आदमी का ज्ञान भी 'निरर्थक' है। ऐसी 'गहरी स्पष्टवादिता' के क्या मायने जिसे 'पात्र-कुपात्र, ऊँच-नीच, समय-कुसमय' का ध्यान ही न रहे। लेकिन आचार्य जी का बड़बड़ाना बन्द नहीं होता–

और मैंने वहाँ कह दिया–'किताबों और जनता के बीच कौन है?–धर्मग्रन्थ और तुलसीदास।' तो हंगामा हो गया। अरे भाई, किताबों का अर्थ है सच्चा ज्ञान। और तुलसीदास कवि होते हुए भी धर्मग्रन्थ हैं।...भाई लोगों ने फूँक-ताप दिया। मेरी गाड़ी जला दी।...क्या है यह सब!...सच कोई नहीं सुनना चाहिता। (पृ. 315)

आचार्य केवल तथागत के वचनों को ही 'धर्मग्रन्थ' की सूची में रखते हैं, क्योंकि वह "असत् की चर्चा नहीं करते, क्योंकि ईश्वर का अस्तित्व भी एक असत् है।" अपने विश्वविद्यालयी साक्षात्कार में भी उन्होंने भारतीय धर्मदर्शन को "असत् का सत् के रूप में हास्यास्पद सम्पादन" बताया था और बातचीत में कहा था कि 'ईसाई मतवाद' में मार्गदर्शक गड़ेरिया है और आमजन भेड़ें और भेड़ों में से कोई गड़ेरिया नहीं बन सकता (पृ. 315-34)। आचार्य जी आश्वस्त हैं कि धर्म केवल अन्धों की आवश्यकता है, दृष्टि-सम्पन्न लोगों की नहीं। उन्हें गाँधी पर गुस्सा आता है जो धर्मों को मिटाने के स्थान पर धर्मों को मिलाना चाहते थे, अर्थात् 'इतिहास को पलट देना चाहते थे' जो सम्भव नहीं है (पृ 303)। गाँधी जी भी इतिहास के साथ नहीं थे।

खैर, 'सचल ग्रामीण पुस्तकालय' में आचार्य जी के उत्तेजक उद्घाटन-उद्बोधन जिसे वह सही ही 'रहस्योद्घाटन' बताते हैं, के दौरान मची 'गदर' से सर्वात्मन और अयोध्या के एक पार्टी कार्यकर्त्ता रामदीन मिसिर किसी-किसी प्रकार उन्हें स्वामी अचेतानन्द के आश्रम में सुरक्षित ले आते हैं, जिसे 'शेर की माँद' के रूप में अभिहित किया गया है। अचेतानन्द पहले से ही जानते हैं कि उद्घाटन-समारोह में क्या हुआ है! सम्भव है, वह उस लघु 'गदर' के सूत्रधार रहे हों। अचेतानन्द अयोध्या के समर्थ परमहंसों में हैं–विशाल आश्रम, पाठशाला, संन्यासी, दुग्धशाला, मुस्टण्डे अंगरक्षक, बन्दूक, खतरनाक किस्म के कुत्ते, अर्थात् वह सब-कुछ जो उनके भौतिक-परमहंसी सामर्थ्य के अनुकूल हो। बचपन का नाम विद्यानन्द था, जिसे उनके पूज्य गुरू ने उनकी मानसिक मन्दता के चलते बदलकर अचेतानन्द कर दिया था। वह गुरु के विश्वसनीय सेवक बने और उन्हें शौच कराने ले जाते। उन्होंने एक दिन 'अपने प्रातः स्मरणीय श्रीमद् 108 गुरुदेव' की हत्या कर दी और उनके विलुप्त होने की एक तिलस्मी, रहस्यमयी 'अलोप कथा' भी गढ़ी, और आश्रम पर काबिज हो गये। अपने दो बेटों के नाम आश्रम की वरासत भी करा दी है। लेकिन इस सबसे उनकी अयोध्यायी परमहंसी पर कोई असर नहीं पड़ा है। अयोध्या की धर्म-संस्कृति को

समझने के लिए स्वामी अचेतानन्द और आचार्य जी की बातचीत की प्रस्तुति अपेक्षित है। बातचीत प्रातः स्मरणीय परमपूज्य गुरु जी द्वारा गुरुकुल में मार-पीट से शुरू होती है और उनकी हत्या एवं जेल की ओर मुड़ जाती है :

'तब तो आपने बड़ी लात खायी होगी।' आचार्य जी ने मजा लेते हुए कहा।

'नहीं आचार्य जी, बिल्कुल नहीं।'

'आपने पूरी सजा भुगत ली।'

'सजा क्या थी, मेरे लिये मजा था।'

'यानी आप सजायाफ्ता हैं? आचार्य जी मूड में थे।'

'मैं तो पाँच बरस जेल खट चुका हूँ, लात-घूसा क्या!...'

'जेल किस जुर्म में?'...

'जुर्म में नहीं जुर्म के आरोप में।'...

'कौन से आरोप मे?' आचार्य जी में फिर उत्सुकता हुई।

'अपने प्रातः स्मरणीय श्रीमद् 108 गुरुदेव की हत्या के आरोप में।'...

'लेकिन मैंने वध किया, जरूर किया।' अचेतानन्द ने कड़क कर कहा।

'अपने गुरुदेव का?'...

''नहीं। उसका जिसने मुझे आरोपित किया। जमानत पर निकलते ही किया और दौड़कर किया-सरेआम लक्ष्मण घाट पर। हजारों श्रद्धालुओं के सामने।'' अचेतानन्द ने अपनी छाती ठोंकी।

'तब आप फिर जेहल खटे होंगे?'

'हाँ, खटा लेकिन बेदाग छूटा।'

'निष्कलंक।' आचार्य जी ने व्यंग्य किया।

''चन्द्रमा में भी दाग है आचार्य जी, लेकिन मुझमें नहीं। और फिर अपने प्रातः प्रणम्य गुरुदेव का वध! और वह भी दिशा-फरागत के वक्त... छिः छिः!'' (पृ. 214-15)।

तो यह है विद्यानन्द से स्वामी अचेतानन्द बनने की दिव्य कथा, जिसकी मारक व्यंजना न केवल अयोध्या की धर्म-संस्कृति का रहस्योद्घाटन करती है बल्कि हमारी न्याय-व्यवस्था पर भी तीखा प्रहार करती है। इतना ही नहीं, उस धर्म-प्राण जनता को क्या कहा जाए जो ऐसों को भी 'परमहंस' और 'स्वामी' मानने से गुरेज नहीं करती है। लेखक ने अयोध्या के ऐसे ही एक अन्य सम्मानित सन्त 'लँहकट बाबा' का नाटकीय अंकन किया है, जो वहाँ की धार्मिक सड़यँध की गहरी अनुभूति कराता है।

अयोध्या में साझी अवधी तहजीब को दरकिनार करते हुए हिन्दू-मुस्लिम धार्मिक भिन्नता को द्वन्द्वग्रस्त बनाने के लिए इसका राजनीतिकरण किया जा रहा है। हिन्दू-मुस्लिम एकता के प्रतीक आफताब अली की मजार का अब नामो-निशा तक

नहीं है। मियाँ गफ्फार खाँ जैसे अनेक बुजुर्गों को अयोध्या छोड़ने के लिए विवश किया गया है, जो यहीं दफ्न होना चाहते थे। कुल मिलाकर, अयोध्या को 'नया वेटिकन' बनाने की तैयारी है, जो असम्भव है, क्योंकि यहाँ अनके मल्ल पोप हैं और खून-खराबा यहाँ का चलन है, और यहाँ वह कलात्मक सौन्दर्य भी नहीं है, जो रोम के वेटिकन में है। आचार्य जी के शब्दों में—

कुछ भी तो नहीं यहाँ, सिर्फ हाय-तोबा के। धर्म का मखौल है—बस।... नहीं, अगर वेटिकन बनाना ही चाहते हो तो पहले पूरी अयोध्या को सपाट करना पड़ेगा। वास्तुकला-रहित इन मन्दिरों, गढ़ियों, अखाड़ों, भवनों की कुरूप कालिख और लूटपाट से इस जगह को मुक्त करो...। हर एक गर्भ-गृह में सर्द-साँझ जो एक मुस्टण्डा जजमानों को ताकता, दिया बारे बैठा है...उसकी एक पूरी वंशावली है रची हुई। उसमें जघन्य हत्याओं के सिलसिले हैं। चीत्कार करती श्रद्धालु भक्तिनें हैं... तो यह है तुम्हारे 'वेटिकन' की कल्पना की सँकरी, सँडास भरी गालियाँ, जिन पर तुम फिदा हो। (पृ. 272-73)।

आचार्य जी की दृष्टि में इस 'नये वेटिकन' में चल रहा धर्मान्ध, हिंस्र ताण्डव सिर्फ "सत्ता का मात्र एक घिनौना खेल है, गेरुए रंग में लपेटा हुआ।" (पृ. 273) इतना ही नहीं, यह "किसी कौम का सरीहन अपमान है... आधुनिक बर्बरता का नंगा नाच है' (वही)। फिर भी आचार्य जी 'जैऽ श्रीराऽऽम' का जैकारा लगाती भीड़ से नितान्त अकेले लड़ने पर आमादा हैं। सर्वाधिक मार्मिक और विडम्बनापूर्ण है रामलला के गर्भ-गृह की बेशुमार भीड़ में 83 वर्षीय आचार्य जी को 'कठमुल्ला' घोषित करते हुए उन पर जेहादी हिन्दुत्ववादियों का प्राणलेवा हमला और बेहोश होते-गिरते, इस समूची उजड्ड धर्म-संस्कृति को धिक्कारता-नकारता, उनका एक शब्द—'छिः' (पृ. 324)। दरअसल, इस समूचे विराट् धार्मिक ताण्डव का निषेध उस राजनीतिक संस्कृति की उग्र समालोचना है, जिसे आचार्य जी गेरुये में लिपटा हुआ सत्ता का घिनौना, बर्बर खेल बताते हैं। अयोध्या तो, लगता है, पूर्वाभ्यास था। एक दशक बाद धर्म की चादर फेंककर गुजरात में यह बर्बरता दुहरायी गयी और केवल सत्ता के लिए। व्यवहृत नव-हिन्दुत्ववादी उन्माद की इतनी तीक्ष्ण, सुसंगत एवं सर्जनात्मक समालोचना इधन पढ़ने को नहीं मिली थी।

कर्मकाण्डी ब्राह्मणी नैमित्तिक-नैतिकता व्यभिचारी पुजारी को भी किसी नैतिक पुरुष और विद्वान से श्रेष्ठ बताती है। उपन्यास में बहुत सारी राजनीतिक टिप्पणियाँ हैं, जो लेखक की राजनीतिक सोच-समझ को व्यक्त करती हैं। 1950 के दशक में इलाहाबाद विश्वविद्यालय में छात्र यूनियन के उद्घाटन हेतु जवाहरलाल नेहरू के आगमन एवं व्याख्यान की चर्चा होती है। आयोजन की अध्यक्षता आचार्य जी ने की थी। इसके माने यह कि यूनियन का चुनाव स्टूडेण्ट फेडरेशन आफ इण्डिया ने जीता था। पूर्व की यूनियन ने नेहरू जी की आजीवन मानद सदस्यता रद्द कर दी थी, जिसे इस यूनियन ने पुनः स्थापित किया था और उन्हें ससम्मान बुलाया था। नेहरू

जी अंग्रेजी में सोचने के अभ्यस्त थे और हिन्दी बोलने के नाम पर निखालिस उर्दू बोलते थे। अपने व्याख्यान में उन्होंने युवाओं से अपेक्षा की थी कि वे 'दिमागी गुलामी' को उतार फेंके, 'खुला दिमाग' विकसित करें, 'धरम और जात-पाँत,... ऊँच-नीच का भेदभाव', और 'समाजी अहमूकाना' इत्यादि से मुक्त होकर नौजवान एक मिसाल कायम करें। उन्होंने छात्रों से नये बेहतर सपने देखने का आव्हान किया था और कहा था कि कौम-

जो उस्तवार नहीं, जो सोचने की जहमत नहीं उठाती, जो धरम और करम-काण्ड के गोरखधन्धे में फँसी हुई नीचे... वे नीचे रसातल में जा रही है।...इसी तंग-नजरी की वजह से हमारा खूबसूरत मुल्क दो हिस्सों में तकसीम हुआ... जिसकी वजह से कई हिस्सों, शहरों, कस्बों और बहुत सारे इलाकों में कत्ल-ओ-गारद मची...जिसके लिए हम सब कुसूरवार हैं। (पृ. 376)

लेकिन 1992 तक आते-आते वही 'पूरब की आक्सफर्ड' तंगनजरी की शिकार है। अब उपकुलपति वहाँ 'प्रगतिशील गुण्डई' नहीं चलने देगा। वहाँ का मनोविज्ञान का एक मानिन्द प्रोफेसर छात्रों में बढ़ रही रूक्षता, हिंसा, आत्महत्या के समाधान के लिए "शिक्षकों को थोड़ा निरंकुश, थोड़ा क्रूर, थोड़ा बेईमान" होने की औपचारिक सिफारिश करता है, क्योंकि 'नयी पीढ़ी का सवाल है' (पृ. 379)। बाबरी मस्जिद के ढहाए जाने जैसे हादसे के बाद बुलाई गयी बैठक में केवल 'सर्दी, हीटर, टी.वी. ' की बात होती है। प्रोफेसर्स 'हिन्दू रिनेसाँ' की बात कर रहे हैं और इसके विरुद्ध की जा रही बातों को कम्युनिस्टों के आयातित खुराफाती विचार बताते हैं। विश्वविद्यालय की 'अन्तर्कथा' के नाम पर नियुक्तियों से जुड़ी जात-पाँतवादी तिकड़म के बारे में रस ले-लेकर बतियाते हैं। बाबरी मस्जिद हादसे में प्रोफेसर शुक्ला विरोध-प्रस्ताव के विरोध में हैं, उपकुलपति असमंजस में कि कल कौन मुख्यमन्त्री के पास जाए, और एक शुभ-चिन्तक है? वही तो नहीं जिसे पण्डित रामदीन मिसिर 'जेनेटिकल' गड़बड़ी बताते हैं?... वह स्फटिक फाँक क्यों हैं? विचार, रणनीति और जनता की सोच-समझ में ताल-मेल क्यों नहीं बैठता? (पृ. 193)।

अचानक उसे आजमगढ़ की एक बैठक में एक कॉमरेड की बिना लाग-लपेट कही बात याद आती है—'जनता गरीबी के बारे में नहीं, जाति के बारे में इन्टेरेस्टेड है कामरेड!' वह कार्यकर्त्ता जानता था कि जातिवाद भी एक प्रकार की साम्प्रदायिकता है। सर्वात्मन असमंजस में है। इस सबको स्वीकार करने का मतलब एक 'बूर्जुआ विचारहीन' दल बनाकर जनता को भ्रमित करना और ठगना है। वह जानता है कि कल के कितने खाँटी कामरेड आज अपनी जातियों के मूर्द्धन्य नेता हैं, और कितने लुच्चे-लफंगे, अवसरपरस्त और अपराधी विधान-सभाओं और संसद में पहुँचे हैं। कुल मिलाकर, आज :

दुनिया का सबसे बड़ा प्रजातन्त्र जातिवादी सरगनाओं का अखाड़ा है, और चाहे सर्वहारा हों या उच्चकोटि के वैज्ञानिक—सब उनके जरखरीद गुलाम। मूर्खता की एक

उजडड दृश्यावली है, जिसे संसदीय बहस कहते हैं और देश-विदेश के विद्वानों और व्याख्याकारों को हमारी इस संसदधर्मिता पर गर्व है। (पृ. 194)

सर्वात्मन का अनुभव है कि सभी द्विज बनने के लिए व्यग्र हैं। 'जनता के मनोविज्ञान' के बारे में अपने अनुभवों से जो निष्कर्ष उसने निकाला है, वह तो और 'खतरनाक' है :

वे हमेशा आपको गफलत में रखते हैं। वे निर्णय पहले ही ले चुके होते हैं, आपकी बातें को सुनते हैं।...उनकी वरीयताएँ और निर्णय पहले से ही तय होते हैं। ...आप 'जनगण के समादर' जैसी उदारता का ढोंग करते हैं क्योंकि आप कुछ कर नहीं सकते। (पृ. 196)

फिर भी सर्वात्मन को एक उम्मीद है—कभी-न-कभी जनता अपने ठगनेवालों को समझेगी। अतः जनता की इस 'धोखाधड़ी' से हमें निराश नहीं होना चाहिए; अर्थात् उसे समझदार बनाने का प्रयास होते रहना चाहिए। फिलहाल, कुल मिलाकर, कम्युनिस्ट पार्टी एक स्कूलिंग पार्टी है।

एक जगह बिल्लेश्वर भी जनता पर यही आरोप लगाता है, और कम्युनिस्टों के प्रयासों को बेमानी मानता है। अयोध्या जाते समय उनकी गाड़ी जैकारा करते लोगों और वाहनों के बीच फँसी है। उन्हीं का राज और उन्हीं की पुलिस। वह सामाजिक परिवर्तन के समाजवादी सपने को असम्भव मानता है। उसकी एक टिप्पणी ध्यातव्य है—

क्या कर रहे हो तुम? खाली मन्तर उचारते हो। क्या कर रहे हो तुम बड़ी-बड़ी बातें करने के अलावा? लोग बड़ी-बड़ी बातों पर नहीं रीझते चेलाजी, कर्मकाण्ड से रीझते हैं। अपने ज्ञान का कमण्डल उठाओ और जंगल की राह लो। अब राजनीति तुम्हारे बस की बात नहीं। अब राजनीति अन्तरराष्ट्रीय गुण्डों, लम्पटों का खेल है। (पृ. 127)

सर्वात्मन खुद परेशान है कि आखिर आचार्य जी को क्या मिला है जीवन में, यद्यपि अपने ''एक सच के लिए उन्होंने अपना जीवन अर्पित किया है'' :

उन्होंने खोया-ही-खोया है। मार खाई, पिटते रहे, जीवन भर। हँसी के पात्र बने रहे। पागल, विक्षिप्त, आवारा, चरित्रहीन, कुण्ठित, घर-बिगाड़ू, जिद्दी, बेवकूफ—क्या-क्या नहीं सुनना पड़ा उन्हें!... जो उन्हें लांछित, अपमानित करते रहे; वे जानते थे कि वे स्वयं कितने छुद्र, स्वार्थी और टुटपुँजिये, थे—सत्ता और पैसे के दलाल। (पृ. 125)।

उधर व्यावहारिक मिसिर जी हैं जो यह मानकर चलते हैं कि निखालिस वर्गवादी होना असम्भव है। सर्वात्मन के सम्मान्य कामरेड शुक्ल जी के बारे में उनका कहना है कि वह 'खाते 'वहाँ है' और वे सिसिफस के पत्थर की तरह अनवरत लुढ़कते रहने में ही यकीन करते हैं। वह सर्वात्मन से स्पष्ट कहते भी हैं :

अगर आप कपड़छान में ही विश्वास रखते हैं, तो जान लीजिए नीचे कुछ नहीं बचेगा। अतः समझौता... समझौता—यही इधर चलन है। क्योंकि सिद्धान्त और

विचार यहाँ अल्पमत में हैं... दिखावटी हैं। बाभन होना, ठाकुर होना, बनिया-कायस्थ होना- यह महत्त्वपूर्ण है। यहाँ तो आस्थाएँ ही दो प्रकार की हैं और वे प्रबलतम हैं, संस्कारगत हैं... (पृ. 192)।

मिसिर जी 'जाति' को समझने की बात उठाते हैं और कहते हैं कि चाचा गालिब के यहाँ 'आदमी' और 'इन्सान' दो 'जातिवाचक संज्ञाएँ' हैं, जो एक-दूसरे का स्थान लेती रहती हैं। जातिवाद और क्षेत्रवाद को गाली देना एक बात है, उसे मिटाना दूसरी बात है। 'वक्फबोर्ड के एक मकान में अयोध्या की कम्युनिस्ट पाटी का दफ्तर है जिसका बिजली कनेक्शन मौलाना सफरुद्दीन ने कटवा दिया है, क्योंकि :

मकबरा और क्रान्ति! मरहूमा की रूप को तकलीफ होती है। झण्डा-पताका लेकर दुनिया भर के लुच्चे-लफंगे जुटते हैं। मकबरे के सहन पर लोटते हैं, आराम फरमाते हैं, खाना पकाते हैं, पेशाब करते हैं। (पृ. 204)

मिसिर जी का कहना है कि हमारा 'सेक्युलरिज्म' मुसलमानों की हिफाजत की बात करते नहीं थकता, लेकिन मुसलमान इसके साथ नहीं है। मजहबी दृष्टि से वह भी उतना ही संकीर्ण और दकियानूस है, जितना हिन्दू। यहाँ का मुसलमान लाल झण्डे से भी नफरत करता है। मौलाना ने साफ कह दिया है– 'वक्फ की जमीन पर लाल झण्डा नहीं लगेगा।' (पृ. 202)

ऐसा नहीं है कि मिसिर जी अपढ़ और बेईमान कामरेड हैं। उन्होंने भी पार्टी के लिए बहुत-कुछ खोया है। पत्नी पूछती रहती है–'उमिर भर से खट रहे हो, तुम्हें क्या मिला? वह स्वयं को 'निखट्टू' बताकर पत्नी से गला छुड़ाते हैं। वह सर्वात्मन को 'नि' उपसर्ग की व्याख्या भी बताते हैं–'निःशुल्क', 'निरर्थक', निःशेष', 'ना-ना', 'नश्वर', इत्यादि। अर्थात, जो इन अर्थों में खटता है वह निखट्टू है। वह मानकर चलते हैं कि "होल टाइमर होने के लिए दुनिया में निखट्टू होना जरूरी है।" (पृ. 203)। उनका सन्तोष इस बात से मिलता है कि 20वीं सदी के 'सर्वश्रेष्ठ निखट्टू' महात्मा गाँधी थे। उन्हें पुलिस के जुल्मों के खिलाफ लड़ना भी है और उनसे सम्बन्ध भी रखना है। अयोध्या में ही रहना है और यथासम्भव कम्युनिस्ट बने रहकर जीना है। अतः वह दारोगा से भी काम चलाऊ सम्बन्ध रखते हैं और स्वामी अचेतानन्द से भी। यह उनकी जमीनी हकीकत है, जिसे पार्टी नेता समझते तो हैं, लेकिन अपना मन्त्र भी उचारते रहते हैं। अयोध्या में सारे अखबार कम्युनिस्टों के खिलाफ हैं और दुष्प्रचार में लगे हुए हैं, क्योंकि वे सही वक्तव्य छापकर पिटना नहीं चाहते, अपना दफ्तर फुँकवाना नहीं चाहते (पृ. 198)। और उनकी विकृत खबरें पढ़कर मुस्लिम मुहल्लों में लोग हँसते हैं कि 'पागल कम्युनिस्ट कभी नहीं सुधरेंगे' (पृ. 198)। रामदीन मिसिर के पास अयोध्या की ग्रामीण जनता के 'दिमाग की तफसील' है, जिसे सर्वात्मन नहीं सुनना चाहता। लेकिन मिसिर जी तफसील पेश करते हैं :

भूखे आदमी को साम्प्रदायिकता कैसे समझायेंगे आप? भूख और बदहाली जेहन में कुछ नहीं छोड़ती। और फिर अन्दर से वे दुविधा में भी हैं। वे यह नहीं कह सकते कि गलत हो रहा है इस बारे में एकदम साफ नहीं है। पता नहीं किसका देवता उन पर कोप कर बैठे। देवता और ईश्वर के शिकार वो लोग भी हैं। कौन उनका अनिष्ट कर बैठे, यह डर भी एक कारण है। देहातों में किसानों को कुछ लेना-देना नहीं। बल्कि वे पक्ष में हैं। तसदीक करते हैं, ठीक मान लेते हैं। मैं आप से सच कहता हूँ साथी, धरम-करम के मामले में ये हिन्दुत्ववादियों का साथ देंगे और वोट अपनी जाति वालों को देंगे। यही सब घाल-मेल है...। (पृ. 199)

इसी प्रकार स्वामी अचेतानन्द के बारे में भी रामदीन मिसिर को कोई गलतफहमी नहीं है :

माल चाभता है और निर्भय रहता है। यही दार्शनिक बाना तो परवान चढ़ा है आजकल।...अगर सचमुच पूछते हैं कि अचेतानन्द कौन हैं तो जो दुनिया जानती है, वही मैं भी जानता हूँ और उसमें रस नहीं है। (पृ. 191)

मिसिर जी लगभग वही सब कह रहे हैं जो लेखक स्वयं या आचार्य जी के मुख से कहता है। अन्तर है 'टोन' का। इनका 'टोन' अत्यन्त आक्रामक है, क्योंकि उन्हें यहाँ की क्रूर हकीकत के बीच रहना नहीं है। लेखक की दृष्टि में अयोध्या 'बिल्कुल वैसा ही' है, जैसे सभी भारतीय कस्बे—''शहर का उच्छिष्ट और गाँव का वमन।'' (पृ. 244) आचार्य जी इसे 'धर्म की मण्डी' कहते हैं, जिसे लेखक भी श्रद्धालु भोली-भाली जनता के व्यावसायिक एवं धार्मिक शोषण-केन्द्र के रूप में पेश करता है—'सारी दुकानें धरम और गरीब जनता की जरूरतों के सामानों से अँटी पड़ी हैं।' और यहाँ 'पूरा धरम-करम करिये और पापमुक्त होकर बेखटके पापलिप्त हो जाइये' (पृ. 245)। इस श्रद्धालु जनता को अयोध्या के इतिहास से कुछ लेना-देना नहीं है। वह 'अयोध्या माहात्म्य' से अभिभूत है—'भारतीय मानस में मिथक और इतिहास में घाल-मेल करने की एक ऐसी सांस्कृतिक लत है कि उसने अत्यन्त आराम से यह चमत्कार कर दिखाया' है। (पृ. 247) लक्ष्मण घाट पर 'लँहकट बाबा' के जैकारे पर आचार्य जी की टिप्पणी है, जहाँ 'पूरब के मन' को समझाने की चेष्टा है:

हमारे यहाँ अजीब है, सर्वात्मन! लोग बिना इतिहास के जीने के आदी हैं। बल्कि लत पड़ चुकी है। यह लत पीछा नही छोड़ती। हर चीज ऐतिहासिकता से परे। हर कथा पुराण-कथा। इससे सत्य रोमान में बदल जाता है। सब-कुछ सुघड़, ग्राह्य और लालित्यमय। यहाँ तक कि हिंसा और क्रूरताएँ भी।... यही पूर्वीय संरचना है सर्वात्मन! इसको जाने बिना पूरब के मन को नहीं समझा जा सकता। पूरब के मन का अभिप्रेत 'सत्य' नहीं संरचना है।... इसलिए पूरब में सब-कुछ चल जाता है। ग्राह्य-अग्राह्य, ज्ञात-अज्ञात, आजादी-गुलामी, उल्लास और दमन।...क्योंकि

सब-कुछ क्षणिक है। जिज्ञासा का भी अन्त है।... कबीर सुच्चा था लेकिन वह भी रोमान रचता है (पृ. 261)।

इसी संरचना, इसी रोमान की परिणति है भारतीय लोकतन्त्र, जिस पर अयोध्या की ही तरह 'असत! के प्रति आस्था का अंधत्व' छाया है–'यही है अयोध्या–यही है धर्म... यही है धर्मनिरपेक्षता का धर्म-असत् के प्रति आस्था का अंधत्व की संविधान-सम्मत स्वतन्त्रता (पृ. 248)। एक स्थान पर आचार्य जी को सुमित्रानन्दन पंत की दो पंक्तियाँ याद आती हैं–"कहाँ मढ़ा लिये सोने से अपनी चोंचें/प्यारे कौवे?" इस पर उनकी टिप्पणी भारतीय लोकतन्त्र पर टिप्पणी है:

तो वह केवल बाल-विस्मय ही नहीं था। यह उसी श्राद्ध-पक्ष की ओर संकेत था। अब देखो, किसी कौवे की चोंच ऐसी है जो सोने से न मढ़ी हो? और किसे कहते हैं विकलांग प्रजातन्त्र... आजादी के बाद आई एक आजाद गुलामी (पृ. 148)।

हमारी आजादी गाँधी जी के 'स्वराज' के सपने, 'सत्य और अहिंसा' के सत्याग्रही प्रयोगों तथा नेहरू के समाजवादी-लोकतान्त्रिक 'नियति से साक्षात्कार' से आरम्भ हुई, फिर लोहिया और लोहियावादियों द्वारा भारतीयता की आड़ में राष्ट्रवादी समाजवाद का बाना धारण किये मुलायम-लालू प्रसाद के जात-पाँतवादी समाजवाद और मायावती-कांशीराम के अम्बेडरवादी लोकतन्त्र के काँटों से उलझकर सावरकर और सावरकरवादियों की गोद में सुरक्षित महसूस करने लगी है। दूधनाथ सिंह ने बड़े ही व्यथित मन एवं संवेदनशील अंकन द्वारा इन सारे कोणों को किसी-न-किसी रूप में छुआ है यद्यपि केन्द्र में धार्मिक एवं जात-पाँतवादी अन्धता है जिसका उत्तर सेक्युलर कम्युनिस्ट देने में अक्षम रहे हैं। लेखक की दृष्टि में इस सबके मूल में है वह 'स्फटिक फाँक' जो जाति और जाति, सम्प्रदाय और सम्प्रदाय, परिवार और व्यक्ति, विश्वविद्यालय आदर्श और यथार्थ, तथा राजनीतिक प्रतिबद्धता और व्यवहार, के बीच विद्यमान है, और इन सबके मूल में है भारतीय जनमानस की मिथकीय, संरचना जो इतिहास को नकारती है और रोमान को, चाहे वह कितना भी क्रूर या अमूर्त हो, सराहती है। ऐसे में सेक्युलर सोच का आदमी क्या करे? उपन्यास से तीन विकल्प निकलते प्रतीत होते हैं–एक, रामदीन मिसिर का व्यावहारिक विकल्प कि इस तथ्य को स्वीकारा जाना चाहिए और समग्र निषेध से बचना चाहिए; दो, सर्वात्मन का विकल्प कि देर-सबेर जनता अपने ठगों को पहचानेगी, अतः हमें अपने रास्ते पर चलते रहना चाहिए; तीन, आचार्य जी विकल्प कि साम्प्रदायिक विकृतियों से सीधे टकराना चाहिए, लेकिन वैचारिक स्तर पर खुलापन बनाये रखकर। सर्वात्मन में आचार्य जी वाला टकराने का माद्दा नहीं है, लेकिन टिके रहने का धैर्य है। लेखकीय सहानुभूति आचार्य जी के साथ है जैसे *महाभारत* के रचनाकार की सहानुभूति भीष्म के साथ है, अन्यथा आचार्य जी जैसे विराट, जानदार और कन्विसिंग

पात्र की इतनी सजीव कल्पना सम्भव नहीं थी। यह पात्र ही *आख़िरी कलाम* को महाकाव्यात्मक आयाम देता है और इसके छितराव को कलात्मक अन्विति प्रदान करता है।

रचनाकार दूधनाथ सिंह की दुनिया विचारधारात्मक लेखन की दुनिया है। मार्क्सवादी है, लेकिन काशीनाथ जी की तरह वह भी अस्तित्व में निहित विद्रूप एवं गर्हित पर अधिक टिकते हैं, उसके औदात्य या उत्तम पर कम। विद्रूप एवं मांसल की पकड़ के सम्बन्ध में शायद ही उनका कोई शानी हो। नमो अन्धकारम में यह अपने चरम पर है। गुरु जी, सखाराम, देवनाथ (जो प्रकारान्तर से लेखक स्वयं हैं), आदि में कोई बेहतर सम्भावना नहीं दिखती। सभी मार्क्सवादी हैं, लेकिन गुरु जी की छत्रच्छाया में सभी शराबी, दुष्चरित्र और चापलूस हैं। देवनाथ में जरूरी कहीं कोई रोशनी दिख जाती है। *निष्कासन* में भी कहीं कोई प्रकाश की किरण नहीं है। कम्युनिस्ट शार्दूल विक्रम तो मानो घटियाई का साक्षात् प्रतीक है। विश्वविद्यालय, सरकार, महिला आयोग, अनुसूचित जाति एवं जनजाति आयोग, दलित-नेतृत्व, महामहिम प्रतिष्ठान, कम्युनिस्ट पार्टी और न्याय-व्यवस्था- सभी निरर्थक हैं। अतः अन्ततः संजय पाण्डेय भी जो उस पीड़ित-दलित लड़की के साथ दौड़ता-धूपता और गालियाँ सुनता है। व्यवस्था में अनास्था का चरम है निष्कासित एवं चारों ओर से निराश दलित छात्रा द्वारा ऐयाश और बेईमान वार्डेन 'मैम' और उसके निकृष्ट कामरेड-पति के कम्पाउण्ड में रात को इस नोट के साथ सुविचारित आत्महत्या कि 'मेरी मृत्यु के लिए कोई जिम्मेदार नहीं है।' समूचा उपन्यास व्यवस्था की सड़यँध का विगोपन है, 'एक्सपोजे' है। लेकिन दलित बेटी का 'आत्महत्या-नोट' समूची व्यवस्था पर एक विराट् नैतिक टिप्पणी के रूप में उपन्यास को त्रासद आयाम प्रदान करता है। सम्प्रति दलितवादी लेखन के नायक को त्रासद आयाम मिलना सम्भव नहीं है, क्योंकि उसमें उदात्त का दर्शन नहीं होता। उन्हें शहादत का गौरव नहीं मिलता, जो केवल अपने और अपनों के लिए लड़ते हैं। इसी प्रकार, 'सावयवी' (Organic) बुद्धिजीवियों या राजनेताओं के विशेष (specific) हित, चाहे जितने भी 'प्रासंगिक' हों, सार्वभौम स्वीकृति नहीं प्राप्त कर पाते लेकिन दलित कन्या द्वारा क्षमादानी मुद्रा में आत्महत्या 'मैम' के ऐयाश झूले को 'क्रास' में बदल देती है, क्योंकि यहाँ 'विशेष' का अतिक्रमण है। फिर भी, कुल मिलाकर, उपन्यास के समूचे वातावरण पर असीम निराशा का अन्धकार छाया रहता है। कामरेड मनोज पाण्डेय को छोड़कर (यद्यपि यह भी डी-कास्ट नहीं है), अन्य सारे कामरेड पात्र गर्हित और संवेदनहीन हैं। शार्दूल विक्रम अपनी दिखाऊ उजड्डता और सक्रियता के बावजूद बिल्कुल गर्हित और लीचड़ है; मौर्या और पासवान में न्याय-बोध-रिक्त कामरेड-बोध है; और लखनऊ के कार्यालयी नेता, अपने कार्यालय की ही तरह बूढ़े, जर्जर, अरूचिकर, उदास और निरर्थक हैं। आत्मकथ्य के स्थान पर प्रेमचन्द के एक

व्यक्तव्य के सहारे लेखक अपनी सात्विक मंशा और दलित-पीड़ित का पक्षधर होने के संकल्प का इजहार जरूर करता है, लेकिन कलात्मक व्यवहार में सात्विक क्रोध-विरूपण एवं परपीड़न-सुख में विकृत हो जाता है, और संघर्ष का समापन आत्महत्या में होता है। दोनों ही स्थितियाँ यथार्थ से मेल नहीं खातीं और, इसीलिए, विश्वसनीय नहीं बन पातीं। नमो अंधकारम में तो आत्मपीड़न ओर परपीड़न दोनों का सुख अपने चरम पर है जो, लगता है, कतिपय कटु वैयक्तिक अनुभवों के कारण हुए मोहभंग का नतीजा है। कहीं कुछ मूलभूत मनोवैज्ञानिक डिस्टॉर्शन का एहसास होता है। अतः वैयक्तिक कटुता को सर्जनात्मक और विश्वसनीय नहीं बनाया जा सका है। आरम्भ में ही लिपिबद्ध 'कालिदास के बारे में जनश्रुति' का चरितार्थ होना इस डिस्टॉर्शन की फलश्रुति है, औचित्य नहीं।

लेकिन आख़िरी कलाम में 'मित्रहीन, अकेला और बौराया हुआ' या साहित्यिक रूप से मृत होने या समझे जाने की आशंका से मुक्त होकर, आत्मकथ्य के बाद एक स्व-रचित कविता में लेखक 'एक वरिष्ठ आलोचक', 'एक सघन मित्र' और 'एक उसके छोटे भाई' को अपने जीवित होने का चुनौती-भरा प्रमाण देता है। चुनौती का क्या होगा, नहीं मालूम (शायद 'वरिष्ठ आलोचक' ने उपन्यास को खारिज कर दिया है), लेकिन जीवित होने का प्रमाण तो विश्वसनीय है। आख़िरी कलाम में दूधनाथ जी ने एक रैडिकल सांस्कृतिक विवेक की डगर पकड़कर अपने को अतिक्रमित किया है। आचार्य जी, सर्वात्मन, रामदीन मिसिर विश्वसनीय हैं। शशांक जी के अंकन में कम्युनिस्ट पार्टी कार्यालय की पुरानी छवि उभरती है, लेकिन अपनी अस्वस्थता और प्रतिकूल परिस्थितियों के बावजूद वह सर्वात्मन के निर्देश का यथासम्भव पालन करते हैं। आचार्य जी के निरूपण में अतिरेक एवं अतिरंजना जरूर है, लेकिन असामान्य परिस्थिति का प्रतिवाद सामान्य नहीं हो सकता। अगर निर्मल वर्मा के एक अवलोकन पर विश्वास करें तो महाकाव्यों के पात्र कालातिक्रमण इसलिए करते हैं कि वे अतिरेकों में जीते हैं, हमेशा एक्सट्रीम में जाते हैं (दूसरे शब्दों में, 1999, पृ. 16-17)। आचार्य जी भी भारतीय मानस के मिथक-प्रेम की आलोचना करते-करते स्वयं मिथकीय बन जाते हैं। ऐतिहासिक फलक की विराटता को समेटनेवाले इधर के वर्षों में दो उपन्यास मेरी नजर में गुजरे हैं—शिवप्रसाद सिंह का *नीला चाँद* और कमलेश्वर कृत *कितने पाकिस्तान*, लेकिन इनमें से कोई भी आचार्य जी जैसा पात्र विकसित नहीं कर सका है। कम-से-कम मेरी समझ यही है, और अगर यह समझ सही है तो आख़िरी कलाम एक बड़ी लेखकीय उपलब्धि है। वैसे 'विशेष' पीड़ाओं के मार्मिक, उत्तेजक अंकन में वर्तमान दौर के इतिहास की विराटता या इसके किसी अति संवेदनशील क्षण के विराट सन्दर्भों एवं निहितार्थों का सर्जनात्मक आलोड़न, अपने आप में एक महाप्रयास है और इसलिए एक बड़ी उपलब्धि भी। ऐसा सर्जनात्मक विस्फोट बड़े सरोकारों, बड़ी चिन्ताओं के बिना सम्भव नहीं है।

इसी समीक्षा-आलेख के समापन से पूर्व लेखकीय समालोचनात्मक परिप्रेक्ष्य से अपनी असहमतियों का संक्षिप्त रेखांकन भी आवश्यक है। भारतीय धर्म एवं दर्शनों को लेकर लेखकीय दृष्टि सर्वथा निषेधात्मक है। लेखक धर्म के अन्त की बात करता है न कि सर्वधर्म समभाव या धार्मिक सौहार्द्र की। आशय यह है कि जब तक धर्म रहेंगे तब तक धार्मिक झगड़े रहेंगे, क्योंकि प्रत्येक धर्मग्रन्थ (बुद्ध-वचनों को छोड़कर) 'असत् के रूप में सत् का हास्यास्पद सम्पादन है'; सबके अपने-अपने आत्यन्तिक सत् के तर्कातीत दावे हैं। क्लासिक मार्क्सवादी समझ भी यही है। कार्ल मार्क्स ने भी 'यहूदी प्रश्न के बारे में' यहूदी-ईसाई धार्मिक संघर्षों के सम्बन्ध में यही समाधान प्रस्तुत किया है :

यहूदी और ईसाई के बीच सर्वाधिक सख्त विरोध धार्मिक विरोध है। इस विरोध का समाधान कैसे हो? इसे असम्भव बनाकर? लेकिन धार्मिक विरोध को असम्भव कैसे बनाया जाये? धर्म का उन्मूलन करके (कार्ल मार्क्स, अली राइटिंग्ज, पेन्विन, 1975, पृ 213)।

विशुद्ध सैद्धान्तिक स्तर पर यह अपेक्षा सही हो सकती है, लेकिन यथार्थतः 'धर्म का उन्मूलन' सम्भव नहीं है। वैसे मार्क्स जल्दबाजी में नहीं थे। उन्हें आमजन के विकासमान इतिहास-बोध में विश्वास था—उत्तरोत्तर ईसाई और यहूदी दोनों ही यह समझने लायक हो जायेंगे कि धर्म इतिहास के एक अतिक्रान्त चरण की केंचुल से अधिक कुद नहीं है। जब तक केंचुल को लोग साँप समझते रहेंगे तब तक जनमानस में इसकी डरावनी एवं प्रलोभनकारी उपस्थिति बनी रहेगी। इसीलिए कार्ल मार्क्स 'धर्म की आलोचना' को 'हर आलोचना की पूर्वापेक्षा (प्रीरिक्विजिट)' मानते थे (वही, पृ. 243)। इस धर्म की समालोचना का एक महत्त्वपूर्ण दायित्व है—'पुराने विश्व को दिन के उजालों में खींचकर लाना' (वही, पृ. 206)। आचार्य जी ने यह प्रयास जरूर किया है, लेकिन कुल मिलाकर, उनका स्वर निन्दात्मक है। उदाहरणार्थ—धर्म एक ठगी है', 'धर्म एक बृहद्, अनजाना षड्यन्त्र है', 'निष्ठा', जिसका तुक बिष्ठा से मिलता है' (आख़िरी कलाम पृ. 150, 322)। ऐसी निन्दात्तक टिप्पणियों से उपन्यास पटा पड़ा है। मार्क्सवादी आचार्य जी यह एहसास नहीं कराते कि आमजन की 'धार्मिक पीड़ा वास्तविक पीड़ा की अभिव्यक्ति और प्रतिवाद दोनों है' (कार्ल मार्क्स, वही, पृ. 244)।

दरअसल, लेखक वर्तमान हिन्दुत्ववादी उन्माद के प्रतिवाद में इतना उलझ गया है कि वह धर्म के राजनीतिक एवं परमहंसी दुरुपयोगी को ही धर्म का सत्त्व मान बैठा है। इसी प्रकार आचार्य जी बार-बार हिन्दुओं के धार्मिक मन की मिथकीय संरचना को 'ढाहने' की बात करते हैं। दरअसल, मानसिक संरचनाएँ ढहती नहीं, इतिहास-प्रक्रिया में अतिक्रान्त होती हैं। इसीलिए मार्क्सवादी समालोचना में प्राचीन दुनिका को अभावृत्त करते हुए इतिहास-सम्मत नये विकल्पों की रोशनी में 'सकारात्मक

शिल्प' की बात है। 'धर्म का उन्मूलन' सम्भव नहीं है, लेकिन बेहतर 'धर्म' की तलाश एक शाश्वत सच है। मार्क्सवादी विचारक अन्तोनियो ग्राम्सी इन संरचनाओं में आन्तरिक आणविक परिवर्तन (moleculUr changes) की बात करते हैं, क्योंकि वह भी एक पुरानी वेटिकनवादी संरचना से जूझ रहे थे, जिसे लेखक अयोध्या के कण्ट्रास्ट के रूप में पेश भी करता है। ग्राम्सी धर्म के मनोविज्ञान को बेहतर समझते थे। उन्होंने लोकप्रिय धर्म को आमजन का 'सामान्य बोध' (commonsense) कहा और इसे 'साधुबोध' (goodsense) में बदलने की आवश्यकता को रेखांकित किया। उस आवश्यकता का एक उपकरण समालोचना-बोध (criticalsense) है। निन्दा-अभियान अराजक प्रतिक्रिया पैदा करता है और संरचनाएँ और ठोस एवं सख्त होती जाती हैं। ग्राम्सी के दो सूत्र उपादेय हो सकते हैं—एक, आमजन का बने रहते हुए अपने बोध को बचाये रखना; और, दो, इच्छाशक्ति का आशावाद और बुद्धि में नैराश्य। इच्छाशक्ति के बिना आमजन का हुआ नहीं जा सकता, और बोध बचाये और शंकालु बने रहे बगैर आलोचनात्मक बोध सम्भव नहीं है। ग्राम्सी की 'इण्टलेक्चुअल' से (इसमें राजनेता केन्द्रीय व्यक्ति है) यही अपेक्षा है। जमीनी कार्यकर्त्ता रामदीन मिसिर ठीक कहते हैं कि धर्म, जात-पाँत 'जेनेटिकल संमस्याएँ हैं। रेमण्ड विलिएम्ज 'कल्चरल जेनेटिक्स' की बात करते हैं। इलियट का यह कहना भी जायज है कि संस्कारित जीव के रूप में मनुष्य न धर्म-रिक्त हो सकता है न कर्मकाण्ड मुक्त। हिन्दी में नामवर सिंह और शम्भुनाथ इस दिशा में संवेदनशील दिखते हैं। रामविलास जी भी संवेदनशील रहे, लेकिन उत्साह और निश्चय के अतिरेक के साथ। अज्ञेय, निर्मल वर्मा, विद्यानिवास भारतीय 'आत्मा' की तलाश में पीछे मुड़ जाते हैं जिससे अन्ततः तोगड़िया और सिंहल का रास्ता निरापद होता है। नामवर सिंह सही कहते हैं कि इंग्लैण्ड में 1930 के दशक में एफ. आर. लीविस के 'स्क्रूटिनी' अभियान की जीत तत्कालीन वाम की निषेधवादी दृष्टि के चलते सम्भव हुई थी। आख़िरी कलाम का सर्जक इस बिन्दु पर सावधान नहीं है।

भारतीय लोकतन्त्र की आलोचना में भी लेखक अपने निषेधवादी उत्साह का परिचय देता है। आचार्य जी की आलोचना का तेवर देखें :

हमारे पास आँकड़े हैं, योजनाएँ हैं, हरित क्रान्ति है और भुखमरी अन्धे कुएँ। हमारे पास हँकड़ता प्रजातन्त्र है और उसकी सुविख्यात भौंक। कन्धे उचकाते अनेकानेक नारी-संगठन और स्त्रियों का दहन। ...हाथ जोड़े मोघमुण्डा गुण्डे, संन्यासी, दलाल... आधा सड़ा हुआ लीवर लिये हुँकारते, पेलते, डंकारते... अनन्य अविजित, अशंकित हत्यारे और देश-प्रेम और देश-प्रेम ओर देश-प्रेम का अकच्छ। ... मस्ताए प्रशासक... कि भविष्यवक्ता, कि मुक्ति, कि हाहाकार, कि रूदन, कि हर जगह चर- चोंथ रही जुगाड़ू पवित्रात्माएँ, कि हर जगह पवहारी बाबा, कि हर जगह अचेतानन्द... कि ग़जब रे ग़ज्जब! (पृ. 308-09)।

आलोचना निराधार नहीं है, लेकिन इकतरफा है। यह लोकतन्त्र की सम्भावनाओं को दरकिनार करती है। ऐसी आलोचना की निर्विवाद राजनीतिक परिणति है—एकदलीय शासन की निरंकुशता या तानाशाही—'तुम एक 'नेशन' की बात करते हो? अगर लोगों को राजी नहीं कर सकते तो उनका दमन करो और एक 'नेशन' बनाओ। क्या जरूरत है ऐसे 'नेशन' की जिसका आधार सत्ता का दमन-तन्त्र हो (पृ.274)।' प्रश्न खड़ा होता है : क्या 'दमन' से आचार्य जी के सपनों का 'नेशन' बन पायेगा? क्या प्रगतिशील दमन-तन्त्र के परिणाम आज सामने नहीं है? ऐसी ही परिस्थिति में अपनी 'स्पेन' नामक कविता में अडेन ने 'आवश्यक हत्या' (necessary murder) की बात की थी जिसका उन्हें पछतावा रहा और बादवाले संस्करण में इसे हटा दिया। ऐसी ही स्थिति में लेनिन की तुलना में गाँधी अधिक समझदार लगते हैं। क्या सोवियत सत्ता अपने 'नेशन' को बचा पायी? जिसके लिए अकथ कुर्बानियाँ दी गयी थीं? क्या अफगानिस्तान में दमनतन्त्र कामयाब हुआ? क्या चीन में कन्फ्यूशियनवाद से अन्ततः समझौता नहीं करना पड़ा? प्राचीन सभ्यताओंवाले समाजों की मनोगत रचना, संस्कारों के अनेकानेक जटिल एवं अन्तःसम्बद्ध स्तरोंवाली होती है, जिन्हें राहुल जी की तरह मात्र 'बेड़ियाँ' मानकर खारिज कर देने से कुछ नहीं होता। भारतीय लोकतन्त्र की अतिवादी आलोचना हमेशा किसी-न-किसी अतिवादी राजनीतिक निष्कर्ष तक ले ही जाती है। इस बिन्दु पर भी लेखक सावधान नहीं दिखता।

अन्तिम बात यह कि हिन्दुत्ववादी उन्माद की सेक्युलर भर्त्सना तात्कालिक सन्दर्भ में निश्चय ही उपादेय है, लेकिन यह अपर्याप्त है और दूरगामी सन्दर्भों में प्रतिउत्पादक (counterproductive) भी। हिन्दुत्व की वर्तमान दुर्रचना को केवल 'धर्मग्रन्थ और तुलसीदास' के सन्दर्भ में समझना-समझाना हिन्दू परम्परा की बहुलता और बहुअर्थिता की अनदेखी करना है। आखिर वर्तमान दुर्रचना का सर्वाधिक विरोध हिन्दू दायरे से ही क्यों होता है? दरअसल, कुछ-एक मध्ययुगीन बादशाहों के धार्मिक उन्माद, परतन्त्र-भारत में मुस्लिम लीग की हिंस्र अलगाववादी राजनीति, मुस्लिम समाज का बन्द शरीअतवादी दिमाग, एक दौर में पंजाब और सम्प्रति कश्मीर के हिंस्र हिन्दू-विरोधी पृथकतावाद, इत्यादि से काटकर इसे नहीं समझा जा सकता। ये सारे अतिवाद परस्परपोषी हैं। इस समझ के अभाव या इसकी अनदेखी के चलते ही सेक्युलर समालोचना अविश्वसीनय बनती गयी है। इतना ही नहीं, अम्बेडकरवादी और मण्डलवादी राजनीति की साम्प्रदायिक एवं जात-पाँतवादी सक्रियता को भी दृष्टिगत रखना पड़ेगा, क्योंकि यह सक्रियता एक बड़े पारम्परिक तबके को अलग-थलग करने के प्रयास में इसे अस्मितागत संकट में डालती है। इस प्रकार, आज हिन्दुत्व आन्तरिक विघटन और बाह्य दबाव की शिकार है। दूधनाथ सिंह जैसे रचनाकार से इन सारे मुद्दों के प्रति सर्जनात्मक सजगता अपेक्षित थी। लेकिन

आख़िरी कलाम सेक्युलर समालोचना की इस प्रौढ़ अपेक्षा को पूरा करता नहीं दिखता। एक मानी में तो यह एक सेक्युलर हिन्दू की सांस्कृतिक आत्मभर्त्सना है, जो सुरक्षित एवं सम्मानजनक है, जिसकी ओर लेखक का ध्यान एक बार जाता भी है। छोटी वय में माधवानन्द ने अपनी माँ से कभी पूछा था कि पिता जी क्यों ब्राह्मणों को गाली देते रहते हैं? तो माँ का उत्तर था–'सुविधा है बेटा और बड़प्पन है' क्योंकि 'अपने को गाली देकर छाती तो तनती है।' (पृ. 69) आत्म-प्रमाणन का यह रैडिकल विवेक भी उस 'स्फटिक फाँक' के लिए जिम्मेदार है, जिसके चलते यह अपने समुदाय में तो निष्प्रभावी बना ही रहता है और दूसरे समुदायों का कभी बन नहीं पाता। लेकिन बची-खुची उम्मीद भी इसी विवेक से है। अतः इसे 'पालेमिकल' होने से यथासम्भव गुरेज करना चाहिए, ताकि यह विश्वसनीयता अर्जित कर सके।

फिर भी आख़िरी कलाम में सात्विक आक्रोश है, क्योंकि आचार्य जी के 'संघर्ष' के पीछे एक वृहत्तर सेक्युलर-विवेक और नैतिक दृष्टि है, जिसे, सर्वात्मन की राय में, 'सिद्ध करने की जिद्‌द ही उन्हें यहाँ तक खींच लाई है' और यह 'मात्र संयोग नहीं- चुपचाप एक निर्णय है' (पृ. 347)। आचार्य जी के इस *आख़िरी कलाम* में कुछ भी 'आत्मगत' नहीं है, क्योंकि वह जानते हैं कि आत्मगत अन्ततः 'निरर्थक' होता है (पृ. 264)। अपनी पहली मुलाकात में ही उन्होंने नेहरू से कहा था–'विश्वास करता हूँ कि कोई गलत काम नहीं करूँगा।' (पृ. 31) जिसे आचार्य जी ने निभाया है। साम्प्रदायिक हिंसा के विरुद्ध उनका प्रतिवाद अन्तिम दिनों में गाँधीजी के नैतिक प्रतिवाद की याद दिलाता है। इनका भी वही हश्र होता है, जो गाँधी जी का हुआ था- धर्मान्ध अपनों द्वारा उनकी हत्या। नमो अन्धकारम में देवनाथ (जो प्रकारान्तर से लेखक स्वयं है) में भी अन्तिम क्षणों में मायावी गुरु जी द्वारा फैलायी गयी महानिशा को चीरती नैतिक चिंगारी उठती दिखती है। इस रूप में आख़िरी कलाम के आचार्य जी देवनाथ में निहित नैतिक सम्भावना के महाविस्तार हैं। सम्भव है, यह लेखक की अपनी अभिलषित या वास्तविक नैतिक यात्रा भी हो। दरअसल, उपन्यास में लेखकीय अभीप्साओं के परिपाक आचार्य जी ही हैं। वह मार्क्सवादी हैं और अपने वैयक्तिक विवेक एवं रिश्तों के प्रति संवेदनशील भी हैं। पार्टी ने जे. पी. आन्दोलन का विरोध किया था, लेकिन उन्होंने समर्थन किया और जेल गये, क्योंकि कांग्रेस की 'राजनीतिक इजारेदारी में खड़मण्डल' को वह राष्ट्र-हित में समझते थे। इतना ही नहीं, चुनावी पराजय के बाद आचार्य जी इन्दिरा जी से मिलने भी गये, क्योंकि नेहरू परिवार से उनका पुराना लगाव था। वह प्रकृति के सौन्दर्य, नदी की कलकल, तुलसी और रवीन्द्र के काव्यत्व तथा ऋग्वेद-पाठ एवं अजान की स्वर-लहरियों के आरोह-अवरोह के प्रति भी उतने ही संवेदनशील हैं। वह यह भी मानते हैं कि अयोध्या में 'जैऽ श्रीराऽऽम' का डरावना जैकारा और लँहकट बाबा, स्वामी अचेतानन्द, इत्यादि जैसे लोग एक किस्म के 'उजड्ड व्यवहारवाद' की उपज है, जिसका मूल

कारण उनकी सोच-समझ की 'नासमझ स्पष्टता' है। आचार्य जी की समझ में, "दृष्टि के साफ होने का मतलब उसका सपाट होना भी हो सकता है", और इसीलिए "थोड़ा धुँधला होना, थोड़ा अनिर्णय, थोड़ा गड़बड़ होना, बेहतर है।" (पृ. 260-61) जमीनी एवं व्यावहारिक कार्यकर्त्ता रामदीन मिसिर की सर्वात्मन जैसे स्टालिनवादी मिजाजवाले कम्युनिस्ट नेताओं और उनकी राजनीति के बारे में एक समझ है : 'सच्ची और अनुशासित राजनीति कितनी सूखी होती है! एक तरह से पंचाग्नि लेना होता है। इसीलिए लोग कठोर और निर्दयी हो जाते हैं। (पृ. 201)

लेनिन ने गोर्की से कहा था–'हमें दयालु बनने के लिए पहले क्रूर बनना है' और एच.जी. वेल्स से कहा था–"हमने कह दिया है कि विरोधी उपद्रवियों को गले में फन्दा डालकर निकट के पेड़ से लटका दो।" स्टालिन के लेबर कैम्प इसी 'सच्ची', 'अनुशासित' राजनीतिक चेतना की व्यावहारिक विवशता थे। 1857-58 के दौरान अंग्रेजों ने भारत में यही किया, और 17वीं सदी में लफंगे अंग्रेजों ने अमेरिका में रेड इण्डियन्स के साथ भी यही किया। रामदीन मिसिर की भाषा में कहें तो इन समाजों में राजनीतिक या सत्तापरक हिंसा एक 'जेनेटिक' समस्या के रूप में आयी। बुश और ब्लेयर को यहाँ से भी समझा जा सकता है। आचार्य जी भी 'सच्ची' राजनीति के पक्षधर हैं लेकिन 'अनुशासित' नहीं हैं, अराजक हैं। उनकी दृष्टि में 'असहमत' होना नैतिक दायित्व है। कुल मिलाकर, वह ठूंठ, ठस, नीरस, सूजी आँखोंवाले किताबी मार्क्सवादी नहीं हैं। उनके पास लेनिन का सपना है, लेकिन गाँधी का अराजक स्वभाव भी है। जीवन के अन्तिम क्षणों में बिस्तर पर पड़े-पड़े माधवानन्द की एक टिप्पणी उन्हें याद आती है–"पिताजी, आप हमेशा एक अतिवाद से दूसरे अतिवाद पर चले जाते हैं।" (पृ. 390) दरअसल, यह अतिवाद भी वह 'उजड्ड व्यवहारवाद' है, जो दृष्टि की 'नासमझ स्पष्टता' से आता है। लेकिन आचार्य जी स्पष्टसोची व्यवाहारिकता की सीमाओं को अयोध्या में ठीक से समझ पाये हैं। इस दृष्टि से भी आख़िरी कलाम में एक अन्वेषी लेखकीय दृष्टि है, जो पिटे-पिटाये रास्ते पर चलने और सोचने को नकारती है। पिटे-पिटाए साँचे में बने रहकर जनमानस को नहीं समझा जा सकता और न ही जनता और पार्टी के बीच की 'स्फटिक फाँक' को दूर किया जा सकता है। ऐसी स्थिति में चिन्तनशील राजनीतिक मनीषा और आमजन की चेतना परस्पर-विरोधी दिशाओं में क्रियाशील रहेंगी। उपन्यास में इस प्रकार के रचनात्मक संकेत बिखरे पड़े हैं। निष्कर्षतः यह कहा जा सकता है कि, कुल मिलाकर, राजनीतिक समालोचना की दृष्टि से यह उपन्यास एक अद्भुत सर्जनात्मक विस्फोट है।

संस्कृति विमर्शकार निर्मल वर्मा

निर्मल वर्मा से मिलने का कभी सुयोग नहीं हुआ। उनके लेखन के माध्यम से जितना साक्षात्कार हो सका उतने तक ही सीमित एवं सन्तुष्ट रहा। उनके इन्तकाल के बाद छपे संस्मरणों से जब मालूम हुआ कि एकान्तसेवी निर्मल जी अत्यन्त सरल, सहज और मिलनसार या अशोक वाजपेयी के शब्दों में 'यारबाश' थे, तो चकित हुआ था। उनके लेखन या छपे चित्रों से ऐसी किसी आश्वस्ति के संकेत नहीं मिलते रहे। उनकी रचनाओं से एक खास किस्म के बेचैन अवसादमय, आत्मग्रस्तता का, उनके विमर्शात्मिक निबन्धों से आधुनिकता के विरुद्ध एक हारी हुई लड़ाई लड़ते रहने के संकल्प और कसाण्ड्रा-बोध का, और उनके चेहरे से एक मासूम गहरी पीड़ादायी उदासी का, एहसास होता रहा। इस एहसास ने उनके व्यक्तित्व में मेरी रुचि को तीव्र नहीं होने दिया। वैसे ही उनकी रचनाओं के 'वह'

'एक चिथड़ा सुख' या 'धूप का एक टुकड़ा' के लिए 'डेढ़ इंच ऊपर' उठे रहने की खातिर परेशान मिलता। निर्मल जी अपने इस 'वह' से कभी भिन्न नहीं दिखे। 'अन्तिम अरण्य' का 'वह' आरम्भ में ही एक स्थान पर सोचता है–

अब हँसी आती है, क्या कोई अपने तन की त्वचा और मन के मैल से बाहर आ सकता है 'कहीं भी जाओ ये दोनों चीजें पीछा नहीं छोड़तीं। लेकिन एक बात मैं जानता हूँ, यहाँ आने का मतलब एक दुनिया को छोड़कर दूसरी दुनिया में आना नहीं था, वह अपनी ही दुनिया में अपने को दोबारा पाने का प्रयत्न था। (पृ. 24)।

अर्थात् मनुष्य का सारा जीवन आत्मसाक्षात्कार की, सेल्फ डिस्कवरी की एक कारुणिक प्रक्रिया है। निर्मल वर्मा में यह प्रक्रिया 'परिन्दे' से आरम्भ होकर 'अन्तिम अरण्य' तक कायम है। उनके रचना-संसार में साथ-साथ रहते हुए भी लोगों के बीच एक ठण्डी निर्लिप्तता, एक मासूम उदासी, एक किस्म का रहस्यमय अन्धियारा कायम है। गर्मजोशी या 'यारबाश' सम्वाद की गुंजाइश बहुत कम है। 'धूप का एक टुकड़ा' का 'वह' तो इस सम्भावना को ही मानो एकबारगी खारिज करता है : 'नहीं जी, लोग दुःख नहीं बाँटते, सिर्फ फैसला करते हैं–कौन दोषी हैं, कौन निर्दोष।' 'रात

का रिपोर्टर' का 'वह' संशय और दहशत के एक कल्पित जाल में भटकता, फिदफिदाता स्वयं 'रिपोर्टर' बना रहता है। पत्नी और माँ से भी सम्वाद की स्थिति में नहीं है। 'वे दिन' के 'वह' के लिए उपन्यास के अन्त में एक आत्मीय संस्पर्श का सुख मिलता है जो परिस्थितिजन्य है, किसी प्रेम प्रक्रिया के पकने की परिणति नहीं। उनके रचनात्मक लेखन में सम्बन्धों की ऊष्मा का एहसास नहीं होता। इतना ही नहीं, कहीं भी यथार्थ से मुठभेड़ नहीं है, बल्कि स्मृतियों के लोक में एक सजग रोमानी पलायन हैं। जहाँ-तहाँ यथार्थ के छींटे अवश्य हैं—विशेषतः चेकोस्लोवाकिया में सोवियत सत्ता के हस्ताक्षर और भारतीय आपातकाल से जुड़े यथार्थ के—लेकिन, कुल मिलाकर यथार्थ के कटाव के चलते प्रतिकूल स्थितियों के दबाव से उपजे संशय और दहशत की ही निर्देशन अधिक है। शेक्सपियर की एक पंक्ति याद आती है—'प्रेजेण्ट फियर्स आर लेस दैन हरिबुल इमैजिनिंग्स।' अर्थात् काल्पनिक भय वर्तमान भय से अधिक भयावह होता है। कुल मिलाकर स्मृतिजीवी लेखक नवता या परिवर्तन के प्रति शंकालु हुआ करते हैं, और आधुनिकता और प्रगतिशील से निर्मल वर्मा की टकराहट का यही प्रमुख कारण भी प्रतीत होता है।

उनके देहावसान के बाद 'नया ज्ञानोदय' (वैसे यह नाम पत्रिका के कथ्य से मेल नहीं खाता) में व्यक्त कतिपय प्रतिक्रियाओं को पढ़ते समय कुछ बातें खटकी थीं जिनकी थोड़ी चर्चा (यहाँ और बंजर) आवश्यक है। रमेशचन्द्र शाह ने लिखा कि निर्मल को 'पोलिटिकली करेक्ट' निर्णय लेनेवाले भारतीय बुद्धिजीवियों से 'वितृष्णा' थी। स्वयं निर्मल जी के बड़े भाई रामकुमार जी ने अकेले असहमत होने के निर्मल के साहस की चर्चा करते हुए लिखा है कि 1971 के बाँग्लादेश के संकट के समय बुद्धिजीवियोंकी एक बैठक में उन्होंने चेकोस्लोवाकिया में सोवियत यूनियन के हस्तक्षेप और वहाँ मानव अधिकारों के हनन का मुद्दा उठाकर सबको हतप्रभ कर दिया और वह प्रस्ताव पारित नहीं किया जा सका जिसमें सोवियत यूनियन की प्रशंसा और अमरीका की भर्त्सना की गयी थी। लेकिन निर्मल वर्मा के इस 'साहस' में अमरीकी 'कल्चर और फ्रीडम' की वैश्विक संस्कृति की नीति की अनुगूँज भी सुनी जा सकती थी। शीतयुद्ध के उस आक्रामक दौर में सोवियत यूनियन के प्रभामण्डल को तोड़ना जरूरी था। अमरीका की आलोचना बेमानी थी, क्योंकि वह विश्व की सम्वेदनशील, प्रगतिधर्मी मनीषा का सपना नहीं था। (ध्यातव्य है कि स्टेफेन स्पेण्डर लगभग तीन दशकों एक *इण्काउण्टर* पत्रिका के सम्पादक रहे जिसमें अमरीका और रूस दोनों की आलोचनाएँ छपती थीं, और जब स्पेण्डर को 1970 में यह मालूम हुआ कि पत्रिका सी.आई.ए. द्वारा वित्तपोषित है तो उन्होंने तुरन्त इस्तीफा दे दिया था जिसकी उस दौर में व्यापक चर्चाएँ हुई थीं, और यह भी खुलासा हुआ था कि विश्व की लगभग 40 प्रतिशत अग्रणी अखबार और पत्रिकाएँ प्रत्यक्षतः अथवा परोक्षतः सी. आई.ए. द्वारा वित्तपोषित थीं)। इसी प्रकार, बाबरी मस्जिद विवाद के सन्दर्भ में हिन्दू

स्मृतियों एवं मिथकों की चर्चा कर निर्मल जी ने हिन्दुत्व के पक्ष को बल प्रदान किया। इतना ही नहीं, गुजरात की राज्य-संचालित क्रूरताओं को कानून और व्यवस्था का प्रश्न बता कर उन्होंने जाने-अनजाने हिन्दुत्व-विह्लल नरेन्द्र मोदी तक के साम्प्रदायिक अतिरेकों को दरकिनार किया। यही काम विद्यानिवास मिश्र ने भी किया था। अन्तर इतना था कि मिश्र जी ने अपने समर्थन की राजनीति की कीमत वसूल की और सांसद बने, लेकिन निर्मल वर्मा सत्ता-निरपेक्ष बने रहे। वर्धा में नन्दकिशोर आचार्य ने मुझसे कहा कि, ''संस्कृति का पण्डित सत्ता-विमुख नहीं होता, इसलिए विद्यानिवास जी ने जो किया उस पर चकित होने की कोई आवश्यकता नहीं है। मेरी समझ है कि इस सत्ता ने पण्डित जी को सामाजिक विमर्श में अविश्वसनीय बनाया, और अपनी सत्ता-निरपेक्षता के चलते निर्मल जी प्रभामण्डित रहे और वह बहुतों के लिए मानक सन्दर्भ बने। यह अधिक खतरनाक था क्योंकि दोनों से एक ही राजनीतिक निष्कर्ष निकलता था।

निर्मल वर्मा के पास राजनीति की अपरिहार्यता का बोध भी था। वह राजनीति को बरसात की ही तरह अपरिहार्य मानते थे और इसलिए उन्होंने इससे समझ-बूझकर निपटने की बात कही। लेकिन निपटने की इस प्रक्रिया में उन्होंने यह तक ख्याल नहीं किया कि उनके अपने ही एक आदर्श महात्मा गाँधी को नरेन्द्र मोदी ऐण्ड कम्पनी राष्ट्रीय कलंकों में गिनती है। इसलिए अशोक वाजपेयी की यह बात समझ में नहीं आती कि निर्मल वर्मा ने गलतियाँ भले की हों, समझौते नहीं किये। दरअसल, सेक्युलर राजनीति और साहित्य में प्रगतिशीलता की कमजोरियों से खीझकर वह हिन्दुत्ववादी चित्ति और राजनीति के सांस्कृतिक पक्षकार बने जो उस गाँधीवादी 'भारतीयता' के भी प्रतिकूल था जिसके वह प्रवक्ता थे।

निर्मल जी के कम्युनिस्टों और कम्युनिज्म से 'मोहभंग' का बड़ा ढिंढोरा पीटा जाता है। इस सन्दर्भ में निर्मल जी स्वयं भी शीतयुद्ध के आरम्भ में 1948 में सी. आई.ए. द्वारा प्रकाशित-प्रचारित पुस्तक *द गॉड दैट फेल्ड* की चर्चा किया करते थे, मानो कुछ बुद्धिजीवियों का कम्युनिस्ट राजनीति से मोहभंग होना ही 'कम्युनिज्म' का निकष हो। निर्मल जी का अपने आरम्भिक दौर में कुछ समय के लिए 'कम्युनिस्ट' होना ही मुझे तो चकित करता है। उनका मानसिक शिल्प ही कम्युनिस्ट बनने लायक नहीं था। कम्युनिस्ट ऐतिहासिक दृष्टि से ऊर्ध्वजीवी, सामाजिक दृष्टि से भविष्यजीवी और राजनीतिक दृष्टि से मुखर एवं प्रतिबद्ध होता है। वह इतिहास की 'अनिवार्यता' को स्वीकार करते हुए भी इसमें कथ्य की केन्द्रशीयता पर बल देता है क्योंकि वह कथ्य से स्वतन्त्र रूप को मानव-निरपेक्ष कल्पना-विलास मानता है। निर्मल जी की प्रकृति इसके ठीक विपरीत थी। वह स्मृतिजीवी और रूपजीवी थे। उनकी स्मृतिजीविता वर्तमान के आकलन-मूल्यांकन में अतीत को सन्दर्भ बिन्दु के रूप में प्रस्तुत करती थी। उनका मिथक-मोह उन्हें भविष्य

के प्रति शंकालु बनाता था। उनको पढ़ने से लगता है कि आधुनिक इतिहास में जो भी बदलाव हुए हैं उनसे मानवता के सुखमय भविष्य के संकेत नहीं मिलते। *दूसरे शब्दों में* (1977 ; भारतीय ज्ञानपीड, 1999) के 'प्राक्कथन' में वह 'मानव-विस्मृत' आधुनिक सभ्यता की बात करते हैं और भारतीय सन्दर्भ में लिखते हैं कि, "जहाँ पहले पके हुए विश्वास थे, वहाँ आज खो जाने की पीड़ा है।" उन्हें विवेकानन्द, अरविन्द और गाँधी के 'मानवदर्शी' विकल्प मिट्‌टी में मिलाये जाते दिखते रहे, पाँच हजार वर्ष पुरानी सभ्यता आँखों से ओझल होती दिखायी रही। वह 'भारतीय सभ्यता के केन्द्रीय भाव' को पुनः तलाशने की बात करते हैं। यह विमर्श बताता है कि निर्मल वर्मा आधुनिक विमर्श से या तो कटे हुए थे या प्रतिक्रियावश 'आस्था', 'ईश्वर' जैसे अतीत के स्मृति-स्तम्भों का सहारा लेते रहे। उनमें यथार्थगत प्रश्नों से कोई मुठभेड़ नहीं है। संस्कार-सजगता, रूप-चेतना और भाषिक सजगता से उपजे सौन्दर्य के अपने खतरे भी हैं, जिनके प्रति निर्मल जी सावधान नहीं दिखते। ऐसी चेतना कम्युनिस्ट नहीं बनी रह सकती थी। कुल मिलाकर, वह नितान्त रूमानी रचनाकार एवं विमर्शकार हैं और आरम्भ में उनका कम्युनिस्ट होना युवा-रोमान था, लेकिन उनका स्मृतिजीवी होना उनका प्रकृत-रोमान था जो टिकाऊ साबित हुआ। वह दक्षिणापन्थ के ही विमर्शकार बन सकते थे।

दरअसल, अपने निबन्धों में निर्मल वर्मा सांस्कृतिक विमर्शकार की भूमिका में हैं, और विमर्श परिप्रेक्ष्यविहीन नहीं हुआ करता। निर्मल वर्मा के 'न होने' के तात्कालिक दबाव में कमलेश्वर कह सकते हैं कि भारतीयता की वर्तमान राजनीतिक जल्दबाजी से वह निश्चय ही दुःखी रहे होंगे, यद्यपि अपने 'अर्जित' स्वनिर्मित मौन के चलते वह मुखर नहीं हुए (नया ज्ञानोदय, नवम्बर, 2005)। आश्चर्य है कि कमलेश्वर जैसा मुखर व्यक्ति उन्हें चुप्पी का लाभ देता है जबकि प्रगतिशीलों की कुछ चुनी हुई चुप्पियों पर निर्मल जी हमेशा प्रहार करते रहे। 'राष्ट्रीय सहारा' में नामवर सिंह ने सही कहा कि निर्मल वर्मा के 'न होने' का दुःख इतना भारी है कि उनके 'होने के' आकलन-मूल्यांकन के लिए अभी इन्तजार की आवश्यकता है। वस्तुतः निर्मल जी की 'पालिटिकली करेक्ट' चुप्पी एवं मुखरता के शिकार रहे। उनके सांस्कृतिक परिप्रेक्ष्य के जाने-अनजाने राजनीतिक निहितार्थ थे। प्रतिक्रियावादी राजनीतिक मंसूबे हमेशा निर्मल जैसी सांस्कृतिक संवेदना का राजनीतिक दोहन करते हैं। निर्मल जी इससे सर्वथा अनभिज्ञ रहे हों, विश्वसनीय नहीं लगता।

निर्मल के एक बौद्धिक वाल्टर बेन्जामिन की समझ थी कि फासीवादी चेतना अपनी राजनीति पर राष्ट्रवाद, संस्कृति, इत्यादि का मुलम्मा चढ़ाकर इसे आकर्षक बनाती है, जबकि क्रान्तिकारी चेतना संस्कृति और राष्ट्र जैसी संस्कार-प्रदत्त एवं अमूर्त और इसलिए अधिक मोहक अवधारणाओं के राजनीतिक इरादों को उद्‌घाटित कर आमजन को प्रतिक्रियावाद का बलि-पशु के विरुद्ध आगाह करती है। प्रेमचन्द

ने भी साम्प्रदायिकता को संस्कृति की खाल ओढ़े देखकर हिन्दुओं और मुसलमानों को इसके विरुद्ध आगाह किया था, लेकिन इंग्लैण्ड में इलिएट, यीट्स, एज्रा पाउण्ड, विन्ढम लेविस जैसे अनेक प्रतिभाशाली लेखकों की फासीवाद से प्रतिक्रियात्मक सहानुभूति थी। यहूदी धन-लिप्सा और 1930 के दशक में श्रमिकों की राजनीतिक बेचैनी एवं कम्युनिस्टों के नेतृत्व में सांगठनिक एवं आन्दोलनात्मक मुखरता के विरुद्ध यह नकारात्मक जुड़ाव था।

ये बड़े-बड़े कवि एवं लेखक न केवल साम्यवाद-विरोधी बने बल्कि यूरोपीय फासीवादी परिघटना के मौन अथवा मुखर समर्थक भी बने। अगर क्यू.डी. लेविस को प्रमाण मानें तो 1926 की राष्ट्रीय श्रमिक हड़ताल (जिससे महात्मा गाँधी को भारत में प्रेरणा मिली थी) का मुखर विरोध उन कोनों से भी हुआ था जहाँ सौन्दर्य-बोध और लेखकीय स्वातन्त्र्य की सर्वाधिक चर्चा होती थी। संकेत ब्लूम्सबरी सर्किल की ओर भी था जिसके भारतीय मुरीदों में निर्मल वर्मा भी थे। आशय इतना भर कि लेखकीय स्वातन्त्र्य के आग्रही गैर-राजनीतिक प्रतिभाएँ जाने-अनजाने उस राजनीति का उपकरण बनती है जो इनकी मूल मंशा के प्रतिकूल होती है। इस सन्दर्भ में, राजनीतिक चेतना सम्पन्न लेखक बेहतर स्थिति में होता है क्योंकि वह अपनी सोच-समझ के अनुसार किसी बेहतर राजनीति की पहल कायम रखता है। जरूरी भी है क्योंकि, फिलहाल, राजनीति का कोई विकल्प सामने नहीं है। गाँधी-चेतना और निर्मल जी की गाँधीवादी चेतना में एक मूल फर्क यही है कि गाँधी किसी राजनीति के उपकरण नहीं बने, जबकि निर्मल वर्मा जाने-अनजाने उपकरण बने। निर्मल वर्मा के विचारों की रोशनी में इसे 'व्यक्ति' और 'परम्परा' के 'फर्क' के रूप में देखा जा सकता हैं। 'व्यक्ति' चाहे जो हो, परम्परा तो अनुयायियों या समर्थकों की सोच-समझ द्वारा ही निर्मित, विकसित अथवा विकृत होती है। अतः गाँधी-चेतना और निर्मल की सांस्कृतिक चेतना के बीच धुन्ध का छाये रहना अनिवार्य-सा था। नामवर सिंह ने निर्मल वर्मा की आत्मकथा के शीर्षक 'धुन्ध पर उठते धुन्ध' को उनके समस्त कृतित्व के रूप में पढ़ने की ओर इशारा किया है। सचमुच, उनके 'होने के' अर्थ को समझने-परखने के लिए इस धुन्ध को छाँटना पड़ेगा। कम-से-कम उनके रचनात्मक लेखन पर फैले स्मृतियों के धुन्ध को देखते हुए यह इशारा निरापद है।

लेकिन उनके विमर्शात्मक लेखन में यह 'धुन्ध', व्यक्तियों के बीच व्याप्त 'अँधेरा', की तुलना में कम है। अपने एक साक्षात्कार में निर्मल जी ने अपने रचनात्मक और विमर्शात्मक लेखन के परस्पर स्वतन्त्र होने की बात कही (*दूसरे शब्दों में,* 1999, पृ. 183)। दरअसल, उनके विमर्शात्मक लेखन में अवचेतन का कुहासा नहीं, चेतन का सजग त्याग और चयन है। यहाँ असहमतियाँ, प्रतिवाद और स्थापनाएँ हैं। इसलिए उनमें सांस्कृतिक विमर्श की समझ-परख के लिए धुन्ध के हटने का इन्तजार की विवशता नहीं है।

जहाँ तक मैं समझ सका हूँ, निर्मल वर्मा के चिन्तन-प्रधान लेखन में पाँच प्रमुख सरोकार मुखर रूप से उपस्थित हैं जो निम्नलिखित हैं : 1. आधुनिकता का विखण्डन; 2. इतिहास-सन्तप्त खण्डित सेक्युलर चेतना का दृढ़ प्रतिवाद; 3. इतिहास-क्षत भारतीय परम्परा का पुनःसंयोजन; 4. स्मृतियों और मिथकों के सहारे साहित्य में इतिहास-चेतना का अतिक्रमण; और 5. साहित्य के मूल मिथकीय स्वरूप और लेखकीय स्वातन्त्र्य की प्रतिष्ठा। दरअसल, ये सारे बिन्दु नाभिनाल बद्ध हैं। मूल जड़ है यूरोप का नवजागरण और इससे प्रेरित इतिहास-सन्तप्त आधुनिकता जिसके हस्तक्षेप से मिथकीय कल्पना के पंख क्षत-विक्षत हुए हैं, स्मृतियों के स्रोत सूखे हैं, परम्परा-बोध विनष्ट हुआ है, एक नितान्त सेक्युलर जीवन-बोध हावी है जिससे सांस्कृतिक संकट पैदा हुआ है और व्यक्ति अपने ही परिवेश में अजनबीपन का शिकार बना बिलबिला रहा है। नवजागरणकालीन यूरापीय आधुनिकता आज मानवता का अभिशाप बन चुकी है। भारत की इसकी चपेट में है। विकल्प के रूप में निर्मल जी मनुष्य की इतिहासेत्तर अखण्डित चेतना की वापसी के लिए अपने विमर्श में इतिहास-पूर्व भारतीय सांस्कृतिक-सामाजिक संरचना के बिखरे सूत्रों के पुनः संयोजन की बात करते हैं और अपने रचनात्मक लेखन में 'अखण्डित' मनुष्य के अंकल पर बल देते हैं।

अपने एक निबन्ध संकलन 'भारत और यूरोप : प्रातिश्रुति के क्षेत्र' में निर्मल वर्मा यूरोपीय नवजागरण और इससे निःसृत आधुनिकता की विभिन्न अभिव्यक्तियों-विवेकवाद, इतिहास-बोध, औद्योगिकीकरण, लोकतन्त्र, सेक्युलरिज़्म, मानववाद, इत्यादि के घातक प्रभावों की चर्चा करते हैं। वे भारतीय संस्कृति की उस मूल अन्तःप्रकृति की भी चर्चा करते हैं जिसका इस यूरोपीय आधुनिकता से ताल-मेल सम्भव नहीं है। इस सन्दर्भ में वह भारतीय संस्कृति की दो प्रमुख विशेषताओं को भी रेखांकित करते हैं। एक 'अद्‌भुत विशेषता' यह कि इसने अतीत को कभी व्यतीत नहीं माना, और इसलिए भारतीय समाज की एक ऐसी प्रतीक-व्यवस्था संयोजित एवं विकसित हो सकी जो आज भी उतनी ही अर्थवान् है (पृ. 15)। इस रूप में भारतीय संस्कृति यूरोप की इतिहास-चेतना के बिल्कुल विपरीत है। इतिहास-बोध किसी समाज को अतीत, वर्तमान एवं भविष्य में विभाजित करता है, जबकि भारतीय परम्परा इन्हें अविरल प्रवाह और 'शाश्वत वर्तमानता' के रूप में अभिहित करती है। निर्मल जी के शब्दों में :

एक भारतीय का सभ्यता-बोध उसे एक ऐसी समग्रता देता है, जो धर्म-सम्प्रदाय, राजनीति और राष्ट्रीयता के लेबेलों में परिभाषित नहीं हो पाती, न उसकी अस्मिता उन सेक्युलर चौखटों में फिट हो सकती है, जो आज के भारतीय सत्तारूढ़ वर्ग ने पश्चिम की राज्य व्यवस्थाओं से उधार लेकर अपने समाज पर आरोपित करना चाहता है। (पृ. 15)।

अर्थात्, भारतीय सभ्यता-बोध एक अव्यवहृत प्रवाह है, एक अन्विति है जिसके रेशे एक-दूसरे में अविभाज्य रूप में अन्तर्ग्रथित हैं। इसकी आत्मछवि और बाहरी जगत की अनन्त छवियों में कोई दरार नहीं है। इसीलिए, निर्मल वर्मा की दृष्टि में भारतीय प्राचीन प्रतीक आज भी एक भारतीय लेखक के लिए उतने ही सार्थक हैं जितने यूनानी मिथक इस्कलीज सोफोक्लीज आदि के लिए थे।

भारतीय संस्कृति के मूलभाव का दूसरा 'अद्‌भुत लक्षण' आत्मनिर्भर और सूक्ष्म आध्यात्मिक व्यवस्था' रही है जिसके बलबूते यह आत्मसन्दर्भी' बने रहकर अपने को बचाये रख सकी। दूसरों के प्रति जिज्ञासु न बने रहना भी इसके काम का रहा। निर्मल जी की दृष्टि से अन्यों के प्रति उदासीन बने रहने से एक लाभ यह हुआ कि शताब्दियों की बाह्य एवं 'हिंस्र घुसपैठों' एवं प्रभुसत्ता के बावजूद यह न केवल 'जीवित' रही बल्कि 'अक्षत' भी बनी रही (वही, पृ 43-44)। इसी कारण बौद्ध धर्म भी 'निष्प्रभावी' साबित हुआ। यह भी इसके लिए 'अन्य' बना रहा। अपनी इसी विशेषता के चलते इस्लाम और ईसाइयत के साथ इसने अपना सहअस्तित्व भी सुनिश्चित किया। अन्यता की इसी बुनियाद पर भारतीय पण्डित इनके मिशनरियों के साथ लोहा ले सके। आशय यह कि 19वीं सदी के भारतीय नवजागरण के पूर्व तक भारतीय संस्कृति की आत्मसन्दर्भी सनातनता कायम रही। भारतीय मनीषा राजनीतिक रूप से भले गुलाम रही हो, इसने अपनी बौद्धिकी, संस्थागत एवं सांस्कृतिक स्वतन्त्रता को कायम रखा। ऐसा नहीं लगता कि निर्मल वर्मा को 19वीं सदी के पूर्व की सामाजिक-राजनीतिक स्थिति से कोई खास शिकायत है। सन्तुष्टि के लिए वैदिक सनातनता पयाप्त है।

निर्मल वर्मा के अनुसार वास्तविक चुनौती 19वीं सदी के नवजागरण (निर्मल जी इसे अनिवार्यतः 'पुनर्जागरण' कहते हैं) के साथ उपस्थित हुई। समाज-सुधार के नाम पर यूरोपीय आधुनिकता से अभिभूत भारतीयों ने पश्चिमी चिन्तन पद्धति और संस्थाओं के समक्ष आत्मसमर्पण कर दिया। ये पश्चिमी संस्कृति एवं समाज के आईने में भारतीय संस्कृति एवं समाज का मूल्यांकन करने लगे और उन्हीं को निकष मानकर भारतीय समाज को बदलना चाहते थे। ऐसे 'धर्मदूषकों' में राजाराम मोहन राय प्रथम 'आधुनिक' भारतीय थे। पश्चिम के इस प्रभामण्डल से विवेकानन्द तक अछूते नहीं रहे यद्यपि उन्होंने पश्चिमी भौतिकता की समालोचना भी प्रस्तुत की थी। रवीन्द्रनाथ टैगोर ने अपने एक उपन्यास गोरा में भारतीय एवं पश्चिमी जीवन मूल्यों का द्वन्द्व जरूर प्रस्तुत किया, यद्यपि तब तक चयन अथवा अस्वीकार का विकल्प भारतीय के हाथ से निकल चुका था। पश्चिमी आधुनिकता के चौमुखे दबाव के चलते अब भारतीय संस्कृति के लिए आत्मसन्दर्भी बने रहना सम्भव नहीं था। आधुनिकता को न तो यह आत्मसात करने की स्थिति में थी और न ही उसे 'पराया' बनाये रखकर उसके साथ सहअस्तित्व कायम करने की स्थिति में थी। दरअसल,

भारत में आधुनिकता अंग्रेजी राज के एक अनिवार्य उपकरण के रूप में आयी थी जिसकी ओर एडवर्ड सईद ने पर्याप्त ध्यान खींचा है। इसके एक हाथ में ज्ञान, स्वातन्त्र्य-बोध, मानववाद इत्यादि का परचम था तो दूसरे हाथ में सम्प्रभु शक्ति सम्पन्नता की बन्दूक थी और इसलिए यह मगरूर भी थी। इतना ही नहीं, अबकी बार भारतीयता को एक नितान्त प्रतिकूल परिस्थिति और परायी भाषा में इस 'अन्य' से प्रतिश्रुत होना था। अब न स्वस्थ संवाद सम्भव था और न निरापद सहअस्तित्व। दोनों एक-दूसरे को 'निकृष्ट' समझतीं साथ-साथ रहने के लिए अभिशप्त थीं। ई. एम. फार्स्टर का उपन्यास ए पैसेज टु इण्डिया इस स्थिति का ठीक-ठीक अंकन करता है। (पृ. 52-54)

आश्चर्य नहीं, निर्मल वर्मा आधुनिकता की सारी अभिव्यक्तियों को खारिज करते हैं। इतिहास-बोध, सेक्युलर समाज, मानववाद, उद्योगवाद, फासिज्म, कम्युनिज्म, लोकतन्त्र इत्यादि को वह आधुनिक 'आत्म छलनाओं' में गिनते हैं। उनकी दृष्टि में ये सभी भारतीय मनीषा के प्रतिकूल हैं, ये पारम्परिक भारतीय जीवन-मूल्यों के निषेध हैं। निर्मल वर्मा का समूचा संस्कृति विमर्श इन्हीं की आलोचना और प्रतिवाद है।

निर्मल वर्मा की दृष्टि में पश्चिमी इतिहास-बोध अतीत और वर्तमान को एक अखण्ड सनातन प्रवाह के रूप में न देखकर अलग-अलग कटघरों में रखकर देखता है। इस प्रकार इसने अतीत और वर्तमान के बीच एक 'दरार', एक 'फाँक' पैदा की है जो पहले कभी नहीं थी। पिछले युगों में यह दरार नहीं थी। हिन्दू चेतना में यथार्थ और मिथक दोनों ही समाविष्ट रहे हैं। यर्थाथ अगर इतिहास-आक्रान्त रहा तो मिथक उसे हमेशा इतिहासेतर सांस्कृतिक सन्दर्भो से जोड़े रहे। गंगा, हिमालय, समुद्र इत्यादि इसके लिए केवल प्राकृतिक उपस्थितियाँ नहीं थीं, ये संस्कार समुच्चय थे। प्रयाग, हरिद्वार या बनारस हमारी मिथकीय स्मृतियों से जुड़े हैं। इसी सन्दर्भ में निर्मल जी खँडहरों का भी गायन करते हैं क्योंकि ये स्मृतियों से जुड़े हैं, अतीत के झरोखे हैं। इस दृष्टि से आज के आधुनिक इतिहास-आक्रान्त व्यक्ति से आदिम युग का आदमी भी बेहतर स्थिति में था :

किन्तु ऐसा युग भी था, जब न शहर थे, न खँडहर-आदमी अपना अतीत खुद अपने भीतर चलाता था- यूँ कहें स्मृति अभी इतिहास नहीं बनी थी जिसे स्मारकों और पोथियों द्वारा ढोना पड़ता हो। आदिम युग का व्यक्ति अतीत और वर्तमान दोनों को साथ लेकर चलता था और जब चाहे उससे छुटकारा पा लेता था। यज्ञ, आहुति और बलि के क्षणों में वह एक ऐसे बिन्दु पर पहुँच जाता था, जहाँ से समय शुरू होता है— आदि क्षण का आलोक, जहाँ वह एकदम स्वच्छन्द हो जाता था, न केवल अपने पापों, बल्कि उनकी स्मृति से भी मुक्ति पा लेता था (शब्द और स्मृति 1976, राजकमल, 1995, पृ. 104-5)।

आशय स्पष्ट है कि आधुनिकता-पूर्व के लोग वर्तमान के बोझ से रिक्त नहीं थे, लेकिन अतीत से उनका जीवन्त जुड़ाव था और उनके पुनः संयोजन के लिए आनुष्ठानिक माध्यम थे जिनसे वर्तमान को अतिक्रमित किया जा सकता था, बल्कि किया जाता था। लेकिन आधुनिक व्यक्ति अतीत की इस सघन संवेदना, इस आलोक को पुनः सृजित करने की स्थिति में नहीं है। निर्मल जी पूछते हैं : "क्या हम इतिहास से त्रस्त, आधुनिक शहरों में रहनेवाले प्राणी—ऐसे क्षण को जी सकते हैं, ऐसे अनुभव को भोग सकते हैं? या उसे हमने हमेशा के लिए खो दिया है?" (वही, पृ. 105)

निर्मल वर्मा की दृष्टि में इस औपनिवेशिक इतिहास-बोध के दबाव में भारतीय मनीषा ने इतिहास को 'लौहवत अनिवार्यता' के रूप में स्वीकार किया जिसने उसे भविष्य से आक्रान्त बनाया है। 'हम जो है' को नकार कर 'हम जो होना चाहते हैं' को साकार करने के लिए कुछ जायज माना जाने लगा है, और यह मनोवृत्ति, भविष्य के प्रति यह 'दास-प्रवृत्ति' हर प्रकार की मानव-विरोधी, अधिनायकवादी व्यवस्था को न्यायोचित ठहराती है (वही, पृ. 77)। इस सन्दर्भ में वह फासिज्म और कम्युनिज्म दोनों की चर्चा करते हैं। पारम्परिक भारतीय मनीषा चूँकि इतिहास से आक्रान्त नहीं रही है, इसलिए इसमें भविष्य के प्रति दास-प्रवृत्ति भी नहीं विकसित होने पायी। अन्यथा वह 'आत्मसन्दर्भी' नहीं बन पायी होती जिसके बिना वह इतिहास की वस्तु बन गयी होती जो यूनान और मिश्र का हुआ। जो काम ईसाइयत ने यूनान के साथ और इस्लाम ने मिश्र के साथ किया, वह आधुनिकता ने भारतीय-बोध के साथ किया है। निर्मल वर्मा के शब्दों में विकासोन्मुख 'सभ्यता' के यूरोपीय प्रारूप का यह 'मिशन और तकाजा' भी था कि राममोहन राय ने जो 'भशमक' रास्ता सुझाया उसे नेहरू युग ने न केवल आगे बढ़ाया बल्कि पोख्ता भी किया (वही, पृ. 74)। दरअसल यह 'ऐतिहासिक समय' मनुष्य के समूचे समय को 'हथियाने, उसे 'कलोनाइज' करने और उसे 'अहं-केन्द्रित इमेज' में ढालने की चेष्टा का है। जिस अनुपात में परम्पराबोध है उसी अनुपात में 'आत्म' का क्षरण भी हुआ है और 'अहं' का विस्तार भी। धीरे-धीरे स्मृतियाँ जीवन से कटकर संग्रहालयों में सुरक्षित हैं। न जीवन में दीप्ति बची है और न संग्रहालयों में जीवनः

मनुष्य का मिथक-संसार और उसकी जीवन-प्रणाली दो मृत कठघरों में विभाजित हो गये। दोनों के बीच घाव की खरोंच अब भी मौजूद है। नायपॉल ने भारतीय संस्कृति को 'घायल संस्कृति' माना है; काश, वह इस घाव के पीछे इतिहास के उस अस्त्र को भी देख पाते जिसका लोहा अब भी उसकी लहू-लुहान आत्मा के भीतर गड़ा है (कला का जोखिम, 1981, राजकमल, 2001, पृ. 40)।

निर्मल की समझ है कि जो भी इस इतिहास-बोध को प्राप्त करने का प्रयास करेगा, उसे इसका मूल्य चुकाना ही पड़ेगा (वही)। दरअसल, इतिहास मनुष्य का

'वर्चस्व छीनकर' उसे निरीह, नंगी, अँधेरे में ठिठुरती हुई स्वतन्त्रता' देता है। (वही पृ 41)। लेकिन निर्मल जिस 'ठिठुरती' स्वतन्त्रता को जीवन मूल्यों की दृष्टि से अभिशाप मानते हैं उसे ही कला की दृष्टि से 'वरदान' भी बताते हैं। अर्थात्, मनुष्य जो जीवन में खो चुका है उसे ही वह कल्पना में प्राप्त करता है।

यहाँ निर्मज जी एक तरफ नायपॉल के परिप्रेक्ष्य को समझने में मूल करते हैं और दूसरी तरफ अनजाने ही कला सम्बन्धी फ्रायड की अवधारणा को स्वीकार करते हैं। कुल मिलाकर निर्मल वर्मा की दृष्टि में इतिहास-बोध काल-प्रवाह को खण्डित करके देखता है जिससे मानव विक्षत होता, उसके मिथकीय स्रोत सूख जाते हैं, उसका 'आत्म' कमजोर पड़ता है और उसी अनुपात में उसका 'अहं' आक्रामक और विस्तारवादी बनता है, और मनुष्य जाने-अनजाने किस्म-किस्म की अधिनायकवादी सत्ताओं का पैरोकार अथवा इच्छित उपकरण बन जाता है। अर्थात्, मानव-मुक्ति का उद्घोषक इतिहास-बोध एक विडम्बित अवधारणा है।

चूँकि इसी इतिहास-बोध की एक अनिवार्य सामाजिक फलश्रुति सेक्युलर समाज की अवधारणा है, इसलिए भी निर्मल वर्मा एकबारगी इसे खारिज करते हैं। वह जगह-जगह सेक्युलर समाज की अवधारणा को भारतीय समाज के प्रतिकूल बताते हैं, क्योंकि भारतीय समाज अभी भी, आधुनिक दबावों के बावजूद, मूलतः धार्मिक है। इसका पोख्ता प्रमाण वह प्रयोग के कुम्भ मेले में पाते हैं जहाँ करोड़ों लोग गरीब-धनी, संन्यासी-गृहस्थ, सामान्य-विशिष्ट प्रवृत्या खिंचे चले आते हैं। इस खिंचाव में इतिहास-सन्तप्त सेक्युलर चेतनावाले वी. एस. नायपॉल को कुछ नहीं दिखेगा, उन्हें केवल यहाँ अन्धविश्वास, भीड़, मैल, गन्दगी इत्यादि दिखेगी। संस्कृति की वह आत्मा नहीं जो इनके नीचे छिपी है। निर्मल जी के शब्दों में :

किसी भी संस्कृति की धूल अपनी आत्मा से जुड़ी होती है—एक को हटाते ही खुद उसके मर्म का एक बाहर निकल जाता है, खून और मांस से लिथड़ा हुआ। हम पाँयचे उठाकर कि सही संस्कृति के कीचड़ से क्यों न बच निकलें, दुर्भाग्यवश उसके सत्य से भी अछूते रह जायेंगे। (कला का जोखिम, पृ. 158)

निर्मल जी अपनी संस्कृति से अपना रिश्ता भी स्पष्ट करते हैं : 'मेरा रिश्ता अपनी संस्कृति से वैसा ही है जैसा किसी व्यक्ति का यातनापूर्ण प्रेम में दूसरे से होता है- चाहना और निराशाओं से भरा हुआ' (वही पृ. 159)। चूँकि वह इसकी आत्मा को समझते हैं, इसलिए वह 'उनमें नहीं हैं जो कीचड़ से भागते हैं' (वही, पृ. 158)। वह एक डण्डी महात्मा की यातनामय इच्छित मृत्यु की सविस्तार चर्चा करते हैं जिसमें संसार के अतिक्रमण का सन्देश छिपा है। वह संन्यासियों के वैभव और आगे गरीब जन की मासूम आस्था की भी चर्चा करते हैं, लेकिन किसी पर निर्णय देने से इन्कार करते हैं— "हजारों अनुभवों में कौन-सा-अधिक सही है और प्रमाणिक है, इसके लिए कोई तराजू नहीं ढूँढ़ पाया हूँ" (वही पृ. 170)। कुंभ के अवसर पर प्रयाग

में आना हजारों वर्षों की संचित स्मृतियों में जुड़ना है। 'हम स्वयं अपने मिथक बन जाते है— जिसमें अतीत भी है और भविष्य भी' (पृ. 163)।

उपर्युक्त से सेक्युलर समाज के प्रति निर्मल वर्मा की दृष्टि का पूर्वाभास होता है। सेक्युलर-बोध, 'इतिहास-निःसृत होने के चलते विभाजित है। मनुष्य-केन्द्रित होने के चलते प्रकृति और ईश्वर जैसी अलौकिक सत्ता से टकराता है। यह आत्म और अहम् के बीच संवाद को खत्म करता है, और व्यक्ति को अपने से भी अजनबी बनाकर अर्जित स्वतन्त्रता को भी इतना बोझ बना देता है कि व्यक्ति सत्ता, दल, नायक, अधिनायक या सम्प्रदाय का उपकरण बनने में अपनी स्वतन्त्रता का एहसास करने लगता है। अर्थात, सेक्युलर समाज 'इतिहास का ऐसा दुश्चक्र है जहाँ व्यक्ति अपनी स्वतन्त्रता को पाते ही उसे खीने का उपाय ढूँढ़ने लगता है' (शताब्दी के ढलते वर्षों में 1995, राजकमल, पृ. 167)। आशय यह कि सेक्युलर समाज स्वतन्त्र समाज नहीं हो सकता। इसमें कुछ 'समाज-सापेक्ष' स्वतन्त्रता भले मिल जाये, उस 'परम' स्वातन्त्र्य का बोध नहीं हो सकता जो 'परम इतर' संवाद से होता है। निर्मल वर्मा की दृष्टि में, सेक्युलर समाज में स्वातन्त्र्य-बोध एक 'छलना' है।

इसी प्रकार निर्मल जी की दृष्टि में पश्चिम-प्रेरित मानववाद भी एक 'भ्रम' है, चाहे वह कितना भी अपनी पवित्रता, सहिष्णुता और बहुलवादी स्वभाव का डंका पीटता हो। निर्मल के अनुसार, सोवियत यूनियन उसी का एक मूर्त रूप था जिसके पतन का वास्तविक कारण इसके मानववादी दर्शन में स्खलन नहीं बल्कि इस दर्शन में अन्तर्निहित सीमाएँ थीं। (भारत और यूरोप : प्रतिश्रुति के क्षेत्र, पृ. 29)। ढलान से उतरते हुए (1985; राजकमल, 1998) शीर्षक निबन्ध में निर्मल वर्मा सोवियत यूनियन में पार्टी संरक्षण में विकसित अपार्थीड की सविस्तार चर्चा करते है जहाँ समाजवादी नस्लवाद के चलते लेखक आमजन और सत्ता के बीच संवाद समाप्त हुआ और एक ट्रैजिडी घटी-'क्या एक क्रान्ति की ट्रैजिडी यह भी नहीं है, लोग कुछ और चाहते हैं? इतिहास कुछ और कहता है, हम कुछ और सुनते है' (वही, पृ. 116)। अर्थात अपनी अवधारणात्मक सीमाओं के चलते एक विराट् क्रान्तिकारी प्रयास ध्वस्त हो गया। निर्मल वर्मा के अनुसार इसके ध्वस्त होने का एक प्रमुख कारण उस पम्परपराबोध का अभाव था जो इतिहासेतर मिथकीय को समाहित किये हुए वर्तमान में प्रवाहमान रहता है। अर्थात्, इस क्रान्ति के पास स्मृतियों की थाती नहीं थी जो इसे रूसी मनीषा के अनुकूल ढाल पाती। भारत जैसे देश में तो निर्मल जी क्रान्ति की सम्भावना से भी इन्कार करते हैं क्योंकि यहाँ ईश्वर और सीजर के कार्यक्षेत्रों में कोई विभाजन नहीं रहा है (शताब्दी के ढलते वर्षों में, पृ. 171)। इतना ही नहीं, वह क्रान्तियों के 'प्रगतिवादी अधविश्वास' को भी 'हास्यास्पद' बताते हैं (वही, पृ. 171), क्योंकि आज विश्व आणविक युद्ध के खतरों से सन्त्रस्त है जिसके लिए 'विकास' की आधुनिक समझ जिम्मेदार है। निर्मल वर्मा को यहाँ एकबारगी

खारिज नहीं किया जा सकता। आशय यह कि सेक्युलर-सोच की पश्चिमी प्रारूप भारतीय मनीषा के अनुकूल नहीं है। इसी बिना पर वह विकास के नेहरूवादी प्रारूप पर 'पुनर्विचार' की आवश्यकता पर बार-बार बल देते हैं और विवेकानन्द, अरविन्द और गाँधी को विकल्प के रूप में प्रस्तुत करते हैं। गाँधी जी का 'हिन्द स्वराज' उनके लिए विशेष महत्त्व का है क्योंकि :

गाँधी जी के 'हिन्द स्वराज' में आधुनिक सभ्यता के विकल्प में एक ऐसे समाज की परिकल्पना की थी, जहाँ स्वराज और स्वधर्म के बीच कोई अन्तर्विरोध नहीं रहता। वहाँ मनुष्य के 'स्व' में उसकी समस्त निष्ठाएँ और विश्वास और कर्मकाण्ड स्वतन्त्रता के बाद हमने जिस धर्मनिरपेक्ष समाज का निर्माण किया उसमें इस समग्र मनुष्य के लिए कोई स्थान नहीं। (वही पृ. 170)

निर्मल जी की समझ में सेक्युलर समाज में साम्प्रदायिक दंगे इसलिए होते हैं कि धर्म की सर्जनात्मक-सकारात्मक अभिव्यक्ति के लिए कोई दूसरा विकल्प नहीं रहता- 'धर्म का पवित्र स्रोत सूखने के कारण लोग अपनी आध्यात्मिक प्यास बुझाने के लिए सिर्फ गन्दले नाले के पास जा सकते हैं, जो सेक्युलर समाज के रेगिस्तान के बीचोंबीच बहता है'' (वही पृ. 170)। इतना ही नहीं, निर्मल वर्मा हिन्दुत्व की आन्तरिक बहुलवादी संरचना को ही सेक्युलर मानते हैं। उनके अनुसार विकृत हिन्दुत्व 'आत्मरिक्त' बनाता है क्योंकि धर्म उसके आत्मन से जुड़ा है किसी पुस्तक अथवा प्रतिष्ठान से नहीं, जबकि विकृत इस्लाम या सिक्ख धर्म साम्प्रदायिक बनाता है, क्योंकि इसके पास एक पुस्तक और प्रतिष्ठान हैं। आश्चर्य नहीं, अगर सेना या पुलिस किसी मन्दिर में प्रवेश करती है तो हिन्दू परेशान नहीं होता, लेकिन यही बात मुसलमानया सिक्ख को लेकर नहीं कही जा सकती। 1984 के दिल्ली-दंगों को वह ''सेक्युलर सत्ता-लिप्सा से उपजे मानसिक छिछोरेपन और आत्मरिक्ति की उपज'' बताते हैं (वही पृ. 176)। वह अल्पसंख्यक या बहुसंख्यक साम्प्रदायिकता की बात को 'सारहीन' मानते हैं क्योंकि भारत में विविध धर्म, जातियाँ, आदिवासी आदि सदियों-सदियों से साथ-साथ रहते आये हैं, और इस कारण भारत एक ऐसा भौगोलिक-सांस्कृतिक परिवेश है जो 'बहुजातीय' और 'विविधधर्मा' है (वही, पृ. 174)। लेकिन इसकी अखण्डता की चिन्ता वह जितनी हिन्दू मानस में पाते हैं उतनी सिक्ख अथवा मुस्लिम मानस में नहीं। इसकी पुष्टि में कश्मीर और 1980 के दशक के पंजाब को वह उद्धृत तो नहीं करते, लेकिन ये पीठिका में अवश्य हैं। निर्मल वर्मा का यह सोचना सही है। इस भारतीय 'सत्य' की रक्षा की जिम्मेदारी केवल बहुसंख्यकों की ही नहीं, सबकी होनी चाहिए। (वही, पृ. 174-75) लेकिन निर्मल जी की यह समझ है कि ऐसा अखण्डित भारतीय मानस सेक्युलर 'आत्मशून्यता' के बल-बूते नहीं विकसित किया जा सकता। अतः वह कृष्ण, बुद्ध, नानक, कबीर, परमहंस और गाँधी की चेतना के पुनर्जीवन पर बल देते हैं। यह परम्परा न केवल

'अन्यत्र दुर्लभ' और 'अनमोल' है बल्कि हजारों वर्ष पुरानी और 'शाश्वत अन्तर्दृष्टियों' की संवाहक भी है। (वही, पृ. 177)। आशय इतना भर कि सेक्युलर चेतना को अतिक्रमित किये बगैर वह अखण्डित भाव-बोध नहीं विकसित हो सकता जो भारतीय एकता को अक्षुण्ण बनाये रख सके। (वही, पृ. 177)।

इस उपक्रम में निर्मल जी का गुस्सा आधुनिक यूरोपीय मानववाद और लोकतन्त्र पर भी फूटता है। इस यूरोपीय मनुष्य-केन्द्रित मानववाद के पास न वे अहिंसा-बोध देखते हैं और न समग्रता-बोध ही। यह 'आत्मदर्शी और आक्रामक' भी है (भारत और यूरोप, पृ. 30) और इसलिए यह अन्यों के विनाश में ही अपने होने की सार्थकता का एहसास करता है :

इस मानव-केन्द्रित अहं का अहंकार असीम है इसलिए 'अन्य' का विनाश भी एक निरन्तर प्रक्रिया है— बल्कि यह कहना अधिक सटीक होगा कि 'अन्य' के विनाश में ही यह अहं अपने अस्तित्व, अपने होने को पशमाणित करता है (वही, पृ.36)।

निर्मल वर्मा की दृष्टि में साम्यवाद और फासीवाद जैसी 'सर्वसत्तावादी' अवधारणाएँ भी इस यूरोपीय मानववाद की 'तार्किक परिणति' है। इसकी एक अन्य परिणति औद्योगिक उपनिवेशवाद भी है जिसे एशिया, अफ्रीका और लैटिन अमेरिका ने सदियों तक झेला है। अर्थात्, आधुनिकता की मनुष्य-केन्द्रीयता अन्ततः मानव-विरोधी साबित हुई है। अतः वह भारतीय संस्कृति के मूलभाव के विकल्प के रूप में प्रस्तुत करते हैं जो मनुष्य-केन्द्रित न होकर 'मानवदर्शी' रही है (देखें, दूसरे शब्दों में, प्राक्कथन)। अर्थात्, यूरोपीय मानववाद मनुष्य को प्रकृति ही नहीं ईश्वर जैसी अलौकिक सत्ता के विरुद्ध खड़ा करता है, जबकि भारतीय मूल भाव में मनुष्य, प्रकृति और ईश्वर सभी अन्तर्ग्रथित हैं। अतः दूरगामी मानवहित की दृष्टि से यह सम्यक् और समग्र है। इसी प्रकार निर्मल पश्चिमी लोकतन्त्र का भी आलोचना प्रस्तुत करते हैं और इस सन्दर्भ में नीत्शे, इलिएट, यीट्स, आर्वेल, डी.एच. लारेन्स जैसे लेखकों के अभिमतों का उल्लेख करते हैं। इन लेखकों ने-

लोकतन्त्र की आध्यात्मिक शून्यता (टाल्सटाय), उसकी भेड़वृत्ति और भीड़शाही (लारेन्स), उसकी औद्योगिक यान्त्रिक नृशंसता (आर्वेल), उसकी धार्मिक अनास्था और मरूस्थली अकेलेपन (इलिएट) पर अपना गहरा क्षोभ और असन्तोष प्रकट किया है (वहीं, पृ. 31)।

निर्मल जी की दृष्टि में बुद्धिजीवियों में लोकतन्त्र के प्रति बढ़ती लोकप्रियता एक 'छलना' है। एक दौर में यह कम्युनिज्म जैसी 'छलना' का शिकार हुआ था। दरअसल, लोकतन्त्र की 'छलना' में यह आस्था प्रतिक्रियात्मक है, साम्यवाद से उपजे मोहभंग का परिणाम है। यूरोपीय लोकतन्त्र की 'भूलभुलैया' में आधुनिक मनुष्य पुनः ठगा जा रहा है। मानवाधिकारों को लेकर लोकतन्त्र की कुछ सजगताएँ हो सकती

हैं, लेकिन निर्मल वर्मा को सन्देह है कि यह लोकतन्त्र सेक्युलर जीवन में व्याप्त 'आत्मशून्यता' को भर सकेगा है:

क्या वह (लोकतन्त्र) उसके जीवन की शून्यता भर सकता है जहाँ न किसी ईश्वर की छाया है, न किसी धर्म का आश्वासन-एक धर्मनिरपेक्ष, यान्त्रिक, अर्थशून्य समाज, जहाँ मनुष्य स्वयं अपने आत्म से विगलित होकर अपने को इतना अकेला, अनाथ और असुरक्षित पाता है। यूरोपीय लोकतन्त्र के पास ऐसे कोई साधन नहीं जो अपने मानववादी दर्शन के भीतर ऐसे जीवनदायी अवलम्ब या प्रतीक आविष्कृत कर सके जो मनुष्य के अन्तस्थल के इन रूखे, रिक्त स्थानों को भर सकें?

निर्मल जी की दृष्टि में यह लोकतन्त्र न केवल अनास्थावादी है, यह सत्तावादी भी है जो आमजन को राजनीतिक सत्ता के उपकरण में ढाल देता है। अतः वह इसमें कोई मानवीय सम्भावना नहीं देखते। इस सन्दर्भ में वह एच. जी. वेल्स और बर्नार्ड शा का भी उल्लेख करते हैं।

इसी प्रकार, निर्मल जी साम्यवाद और फासीवाद को आधुनिकता की अभिव्यक्तियों के रूप में खारिज करते हैं। वह साम्यवाद पर अधिक टिकते हैं, क्योंकि यह अभी भी एक सम्भावित विकल्प के रूप में उपस्थित है जिसकी ओर बुद्धिजीवी आकर्षित रहते हैं। अपने एक शीर्षक निबन्ध "ढलान से उतरते हुए" में वह सोवियत यूनियन में व्याप्त कठोर सेन्सरशिप, संवादहीनता, भय और अजनबीपन की चर्चा करते हैं और एक 'कान्ति की ट्रैजिडी' के रूप में इसे प्रस्तुत करते हैं जिसकी चर्चा की जा चुकी है। एक तो यह अपने मूल भाव में अलोकतान्त्रिक हैं, दूसरे घोर सेक्युलरवादी हैं अतः सोवियत यूनियन के पतन को वह साम्यवादी मानववाद से स्खलन के रूप में नहीं बल्कि उसकी इन अन्तर्निहित सीमाओं में देखते हैं। इन निषेधों का मूल भाव यही है कि कोई भी आधुनिक सेक्युलर प्रोजेक्ट मानव-हितैषी नहीं हो सकता क्योंकि यह मानवहित को उसकी समग्रता में देखने में अक्षम है।

निर्मल वर्मा की इन आलोचनाओं से एक सीमा तक सहमत भी हुआ जा सकता है। पर्यावरणीय संकट, धरती के छीजते खनिज भण्डार, 'उत्तर औद्योगिक' अपसंस्कृति का 'संस्कृति उद्योग', आणविक युद्ध के खतरे, लोकतन्त्र (जिसे 'जन' या 'जनता' कहा जाता है) के बलबूते छद्म-नायकतन्त्र में विकृत होते जाना, औसत मस्तिष्क की व्यापक निर्णायकता, मनुष्य का यन्त्रीकरण, मशीन का वर्चस्व, संगठित पूँजी की आक्रामकता, इत्यादि—ये सब आधुनिक विकास के खतरे हैं जिनकी ओर लोगों का ध्यान गया है। निर्मल जी स्वयं मार्कूजे और अडोर्नो का उल्लेख करते हैं। बौद्धिक दृष्टि से फ्रैन्कफर्त स्कूल की समालोचना अत्यधिक व्यापक और गहरी है और इसने वर्चस्वशील आधुनिकता की विडम्बनाओं को रेखांकित किया है। निर्मल जी इससे कुछ अधिक गहराई और व्यापकता में जाने की स्थिति में नहीं हैं। दूसरी बात यह

कि जिस संकट का हार्खाइमर, मार्कूजे, अडोर्नो आदि वैश्विक फलक पर देख रहे थे उसे निर्मल जी नितान्त भारतीय सन्दर्भ में देखते रहे। तीसरी बात यह कि निर्मल जी की तरह वे सांस्कृतिक नास्टैल्जिया के शिकार नहीं थे, अर्थात् वे किसी सभ्यता-विशेष को आत्यन्तिक समाधान के रूप में नहीं प्रस्तुत कर रहे थे। निर्मल वर्मा पर 'हम क्या थे' का रोमान इतना घनीभूत है कि 'हम क्या हैं' और 'क्यों हैं' की वस्तुगत समझ का धैर्य उनके पास नहीं है। इसकी समझ इतिहास से मिलेगी जिसे वह खारिज करते हैं।

निर्मल जी को 'इतिहास' से चिढ़ है, लोकतन्त्र के वर्तमान लोकप्रिय प्रारूप से नफरत है और वह मानववाद की यूरोपीय अवधारणा के प्रति भी निषेधात्मक हैं। सेक्युलर सोच के प्रति तो वह सर्वथा असहिष्णु हैं। आधुनिकता की एक सशक्त अभिव्यक्ति उद्योग और तकनीक को वह मानव-देशी मानते हैं। अर्थात् आधुनिकता की किसी भी वर्तमान में प्रचलित अभिव्यक्ति को खारिज करते हैं क्योंकि इसका मिजाज यूरोपीय है जो भारतीय मनीषा के प्रतिकूल है। लेकिन आधुनिकता एक यथार्थ है जिसे दरकिनार नहीं किया जा सकता। इसने मानव जीवन में इतना प्रभावी एवं व्यापक हस्तक्षेप किया है कि इससे संवाद बनाना एक अनिवार्यता है। निर्मल वर्मा भी संवाद के लिए विवश है। उनकी दृष्टि में संवाद के तीन रास्ते हैं : पहला रास्ता वह पारम्परिक रास्ता है जिसके बलबूते भारतीय संस्कृति ने बाह्य हस्तक्षेपों से संवाद बनाया, इनके द्वन्द्व के सत्य को समझा और अद्वैत की अवधारणा विकसित कर 'अन्य' को अपने 'आत्म' का हिस्सा बना लिया–(दूसरे शब्दों में, पृ. 86)। इस प्रक्रिया में भारतीय संस्कृति ने न केवल 'अन्य' को आत्मसात किया बल्कि इस प्रक्रिया में इसने अपने को अन्वेषित भी किया है। एक दूसरा 'आधुनिक' रास्ता राममोहन राय ने दिखाया जो निर्मल वर्मा की दृष्टि में, समाज-सुधार के नाम पर युरोपीय संस्थाओं के समक्ष खुला समर्पण था–'यदि अपनी संस्कृति को ही निकम्मा और निरर्थक मान ले, तो अन्य के प्रति अपने को समर्पित करने के अलावा कोई दूसरा विकल्प नहीं बचा रह जाता है।'' (वही, पृ. 87)। निर्मल जी लिखते भी हैं–''यदि अपने को सुधारने के हथियार वही हों जिनके द्वारा पश्चिमी सभ्यता ने भारतीय संस्कृति को भ्रष्ट किया है, तो उस सुधार में ही विवाद के कीटाणु छिपे रहते हैं।'' (वही)। यहाँ 'विवाद' शब्द का प्रयोग खटकता है। लगता है निर्मल जी 'विनाश' शब्द के प्रयोग से हिचक गये, क्योंकि उनके परिप्रेक्ष्य को एक सीमा के बाहर नहीं खींचा जा सकता था। जो भी हो, यहाँ दो बातें स्पष्ट हैं : 1. आधुनिकता ने पारम्परिक भारतीय समाधान को अप्राशसंगिक बना दिया है; और 2. कि आधुनिकता-प्रभावित सुधार प्रयासों में विनाश के बीज हैं; इसलिए अस्वीकार्य हैं। अतः अब सिर्फ यह तीसरा रास्ता भारत के लिए उपलब्ध है जो गाँधी, अरविन्द और कुमारस्वामी का रास्ता है :

विदेशी सत्ता के सांस्कृतिक हस्तक्षेप से हमारी परम्परा जहाँ-जहाँ से विशृंखलित हुई थी, टूटी थी, बिखरी थी, उसके धागों को समेट कर उन्हें एक ऐसे पैटर्न में पुनर्नियोजित किया जाये जो न तो अतीत की पुनरावृत्ति हो और न पश्चिम की अनुकृति ही, बल्कि एक ऐसी नवनिर्मित सांस्कृतिक सत्ता जो प्राचीन भारतीय परम्परा के आदर्शों से अनुप्राणित होकर यूरोप के 'अन्य' को अपने 'आत्म' में समाहित कर सके। (वही, पृ. 87-88)।

निर्मल जी की मान्यता है कि परम्परा से मुक्ति नहीं पायी जा सकती, क्योंकि परम्परा और व्यक्ति में वही सम्बन्ध है जो मिट्टी और मूर्ति में है। व्यक्ति-चेतना भी परम्परा में ही ढलती है। इसमें विवाद की कम गुंजाइश है। विशेष परेशानी तब पैदा होती है जब निर्मल जी अपनी परम्परा के आधारभूत प्रत्ययों को रेखांकित करते हैं— आत्म, ब्रह्म, सत्-असत्, इत्यादि जिनका अनुवाद उनकी राय में सम्भव नहीं है, क्योंकि अनुवाद की प्रक्रिया में ये अपना दार्शनिक-सांस्कृतिक सन्दर्भ खो देते हैं। इसके माने यह कि परम्पराएँ संस्कृति-विशिष्ट और स्वायत्त होती हैं। दूसरी परेशानी यह पैदा होती है कि इन वैदिक प्रत्ययों का ताल-मेल अन्य भारतीय धर्मों-संस्कृतियों से कैसे बैठेगा? सबके अपने-अपने प्रत्यय हैं। सभी आत्मचेतन और संगठित हैं। इस प्रकार निर्मल जी इनके समक्ष दो विकल्प प्रस्तुत करते लगते हैं—एक, समानान्तर अस्तित्व और टकराहटें क्योंकि प्रतिस्पर्द्धा की बहुदलीय राजनीति में टकराहटों से नहीं बचा जा सकता; और दो, हिन्दू वर्चस्व की स्वीकृति यही वह छिद्र है जहाँ से भारतीय होने का हिन्दू संस्करण अपने लिए जगह बनाता है, और निर्मल को अपना पक्षकार मानता है।

निर्मल-विह्वल बुद्धिजीवी के मानसिक शिल्प को देखने-परखने से भी यही बोध बनता है। दरअसल किसी इतिहासेतर मिथकीय 'परम' के नाम पर धर्म और परम्परा की वकालत और सेक्युलर-बोध का नितान्त निषेध उन्हें वहीं पहुँचाते हैं। निर्मल जी की समझ है कि धर्म-विरत राजनीति 'नीतिशून्य' और 'आत्मशून्य' होगी। इसलिए धर्म से राजनीति के अलगाव का प्रश्न नहीं है, प्रश्न राजनीति को परम्परा से जोड़ने का है जहाँ 'आत्मदृष्टि की चाभी' मिल सकती है (दूसरे शब्दों में, पृ. 90-92)। परम्परा में इतना अटूट विश्वास खतरनाक है। स्वामी सहजानन्द सरस्वती जैसे नितान्त धार्मिक व्यक्ति ने भी गाँधी जी की राजनीति का इसलिए विरोध किया था कि धर्म और राजनीति को गड्मड्ड करने से जो सामाजिक उद्वेलन पैदा होता है उसका लाभ हमेशा धर्म के ठेकेदार उठाते हैं। निर्मल जी इस बिन्दु पर सजग नहीं लगते।

निर्मल जी को पढ़ते समय हीगेल के दो परस्पर-विरोधी सूत्र 'रीअल इज रैशनल' और 'रैशनल इज रीअल' याद आते हैं जिन पर मार्क्सवादी विमर्शों में पर्याप्त माथापच्ची हुई है। हीगेल ने प्रथम स्थापना को स्वीकार करते हुए अपने समय के

जर्मनी में व्याप्त अधिनायकवादी राजतन्त्र को विवेकशील मानकर उसे ही आदर्शीकृत किया, बल्कि उसी इतिहास-बिन्दु से अपने 'परम विचार' को पकड़ा और इतिहास के विकासमान सामाजिक विवेक को मूर्तन-प्रक्रिया के रूप में परिभाषित किया। इसमें भी विचारधारात्मक रिडक्शनिज्   म और राजनीतिक अधिनायकवाद का खतरा था जिससे सोवियत रूस को नहीं बचाया जा सका। लेकिन 'इतिहासेतर' और 'परम इतर' के आग्रही निर्मल वर्मा परम्परा और स्मृतियों (दरअसल, परम्परा स्मृतियों का प्रवाहमान समुच्चय है) की ओर लौटते हैं और उन्हें ही निकष मानकर वर्तमान की समालोचना प्रस्तुत करते हैं। वस्तुतः अतीत को आदर्श मानकर वर्तमान की समालोचना ही वह वैचारिक परिप्रेक्ष्य है जिस पर राजनीतिक प्रतिक्रियावादी का मोहक सांस्कृतिक महल खड़ा होता है। निर्मल जी अनवरत प्रगतिवादियों की 'सत्ताभिमुखता' की चर्चा करते हैं, लेकिन अपने परिप्रेक्ष्य और स्थापनाओं में निहित सत्ता-सन्दर्भों के बारे में शायद ही वे कभी चिन्तित हुए हों। एक किस्म की गहरी आत्ममुग्धता के शिकार हैं वह। वैसे आत्ममुग्धता और अन्तर्मुखता में गहरा लगाव हुआ करता है।

निर्मल वर्मा यह सोचने का कष्ट नहीं करते लगते कि किस इतिहासेतर भारतीय को बचाने की बात करते हैं। उसकी इतिहास में उपलब्धियाँ क्या है? जिस प्राचीन किन्तु 'शाश्वत', 'सनातन' भारतीयता के वह आग्रही हैं, उसने जिस वर्ण-समाज की रचना की उसमें शूदशें और अतिशूदशें को क्या मिला? अपने समग्र लेखन में वह कहीं रामास्वामी पेरियार, महात्मा फुले और अम्बेडकर अथवा वर्तमान दलित बेचैनी का उल्लेख नहीं करते दिखते। सम्भव है, इन्हें वे सेक्युलर विकृतियाँ मानते हों। स्त्री-विमर्श भी उनके यहाँ से गायब है। उनके पास लोकतन्त्र की आलोचना तो है जो लोकतान्त्रिक समाज का सामन्य-बोध है, लेकिन किसी राजनीतिक विकल्प की ओर संकेत नहीं है। उद्योगवाद की अस्वीकृति तो है, लेकिन गाँधीवादी प्रारूप की व्यवहारिकता पर कोई चिन्तन-अनुचिन्तन नहीं हैं उनका परम्परा-बोध भी चुनिन्दा है जिसमें मुख्यधारा से इतर लोगों के लिए कोई जगह नहीं है। प्रेमचन्द की स्वीकृति भी वहीं तक है जहाँ तक वह, निर्मल जी की दष्टि में, अपनेअन्तिम उपन्यास और कहानियों में एक 'उछाल' लेते हैं और गोदान, कफन के संस्कारों का आत्मसात् करते हुए यथार्थवादी के साँचे से 'मुक्ति' लेते है (देखें शताब्दी के ढहते वर्षों में, पृ. 204-213)। प्रेमचन्द के सामाजिक यर्थाथ से उन्हें कुछ लेना-देना नहीं है। उन्हें मध्ययुग पसन्द है जिसकी 'बन्द' दुनिया कम-से-कम कतिपय निजताओं को जगह दे पाती थी। निर्मल जी यह भी समझने के लिए तैयार नहीं हैं कि जिस भारतीय 'बहुजातीय विविध-धर्मा संस्कृति' को बचाने की आवश्यकता पर बल देते हैं, वह बिना सेक्युलर राजनीति के कैसे बचेगी, 'सेक्युलर' शब्द को वह मूल मध्ययुगीन अर्थों में लेते हैं, जब यह 'सेलेश्चिअल' परलोक विकल्प

भी, समकालीन अर्थों में, सर्वधर्म समभाव' की द्योतक है, 'धर्म' अथवा धर्मों का निषेध नहीं है। एक स्थान पर अपने आदर्श समाज की कल्पना में वह उस वृहत्तर समायोजन की चर्चा करते हैं जिसमें मनुष्य है, पशु-पक्षी हैं, प्रकृति हैं, शेर है, सुअर है, नदियों का कल-कल है और निश्चिंत भाव से जो सुअर का आखेट और आहार करते हैं वह शेर भी हैं। अपनी इस आदर्श कल्पना के क्रूर सामाजिक निहितार्थों की ओर उनका ध्यान नहीं जाता। वह एक शुद्ध कलाकार की निगाह से इस वृहेत्तर प्राकृतिक समायोजन को देखते हैं, मानववादी विमर्शकार के रूप में नहीं। कुल मिलाकर, उनका भारत विह्वल संस्कृति-विमर्श उस प्राचीन वृहत्तर हिन्दू समाजिक समायोजन की वापसी की ललक से निःसृत है जिसकी विनाशकारी विभाजक सामाजिक परिणतियों से आज का भारत उद्वेलित है। अर्थात्, यह प्रतिक्रियात्मक और संरक्षात्मक अधिक है, सर्जनात्मक और आगे-देखू बहतु कम।

लज्जा : एक मानवीय आर्त्तनाद

बाँग्लादेशी लेखिका तसलीमा नसरीन अपने उपन्यास लज्जा (वाणी प्रकाशन, 1994) के चलते दकियानूस मुल्लाओं की जानलेवा धमकियों और न्यायिक फरमानों से बचने के लिए निर्वासित जीवन बिताने को विवश हैं। उनके कुछ-एक साक्षात्कारों ने (जिनमें उन्होंने दकियानूस मुल्लाओं के प्रति आक्रोश व्यक्त किया है, नारी-अस्मिता के प्रति अपनी संवेदनाशीलता जतायी है और कुरान, वेद एवं बाइबिल में व्यापक संशोधन की आवश्यकता को रेखांकित किया है) ने आग में घी का काम किया है। उनके मुण्ड के लिए पुरस्कारों की धनराशि बढ़ायी गयी है और पुरस्कार घोषित करनेवालों की संख्या में इजाफा हुआ है। सलमान रुश्दी के बाद तसलीम नसरीन दूसरी साहित्यिक मनीषी हैं, जिन्होंने मुस्लिम मौलिकतावादी विश्वासियों की जड़ता को झकझोरने का जोखिम उठाया है। इन्हें महानायक की गरिमा तो मिली है लेकिन जान जोखिम में है। जार्ज स्टाइनर के शब्दों में कहें तो संस्थाबद्ध राजनीतिक अथवा धार्मिक जड़ता प्रतिभा को केवल 'नकारात्मक स्वीकृति' ही दे पाती है।

सलमान रुश्दी के उपन्यास शैतानी आयतें की ही तरह तसलीमा नसरीन का लज्जा भी कलात्मक दृष्टि से कोई उत्कृष्ट उपन्यास नहीं है, किन्तु अपनी शान्त निर्भीकता, मारक विडम्बना एवं ठोस मानवीय सरोकार के चलते यह उपन्यास शैतानी आयतें से कहीं अधिक महत्त्वपूर्ण है। नसरीन ने रुश्दी की तहर व्यंग्य एवं उपहास का सहारा नहीं लिया है। यहाँ इस्लाम पर कोई टिप्पणी नहीं है, यहाँ बहुसंख्यक इस्लाम-विश्वासियों के साम्प्रदायिक आचरण के शिकार बाँग्लादेशी अल्पसंख्यक हिन्दुओं के करुण आर्त्तनाद का तथ्यगत, मर्मस्पर्शी अंकन है। इस रूप में यह उपन्यास भीष्म साहनी के तमस से भी अधिक मार्मिक है, क्योंकि इसमें राजनीतिक विवेक से प्रेरित सन्तुलन का प्रयास नहीं है। लज्जा के अधिक निकट विभूति नारायण राय का शहर में कर्फ्यू है। फलक छोटा होने के बावजूद, इसमें अन्धकार और आतंक से पंगु एक अत्यन्त गरीब एवं असहाय मुस्लिम परिवार को असीम पीड़ा का मर्मान्तक अंकन है। किन्तु शहर में कर्फ्यू का फलक छोटा और

रूढ़ प्रशासनिक सवेदनहीनता का अतिक्रमण नहीं करता। लज्जा एक पीड़िता बाँग्लादेशी अल्पसंख्यक समुदाय की व्यथा-कथा है जो एक समूचे बहुसंख्यक समुदाय के समूचे सोच एवं आचरण, प्रशासन एवं राजनीति को कठघरे में खड़ाकर लज्जा जनक स्थिति में डाल देता है। मन्तव्य यह भी है कि सामान्यतया बहुसंख्यक क्रूर वहशियाने अन्दाज में जीता है और उसके बीच अल्पसंख्यक उसके बहशीपन को झेलने के लिए अभिशप्त है।

अगर संक्षेप में कहें तो लज्जा केवल दो प्रश्नों का सविस्तार एवं संवेदनशील उत्तर है। दोनों ही प्रश्न उपन्यास के प्रारम्भ में ही युवक नायक सुरंजन दत्त द्वारा उठाये गये हैं। एक, बाबरी मस्जिद तो भारत के एक नगर अयोध्या में ढहाई जा रही है, लेकिन उसे क्यों अपने पिता, माता और बहन के साथ कमाल, बेलाल या हैदर आदि के घर में शरण लेना होगा? दूसरा प्रश्न है : भारतीय हिन्दू कठमुल्ले यह क्यों नहीं समझते कि बाबरी मस्जिद के टूटते ही मुस्लिम-बहुल देशों में क्रूर ताण्डव आरम्भ होगा जिसमें हिन्दुओं के घर जलाये जायेंगे, दूकानें लुटेंगी, हत्याएँ होंगी, बहन-बेटियों का अपहरण होगा और उनके साथ खुला बलात्कार होगा? (लज्जा, पृ. 5, 6)। ठीक यही प्रश्न उनके पिता सुधामय दत्त जो एक सच्चे बुद्धिसंगत सेक्युलर इन्सान हैं, असहाय होकर पूछते हैं : ''क्या करने से, ठीक कितने लोगों की मौत होने पर इस देश के हिन्दू भारत के आतंकवादी हिन्दुओं के अतीत, वर्तमान और भविष्य के सभी अपराधों का प्रायश्चित कर सकेंगे?' (वही, पृ. 164)। सुधामय घर में आर.सी.एन. पर बाबरी मस्जिद के ढहाये जाने का दृश्य देख रहे हैं और इस्लामी कठमुल्लों की सम्भावित प्रतिक्रिया से आतंकित है : ''खरोंच लगते ही टूट पड़ने की जिनकी आदत है, क्या वे आर.सी.एन. का दृश्य देखने का इन्तजार करेंगें?'' (पृ. 13)। खालिदा जिया की सरकार पर कट्टरपन्थियों का निर्णायक दबाव है। स्वतन्त्रतापूर्व जो इस्लामी कट्टरवादी अपनी पाकिस्तानी पक्षधरता के चलते निन्दित और तिरस्कृत थे, आज प्रतिष्ठित हैं और खुलेआम दंगा की राजनीति करते हैं। सुधामय की दृष्टि रह-रह कर अपनी इकलौती बेटी माया पर पड़ती है, जिसकी छाया लम्बी हो रही है, और फिर अपनी पत्नी किरणमयी की असहाय, भयग्रस्ता, याचनाभरी आँखों पर। वे असहाय एवं निर्विकल्प सोचते हैं : ''हिन्दुओं ने भारत में मस्जिद तोड़ी है, इसकी भरपायी सुधामय क्यों करेंगे?'' (पृ. 13)। सच्चे राष्ट्रवादी एवं सेक्युलर सुधामय एवं उनके पुत्र सुरंजन के पास इन प्रश्नों का कोई सन्तोषजनक उत्तर नहीं है। दरअसल, विश्व के किसी भी कोने में अलग-थलग पड़े अल्पसंख्यक समुदाय अपने बहुसंख्यकों के बीच इन्हीं आशंकाओं और तनावों के बीच जीने के लिए अभिशप्त हैं।

सुधामय-परिवार चौदह पीढ़ियों से बाँग्लादेश में मेयमन सिंह नगर में बसा था। लम्बी-चौड़ी खेती, बागान, तालाब, लम्बा-चौड़ा घर, सामाजिक प्रतिष्ठा, सब-कुछ तो

था। सुधामय पेशे से डॉक्टर हैं। आजीवन क्रान्तिकारी एवं राष्ट्रवादी विचारों से आप्लावित रहे हैं। उन्होंने 1950 से ही बाँग्ला जातीय बोध के लिए लगातार संघर्ष किया है और पाकिस्तानी शासकों की क्रूरता को झेला है। आजीवन 'हिन्दु-मुस्लिम भाई-भाई' का नारा लगाया है। उन्हें याद है कि 1950 और 1964 के शासकीय संरक्षण में उकसाये गये दंगों का 'स्पांटेनियस प्रतिरोध' हिन्दू-मुसलमान दोनों ने कन्धा-से-कन्धा मिलाकर किया था। बंगाली मुसलमान शहरी बंगाली हिन्दुओं को कन्धों पर लिये नारे लगाते थे। अमीर हुसैन ने पड़ोसी हिन्दू परिवार की रक्षा में अपनी जान दी थी। बंगाली जातीयता पर आधारित हिन्दू-मुस्लिम एकता की ही चरम परिणति 1971 का मुक्ति संग्राम था। लेकिन 1975 तक आते-आते अचानक सब-कुछ बदल गया। इस्लाम को राष्ट्र-धर्म घोषित कर दिया गया। बंगाली जातीय बोध ध्वस्त हो गया और अब "धर्म की पताका उड़ाकर मनुष्य और मनुष्यत्व को चकनाचूर किया जा सकता है" (पृ. 31)। सुधामय को अपनी जन्मभूमि मेयमन को छोड़ने के लिए विवश होना पड़ा। रात-रात भर उनके मकान पर पत्थर फेंके जाते। छह वर्षीय माया का दो दिनों के लिए अपहरण किया गया। धमकियाँ मिलीं। अपनी दस लाख की सम्पत्ति दो लाख में बेचकर ढाका में किराये के मकान में रहने के लिए विवश होना पड़ा। फिर भी जन्मभूमि से वंचित सुधामय ढाका में "अपने कदमों के नीचे देश की माटी से सन्तुष्ट हैं" (पृ. 82)। अपनी देश-भक्ति के सहारे ही बहुसंख्यक समुदाय के वहशीपन को झेलते रहे हैं। परिवार के शुभेच्छु अखतारुज जमा हालचाल लेने के लिए आते हैं। वे बाबरी मस्जिद टूटने से आहत हैं और भारती के सेक्युलरिज म पर 'छिः छिः' करते हैं। वे सुधामय की सहानुभूति के बारे में शंकालु हैं। सुधामय की पत्नी किरणमयी बताती हैं कि 1975 से ही उन्होंने सिन्दूर पहनना छोड़ दिया है। सामाजिक उपहास के चलते उन्हें गाना-बजाना भी छोड़ना पड़ा। सुधामय बताते हैं कि "मैंने धोती पहनना कबका छोड़ दिया है। फार द सेक आफ डीयर लाइफ माई फ्रेंड" (पृ. 32)। जन्मभूमि तो छूट ही गयी है। कुल के बावजूद, उन्हें देश की मिट्टी से बेहद प्यार है। भारत उनके लिए विदेश है। हरिपद बाबू को, जो इण्डिया जाना चाहते हैं, वे समझाते हैं : "जो लोग देश छोड़कर चले जाते हैं, वे आदमी हैं?... थोड़ा बहुत कोलाहल हो रहा है, रुक जायेगा। पास-पास स्थित दो देश हैं। एक देश में आग लगेगी तो उसकी लपट दूसरे देश में जायेगी" (पृ. 36)। सुधामय बाबू की बंगाली जातीयता पर विश्वास है। पाकिस्तानी जा चुके हैं, अतः बंगालियत अवश्य पुनः प्रतिष्ठित होगी और बंगाली मुसलमान और बंगाली हिन्दू एक साथ रह लेंगे।

सुधामय का पुत्र सुरंजन एक मेधावी छात्र ओर छात्रनेता है। वह कवि है और कम्युनिस्ट भी। उसने मार्क्स, एंजेल्स, स्टालिन, माओ, सार्त्र, मार्कूजे, टाल्सस्टॉय, पावलोव, रवीन्द्रनाथ, नेहरू, आजाद आदि को पढ़ा और समझा है। 1971 में आजादी

के बाद घोषित चार राष्ट्रीय मूल्यों-बाँग्ला जातीयता, धर्मनिरपेक्षता, गणतन्त्र और समाजवाद में उसका विश्वास है। लेकिन अपने पिता की ही तरह वह चिन्तित है कि इन मूल्यों का क्षरण हो रहा है। निन्दित एवं तिरस्कृत साम्प्रदायिक शक्तियाँ जातीय सत्ता स्थापित होने के बाद महत्त्वपूर्ण बन गयीं और ये साम्प्रदायिक ताण्डव के लिए हमेशा अवसर खोजती रहती हैं। बाबरी मस्जिद के ढहाये जाने ने उन्हें यह अवसर प्रदान किया है। हिन्दुओं पर सुनियोजित जुल्म ढाये जा रहे हैं। कम्युनिस्ट पार्टी का दफ्तर फूँक दिया गया है और कम्युनिस्ट भयग्रस्त हैं। भयभीत कम्युनिस्ट अल्लाह-खुदा रट रहे हैं और तब भी मुल्ले इन्हें नहीं बख्शते। मुसलमान मित्रों के संरक्षण में जीना उसे अपमानजनक लगता है। उसे धार्मिक कठमुल्लाओं से सख्त नफरत है, जिन्हें 'चाबुक मारकर सीधा' किया जाना चाहिए। लेकिन उसे उतनी ही नफरत उन 'नकाबपोश धार्मिकों' से है, जो साम्प्रदायिकता-विरोधी जुलूस निकालते हैं (पृ. 20, 92)। वह अपने मुसलमान मित्रों की नेकनीयती के प्रति भी शंकालु है और केवल हिन्दु मित्रों और परिचितों से मिलना चाहता है। वह महसूस करता है कि भयग्रस्त हिन्दु 'विपत्ति में एक-दूसरे का सहारा बन रहे है' (पृ. 68)। अपनी माँ किरणमयी के प्रति उसमें क्रोध और दया दोनों है। वह चुपचाप अपनी गृहस्थी की चक्की में दिन-रात पिसती रहती है। वह जानता है कि घर की आर्थिक स्थिति नाजुक है, लेकिन वह 'मुसलमान मूर्खों' के नीचे नौकरी नहीं करेगा, वैसे 'मुसलमानों के देश में' नौकरी मिलनी भी सम्भव नहीं है। वह शहर में हिन्दू घरों एवं दुकानों को लुटा, जला देखता है और सोचता है : "शायद हिन्दुओं के बदन का चमड़ा गैण्डे के चमड़े जैसा है। तभी तो लोग जले हुए, टूटे हुए घरों को बनाते हैं" (पृ. 112)। परेशान है, क्योंकि घर तो जुड़, उठ जायेंगे, लेकिन टूटे हुए मन कैसे जुड़ेंगे। उसके मन में आता है कि अपनी टाइटिल 'दत्त' बदलकर अपना नाम 'निविड़ सुरंजन' या 'निखिल सुरंजन' करले, क्योंकि 'दत्त' जाति-धर्म जैसे विभेद का सूचक है। वह बंगालियत को केन्द्रस्थ करना चाहता है। उसकी सोच है कि सभी नाम बंगाली हों और बाँग्लादेशी बंगाली हिन्दू और बंगाली मुसलमान कहलायें। उसे तकलीफ है कि वे लोग जो कल तक बंगाली संस्कृति की चर्चा करते नहीं थकते थे, आजकल अपने बच्चों के नाम का अरबीकरण कर रहे हैं। सड़कों, संस्थाओं और व्यक्तियों के नाम का इस्लामीकरण हो रहा है। सुरंजन यह सोचकर परेशान है कि "बंगाली मनुष्य का अरबी नाम क्यों होगा?" (पृ. 113)

उसकी छोटी बहन माया स्कूल में परेशान है। उसे इस्लामी प्रार्थना करनी पड़ती है। मुसलमान बच्चियाँ उसे चिढ़ाती हैं : "हिन्दू-हिन्दू तुलसी का पत्ता/हिन्दू खाता गाय का मत्था।" यह दिन सुरंजन से पूछती है : 'क्या मैं हिन्दू हूँ, भैया?' वह हामी भरता है। तब माया कहती है : "मैं अब और हिन्दू नहीं रहूँगी।' सुधामय बीच में ही बोल उठते हैं : 'तुम हिन्दू हो, किसने कहा? तुम मनुष्य हो। मनुष्य से बड़ा इस दुनिया में कोई नहीं है" (पृ. 104)। सुरंजन पिता के आदर्शवादी विवेक के समक्ष

श्रद्धानत चुप है। दंगे के दौरान माया बेलाल के घर रुकी थी जहाँ हिन्दू नाम आये रिश्तेदारों के डर से छिपाया जाता था। माया परेशान सोचती रहती थी, ''हिन्दू को पनाह देना क्या गलत है? ...हिन्दू को ही क्यों पनाह लेनी पड़ती है?'' (पृ. 86)।

उपन्यास में बाँग्लादेश की वोटपरस्त राजनीति की पर्याप्त चर्चा है। अनेक दल हैं और सभी को वोट की जरूरत है : ''इस देश में वोट की राजनीति चलती है, यहाँ पर आदर्श-वादर्श कोई नहीं देखता। 'छल-बल-कौशल' से वोट लेने से मतलब है'' (पृ. 96)। अवामी लीग हिन्दू वोटों के प्रति आश्वस्त है और हमेशा मुस्लिम वोट बैंक बनाने के चक्कर में रहती है और उसका तुष्टीकरण करती रहती है। कहीं-कहीं तो उसके लोगों ने भी हिन्दुओं को लूटा है (वही)। काजल दा भी सुरंजन से सहमत हैं : ''किसी का भरोसा नहीं। सभी सत्ता में आकर इस्लाम का गुण गायेंगे और भारत का विरोध करेंगे'' (पृ. 115)। काजल उसे बताते हैं कि जिन्ना ने इस्लामियत खोजा और पाकिस्तान बनाया, लेकिन मुसलमान-हिन्दू की बात न करके पाकिस्तानियत की बात की। फिर भी हिन्दुओं का पलायन रुका नहीं। नेहरू-लियाकत पैक्ट हुआ जिसका प्रभाव अल्पकालिक रहा। 1951 में 'पूर्व बंगाल स्थानान्तरण सम्पत्ति अधिनियम' पास किया गया और बाहर भागे हिन्दुओं की सम्पत्ति जब्त कर ली गयी। सुधामय भी चिन्तित हैं। 1965 में अयूब खाँ ने 'शत्रु सम्पत्ति कानून' लागू किया, जिसके तहत अगर कोई भी व्यक्ति देश छोड़ता है अथवा राष्ट्रविरोधी कार्य में संलग्न पाया जाता है तो उसकी सम्पत्ति जब्त कर ली जायेगी। यह कानून व्यवहार में केवल हिन्दुओं पर लागू हुआ। सत्ता में आने के बाद अवामी लीग ने उसका नाम 'अर्पित सम्पत्ति कानून' कर दिया, लेकिन मंशा यथावत् रही। सुधामय ने बहुत चाहा था कि 'सम्पत्ति उत्तराधिकार कानून' पास किया जाए, लेकिन उनकी नहीं सुनी गयी। अल्पसंख्यक हिन्दुओं को कोई राहत नहीं मिली। सुधामय इसे बंगाली जाति के लिए 'एक कलंकपूर्ण घटना' मानते हैं (पु. 105-06)। उनकी आँखों के सामने ही सब-कुछ बदलता गया हैं हिन्दू होना ही गैर राष्ट्रवादी होना मान लिया गया है।

हैदर, सुरंजन के घर उसे 'मानव-बन्धन' अभियान में ले जाने आया है। सुरंजन अब ऐसे अभियान को 'ढँकोसला' मानता है और पूछता है; ''क्या इससे हिन्दू लोगों की यानी हमारी रक्षा हो जायेगी?'' (पृ. 77)। वह नास्तिक है, कम्युनिस्ट है। मन्दिर-मस्जिद में उसे विश्वास नहीं है। फिर भी, हैदर से पूछता है कि खालिदा जिया अगर बाबरी मस्जिद के पुनर्निमाण की बात करती हैं तो फिर वे क्यों नहीं बांग्लादेश में तोड़े गये सैकड़ों मन्दिरों के पुनर्निर्माण की बात करती हैं? वह हैदर के समक्ष अपने सात प्रश्न रखता है, जिनका लब्बो-लुबाब है : ''क्या किसी संसद या राष्ट्र को धार्मिक पक्षपात का अधिकार है? धर्मनिरपेक्षता को तिलांजलि देकर बाँग्लादेश में इस्लाम धर्म को राष्ट्रधर्म घोषित करना क्या अल्पसंख्यकों के अधिकारों पर कुठाराघात नहीं?'' हैदर निरूत्तर है। सुरंजन का मोहभंग हो चुका है। वह 'मानव-बन्धन'

अभियान में हिस्सा नहीं लगा, क्योंकि गलाफाड़ू, दिखाऊ जुलूसों एवं सभाओं से "विच्छिन्नता-बोध मिटनेवाला नहीं है" (पृ. 76-78)। उसे अवामी लीग की नीयत पर भी शंका है, क्योंकि 8वें संशोधन द्वारा 1975 में इस्लाम को राष्ट्र-धर्म घोषित किया गया और उसने इसका खुला विरोध नहीं किया (पृ. 114)। राजनीतिक संरक्षण के अभाव में अल्पसंख्यक हिन्दू कर ही क्या सकते हैं?

काजल दा के नेतृत्व में 'हिन्दू-बौद्ध-क्रिश्चयन ऐक्य परिषद्' का गठन हो रहा है। 1975 के बाद बाँग्लादेश 'सांस्कृतिक राष्ट्र' नहीं रहा। अब वह 'साम्प्रदायिक राष्ट्र बन रहा है' और किसी भी दिन उसे धार्मिक राष्ट्र घोषित किया जा सकता है। इस संभावित घोषणा की पीड़ा का वास्तविक एहसास केवल अल्पसंख्यक ही कर सकते हैं, क्योंकि वे ही 'भुक्तभोगी' हैं। अतः सुरक्षार्थ अल्पसंख्यक धर्मों को संगठित होना चाहिए। लेकिन सुरंजन इसमें भी शामिल नही होगा, क्योंकि इसमें सईदुर्रहमान जैसे असाम्प्रदायिक लोग नहीं आ सकेंगे। वह असाम्प्रदायिक लोगों का दल बनाना बेहतर समझता है, क्योंकि 'धर्मनिरपेक्षता गणतन्त्र की अनिवार्य शर्त है" (पृ. 116)।

अचानक एक शाम 7 युवक लाठी, डण्डा, कटार लिये सुरंजन के घर में यह कहते हुए घुसते हैं कि "साला, बाबरी मस्जिद तोड़ा है। सोचते हो तुम्हें छोड़ देंगे?" सुधामय बिस्तर पर अशक्त पड़े हैं। सुरंजन घर पर नहीं है। तोड़-फोड़ और लूट होती है तथा माया का खुलेआम अपहरण। किरणीय असहाय इधन-उधर दौड़ती रोती-चीखती हैं, लेकिन कोई मददगार नहीं है। माया का हृदयविदारक आर्त्तनाद बेमानी है। भूखा-प्यासा सुरंजन घर लौटा है। तुरन्त दौड़ता हैदर के पास जाता है और रुआँसा उसके पैरों पर लेट-सा जाता है। उसे लिये हैदर अँधेरी-अनजान गलियों में मस्तानों के घर जाता है। जगह-जगह पार्टी-सदस्यों को सरेखता है। अन्ततः थाने में अन्यमनस्क ढंग से रपट लिखी जाती है। घर लोटकर सुरंजन अपने 'ध्वस्त सर्वहारा परिवार' के बारे में सोचता है। स्वयं से पूछता है : "माया को वे क्यों उठा ले गये?" क्या हिन्दु है, इसलिए? और कितने बलात्कार, कितने खून, कितनी धन-सम्पदा के बदले हिन्दुओं को इस देश में जिन्दा रहना पड़ेगा? कछुवे की तरह सिर गड़ाये! कितने दिनों तक? (पृ. 129) वह अपने कामरेड मित्र हैदर के प्रति भी शंकालु है। इस परिस्थिति में भी हैदर ने होटल में 'गब-गब' खाना खाया, तृप्ति के साथ डकारा और सिगार की कश ली थी। खोजते समय भी पार्टी-सदस्यों से पहले पार्टी की बात करता था और उसके बाद माया की। बार-बार सोचता है : "हिन्दू होने का अपराध इतना ज्यादा है?" (पृ. 130)। शायद हिन्दू लड़की को मुसलमानों के हाथ में छुड़ाने की बात बेजा ही है! उधर लकवाग्रस्त सुधामय परेशान हैं। दुनिया लड़का चाहती है, लेकिन लड़की चाही थी। उसका माया नाम सुधामय ने ही रखा था : "यह मेरी माँ का नाम है। मेरी एक माँ गयी, दूसरी माँ आ गयी" (पृ. 134)। भारत में शान्ति

कायम हो गयी है साम्प्रदायिक दल प्रतिबन्धित हैं। लेकिन बाँग्लादेश में लूट, आगजनी, हिंसा और बलात्कार अभी जारी है।

कटु अनुभवों ने सुरंजन की चिति को विकृत किया है। अब वह राजनीति और 'सेक्युलरिज्म' तथा साम्प्रदायिक अत्याचारों पर बतियाने की अपेक्षा शराब और सिगरेट पीना अधिक उपयोगी मानता है। उसके मित्र विरुपाक्ष और देवव्रत उसके कमरे में बैठे हैं और किरणमयी अन्दर रो रही है। पूछने पर कहता है : "हिन्दू होकर जब जन्म लिया है तो बिना रोए कोई उपाय है?" (पृ. 137)। विरुपाक्ष के चले जाने पर हमउम्र देवव्रत से पूछता है : 'अच्छा देवव्रत! मस्जिद को नहीं जलाया जा सकता?' वह तारा मस्जिद को जलाने की बात करता है और कहता है कि दो करोड़ बाँग्लादेशी हिन्दू रायकुल मुकर्रम को तो जला ही सकते हैं। देवव्रत उसके सोच में इस परिवर्तन पर अचम्भित हैं। सुरंजन कहता है कि वह 'मनुष्य' एवं मनुष्यतावादी' था, लेकिन "मुझे मुसलमानों ने मनुष्य नहीं रहने दिया। हिन्दू बना दिया" (पृ. 137)। वह मस्जिदों को तोड़कर बदला लेना चाहता है। प्रतिशोध ही अब समस्या का 'समाधान' है : "मैं इसी तरह का समाधान चाहता हूँ। मैं अपने हाथ में भी कटार, तमंचा, पिस्तौल चाहता हूँ। मोटी-मोटी लाठी चाहता हूँ।... मैं भी उनकी मस्जिद में पेशाब करना चाहता हूँ" (पृ. 138)। देवव्रत को रोकने पर वह बल देकर कहता है : 'हाँ, मैं कम्युनल हो रहा हूँ। कम्युनल।' लेकिन इसके लिए मुस्लिम साम्प्रदायिकता दोषी है।

उधर लकवाग्रस्त सुधामय बिस्तर पर अशक्त पड़े-पड़े सोच रहे हैं कि बाढ़ और आग की तरह दंगा कोई अस्थायी प्रभाववाली घटना नहीं है। यह तो 'मनुष्यत्व का विकार' है, इन्सानियत का 'स्थगन' है, जिसके दौरान आदमी के 'मन का जहर' बाहर आता है। किरणमयी राधा-कृष्ण की मूर्ति के समक्ष माया के लिए सिसक रही है। सुधामय सोचते हैं कि ये मूर्तियाँ कैसे माया का उद्धार कर सकेंगी? जब "इस देश का नागरिक होकर भी, भाषा-आन्दोलन करके भी, युद्ध करके पाकिस्तानियों को खेदेड़कर देश को स्वाधीन कराने के बाद भी, इस देश में उन्हें सुरक्षा नहीं मिली" तो फिर राधा-कृष्ण की ये मूर्तियाँ क्या कर सकती हैं? उन्हें एक ही रास्ता सूझता है : 'दुर्गति यदि करनी है तो सब मिलकर एक जाति होने के लिए जिन लोगों जो युद्ध किया था, वही करेंगे' (पृ 138)। उन्हें जोनाथन स्विफ्ट की एक बात याद आती है : 'परस्पर घृणा करने के धर्म हमारे पास कोई हैं, लेकिन एक-दूसरे को प्यार करने के धर्म पर्याप्त नहीं हैं।' उन्होंने 1946 में 'हिन्दू-मुस्लिम भाई-भाई' का नारा लगाया था। आज यह सोचकर परेशान हैं कि अभी कितनी शताब्दियों तक इस महादेश में इस नारे की आवश्यकता रहेगी? उन्हें शंका भी होती है : "क्या इस नारे से विवेकहीन आदमी जागता भी है?" उनकी समझ बनी है कि अगर आदमी भीतर से नहीं बदलता तो नारे बेमानी सिद्ध होते रहेंगे (पृ. 140)। बिस्तर पर असहाय एवं अशक्त सुधामय समस्या के स्थायी समाधान के बारे में चिन्तन-मग्न हैं, उधर

स्वस्थ एवं सशक्त लोग उनकी गली से नारे लगाते गुजर रहे हैं : ''हिन्दू यदि जीना चाहो, बाँग्ला छोड़ भारत जाओ'' आदि, आदि।

साम्प्रदायिक माहौल ने कम्युनिस्टों को भी 'हम' और 'वे', अपने एवं परायों में बाँट दिया है। बेलाल की दृष्टि में दंगा तो गुण्डे-बदमाश करते हैं। बाँग्लादेश में उन्हें मौका मिल गया है क्योंकि ''उधर इण्डिया में भी तो हम लोगों को मार रहे हैं।'' सुरंजन 'हम लोगों को' का स्पष्टीकरण चाहता है, 'और बेलाल बेहिचक कहता है मुसलमानों को', जिन्हें ''भारत में बी. जे. पी. पकड़-पकड़ कर धड़ाधड़ काट रही है।'' बेलाल की निगाह में यह सब स्वाभाविक है, क्योंकि 'वहाँ हमें' मार रहे हैं, तो यहाँ 'तुम लोगों को'। इतना ही नहीं, आज पौराणिक राम के लिए बाबरी मस्जिद तोड़ी है, कल हनुमान के नाम पर ताजमहल तोड़ेंगे। उसने 'सुना है' कि भारत में चार या छह हजार दंगे हुए हैं जिनमें हजारों-हजार मुसलमान काटे गये हैं। वह बाँग्लादेश की स्थिति को भारत से बेहत बताता है। सम्प्रति स्थिति के एिल वह जोशी, आडवाणी और फिर 'आर्थिक अनिश्चितता' को जिम्मेदार ठहराता है। उसकी दृष्टि में माया के अपहरण के भी मुख्य नायक जोशी और आडवाणी ही हैं। बेलाल विल्सन सिगरेट की कश लगाता तर्क दिये जा रहा है, और सुरंजन लावारिस लाश की तरह कमरे में पड़ा है। उसे मासूम हिन्दू लड़कियों की आँखों में 'नीला डर' समाया साक्षात् दिखता है। उसे माया के साथ नृशंस बलात्कार की कल्पना उद्वेलित कर रही है। वह नहीं समझ पाता कि भारत की बाबरी मस्जिद बेलाल की कैसी हो गयी? वह नहीं समझ पाता कि भारत के कट्टरपन्थी हिन्दुओं के अपराध के लिए सुरंजन क्यों अपराधी ठहराया जा रहा है? उसने तो भारत को देखा तक नहीं है। अशिक्षित दुर्बल व्यक्ति को तो धर्म का खूँटा चाहिए, लेकिन इसकी आवश्यकता बेलाल जैसों को कैसे पड़ गयी? (पृ. 147-48)। खालिदा जिया का मूक समर्थन कट्टरपन्थी मुसलमानों को प्राप्त ही है, लेकिन शेख हसीना यह क्यों कह रही हैं कि भारत में चौदह करोड़ मुसलमानों की जान-माल की रक्षा के लिए बाँग्लादेश में साम्प्रदायिक सद्भाव जरूरी है। क्या अपने नागरिक अधिकारों के लिए साम्प्रदायिक सद्भाव आवश्यक नहीं है? आखिर उन्हें भी तो बाँग्लादेशी हिन्दुओं की अपेक्षा भारत के मुसलमानों की चिन्ता अधिक है? इसी विडम्बना के शिकार बाँग्लादेशी कम्युनिस्ट भी हैं। उनमें से बहुतेरों के मुँह से भी हिन्दुओं के लिए 'साला, मालाउन का बच्चा' निकलता है? कम्युनिस्ट पार्टी में आने के बावजूद रवीन दत्त को अपना नाम बदलकर 'अब्दुलसलाम' रखना पड़ा? अतः किसका भरोसा किया जाए : 'कम्युनिस्ट पार्टी में रहकर भी अगर हिन्दू नाम बदलना पड़ा तो और किस पार्टी पर भरोसा किया जाए?' नास्तिकता के आरोप से बचने के लिए कम्युनिस्ट भी इस्लाम के झण्डे का आश्रय ले रहे हैं, और तो भी बख्शे नहीं जा रहे हैं। अतः उसे कम्युनिस्टों पर गुस्सा है और उनसे 'बदला' लेना चाहता है, और इसके लिए जमाते इस्लामी बनाने की इच्छा होती है, जहाँ उसका नाम मोटे अक्षरों में छपेगा। शेख मुजीब से उम्मीदें बनी

थीं, लेकिन उनके जमाने में भी मदरसों की तादाद बढ़ी थी जो देश को आर्थिक दृष्टि से पंगु बनाये रखने का बेहतरीन तरीका है। लोगों को जाहिल रहने दो, सब ठीक रहेगा। इसी उद्देश्य से यहाँ 'धर्म मन्त्रालय' बना है, जो तरह-तरह के प्रलोभनों द्वारा इस्लाम की अभिवृद्धि करता है। इससे सभी लोग मुसलमान तो नहीं बन जायेंगे, लेकिन सामुदायिक सद्भाव अवश्य नष्ट हो जायेगा।

बाँग्लादेश का विजय दिवस मनाया जा रहा है, तोपें दागी जा रही हैं, राजपथ प्रकाशित हैं। लेकिन 'आजाद' शब्द सुरंजन को जहरीली चींटे की तरह काटता है। वह उदास और हताश है। रिक्शें में राजपथ से जा रहा है। रास्ते में एक वेश्या लड़की दिखती है। नाम शमीमा बेगम बताती है। इतना काफी है कि वह मुसलमान लड़की है। वह उसे अपने कमरे में ले जायेगा, बलात्कार करेगा और अपनी बहन के अपमान का बदला लेगा—''वह शमीमा से बलात्कार करेगा, सिर्फ बलात्कार'' (पृ. 167)। उसे कमरे में ले जाता है, उसके साथ बलात्कार जैसा कुछ करता है और वह असहाय झेलती है। पैसा माँगने पर गाली देता हुआ दो लात मारकर उसे भगाता है और शान से अपना नाम सुरंजन दत्त बताता है ताकि शमीमा यह जान सके कि हिन्दू युवक भी मुसलमान लड़की के साथ बलात्कार करने का साहस रखते हैं। अब वह कुछ शान्त और हल्का महसूस कर रहा है। उसे आज बिगुल बजाने और देशभक्ति का गीत गाने की इच्छा होती है। सुबह उसे सूचना मिलती है कि उसकी प्रेमिका परवीन को, जो धार्मिक कारणों से उससे शादी नहीं कर पायी थी, उसके मुसलमान पति ने तलाक दे दिया है। उसे नकारात्मक सुख मिलता है। सोचता है : ''हिन्दु के साथ शादी नहीं की, मुसलमान के साथ की। अब कैसा लग रहा है?'' मन-ही-मन वह परवीन को 'रेप' भी करता है (पृ. 169)। फिर रात आती है और सुरंजन को नींद आती है। वह शमीमा से अपने 'तुच्छ प्रतिशोध' पर अवाक और दुःखी है। उसे असहाय शमीमा अपनी बहन माया की तरह दिखती है। वह पराजित महसूस करता है : ''शमीमा को वह ठग नहीं पाया। यों ही वह लड़की ठगायी हुई है'' (पृ. 169)।

अब सुधामय कुछ उठ-बैठ लेते हैं। सूचना मिली है कि लोहे के पुल के नीचे किसी लड़की की लाश पड़ी है। लेकिन देखने कोई नहीं जायेगा। माया के लौटने की आशा की खूँटी पर ही तो परिवार टँगा है। वे अब सुरंजन की जिन्दगी लेकर चिन्तित हैं। सुरंजन ऐसे देश को अपना मानने को तैयार नहीं हैं जिसमें मुसलमान को 'नाश्ता' के लिए हिन्दू चाहिए। सुधामय बुद्धिजीवियों के समर्थन की ओर उसका ध्यान खींचते हैं जो सुरंजन के लिए 'बेवकूफी' है, क्योंकि ''कुल्हाड़ी का विरोध कुल्हाड़ी से करना पड़ता है'' (पृ. 172)। सुधामय अपने प्रगतिशील एवं धर्मनिरपेक्ष आदर्शों की चर्चा करते हैं, जिन्हें सुरंजन अब 'बकवास' मानता है (वही)। सुधामय का शरीर और स्वर तो टूटा है, लेकिन मन नहीं। उन्हें अभी भी बाँग्लादेश में अन्याय,

अत्याचार के विरुद्ध उठ रही आवाजों से बड़ी आशा है। सुरंजन चुप है, लेकिन इस्लामी बाँग्लादेशी का आतंक उसके मन पर छाया है। कुछ दिनों में अब लड़कियाँ केवल बुर्का पहने होंगी; कुर्ते, दाढ़ी और टोपी वालों की संख्या बढ़ जायेगी; मस्जिदों, मदरसों से देश भर जायेगा; और हिन्दुओं को चुपचाप खत्म कर दिया जायेगा। अभी आज जबकि बाँग्ला देश धार्मिक राष्ट्र घोषित नहीं हुआ है और गलियों में साम्प्रदायिकता-विरोधी जुलूस निकलते हैं, तब भी उसे कमरे में बन्द रहना पड़ता है, क्योंकि बाहर 'रिस्क' है। हिन्दुओं पर अत्याचार के विरुद्ध मुसलमान तो बोल सकता है, लेकिन अगर हिन्दू ऊँची आवाज में बोल दे तो उसका गला कट सकता है। अहमद शरीफ को 'मुरताद' (धर्मद्रोही) घोषित करके भी जीवित रखा गया है, लेकिन सुधामय को तो कत्ल कर दिया जाता। मुँहजोर हिन्दू को प्रगतिशील मुसलमान भी बर्दाश्त नहीं कर पाता। अब सुरंजन को एक भी बाँग्लादेशी मुसलमान पर विश्वास नहीं है वह अपने पिता से भी बार-बार कहता है कि उसे उसके देश ने 'कम्युनल' बनाया है। वह अपनी सारी पुस्तकों को आँगन में फेंककर आग लगा देता है, और किताबें इस प्रकार जल उठी हैं जैसे ''हिन्दु को पाकर उग्र कट्टरवादी' मुसलमान जल उठता है'' (पृ. 174)। अब वह अपने पिता के आदर्शों का धुला जल नहीं पियेगा। उसे अब 'नीति-वीति' से कुछ लेना-देना नहीं है। उसने ज्ञान के रस को गले से नीचे उतारकर भारी गलती की थी। अब वह पिता वाली गलती को और अधिक नहीं दुहरायेगा। स्वतन्त्र विचारों वाली रत्ना का मुसलमान से शादी उसे बर्दाश्त नहीं है। वह सुधामय से इण्डिया चलने को कहता है। सुधामय क्रोध में पूछते हैं : ''इण्डिया तुम्हारे बाप का घर है कि दादा का? ... अपना देश छोड़कर भागने में लज्जा भी नहीं आती?'' सुरंजन भी उतनी ही साफगोई से पूछता है : ''देश को धोकर पानी पीयेंगे, पिता जी? देश ने आपको क्या दिया है? क्या दे रहा है मुझे? माया को क्या दिया है, आपके देश ने? माँ को क्यों रोना पड़ता है? आपकों क्यों रात-रात भर जागना पड़ता है? मुझे क्यों नींद नहीं आती?'' सुधामय के यह कहने पर कि दंगे तो इण्डिया में भी होते हैं, वह कहता है : ''दंगा तो अच्छी चीज है, पिता जी। यहाँ तो दंगा नहीं हो रहा है, मुसलमान हिन्दुओं को मार रहे हैं।'' सुधामय का कहना है कि सुरंजन को अपने को हिन्दू नहीं इन्सान समझना चाहिए। किन्तु उसका कहना है कि हम भले ही 'नास्तिक' और 'मानवतावादी' हों, लेकिन यहाँ तो लोग हमें हिन्दू ही मानेंगे और मालाउन ही कहेंगे। सुधामय को इण्डिया का 'जड़हीन' जीवन पसन्द नहीं है, लेकिन सुरंजन उनसे पूछता है : ''जड़ लेकर क्या करेंगे, पिता जी? यदि जड़ से ही कुछ हो सकता है तो इस तरह से दरवाजा-खिड़की बन्द करके क्यों पड़े रहना पड़ता?'' सुधामय को देश छोड़कर इण्डिया भाग जाने की बात से नफरत है और वे क्रोध

में 'ना, ना' करते हैं। सुरंजन सोचता है कि सुधामय जैसे लोग ''लात-जूता खाकर भी माटी पकड़कर पड़े रहेंगे'' (पृ. 178-79)।

सुरंजन को अपना ही देश प्रवास लगने लगा है। वह अपने भीतर ही धीरे-धीरे सिमटता गया है। हड़ताल, कर्फ्यू और आतंक के इस देश में उसका उदार, सहिष्णु और तर्कवादी मन संकुचित हो गया है। सोचते-सोचते उसे नींद आ जाती हैं और एक दुःस्वप्न देखता है—चारों ओर से फुफकारते पानी की भँवर में वह असहाय फँसा हुआ है। इसी बीच एक स्निग्ध स्पर्श उसे जगाता है। घबराया जागता है और स्वयं को सुधामय की बगल में खड़ा पाता है। वे किरणमयी के सहारे उसके कमरे तक आये हैं, और उसे 'इण्डिया' चलने को कहते हैं। उनका स्वर काँप रहा है और वे यह कहकर लज्जित हैं, लेकिन निर्विकल्प हैं, क्योंकि ''उनके भीतर का वह कठोर पहाड़ भी दिन-व-दिन धँसता जा रहा है'' (पृ. 180)। संकेत स्पष्ट हैं। सुधामय जैसे विवेकशील, आदर्शवादी और धर्मनिरपेक्ष व्यक्ति के लिए भी बाँग्लादेश में जी पाना सम्भव नहीं है। सुधामय बाँग्लादेश के कटु साम्प्रदायिक अनुभवों से विकृत तो नहीं हुए, लेकिन पराजित अवश्य हुए हैं।

समूचा उपन्यास एक गम्भीर, मार्मिक-सामाजिक दस्तावेज है। विभिन्न क्षेत्रों एवं स्तरों पर बढ़ते जा रहे भेद-भाव को लेखिका ने शोधपरक ढंग से ब्योरेवार आँकड़ों के साथ पेश किया है। टेरी इगल्टन ने कहा है कि तथ्य कल्पना से अधिक ताकतवर होते हैं, और साहसपूर्ण तथ्यांकन ही लज्जा की ताकत है। ऐसे लेखकों को संस्थाबद्ध जड़ता कभी बर्दाश्त नहीं करती। येसेनिन को आत्महत्या करनी पड़ी, पॉस्तरनाक को उपेक्षा झेलनी पड़ी और सोल्जेनित्सीन को देश-निर्वासन। यूरोप की लोकतान्त्रिक जड़ता ने पब्लोनेरूदा की हत्या की, मार्टिन लूथर किंग की हत्या को मूक समर्थन दिया और वियतनाम में क्या-क्या जुल्म नहीं ढाया। इसी ने समाजवादी संकल्पना को मानवीय नहीं रहने दिया। भारत में अल्पसंख्यकों की स्थिति भी बहुत भिन्न नहीं है। यहाँ के अल्पसंख्यकों के पास मेरठ मलियाना, वाराणसी, भागलपुर, दिल्ली, अयोध्या, बाम्बे, सूरत, अहमदाबाद, कानपुर जैसे अनगिनत उदाहरण हैं, जो हिन्दुत्ववादी 'उदारता' का पर्दाफाश करते हैं। मेरे अभिन्न अजीजुल हक सिद्दीकी हैं जिन्हें इस बात की बेहद तकलीफ है कि यहाँ कुछ लोग उनकी दाढ़ी देखकर उन्हें 'गद्दार' समझते हैं। उनके अब्बा जान ने राष्ट्रवादी संघर्ष में बढ़-चढ़कर हिस्सा लिया था, मुस्लिम लीग का डँटकर विरोध किया था, मुस्लिम लीगियों ने उन्हें जूते के माले पहनाये थे। उन्होंने 1947 के बाद इसी देश की मट्टी में गड़े रहना पसन्द किया था। यह आश्चर्य ही है कि अजीज भाई सुरंजन नहीं बने हैं। भारत में भी जिनकी स्वतन्त्रता-संग्राम में भूमिका संदिग्ध रही, जिन्होंने गाँधी की हत्या पर मिठाइयाँ खाई थी, जो बहुत दिनों तक निन्दित एवं तिरस्कृत रहे थे, अन्ध-कांग्रेसवाद के मंच से रातों-रात देशभक्त बन गये और अब तो 'सच्ची' धर्मनिरपेक्षता को

समझाने के हकरदार हैं। हिन्दू सन्त भी इस्लामी मुल्ला बनने के सपने देख रहे हैं। इस व्यापक राष्ट्रीय परिप्रेक्ष्य में प्रत्येक सत्तापरस्त राजनेता अन्ततः अविश्वसनीय सिद्ध होता है। तसलीमा नसरीन ने बाँग्लादेशी अल्पसंख्यकों के अपमान और पीड़ा को अपने औपन्यासिक वितान में जिस साफगोई और बोल्डनेस के साथ समेटा है, वह स्तुत्य है। भाषागत एवं शिल्पगत कमजोरियों के बावजूद, अपनी निर्भीक तथ्यता, मानवीय संवेदना और कथ्यात्मकता में औदात्य के चलते लज्जा एक महत्त्वपूर्ण रचना है। सत्तापरस्त बहुदलीय लोकतन्त्र में बहुसंख्यक के विवेकशील होने में अभी बहुत देर है। मेरे एक मित्र भी जितेन्द्र राय तो इसे असम्भव बताते हैं, क्योंकि समूह मूलतः अतार्किक होते हैं और उनका मूल बदलनेवाला नहीं है। इसलिए तसलीमा नसरीनों की आवश्यकता है, मानवीय विवेक एवं संवेदना के फलक को उदार करते रहने के लिए लज्जा, कैन्सर वार्ड, आख़िरी कलाम, शैतानी आयतें जैसे उपन्यासों की उपादेयता अभी शेष है। काश, कोई उदार हिन्दू अजीज और नजीर जैसों की पीड़ा को औपन्यासिक आयाम देता। कोई मुसलमान अथवा दलित कश्मीरी पण्डितों की व्यथा-कथा कहता! सुधामय हर जगह हैं। कही कम, कहीं अधिक। तसलीमा यह कहना चाहती हैं कि बहुसंख्यकों ने अभी लोकतन्त्र में जीना नहीं सीखा है। अगर अपने राष्ट्रीय दायरों में वे सहिष्णु और न्यायप्रिय होते तो प्रत्येक अल्पसंख्यक सुरक्षित और सुखी होते। उपन्यास में यह बार-बार व्यंजित है कि भारत के कट्टर हिन्दूवादी ही बाँग्लादेश के कट्टरपन्थी मुल्लाओं के लिए खाद-पानी हैं। दरअसल यह एक खतरनाक दुष्चक्र है। परस्पर ये एक-दूसरे को पोषण करते हैं। तसलीमा यह भी कहना चाहती हैं कि वामपन्थ ही राजनीति का सद्विवेक है और इसमें विकृति विवेकशील राजनीति के भविष्य पर पटाक्षेप है। उपन्यास गलदश्रु भावुकता से मुक्त, आक्रोशयुक्त करुणा से आप्लावित है। यह साहित्यिक पौरुष का प्रतीक है, और इसे एवं इस पर व्यक्त प्रतिक्रियाओं को पढ़कर यह विश्वास बनता है कि अभी भी साहित्य व्याप्त राजनीतिक पाखण्ड में सार्थक एवं मानवीय हस्तक्षेप बन सकता है।

शहर में कर्फ्यू : ईमानदार संवेदना का साक्ष्य

विभूति नारायण राय और विकास नारायण राय दोनों सगे भाई है और दोनों ही आई.पी.एस. अधिकारी होने के साथ-साथ लेखक और विचारक के रूप में चर्चित हैं। विभूति नारायण राय तो हिन्दी विश्वविद्यालय वर्धा के कुलपति भी रहे और कुलपति के रूप में भी अपनी बेबाक टिप्पणियों के लिये चर्चा में रहे। इन्होंने अपने गाँव जोकहरा में अपने पिता के नाम पर 'रामानन्द सांस्कृतिक संस्थान' की स्थापना की है जहाँ तरह-तरह के साहित्यिक, सांस्कृतिक और बौद्धिक आयोजन होते रहते हैं और देश के प्रतिष्ठित विद्वान् उनमें शिरकत करते हैं। इस तरह इस संस्थान के चलते ही गाँव जोकहरा भी कैफी आजमी के गाँव मिजवाँ और राहुल सांकृत्यायन के गाँव पन्दहा और ननिहाल कनैला की तरह ही साहित्यिक इतिहास में सुरक्षित रहेगा।

विभूति जी एक ऐसे पुलिस अधिकारी रहे जिसने अपनी पुलिस की ड्यूटी के प्रति ईमानदार रहते हुए भी अपनी कलम चलायी। वे मूलतः उपन्यासकार और वार्त्ताकार है। उनके उपन्यासों का एक संकलन लगभग 600 पृष्ठों में वाणी प्रकाशन, नयी दिल्ली द्वारा सन् 2013 में शहर में कर्फ्यू तथा अन्य चार उपन्यास शीर्षक से प्रकाशित हुआ। ये चार अन्य उपन्यास हैं—*घर, किस्सा लोकतन्त्र, तबादला* और *प्रेम की भूतकथा।* उन्होंने अपने पहले उपन्यास घर में घरेलू सम्बन्धों के विखण्डन की त्रासद गाथा कही है तो *किस्सा लोकतन्त्र* में राजनीति और अपराध के घालमेल का रेखांकन है; *तबादला* में सरकारी तन्त्र और राजनीति की साँठ-गाँठ के चलते तबादला स्वाभाविक रूप से उद्योग का दर्जा ले लिया है और प्रेम की भूतगाथा एक प्रेम-कहानी है जिसमें प्रेमी अपनी प्रेमिका को अपनी जान की बाजी लगाकर बचाता है। इसी तरह *शहर में कर्फ्यू* में पुलिस और पी.ए.सी. के आतन्क की भयावह उपस्थिति का रेखांकन है जिसमें भारतीय अल्पसंख्यक जीने के लिये

अभिशप्त है। इस तरह इस उपन्यास में विभूति नारायण ने सामाजिक एवं प्रशासनिक समस्याओं से मुठभेड़ की है। जिस स्पष्टता के साथ यह मुठभेड़ की है वह स्तुत्य है। उपन्यास छोटा है लेकिन बुनावट कसी हुई है और इसकी लेखकीय मंशा पर प्रश्न उठाना मुश्किल है, अगर पाठक इसे राष्ट्रीय दृष्टि से पढ़ता है। लेखक जिस बोहेमियन भाव से अपनी जिन्दगी जीता है, वही भाव उसके इस उपन्यास में भी दिखता है।

शहर में कर्फ्यू का प्रकाशन सन् 1987 में हुआ था जब विभूति नारायण राय इलाहाबाद के एस.पी. थे। वहाँ उन्होंने अल्पसंख्यकों के प्रति पुलिस की ख़ौफनाक दृष्टि को निकट से महसूस किया था। वैसे वे गाजियाबाद में भी एस.पी. रहे और वहाँ की स्थिति से भी एक अधिकारी के रूप में पूरी तरह परिचित थे। इतना ही नहीं, मेरे एक मित्र स्व. प्रमोद कुमार सिंह के बड़े भाई श्री अशोक सिंह जो लखनऊ में रहते हैं, के यहाँ सी.आई.डी. के एक बड़े अधिकारी मिले थे जिन्होंने हम लोगों से साफ कहा था कि भारत में हिन्दू-मुसलमान दंगे हिन्दुओं द्वारा ही उकसाये जाते हैं। प्रत्येक संवेदनशील आदमी अगर ईमानदारी और निष्पक्ष भाव से सोचेगा तो वह भी इसी निष्कर्ष पर पहुँचेगा। विभूति नारायण के उपन्यास *शहर में कर्फ्यू* को पढ़ने पर भी यही निष्कर्ष निकलता है।

दरअसल, यह उपन्यास इलाहाबाद के हिन्दू-मुस्लिम दंगे पर केन्द्रित है। उपन्यास के आरंभिक दो-तीन वाक्य अत्यन्त ही महत्त्वपूर्ण है—

शहर में कर्फ्यू अचानक नहीं लगा था। पिछले एक हफ्ते से शहर का वह भाग जहाँ हर दूसरे-तीसरे साल कर्फ्यू लग जाया करता है...पूरी फिजा में एक खास तरह की सनसनी थी और सनसनी को सूँघकर पहचानने वाले तजुर्बेकार जानते थे कि जल्दी ही शहर में कर्फ्यू लग जायेगा (पृ.93)।

"*शहर में कर्फ्यू* अचानक नहीं लगा था।" यह वाक्य ही स्पष्ट कर देता है कि इलाहाबाद के अकबरपुर, निहालपुर, मिर्जा गालिब रोड, मेहनाजपुर, इत्यादि मुस्लिम मुहल्ले है जहाँ इलाहाबाद की पुलिस और गैर-मुस्लिमों ने अपने-अपने 'काल्पनिक दुश्मन गढ़ रखे हैं।'

दिन में करीब डेढ़ बजे एक घटना घटती है जब तीन-चार लड़के मिर्जा गालिब रोड के जी.टी. क्रासिंग के निकट स्थित मन्दिर की दीवार पर एक पटाखा फोड़ते हैं। इससे तेज आवाज तो जरूर होती है, लेकिन जान-माल का नुकसान नहीं होता। चूँकि यह पटाखा हिन्दू मन्दिर की दीवार पर फूटा था इसलिए वहाँ के हिन्दुओं ने मान लिया कि 'बम' फेंकनेवाले मुसलमान ही होंगे। इसलिए वहाँ से गुजरने वाले

मुसलमानों पर वहाँ के हिन्दू हमला करने लगते हैं। यह बात जानने की कोशिश नहीं की जाती कि आखिर बम फेंकनेवाला कौन है—हिन्दू या मुसलमान। स्थिति तनावग्रस्त हो जाती है और पुलिस बल भी वहाँ पहुँच जाता है। लोग अपने-अपने घरों को भाग रहे हैं। इसी बीच इक्की-दुक्की छूरेबाजी की घटनाएँ भी घटती रहती हैं। लेकिन कुल मिलाकर देखने से यह लगता है कि मुसलमानों का गुस्सा पुलिस पर है, न कि आम हिन्दुओं पर।

शराबी देवी लाला आज रात कुछ पहले ही लौट रहे हैं और शराब न मिलने के चलते बेचैन हैं। इनका उपयोग विभूति नारायण ने शेक्सपियर के त्रासद नाटकों में प्रयुक्त कामिक रिलीफ के रूप में किया है। जब लोग देवीलाल से पूछते हैं कि बाहर दंगे की क्या स्थिति है, उनका उत्तर है—

'अरे चाची, शहर में लहाश-ही-लहाश है। दुई टरक में लहाश जाते तो हम खुद देखा... पुलिसवाले जमुना में बहाने ले जा रहे थे। मुसल्ले मार छूरा चाकू चमकाये घूम रहे हैं। हिन्दुन बेचारों का तो कोई रखवाला ही नहीं है (पृ. 109)।'

लोग उनसे पूछते हैं, 'तो लाला, क्या मुसलमान पुलिस के रहते चाकू-छुरा लिये घूम रहे हैं?' इस पर लाला का उत्तर है—

...घूम रहे हैं और घोंप रहे हैं। कई को तो हम अपने सामने मारते देखे। हिन्दू बेचारे पट-पट गिर रहे हैं। अब इन मुसल्लों को जान लेने में कितनी देर लगती है। पुलिस इनका क्या बिगाड़ लेगी। कितना लहाशे तो हमारे पैर के नीचे आते-आते बचीं (पृ. 109)।'

इस तरह देवी लाला, लेखक के शब्दों में, 'हाँके' जा रहे हैं।

पुलिसवाले देवी लाला के मुहल्ले में आते हैं और उनमें से कुछ को मसखरी सूझती है और वे जोर से लाठियाँ जमीन पर पटकते हैं और लोग कीचड़ और गलियों के पाखाने में पैर सानते-अपने घरों में दुबक जाते हैं। फिर लड़के धीरे-धीरे बाहर निकलते हैं और एक स्वर में गाते हैं—'हिन्दू-पुलिस भाई-भाई/कटुआ कौम कहाँ से आई।' हिन्दू बच्चे यही नारे लगाते और पुलिस वहाँ बैठकर चाय पीती रहती। इतना ही नहीं, मुसलमानों की गलियों को 'पाकिस्तानी गली' कहा जाता है। यह भी अफवाह है कि किन्हीं-किन्हीं मुस्लिम घरों में ट्रान्समीटर लगा हुआ है जिससे पल-पल की सूचना पाकिस्तान भेजी जा रही है। यही कारण है कि इलाहाबाद में जो दंगा दोपहर के बाद हुआ उसकी खबर शाम को ही बी.बी.सी. से आ गयी। कुछ लोगों ने 'पाकिस्तानी गली' के कुछ मकान बताये जिनमें, उनके अनुसार, हथियारों के जखीरे हैं। पुलिस कर्मियों को यह जानकारी मिली और वे

हर बार दंगों में 'पाकिस्तानियों' को सबक सिखाते।' (पृ. 112)। इस तरह लेखक पुलिस में व्याप्त हिन्दू पूर्वग्रहों पर व्यंग्य करता है। यह उपन्यास इसलिए भी महत्त्वपूर्ण है कि इसका लेखक हिन्दू होने के साथ-साथ पुलिस का एक बड़ा अधिकारी भी है।

अब लेखक मुसलमानों की तरफ मुड़ता है और यूसुफ दर्जी के माध्यम से मुसलमानों में व्याप्त चिन्ता की बात करता है। यूसुफ दर्जी के नौ बच्चे हैं और वह हिन्दू मुहल्ले में रहता है। लोग दूसरी गलियों के मुसलमानों के यहाँ पाकिस्तानी ट्रान्समीटर और हथियारों का जखीरा होने की बात करते हैं, लेकिन अपनी गली के मुसलमान के बारे में ऐसी बात उनके मन में नहीं उठती। अतः लोगों के हस्तक्षेप के चलते शरारती लड़के सहमकर दुबक जाते हैं। दो-तीन लड़कों ने यूसुफ का दरवाजा खुलवाने की कोशिश की, लेकिन यूसुफ ने साफ कह दिया, 'आज पहला दिन है, आज दरवाजा नहीं खोलेंगे।' इस पर शराबी देवीलाला और लड़के समवेत स्वर में गा उठते हैं—

यूसुफ तुम संघर्ष करो,
हम तुम्हारे साथ हैं।

यह घटना एक बात स्पष्ट करती है कि दंगों में हत्याएँ और खून-खराबे अपरिचितों के बीच होते हैं। जहाँ भी लोग एक-दूसरे से परिचित हैं, वहाँ साम्प्रदायिक हिंसा नहीं होती। अपने-अपने मुहल्लों और गलियों में बन्द हिन्दू और मुसलमान एक-दूसरे के प्रति शंकालु होते हैं और यह अपरिचत ही साम्प्रदायिक उन्माद को जन्म देता है। इसी अपरिचय की शिकार बनती है पन्द्रह-सोलह वर्षीय बच्ची जो कक्षा ग्यारह में पढ़ती है और अफरा-तरफरी में तीन किलोमिटर दूर अवस्थित अपने घर लौट रही है। इसी बीच कुछ दरिन्दे लड़की को निर्ममता से अपने सटर के अन्दर खींच लेते हैं। लड़की उनसे कहती है, "मैं तुम्हारी बहन हूँ। कृपया मुझे जाने दो।" लेकिन तीनों दरिन्दों में से एक ने छुरा चमकाते हुए कहा—'चुप साली! हम बहन चो...।' इस पर लेखक की टिप्पणी द्रष्टव्य है—

पाठकगण! इसके बाद का विवरण व्यर्थ है। जिस तरह लड़की की जाति या धर्म के बारे में पूछना बेकार है उसी तरह उसके साथ बलात्कार करने वालों की जाति या धर्म जानने का कोई अर्थ नहीं है (पृ.128)।

इसके माने यह कि दंगे की स्थिति में जाति, धर्म इत्यादि अपनी पहचान खो देते हैं। आदमी अपनी खूँखार हवस के चलते अन्धा हो जाता है। उत्तेजक स्थितियाँ

उत्तेजना को बढ़ाती है। दंगों के समय यह आम बात हो जाती है। यहाँ हिन्दू और मुसलमान में कोई अन्तर नहीं रह जाता।

दंगा छिड़ चुकने के बाद शान्ति कमेटी की बैठक बुलायी जाती है जिसमें राजनीतिज्ञ, समाजसेवी, व्यापारी, डॉक्टर, वकील इत्यादि जो हर साल ऐसे संवेदनशील मौकों पर बुलाये जाते हैं, बुलाये गये हैं। इनमें मुंशी हरप्रसाद भी है जो पुराने स्वतन्त्रता सेनानी होने के साथ-साथ लगभग बीस वर्षों से राजधानी से प्रकाशित होनेवाले अंग्रेजी दैनिक के ईमानदार संवाददाता है। उनके अनुसार, 'यह शान्ति कमेटी नहीं शंकर जी की बारात है। अगर इनको मीसा में बन्द कर दिया जाये तो शहर में दंगे-फसाद रुक जायेंगे' (पृ. 139)। इसमें लाला राधेश्याम भी हैं जो अनाज के व्यापारी है। उन्होंने बातचीत में कहा, 'ठीक है, दंगे में अनाज की कीमतें बढ़ेंगी तो मेरा फायदा हो जायेगा। लेकिन फायदा किसे काटता है। मैं इतना तो पतित नहीं हूँ कि अपनी बिक्री बढ़ाने के लिये खुद दंगा करा दूँ' (पृ.140)। कुछ नेतागण हैं जिनका कहना है, 'अफसरशाही ने देश को बर्बाद कर दिया, साहब। पहले दंगा करवाते हैं फिर जनता के साथ जानवरों की तरह पेश आते हैं'। तीसरे ने कहा, कि 'अजी दंगा हो तो इनकी इनकम बढ़ जाती है' (पृ.141)। महिला मजिस्ट्रेट अभी नौजवान है, इसलिए अपने दूसरे सहयोगी अफसरों की तरह संवेदनहीन नहीं है। लेकिन नेता लोग पुराने हैं और वे जानते है कि भीड़ में कैसे अफसरों से छूट ली जाती है। फिर किसी ने कहा—लोकल प्रेस ने मुस्लिम लीग के झण्डे को पाकिस्तानी झण्डा बनाकर छाप दिया है। मुंशी जी इस स्थानीय विवाद में नहीं पड़ना चाहते हैं, इसलिए जवाब देते हैं सूरजभान—

भाई, माफ कीजियेगा... हर दंगे में आप लोग पाकिस्तानी हाथ ढूँढ़ लेते हैं।

आजादी के बाद कोई ऐसा दंगा नहीं हुआ जिसमें मुसलमान ज्यादा न मारे गये हों, लेकिन आप लोग हमेशा ऐसी खबरें छापते हैं जिनसे ऐसा लगता है कि हिन्दुओं का कत्लेआम हो रहा है... (पृ. 142)।

इस तरह लेखक ने पत्रकारों का राज भी खोल दिया है। इतना ही नहीं, पुराने कम्युनिस्ट रामपाल सिंह जिनका लड़का दंगे में मारा गया है, कम्युनल हो गये हैं और अब खुलेआम मुसलमानों के खिलाफ बोलते हैं (पृ.143)।' इसी तरह माजिद साहब ने कई धर्म-निरपेक्ष शेर सुनाये। चार-पाँच मजिस्ट्रेट और पुलिस अधिकारी पीछे बैठे हैं, इसलिए मंच पर फुसफुसाहट है—"साला यहाँ शान्ति का उपदेश दे रहा है और अपनी गली में जाकर छूरे बाँटेगा।" "इन्हीं सालों को बन्दकर दो, दंगा अपने आप रुक जायेगा।" "बन्द कैसे कर दें, अफसरान इन्हें शायद दामाद की तरह कोतवाली में बुलाकर चाय-समोसा खिलाते हैं।"

"अफसरान क्या करें। न खिलायें तो मंत्री डंडा कर देगा।" (पृ. 145) इस तरह सामान्य पढ़ा-लिखा हिन्दू भी मुस्लिम-विरोधी उग्रता का शिकार है।

पण्डित अयोध्यानाथ दीक्षित शहर के विधायक हैं। चुनाव नजदीक है और उन्हें पूरा शक है कि यह दंगा उनके प्रतिद्वन्द्वी रामकृष्ण जायसवाल ने ही भड़काया है। जायसवाल और हाजी बदरुद्दीन दोनों ही जब चुनाव आता है तो दंगा फैलाकर मुसलमानों और हिन्दुओं को अलग-अलग गुटों में बाँट लेते हैं ताकि उन्हें वोट आसानी से मिल जाये और दंगा भड़क जाने के बाद जायसवाल साहब मुसलमानों को और हाजी साहब हिन्दुओं को शरण-स्थली देकर उन्हें खिलाने-पिलाने की व्यवस्था करते हैं।

कुल ले-देकर लेखक कहना चाहता है कि आम आदमी मालूम होता है और समाज का नेतृत्व वर्ग मूलतः अपने राजनीतिक लाभ के लिये सामाजिक विवादों और दंगों का जिम्मेदार है। ऐसे ही लोगों को पत्रकार और अधिकारी प्रतिष्ठित निगाह से देखते हैं। अगर पुलिस के पास ऐसों को पकड़ने का साहस हो तो इस तरह के दंगे नहीं होंगे और अगर हो भी जायें तो आसानी से उन पर नियंत्रण पाया जा सकता है। लेकिन दुर्भाग्य है कि देश में ऐसे ही बेढ़ंगी मानसिकता के नेता हैं और उन्हीं की छत्रच्छाया में पलनेवाले पत्रकार और अधिकारी हैं। ऐसे ही नेताओं में जायसवाल और हाजी बदरुद्दीन भी हैं। हर जगह मुस्लिम परिवारों की तलाशी ली जा रही है, उनके गहने और कीमती सामान पुलिस द्वारा लूटे जाते हैं, लेकिन हाजी बदरूद्दीन के यहाँ यह लूट का नाटक संवाद में बदल जाता है।' हाजी साहब के शानदार मकान में पुलिस जाती तो है, लेकिन हाजी साहब उनकी खातिरबात करते हैं और अधिकारी सहम जाते हैं और एक कहता है, 'इनका तो सिर्फ पैसा और दिमाग काम करता है। इनके यहाँ तलाशी करने से क्या मिलेगा। कल हमारा तबादला हो जायेगा (पृ.154)।' पुलिस अफसर उठकर वहाँ से चले जाते हैं। इस तरह लेखक का मानना है कि दंगे होते नहीं, कराये जाते हैं और इनके लिये जायसवाल और हाजी जैसे नेता भी जिम्मेदार हैं। इस स्थिति में पुलिस बल असहाय है।

मैंने अपने एक निबन्ध में तसलीमा नसरीन के उपन्यास लज्जा, भीष्म साहनी के *तमस*, तहमीना दुर्रानी के *ब्लासफेमी* और विभूति नारायण राय के शहर में कर्फ्यू की चर्चा की है। तहमीना दुर्रानी ने अपने उपन्यास में पाकिस्तानी मुल्लाओं द्वारा जिस्मानी शोषण की खुलकर चर्चा की है जिस पर पाकिस्तानी राजनीतिज्ञ और मुल्ले एकबारगी चुप रहे। उसी तरह लज्जा में हिन्दुस्तान के साम्प्रदायिक उन्माद

की प्रतिक्रिया में बांग्लादेश में हिन्दुओं के ऊपर किये जो रहे अत्याचारों की विशद चर्चा है। इसी तरह भीष्म साहनी के उपन्यास तमस में हिन्दू-मुसलमान दोनों ही इसमें कमोबेश हिस्सेदार हैं। ठीक इसी तरह शहर में कर्फ्यू में भी लेखक हिन्दू-मुस्लिम दंगों की चर्चा करता है जिसके लिए वह नेताओं, पत्रकारों और अधिकारियों को जिम्मेदार मानता है। आश्चर्य की बात है कि यह उपन्यास एक ऐसे लेखक द्वारा लिया गया है जो इस साम्प्रदायिक घटना के समय इलाहाबाद में एस.पी. था और जब मलियाना कांड हुआ था तो उस समय गाजियाबाद में एस.एस.पी. था और उसने इन दोनों कांडों को नजदीक से देखा और झेला था। आश्चर्य होता है लेखक के साहस और ईमानदारी पर।

जनसत्ता ने 'विभूति की बेबाक विस्मयकारी' शीर्षक से लिखी अपनी टिप्पणी में प्रख्यात कथा-लेखिका महाश्वेता देवी ने विभूति नारायण को उनके साहस के लिये सराहा है। उन्हें आश्चर्य है कि विभूति ने इस तरह का प्रशासन-विरोधी उपन्यास, प्रशासन का अंग होते हुए भी, लिखा है। बहुत से बंगाली लेखक इसे मानने के लिये तैयार नहीं थे कि ऐसा उपन्यास किसी ऐसे व्यक्ति द्वारा लिखा जा सकता है जो पुलिस के इतने बड़े पद पर कार्यरत हो। महाश्वेता जी ने आगे लिखा है कि बांग्ला के चर्चित लेखक नवारूढ़ भट्टाचार्य ने शहर में कर्फ्यू को 'विस्मयकारी दस्तावेजी उपन्यास' बताते हुए यहाँ तक लिखा है कि 'इस उपन्यास की बँगला ही क्यों भारत की किसी भी भाषा से तुलना नहीं हो सकती।' महाश्वेता देवी का स्वयं का कहना है कि 'पुलिस सेना में रहते हुए राज्य और जनता के रिश्तों पर जिस बेबाकी से विभूति ने कलम चलायी है वह मेरे लिये विस्मयकारी है।' उनके अनुसार विभूति नारायण राय इस धारणा को गलत साबित करते हैं कि हिन्दू स्वभाव से अधिक सहिष्णु होता है और मुसलमान अनुवांशिक रूप से क्रूर। ऐसी स्थिति है तो यह कैसे मान लिया जाये कि दंगे मुसलमान ही शुरू करते हैं।

गाजीपुर में मदरसा दीनिया में अपने दिये गये व्याख्यान में विभूति नारायण राय दोनों ही समुदायों को रेखांकित करते हुए कहा था कि, 'समय को बदलें अन्यथा समय हम सबको तहस-नहस कर देगा।' उस व्याख्यान में उन्होंने हिन्दू और मुसलमान दोनों को अपना निशाना बनाया था। इस तरह उपन्यासकार श्री राय केवल मुसलमानों के समर्थक नहीं हैं, वे सामाजिक न्याय के समर्थक हैं। लेकिन उनकी यह केन्द्रीय मान्यता है कि अल्पसंख्यक की समस्याओं के प्रति बहुसंख्यक को संवेदनशील होना होगा, अन्यथा भारत साम्प्रदायिक समस्याओं से मुक्त नहीं हो सकेगा।

शहर में कर्फ्यू का अन्तिम अध्याय महत्त्वपूर्ण है। सुबह-सुबह अफसरों का रातभर की दौड़धूप और लूटपाट के बाद सोये रहना, जायसवाल साहब और हाजी बदरूद्दीन के यहाँ नाश्ते की तैयारी, और एक अनजान मुस्लिम गरीब परिवार में एक छोटी बेटी की मृत्यु और उस परिवार द्वारा लाश धोने के लिये जल और ढकने के लिये कफन की व्यवस्था ठीक से न कर पाना—ये तीनों स्थितियाँ डरावने सामाजिक यथार्थ की अभिव्यक्तियाँ हैं। इस रूप में विभूति नारायण राय का *शहर में कर्फ्यू* तसलीमा नसरीन के उपन्यास लज्जा, भीष्म साहनी के *तमस* और तहमीना दुर्रानी के *ब्लासफेमी* की तरह ही अति संवेदनशील और मार्गदर्शक है। यह उपन्यास निश्चय ही अपनी विस्मयकारी बेबाकी के लिये भारतीय कथा संसार में चर्चा में रहेगा।

गिरिराज किशोर का क्लासिक : पहला गिरमिटिया

मैंने अभी तक गिरिराज किशोर की मात्र तीन पुस्तकें ही पढ़ी है—पहला गिरमिटिया (1999), दलित विमर्श : सन्दर्भ गाँधी (2003) और बा (2016)। इनके अतिरिक्त मैंने अकार के इनके बहुत सारे सम्पादकीय और अखबारों में छपे निबन्ध। बस। इतने से ही उनके साहित्यिक लेखन पर लिखना सम्भव नहीं है। लेकिन इनके गाँधी मेरी भी कमजोरी है और गिरिराज जी के तो हैं ही यही आधार है जो उनके शहर में कर्फ्यू : ईमानदार संवेदना का साक्ष्य गाँधी और कस्तूरबा पर लिखे गये उपन्यासों पर कुछ लिखने का साहस देता है।

गिरिराज किशोर की दलित विमर्श : सन्दर्भ गाँधी पुस्तक को मैं वाराणसी से खरीदकर पढ़ते हुए शाम की ट्रेन से गाजीपुर आ रहा था। टिकट खिड़की पर इतनी भीड़ थी कि मैं टिकट नहीं कटा पाया, और जिन्दगी में दूसरी बार बिना टिकट के ही ट्रेन पकड़ ली थी। गाड़ी अभी बनारस सिटी ही पहुँची थी कि एक साँवला युवक टी.टी. मुझसे टिकट माँगने ही वाला था कि उसकी नजर मेरी पुस्तक पर पड़ी। मेरे सामने बैठे लड़के को खिसकाकर वह बैठ गया। मैंने जैसे ही कहा, 'भाई साहब, मेरे पास टिकट नहीं है, जो पैसा लगे उसे बताइये, मैं दे दूँ।' लेकिन उसकी निगाह मेरी पुस्तक पर थी और उसने पूछा : यह पुस्तक आप क्यों पढ़ते हैं? मैंने कहा, मुझे गाँधी और अम्बेडकर दोनों में गहरी रूचि है। उसने पुस्तक मेरे हाथ से ले ली और स्वयं पन्ने उलटने-पलटने लगा और मुझसे कहा, इस पुस्तक को मुझे दे दें और इसकी कीमत मुझसे ले लें। मैंने कहा, मुझे गाजीपुर जाना है और वहाँ पहुँचने तक मैं आपकों पुस्तक यूँ ही दे दूँगा। वह बेहद प्रसन्न हुआ और समय-समय पर मुझसे चाय के लिये कहता रहा। गाजीपुर सिटी स्टेशन पर ट्रेन के रुकते ही मैंने पुस्तक उसे दे दी। वह मुझे छोड़ने गेट तक आया और फिर नमस्कार करके चला गया। सम्भवतः वह युवक दलित टी.टी. था। गिरिराज जी की यह पुस्तक मुझे बेहद पसन्द आयी थी, लेकिन अब वह मेरे पास नहीं है। इस पुस्तक की सबसे बड़ी खूबी यह है कि इसमें एक भी वाक्य ऐसा नहीं है जो गाँधी अथवा अम्बेडकर को बड़ा अथवा छोटा बनाये। दोनों व्यक्तियों के प्रति गिरिराज जी में अगाध श्रद्धा है।

लेकिन मुझे निबन्ध लिखना है बा पर और पहला गिरमिटिया को छोड़कर मात्र बा पर लिखना मेरे लिये दुष्कर है। कई वर्ष पहले पहला गिरिमिटिया पढ़ा था, लेकिन अपनी मानसिक बीमारी के चलते अब मुझे उस पुस्तक के डिटेल्स याद नहीं हैं लेकिन इस उपन्यास ने मुझे बेहद सुकून दिया है। अतः गिरिराज जी द्वारा भिजवायी बा पढ़ने के बाद मैंने पहला गिरमिटिया को कालेज लाइब्रेरी से लेकर इसके हजार पन्नों के जंगल में विचरता रहा। यूँ तो इन दोनों पुस्तकों में लेखक ने पर्याप्त श्रम किया है, लेकिन इसके बावजूद कुछ ऐसा लगता है कि पहली पुस्तक ही पर्याप्त थी। यह मुझे गिरिराज जी की क्लासिक रचना लगती है जिसकी नामवर जी ने भी पुष्टि की। दूसरी पुस्तक बा अच्छी लगी होती अगर मैंने पहला गिरमिटिया को न पढ़ा होता।

पहला गिरमिटिया में गिरिराज किशोर का कहना है कि गाँधी के तीन नाम थे- मोहनिया, मोहनदास और महात्मा गाँधी। यह उपन्यास मोहनदास के जीवन से सम्बद्ध है। लेखक कहता है कि वह सम्पूर्ण गाँधी जीवन पर उपन्यास लिखना चाहता था, लेकिन उसने महसूस किया कि महात्मा गाँधी नैतिक पुरुष होने के साथ-साथ समाज-पुरुष भी थे और यही उनके व्यक्तित्व का केन्द्र है जिसका निर्माण दक्षिण अफ्रीका में हुआ था। इसीलिए गिरिराज जी दक्षिण अफ्रीका गये। दरअसल, मोहनदास का वास्तविक निर्माण दक्षिण अफ्रीका में ही हुआ था जिसे लेकर दक्षिण अफ्रीका के श्री हासिम सीदात ने गिरिराज जी से स्पष्ट कहा था—

किशोर भाई, मुझे इस बात का गर्व है कि संसार का सबसे बड़ा हीरा हमारी खानों से निकला लेकिन हमने उससे भी बेशुमार कीमती और पानीदार हीरा गाँधी के रूप में आप लोगों को वापस किया। (पृ. 9)।

भारत का 'मोहनिया' दक्षिण अफ्रीका में जाकर ही 'मोहनदास' बना था और पुनः भारत में आकर 'महात्मा गाँधी' बनने का गौरव प्राप्त किया।

दक्षिण अफ्रीका में गाँधी को आरम्भ में बड़े अपमान झेलने पड़े, और अपमानों का जवाब उन्होंने अपने तरीके से दिया। इस सन्दर्भ में तीन उदाहरण काफी होंगे। पहला, जब गाँधी वकील के रूप में दक्षिण अफ्रीका गये तो सर्वप्रथम दादा अब्दुल्ला उन्हें कचहरी में ले गये। वे पगड़ी बाँधे हुए थे, जिस पर जज ने आपत्ति की। उन्होंने पगड़ी तो नहीं उतारी लेकिन वह उस कमरे से बाहर चले गये। मोहनदास ने अपनी पगड़ी तभी उतारी जब वे बैरिस्टर के रूप में स्वीकार कर लिये गये। दूसरा अपमान तो बेहद गम्भीर था। इस अपमान को उन्होंने तब झेला जब उन्हें डरबन से प्रिटोरिया जाना पड़ा था। दादा अब्दुल्ला ने उनके लिए फर्स्ट क्लास का टिकट खरीदा था और उन्हें डरबन से ट्रेन में बैठाया। उस समय गाड़ी के फर्स्ट क्लास में कोई गोरा नहीं था। लेकिन जब गाड़ी पीटरमेरिट्सबर्ग स्टेशन पहुँची, उस डिब्बे में दो गोरे चढ़े और उन्होंने आपत्ति की और इन्हें डिब्बे से उतर जाने के लिए कहा। इन्होंने कहा कि

मैं 'बैरिस्टर' हूँ। इस पर उनका उत्तर था, 'तुम कुछ भी हो 'कुली' पहले हो। तुम्हारी जुर्रत कैसे हुई फर्स्ट क्लास में दाखिल होने की।' मोहनदास ने बिना झिझक के कहा, 'ठीक है, आप मुझे बाहर फेकवा सकते हैं, लेकिन इस तरह उतार नहीं सकते। मैं अधिकार को सत्य मानता हूँ। वह अधिकार मुझे टिकट ने दिया है'' (पृ. 101)।

इसके बाद एक गोरे ने पुलिस-पुलिस चिल्लाया और सिपाही आकर मोहनदास को प्लेटफार्म पर धक्का देकर गिरा दिया। मोहनदास ने घुटने और कोहनी छिल गयी। गाड़ी चली गयी। मोहनदास बेंच पर बैठे सोचने लगे। किसी कुली ने कहा, 'यह तो 'कुली-साहब' हैं।' दूसरे ने कहा, ''मेढकी नाल ठोकवा ले तो घोड़ा थोड़े ही बन जायेगी।'' (पृ. 130) दोनों कुली हिन्दुस्तानी थे, लेकिन वे यहाँ आकर अपना हिन्दुस्तानी होने का गौरव-बोध खो चुके थे। मोहनदास झटके से उठकर टहलने लगे और बुदबुदाये -

क्या मैं इनसे लड़ने का सामर्थ्य नहीं रखता? इन सवालों की हत्या करना, लड़ना नहीं, इनके रहते हुए, सस्ता रास्ता बनाना भी एक पुरमपूर लड़ाई है।... लौट जाने का मतलब होगा अपने आप को उस कायरता को सौंप देना। उसमें डुबो देना। कायरता से बड़ा अपमान कोई नहीं। रेल में हुए इस अपमान के पीछे न निजी शत्रुता थी, न स्वार्थ, एक मनोवैज्ञानिक नफरत थी, जो सर्वत्र फैली है। अब इम सब उसी के हिस्से हैं (पृ. 105)।

इसके बाद तुरन्त उन्होंने दादा अब्दुल्ला को तार भेजा और अपनी यात्रा के अपमान को जनरल मैनेजर को रिकॉल किया। मार्सल बेहद खुश था कि ऐसों के फर्स्ट क्लास में सवारी करने का इलाज ठीक-ठाक हुआ है। डरबन में दादा अब्दुल्ला जनरल मैनेजर से मिले, और उसने उन्हें बताया कि पीटरमेरिट्सबर्ग के स्टेशन मास्टर को मैंने मैसेज भिजवा दिया है कि मोहनदास को अगली गाड़ी से सावधानी और आराम के साथ उसी टिकट से उनकी मंजिल तक पहुँचा दिया जाए, लेकिन जनरल मैनेजर ने यह भी कहा कि इसका मतलब यह कत्तई नहीं है कि यह मोहनदास का अधिकार है। (पृ. 109)

स्टेशन पर कई भारतीय आ गये थे। अबुबकर बोले, ''होता है गाँधी साहब, ऐसा ही होता है।'' एक-दूसरे ने कहा, ''अगर हम लोग यहाँ न आये होते तो गोरे भाग गये होते। वतनी लोगों ने तो इन्हें ठेंगा दिखा दिया था।' इधर अब्दुल्ला भाई ने गाँधी को ठीक-ठीक पहचाना था। उनके अनुसार, ''कुछ भी कहिये, गाँधी भाई हैं तो हिम्मती। आप लोगों ने अखबारों में नहीं देखा, हफ्ते भर पहले गोरे मजिस्ट्रेट को पानी पिला दिया था उनके हुक्म पर फेटा तो नहीं ही उतारा और अखबारों में छापकर दुनिया को बता दिया कि गोरे मजिस्ट्रेट ने उनकी बेइज्जती की।'' (पृ. 113)

तीसरा अनुभव प्राणघातक था। वे भारत से पहली बार सपरिवार दक्षिण अफ्रीका आ रहे थे। जहाज पहुँचने के पहले ही यह सूचना जहाज के अधिकारियों को मिल चुकी थी कि सावधान होकर मोहनदास को उतारना है। परिवार को तो मोहनदास

ने रूस्तम जी के घर भेज दिया, लेकिन स्वयं अंधेरा हो जाने पर दादा अब्दुल्ला ऐण्ड कम्पनी के वकील मि. लाटन के साथ जहाज से उतरे। बाहर निकले ही थे कि गोरे लोगों की भीड़ ने उन्हें घेर लिया और उनको मारने-पीटने लगे। उसी समय पुलिस सुपरिटेण्डेण्ट मिस्टर एलेक्जेण्डर की पत्नी सारा जेने, जो गाँधी को जानती थीं, उधर से गुजर रही थीं, और उन्होंने तुरन्त पुलिस की सूचना दी और हिम्मत कर भीड़ में घुसीं और अपना छाता खोलकर मोहनदास के सामने कर मारनेवाली भीड़ के सामने स्वयं हो गयी और गाँधी को यथासम्भव बचाने की कोशिश करने लगीं। तब तक उनके पति एलेक्जेण्डर ने सिपाहियों को भेजा और उन्होंने मोहनदास और सारा को भीड़ से बाहर कर अपनी सुरक्षा में ले लिया और थाने की तरफ चल पड़े। पीछे-पीछे भीड़ चिल्लाती हुई आ रही थी : ''मोहनदास को हमें छोड़ो, मोहनदास गद्दार है। गाँधी को जिन्दा हम नहीं छोडेंगे।'' खैर, किसी प्रकार मोहनदास थाने में पहुँचे। वह बुरी तरह घायल थे और उन्होंने थोड़ी देर बाद कहा कि मुझे रूस्तम जी के घर छोड़ दिया जाय, जहाँ मेरा परिवार है। उन्हें वहाँ पहुँचा दिया गया। जहाज का डाक्टर वहाँ मौजूद था जिसने उनकी मरहम-पटटी की और दवा दी।

अँधेरा बढ़ता जा रहा था और भीड़ भी बढ़ती जा रही थी। लोग चिल्ला रहे थे, ''हमें गाँधी चाहिए, गाँधी को बाहर निकालों। वरना घर जलाकर राख कर देंगे।' एलेक्जेण्डर भीड़ को मैनेज करता रहा, लेकिन उसने जब बढ़ती भीड़ की स्थिति देखी तो एक जासूस के माध्यम से खबर भिजवायी कि अगर गाँधी अपने दोस्त के मकान व सम्पत्ति को तथा अपने को बचाना चाहते हैं तो जल्द से जल्द सिपाही के कपड़े पहनकर पीछे के दरवाजे से निकल जायें। गाँधी को यही करना पड़ा। वहाँ से निकालकर फिर उन्हें उसी थाने में ला दिया गया जहाँ वे गये थे। रूस्तम जी के घर के सामने भीड़ चिल्लाती रही- 'सामने आओ कुली गाँधी, खट्टे सेब की डाल पर लटका दो। (पृ. 440-447)। यह कस्तूरबा का पहला दक्षिण अफ्रीकी अनुभव था।

ये सारी सूचनाएँ लन्दन पहुँचती रहीं। मोहनदास पर दबाव बढ़ता जा रहा था कि वे रिपोर्ट दर्ज करावें। लेकिन गाँधी ने स्पष्ट कहा, मैं किसी पर भी मुकदमा चलाने के पक्ष में नहीं हूँ।' एटार्नी जनरल मिस्टर ऐस्कम्ब के चेहरे पर आश्यर्च उभर आया और मोहनदास कहते रहे, 'उन्हें यही समझाया गया था कि मैंने हिन्दुस्तान में नेटाल के गोरों को बदनाम किया, उनके खिलाफ भाषण दिये थे। उसी का नतीजा था.. .क्षमा करें, मैं कहूँगा इसके लिये दोषी उसके नेता हैं, अखबार हैं, और आप हैं। आप लोग उन्हें समझा सकते थे, लेकिन आप लोगों ने भी...यह मान लिया था कि गाँधी भारत में जाकर आपके खिलाफ अनाप-सनाप बकता है।'' (पृ. 445)।

ब्रिटिश सरकार ने इस मामले को गम्भीरता से लिया और तुरन्त नेटाल की सरकार को लिखा कि दोषियों के खिलाफ मुकदमा चलाया जाये। गिरफ्तारी हो लेकिन मोहनदास ने इस सम्बन्ध में प्रशासन को किसी तरह के सहयोग से इन्कार

कर दिया और उन्होंने ऐस्कम्ब को लिखकर दे दिया, "पिछले बुधवार को कुछ लोगों ने दुर्व्यवहार किया, मैं नहीं चाहता कि उस पर ध्यान दिया जाये... उसके लिये जितने वे दोषी हैं उतने ही शेष सभी दोषी हैं।..." (पृ. 746) इसके बाद धीरे-धीरे स्थिति शान्त हुई। मोहनदास का मौत के दरवाजे तक पहुँचकर लौट आना उनकी प्रतिष्ठा की दृष्टि से ही नहीं बल्कि वकालत की दृष्टि से भी लाभप्रद साबित हुआ (पृ. 447)।

दक्षिण अफ्रीका में मोहनदास का हर प्रयास मानवीय-बोध से संचालित था। हिन्दुस्तानियों को वहाँ के सरकारी अत्याचारों से मुक्त कराना ही वहाँ उनके जीवन का केन्द्र बन गया। दक्षिण अफ्रीका में वह एक ऐसे 'बैरिस्टर' थे, जिसने स्वयं को 'गिरमिटिया' माना और उससे हिन्दुस्तानियों को मुक्त कराने का बीड़ा उठाया और ऐसा करनेवाले वहाँ के वे पहले गिरमिटिया थे। अतः उपन्यास का शीर्षक पहला गिरमिटिया इस रूप में बहुत अर्थवान् है।

मोहनदास के कार्य ही उनके मानवीय-बोध पर रोशनी डालते हैं। इस सन्दर्भ में उनके दो प्रयासों की चर्चा आवश्यक है। **पहला है** उस कुष्ठ-पीड़ित व्यक्ति को अपने घर लाना और अपने हाथों से उसे रोज पट्टी बाँधना, खाने-पीने का इंतजाम करना और उसे वहीं रख लेना। इतनी दुर्गन्ध थी कि जब बच्चे या बुजुर्ग उस रास्ते से गुजरते तो नाक बन्द कर लेते। घर में विरोध शुरू हो गया और अन्ततः मोहनदास को उसे अस्पताल ले जाना पड़ा जहाँ उन्होंने उसे भर्ती कराया और वहीं उसकी देखभाल हुई। इसके बाद वे डॉ. बूथ से मिले और उन्हें रुस्तम जी पारसी के यहाँ ले गये जिन्होंने एक अस्पताल खुलवाया (पृ. 450-451)। **दूसरा है** घर से एक अतिथि द्वारा रात में किये गये पेशाब को उठाकर फेंकने के सम्बन्ध में। इस पर गाँधी और कस्तूरबा में तनाव दिखा। जब कस्तूरबा ने पेशाब नहीं फेंका तो गाँधी को जाकर उसे फेंकना पड़ा। गाँधी चाहते थे कि कस्तूरबा उन्हीं के भाव से यह सब किया करें (पृ. 475-76)। अन्ततः कस्तूरबा भी आन्तरिक रूप से मोहनदास को पहचाना और उनका भी रूपान्तरण हो गया।

ये दोनों उदाहरण सामाजिक अथवा राजनीतिक मोहनदास से सम्बन्धित नहीं हैं। ये सम्बद्ध हैं उनके मानवीय-बोध से जिसने मोहनदास को अन्ततः महात्मा में रूपान्तरित किया। मोहनदास सिद्धान्त नहीं बतियाते थे, वे उसे अपने जीवन में ढालकर अन्यों के लिए रूपान्तरण का रास्ता देते थे। मोहनदास को किताबों पर नहीं अपने कार्यों पर भरोसा था उन्होंने जिन्दगी में जो कुछ भी पढ़ा, अगर वह अच्छा लगा तो उसे अपने व्यवहार में उतारा। इस तरह मूल 'मोहनिया' दक्षिण अफ्रीका में आकर 'मोहनदास' बना और हिन्दुस्तान में 'महात्मा।

मोहनदास डरबन गये थे दादा अब्दुल्ला के पक्ष के एडवोकेट बनकर, उनके बड़े एडवोकेट को अवश्यक सूचना देने के लिए, ताकि ठीक से सेठ तैय्यब से वह मुकदमा लड़ सकें। लेकिन गाँधी इस लड़ाई के पक्ष में नहीं थे और इन्होंने प्रिटोरिया

जाकर सेठ तैय्यब से बातचीत की ओर धीरे-धीरे दोनों पक्षों को समझाकर सुलह-सपाटा करा दिया लेकिन श्रेय उन्होंने अब्दुल्ला दादा के वकील मि. बेकर को ही दिया। (पृ. 204-206) अगर मोहनदास न होते तो दोनों मुकदमा लड़ते रहते (पृ. 188-89) दादा अब्दुल्ला ने गाँधी के विदाई समारोह में इस बात की विशेष चर्चा की कि मोहनदास ने 'काथ्इयावादी व्यवसाइयों को बर्बाद होने से बचा लिया।' दादा अब्दुल्ला ने गाँधी का परिचय देते वक्त यहाँ तक कहा, "गाँधी भाई जादूगर हैं, मैं इन्हें छोटा ईसा कहता हूँ।" (पृ. 199-200)

मोहनदास वहाँ मात्र एक वर्ष के लिए गये थे लेकिन वहाँ उन्हें इक्कीस वर्ष लड़ते हुए बिताने पड़े। खैर, तीसरा वर्ष बीतते-बीतते जब मोहनदास हिन्दुस्तान आने लगे तो एक भारतीय गिरमिटियों की सभा हुई, जिसमें दादा अब्दुल्ला ने बोलते हुए कहा कि, "1896 में तीन सालों में मोहनदास मेरे साथ नहीं हैं, बल्कि मैं इनके साथ हूँ।" (पृ. 381)। मोहनदास ने वहाँ पत्रकारों से कहा कि "हम सिर्फ न्याय चाहते हैं, शक्ति नहीं।" (पृ. 385)। उन्होंने स्पष्ट कहा कि हिन्दुस्तान गिरमिटिया एवं अन्य मताधिकार के लायक नहीं समझे जाते। हिन्दुस्तानियों से यहाँ के गिरमिटिया की तुलना सम्भव नहीं है। हिन्दुस्तान में उत्पीड़न है, लेकिन रंगभेद नहीं है। (पृ. 392)

जोहान्सबर्ग में एक बार प्लेग फैला। गाँधी ने वहाँ के गिरमिटियों की जोरदार मदद की। एक दिन उनकी मुलाकात 'द क्रिटीक' के उपसंपादक मि. पोलक से हुई। बातचीत के दौरान मि. पोलक ने अपने को गाँधी की नीतियों का प्रशंसक कहा। गाँधी का कहना था, "मि. पोलक, मेरी कोई नीति नहीं, मेरा विश्वास है। यही मुझे लड़वाता भी है और कई बार पिटवाता भी है।" इसी सम्बन्ध में पोलक का कहना था कि प्रयोगशाला में जाँच किये बिना सच-झूठ का अन्दाज नहीं लगाया जा सकता। उन्होंने फिर गाँधी से कहा वह आपकी प्रयोगशाला में काम करना चाहते हैं। गाँधी का उत्तर था, "मेरी प्रयोगशाला में तो मैं खुद हूँ। मैं चलता-फिरता हूँ तो मेरे साथ वह भी चलती-फिरती रहती है' (पृ. 510)।

पोलक ने उन्हें रस्किन की पुस्तक पढ़ने के लिए दी। मोहनदास ने उस पुस्तक को पढ़ा और बेहद प्रभावित हुए। उन्हें लगा कि "यह किताब उनके अन्दर तोड़-फोड़ कर रही है। अन्दर-अन्दर ही बहुत-कुछ बदल रहा है" (पृ. 588)। मोहनदास ने बातचीत के दौरान यह भी कहा कि, "सपने के बिना नयी दुनिया नहीं बनती और उन्होंने एक ऐसे कार्य का सपना देखा है, "जहाँ सभी काम करते हैं, सबकी मेहनत का समान मूल्य है। रस्किन की पुस्तक ने इसी सपने को उनकी आँखों के सामने साकार कर दिया। जब वेस्ट ने कहा कि वह नहीं समझे कि मोहनदास क्या कह रहे हैं, तो मोहनदास ने कहा, 'जब मैं दक्षिण अफ्रीका आया तब एक सपना देखा था। हम साथ-साथ रहना और जीना सीखें। न कोई बड़ा हो, न कोई छोटा (पृ. 589)।

मोहनदास ने बुअर्सवार में अपने ढंग से दक्षिण अफ्रीकी सरकार को सहयोग दिया। उन्होंने अपनी भूमिका फ्लोरेन्स नाइटिंगेल की निभायी। बुअर्सवान में घायल सैनिकों को अपनी टीम के साथ स्ट्रेचर पर लाते और उनकी सेवा करते। इस तरह उन्होंने अपनी अफ्रीकन नागरिक होने का दायित्व निभाया। इसके लिये वे पुरस्कृत भी किये गये।

इसके बाद उन्होंने गिरमिटियों के 'रजिस्ट्रेशन' के विरुद्ध सत्याग्रह भी आरम्भ किया और यह कहते रहे, "उनकी लड़ाई कानून से है न कि सरकार से" (पृ. 704)। इस सत्याग्रह में उनका बेटा हरिदास सत्याग्रही के रूप में बेहद सक्रिय रहा। यह सत्याग्रह मोहनदास के अनुसार "गरीबों के द्वारा गरीबी की तरफ से किया जा रहा है" (पृ. 732)। मोहनदास का यह भी कहना था, "कई बार हार भी किसी बड़ी जीत का आधार बन जाती है" (पृ. 746)। उन्होंने सत्याग्रहियों के बारे में कहा था, 'सत्याग्रही झुकता नहीं, न मौत के सामने न भूख और अत्याचार के सामने, सरकार अलबत्ता झुक गयी' (पृ. 753)। मीर आलम द्वारा उन पर हमला हुआ और वे विक्शन के कार्यालय में बेहोश पड़े थे। मि. डोक (Doke) ने उनकी सेवा की जबकि मोहनदास का परिवार चार सौ किलोमीटर दूर फीनिक्स में पड़ा था। इसी तरह एक रात जब वे मिली के साथ आ रहे थे तो एक आदमी आकर उनसे गरम-गरम बात करने लगा। उनकी बातें मिली को नहीं सुनायी दीं। मोहनदास उससे धीरे-धीरे बात करते रहे। वह मोहनदास की हत्या करना चाहता था, लेकिन मोहनदास की बातों से वह सन्तुष्ट हो गया और उन्हें अपना चाकू देकर चला गया (पृ. 759)। मोहनदास जैसा संवेदनशील और साहसी व्यक्ति का होना कितना मुश्किल है।

एक बार पोलाक ने मोहनदास से पूछा, इतनी सामाजिक जिम्मेदारियों में लगे रहने के बावजूद 'आप जरा-जरा से व्यक्तिगत मामलों में उपवास रहकर अपने को मिटाने पर क्यों तुले हुए हैं'? मोहनदास का उत्तर था, "जब तक हम नहीं सुधरेंगे, हमारा समाज कैसे सुधरेगा? समाज से बड़ा व्यक्ति है और व्यक्ति से बड़ा समाज। मैं दोनों में से किसी की भी उपेक्षा नहीं कर सकता" (पृ. 784)। गाँधी अपने उपवास को अपना 'प्रायश्चित्त' मानते थे (पृ. 785)। मोहनदास गोखले से बहुत प्रभावित थे और उन्हें लगता कि उनके हर भली-बुरी क्रिया के साथ वे हैं। उन्हीं के प्रयासों के चलते मोहनदास अपनी दक्षिण अफ्रीका की स्थिति के बारे में 1901 के कलकत्ता कांग्रेस अधिवेशन में साफ-साफ कह चुके थे।

गाँधी भाई सोने के मामले में बदनाम भी थे, लेकिन यह उनकी विशेषता थी न कि कमजोरी। वे जब होता तब सो जाते और जब होता तब जग जाते और वे हमेशा ताजा ही रहते (पृ. 839)। भारत में उनके महात्मा वाले जीवन में यह बहुत काम आया। मि. एण्ड ्ज और मि. पीयर्सन द्वारा मोहनदास का पैर छूने को लेकर वहाँ के साम्राज्यवादी अखबारों ने बहुत तूल दिया—दो गोरों ने एक कुली का पैर

छुआ... ऐसा करके इन्होंने यूरोपियन समुदाय का अपमान किया है (पृ. 872)। यह बात कई दिनों तक वहाँ के अखबारों ने छापी और ऐसे गोरों का मजाक उड़ाया। इसी तरह भारतीयों पर तीन पौण्डिया टैक्स लगा था जिसे देने की स्थिति में वे नहीं थे। इस पर गाँधी ने उनको संगठित कर एक सत्याग्रह आन्दोलन चलाया। पुलिस ने लाठीचार्ज किया और गोलियाँ भी चलीं जिससे कई सत्याग्रही मरे भी। लेकिन अन्ततः जनरल स्मट्स और गाँधी के बीच एक काम चलाऊ समझौता हुआ। जनरल स्मट्स की भूमिका पर लोगों को सन्देह था, लेकिन गाँधी अडिग रहे। तब तक इस घटना पर आयोग की रिपोर्ट आ गयी जिसने सत्याग्रह को सही माना, तीन पौण्ड टैक्स को गलत माना तथा भारतीय विवाह पद्धतियों को भी मुनासिब माना। इस तरह धीरे-धीरे गाँधी और जनरल स्मट्स के बीच की दूरी समाप्त हुई और भारतीयों पर किये जा रहे अत्याचार इत्यादि पर मनाही हो गयी। 1914 में भारतीय राहत अधिनियम का गठन हुआ और इसके मसौदे की कापी गाँधी को दे दी गयी। गाँधी उसे पढ़कर सन्तुष्ट थे। गाँधी ने जनरल स्मट्स और मि. गर्वनर को धन्यवाद दिया, क्योंकि अन्ततः उन्होंने भारतीय गिरमिटियों के संघर्ष को ठीक से समझा (पृ. 900)।

गाँधी दक्षिण अफ्रीका में जाकर अपने कामों के माध्यम से 'मोहनदास' बने। उन्होंने दक्षिण अफ्रीका की सरकारों द्वारा लादी गयी गुलामगिरी का विरोध विभिन्न रूपों में संगठित किया। उनकी सरकार से पहली शिकायत मताधिकार की थी। कुछ गिरमिटयों के पास 25 नवम्बर 1903 तक मताधिकार था। 1904 में नेटाल की संसद ने कुछ कानून में संशोधन करके एशियाई समुदाय से पूर्णतया मताधिकार छीन लिया। उनकी दृष्टि में इनमें इसकी योग्यता नहीं थी। दूसरी शिकायत भी भारतीयों के प्रवास को लेकर और यह पूर्णतया भारतीय गिरमिटियों के सन्दर्भ में ही थी। तीसरी शिकायत प्रिटोरिया में बसे गैर-सफेद लोगों को नौ बजे रात के बाद घर से बाहर निकलने के लिए एटॉर्नी से चिट्ठी लेनी पड़ती थी। और चौथी शिकायत थी लाइसेन्स कानून के बारे में। इस लाइसेन्स की जरूरत तब पड़ती थी जब कोई गिरमिटिया करार का उल्लंघन करता था। इस सारी शिकायतों के विरुद्ध गाँधी का वहाँ खड़ा होना महत्त्वपूर्ण था। इसी प्रक्रिया में गाँधी ने अपने को भी 'गिरमिटिया' घोषित किया था (पृ. 302-304)। इन चारों से मुक्ति के लिए मोहनदास ने वहाँ गिरमिटियों को संगठित कर लड़ाई लड़ी इसके साथ-साथ और कई मुद्दे बनते और हल होते रहे। अन्ततः हिन्दुस्तानियों के इन सभी मुद्दों को दक्षिण अफ्रीका की सरकार को मानने के लिए मजबूर किया। यह याद रखना जरूरी है कि मोहनदास ने गिरमिटियों के लिए जो लड़ाई लड़ी थी वह उन्हें गिरमिटियों के रूप में मानकर उनके वंचित अधिकारों की लड़ाई थी।

18 जुलाई 1914 को गाँधी का टिकट भारत आने के लिए कट चुका था। अब वे सदा के लिए भारत आनेवाले थे। वहाँ के भारतीय बेहद दुखी थे। एक ने कहा, 'यह जीत आपको हमसे छीन ली। अगर यह पता होता तो न हमें यह जीत चाहिए

थी... और न लड़ाई, हम जैसे थे वैसे ही रहते (पृ. 900)। गाँधी की प्रतिक्रिया इससे भिन्न थी। उनके अनुसार, 'इसे आपने अपने त्याग से पाया है।' गाँधी डरबन, जोहान्सबर्ग, केपटाउन जैसे स्थानों पर गये और वहाँ उनका जोरदार स्वागत हुआ। गाँधी जहाँ भी जाते वहाँ यह जरूर कहते : 'डर को कभी छूना नहीं, सच को छोड़ना नहीं, प्रेम को भूलना नहीं' (पृ. 901)। उन्हें दुःख था कि वे टॉल्सटाय और फीनिक्स आश्रमों में नहीं जा सके।

भारत लौटते समय केपटाउन स्टेशन पर उनके सम्मान में जो समारोह आयोजित हुआ उसमें भारी भीड़ थी। इसमें मात्र भारतीय हीं नहीं थे, इसमें गोरे और चीनी लोग भी पर्याप्त संख्या में थे। दादा अब्दुल्ला मर चुके थे, और उस समारोह की अध्यक्षता अब्दुल रहमान साहब ने की। गाँधी ने अपने भाषण में दादा अब्दुल्ला को याद करते हुए कहा,

उन्होंने ही एक पौध को यहाँ की धरती पर रोपा और अखुँवाया और वह कुछ वर्ष बाद सब-कुछ छोड़कर यहाँ से जा रहा है।... आजादी का रास्ता दिखानेवाला यह... मेरे प्रयोगों और अनुभवों को इस्तेमाल में लाकर सफलता का तिलक लगाने वाले सब आप लोग हैं। ... मैंने यहाँ आघात भी सहे और प्यार के सागर में भी नहाया (पृ. 902)।

मोहनदास फिर बोले, 'हरि यहाँ रहता तो लोग मोहनदास को भूल जाते'... पर वह त्याग की अपनी क्षमता को नहीं पहचान पाया (पृ. 902)। इन सारी औपचारिकताओं के बाद गाँधी जहाज के गेट पर खड़े होकर सब-कुछ देखने और सोचने लगे। उस समय उन्हें लगा 'उनका भी कोई देश है... वहीं इन्हें भी पुकार रहा है।'' (पृ. 903)

पहला गिरमिटिया का आरम्भ और अन्त तो अद्भुत हैं आरम्भ तो कविता से होता है और अन्त गद्य से। आरम्भ में भारतीय गिरमिटियों के श्रम द्वारा दक्षिण अफ्रीका में गोरों की समृद्धि का चित्रण, फिर जहाज से आ रहे भारतीयों की समुद्र में डूबने की स्मृति, दक्षिण अफ्रीका में 21 वर्षों तक लड़ते हुए मोहनदास और अन्ततः महात्मा गाँधी के रूप में उनकी शहादत का बेहद संवेदनशील अंकन है। उपन्यास के 'उपसंहार' के अनुसार मोहनदास पहले बीमार गोखले से मिलने लन्दन गये जहाँ वे कुछ दिन रुककर उनकी सेवा की। एक दिन मोहनदास के नाम एक बण्डल आया। कैलेनबेक उनके साथ थे। उन्होंने बण्डल खोला जिसमें चार अखबार थे- दो गुजराती के, दो अंग्रेजी के। मोहनदास ने डरबन से निकलनेवाले अखबार यूनाइटेड प्रेस को पढ़ा जिसमें लिखा था, ''दक्षिण अफ्रीका के मुसलमान गाँधी द्वारा किये गये समझौतों को अस्वीकार करते हैं।'' फिर उन्होंने गुजराती अखबार खोला जिसमें लिखा था, ''गाँधी द्वारा किये गये सारे समझौते मात्र मिथक हैं।'' मोहनदास ने पढ़ा और मुस्करा दिया। उन्होंने भारतीय समुदाय की सफलता की लड़ाई लड़ी थी।

इसके माने यह कि सफलता किसी लड़ाई का अन्तिम बिन्दु नहीं हुआ करती। माने हर पीढ़ी को अपने अधिकारों के प्रति सजग रहना चाहिए।

गिरिराज जी ने इस उपन्यास में न जाने क्यों, मोहनदास के सन्दर्भ में दो महत्त्वपूर्ण बातें छोड़ दी हैं जो मुझे खटकती है। **पहली है,** दक्षिण अफ्रीका से 1906 और 1909 में मोहनदास इंग्लैड गये थे और वहाँ तरह-तरह के अनुभवों से गुजरे थे। लन्दन में मोहनदास भारतीय 'अतिवादियों' जैसे श्यामजी कृष्णवर्मा, मदनलाल धींगरा, बी.डी. सावरकर आदि से भी मिले थे और उनसे बहुत तरह की बातें की थी। जब वे जहाज से लौटने लगे तो उनकी ही प्रतिक्रिया में हिन्द स्वराज को लिखकर उन्होंने अतिवादी सम्भावनाओं और ब्रिटिश संस्थानों को खारिज किया और अपनी भावी भारत की योजना को स्पष्ट किया। और, **दूसरी है,** गिरिराज जी का हिन्द स्वराज के लेखन के बारे में एक बारगी चुप हो जाना। गिरिराज जी ने रस्किन की अनटू दिस लास्ट को तो याद रखा लेकिन गाँधी की हिन्द स्वराज पुस्तक की कहीं चर्चा तक नहीं की है। यह पुस्तक लौटते समय जहाज में इतने आवेश में लिखी गयी थी कि मोहनदास इसे दाहिने और बायें दोनों हाथ से कुल दस दिनों (13 सितम्बर से 22 सितम्बर) में लिखा था।

फिर भी, पहला गिरमिटिया कलात्मक दृष्टि से गिरिराज जी की एक क्लासिक उपलब्धि है। दक्षिण अफ्रीका में मोहनदास के संघर्षों की चर्चा जिस सादगी के साथ, सामान्य भाषा में लेकिन प्रभावोत्पादक ढंग से की गयी है वह बेजोड़ है। टेलीफोन पर नामवर जी से इस उपन्यास पर प्रतिक्रिया के लिए मैंने निवेदन किया तो उन्होंने इसे 'क्लासिक' कहा और आगे बताया कि, "हजार पृष्ठों तक अपने कलात्मक बोध को बनाये रखना कोई आसान काम नहीं है।" सचमुच कोई हजार पृष्ठों का उपन्यास चाहे वह भले ही टॉल्सटाय का वार ऐण्ड पीस हो या दोस्तोएव्स्की का द कर्माजोव ब्रदर्स या अमरकान्त का इन्हीं हथियारों से हो, या यहाँ तक कि दूधनाथ सिंह का आख़िरी कलाम या कमलेश्वर का कितने पाकिस्तान? हो, अपने पाठकों को इतना बाँधकर नहीं रखता जितना गिरिराज किशोर का पहला गिरमिटिया।

गिरिराज किशोर का उपन्यास बा : मेरी दृष्टि में

गिरिराज किशोर के उपन्यास बा को अच्छा या बुरा कहना मेरे बूते का नहीं। बा 'मोहना' की पत्नी के रूप में आती हैं और दक्षिण अफ्रीका जाकर मोहनदास की पत्नी में धीरे-धीरे रूपान्तरित होती हैं और अन्ततः महात्मा की पत्नी कस्तूरबा के रूप में। वैसे इस उपन्यास बा में लेखक का कहना है, "कस्तूरबा के स्वतन्त्र जीवन को चुनकर निकालना चावल और चीनी के मिश्रण से चावल बीनने की तरह है" (पृ. सं. 7)।

गिरिराज जी ने कस्तूरबा गाँधी के जन्म-स्थान पर जाकर उनके घर के बारे में एक बूढ़े से पूछा तो उसने प्रश्न किया, 'तुम कस्तूरबा को जानते हो? उनका उत्तर था, 'नहीं, पढ़ा है'। फिर उस बूढ़े ने कहा, 'मुझे मालूम है ... अब कस्तूरबा को कोई नहीं जानता। कस्तूरबा गाँधी के घर के पीछे रहती थी, दीवान परिवार की लड़की थी, इसके बावजूद उपेक्षित थी'। लेकिन नारायण भाई देसाई का कहना है कि, "बा की सफलता और अधिक से अधिक सीखने की प्रवृत्ति उनकी सबसे बड़ी शक्ति थी" (पृ. सं. 12)। बा में सरलता तो स्पष्ट है, लेकिन उनकी सीखने की प्रवृत्ति के बारे में गिरिराज जी के उपन्यास की रोशनी में स्वीकार करना कठिन है।

वैसे गाँधी जी के पौत्र और उनकी पत्नी सुनन्दा ने मिलकर एक पुस्तक लिखी है, द फारगाटेन वीमेन। यह पुस्तक मूलतः इन्होंने अपनी दादी पर लिखी थी, लेकिन परेशानी यह है कि बा एक ऐसे महापुरुष की पत्नी थीं जिसका व्यक्तिगत जीवन उसके सामाजिक जीवन की तरह ही था। दूसरी बात यह कि बा अशिक्षित थीं। उन्होंने कभी सोचा भी नहीं था कि उनकी शादी एक ऐसे व्यक्ति के साथ हो रही है जो भविष्य में महापुरुष बननेवाला है। बा का मन, गाँधी के लाख प्रयासों के बावजूद, पढ़ने-लिखने में नहीं लगा। गिरिराज जी यह भूल जाते हैं कि अगर बा दक्षिण अफ्रीका नहीं गयी होतीं और उन्होंने गाँधी के सद्प्रयासों को न देखा और समझा होता तो सम्भवतः भारत में रहकर वे वहीं रह जातीं जो वह आरम्भ में थीं। कहने का अर्थ यह कि बा का जो कुछ भी निर्माण हुआ वह बौद्धिक नहीं था। उन्होंने

गाँधी के शुद्ध सेवाभाव को पकड़ा था और उसी के बल पर गाँधी की पत्नी बनने की हकदार भी बनी रहीं। अगर गाँधी के जेल में रहने पर एक-दो-बार वह जनसभाओं में बोलने गयीं, सुनी और सराही गयीं तो इसका प्रमुख कारण उनकी वक्तृता की क्षमता नहीं थी बल्कि महात्मा की पत्नी होना था। गिरिराज जी इस बात की भी उपेक्षा कर जाते हैं।

उपन्यास शुरू होता है 'आगा खाँ पैलेस' के जिक्र से। मेरे लिये यह नयी जानकारी थी कि 'आगा खाँ' किसी व्यक्ति का नाम नहीं बल्कि बोहरा मुस्लिम समुदाय का 'गुरुपद' है। यह धर्म-गुरु का महल जेल में बदल गया था और इसकी फर्श बदशक्ल हो गयी थी। यह इतना उजाड़ था कि इसे महल कहकर सम्बोधित करना भी शर्मनाक था। अन्ततः एक 'अधनंगा', 'अधेड़', 'फकीर' एक 'बूढ़ी औरत' के साथ जब इस 'महल' में कैदी के रूप में दाखिल हुआ तो उसी दिन वह मुकम्मल जेल बना।

बा आरम्भ में सामाजिक रूप से मूलतः दकियानूस थीं। यही कारण है कि गाँधी के लन्दन जाने के बाद लगभग तीन वर्षों तक बा के बारे में कोई उल्लेख नहीं है। जब गाँधी लन्दन से तीन साल बाद बैरिस्टर होकर लौटे तो बा ने बिरादरी से परिवार के निकाले जाने की बात उठायी और कहा कि उसकी 'अन्तिम इच्छा' यही है कि उसके पति गाँधी को बिरादरी में लौट आना चाहिए। उन्होंने मोहनदास को यह भी बताया कि उनके पूरे परिवार को तीन सालों तक अछूतों के मानिन्द रहना पड़ा है। इस पर मोहनदास का उत्तर था, 'मेरे लिए जाति में रहने या निकाल दिये जाने का न कोई मतलब है और न कोई महत्त्व और न भविष्य में रहेगा' (पृ. 65)। मोहनदास के अनुसार, आदमी जिनके बीच रहता है उनका ही बनकर रहता है लेकिन बा की 'इस अन्तिम इच्छा' को पूरा करने के लिए मोहनदास ने वह सब-कुछ किया जो उन्हें उनके जातीय सन्दर्भ में करना था। उन्होंने "कस्तूरबा से सीख लिया था कि उनके जीवन साथी के गुस्से को सहजता से कैसे लिया जाये।" (पृ. 69)। जब मोहनदास लन्दन में हैं, तब उपन्यास में लगभग पचास पृष्ठों तक बा का कहीं अता-पता नहीं है। इसके माने यह कि बा की मानों कोई स्वतन्त्र जिन्दगी नहीं है।

जब मोहनदास, पहली बार बा और अपने बच्चों के साथ दक्षिण अफ्रीका लौटते हैं तो उस दौरान भी बा की कोई भूमिका नहीं दिखायी देती। जहाज पर मोहनदास की अंग्रेजियत देखकर कस्तूरबा और बच्चे सन्न रह जाते हैं। उन्हें यह देखकर भी आश्चर्य होता है कि मोहनदास अकेले यात्री हैं जो समुद्र की लहरों के उत्पात से निष्प्रभावी हैं और दूसरों की जा-जाकर मदद करते हैं (पृ. 88)। जब मोहनदास का जहान नेटाल पहुँचा तो उसे बाहर ही रोक दिया गया। यात्री घबड़ा गये। लेकिन मोहनदास उनके बीच जा-जाकर कहते, 'नेटाल पर जितना उनका हक है उतना ही तुम्हारा भी। वे भी हमारी तरह ही बाहरी हैं' (पृ. 85)। अन्त में धीरे-धीरे सबको उतार दिया गया और कस्तूरबा और बच्चों को उन्होंने दादा अब्दुल्ला की गाड़ी से रुस्तमजी

पारसी के घर भिजवा दिया। सूचना मिल चुकी थी कि अभी मोहनदास का जाना सुरक्षित नहीं है, क्योंकि बाहर सफेद चमड़ीवाले उन्हें मारने-पीटने के लिए खोज रहे हैं। थोड़ा अंधेरा होने पर वे मि. लाटन के साथ बाहर निकले और सफेद चमड़ीवाले उन्हें घेरकर मारने लगे। अगर पुलिस अधिकारी अलेक्जेण्डर की पत्नी सारा ने, जो गाँधी को जानती थी, प्रभावी हस्तक्षेप नहीं किया होता और थाने को सूचना न दी होती तो गाँधी की हत्या सुनिश्चित थी (पृ. 89-92)। लेकिन इसका परिणाम उनके लिए अच्छा था। इस घटना ने मोहनदास को इतना लोकप्रिय बना दिया कि जब बंगाल में अकाल पड़ा तो उनके सहायता कोश में लोगों ने जमकर चन्दा दिया (पृ. 99)।

कस्तूरबा नेटाल में रहते-रहते ऊब गयी थीं। अतः गाँधी ने उन्हें डरबन के टालस्टॉय फार्म पर सेवा करने के लिए बुला लिया। वहाँ भी वह बेहद दुःखी रहतीं (पृ. 105)। गाँधी अपने सत्याग्रह में व्यस्त रहते और कस्तूरबा अपनी बहू में (पृ. 145)। लेखक के अनुसार, 1907 में न्याय के पक्ष में और अत्याचार के विरुद्ध कस्तूरबा का पहला सत्याग्रह था जब वह मन से गाँधी के साथ खड़ी थीं। लेकिन अभी अन्तर इतना जरूर था कि, ''मोहनदास जेल में थे और कस्तूरबा बाहर पीड़ितों के बीच।'' (पृ. 148)। कस्तूरबा वहाँ भी अपने को दण्डित मान रही थीं। धीरे-धीरे कस्तूरबा आन्दोलनों की ओर अग्रसर होती गयीं और 'पति के जेल में जाने के बाद फीनिक्स के सारे कार्यभार को कस्तूरबा ने अपने कन्धों पर ले लिया। कस्तूरबा ने फीनिक्स में फल बेचने की व्यवस्था करायी। कस्तूरबा को व्यक्तिगत दुःख झेलने की आदत-सी पड़ गयी थी और वह अपनी बीमारी की स्थिति में भी किसी से कुछ भी नहीं कहती थीं। एक बार जब वह बीमार पड़ीं तो डॉक्टर से यह कहकर घर चली आयीं कि उन्हें विश्वास है, वह यूँ ही ठीक हो जायेंगी। उन्होंने अपने शाकाहार के साथ कोई समझौता नहीं किया और वह ठीक भी हो गयीं। अपनी बीमारी के बावजूद वह अपने घरेलू कार्यों में व्यस्त रहीं। लेखक के अनुसार, कस्तूरबा सोच रही थीं, 'क्या कस्तूरबा के भाग्य में यही लिखा है कि जलचर पानी में बंधे रहते हैं, नभचर खुली वायु में घूमते रहते हैं। हम स्त्रियाँ भी थलचर की तरह अपने अन्दर जीती हैं' (पृ. 165)। कस्तूरबा को सर्वाधिक चिन्ता अपने बच्चों की थी (पृ. 168)। जब हरिलाल ने परिवार से सम्बन्ध तोड़ लिया तो बा ने कहा था, ''पुरुष एक से होते हैं, पति हो या बेटा'' (पृ. 171)।

1912 में, दक्षिण अफ्रीका की सुप्रीम कोर्ट के अनुसार, अंग्रेजी पद्धति की शादियाँ ही वहाँ मान्य थीं। भारतीय शादियों को औपचारिक रूप से नकारे जाने की स्थिति में गाँधी ने कस्तूरबा को इस बात का विरोध करने के लिए कहा। इस बात पर गाँधी और कस्तूरबा में कुछ विवाद हो गया, लेकिन अन्ततः कस्तूरबा ने स्थिति को समझा। मोहनदास ने कस्तूरबा से जेल जाने के लिए कहा जिसके लिए कस्तूरबा आसानी से तैयार नहीं हुईं। बहुत वाद-विवाद के बाद वह 1912 में जेल गयीं।

सम्भवतः वह किसी भारतीय महिला की पहली जेल यात्रा थी (पृ. 181)। अन्ततः जनरल स्मट्स ने गाँधी की सारी बातों को मान लिया और इस समस्या का भी निपटारा हो गया। गिरिराज जी के अनुसार, दक्षिण अफ्रीका में नस्लवाद के विरुद्ध गाँधी की पहली जीत थी। (पृ. 184)।

18 जुलाई, 1914 को गाँधी जब दक्षिण अफ्रीका से लन्दन के लिए रवाना हुए तो जनरल स्मट्स ने टिप्पणी की थी, ''एक 'सन्त' हमारे सागर तट से विदा हो गया, सम्भवतः सदा के लिए'' (पृ. 186)। मोहनदास को पहली बार 'सन्त' कहनेवाला सम्भवतः जनरल स्मट्स था जो दक्षिण अफ्रीका के संघर्षों में मोहनदास के खिलाफ रहा, क्योंकि वह राजकीय जिम्मेदारियों से बँधा था।

जब वे 21 वर्ष दक्षिण अफ्रीका में बिता कर भारत आने लगे तो वहाँ के लोगों ने बहुत सारे कीमती उपहार दिये, जिन्हें कस्तूरबा रखना चाहती थीं, लेकिन गाँधी ने इन्हें यह कहकर लौटा दिया, "क्या यह अनैतिकता नहीं है कि समाजसेवा के एवज में कीमती उपहार स्वीकार करें?'' (पृ. 104), लेकिन कस्तूरबा को इस बात से बहुत दुःख हुआ। कस्तूरबा ने सब-कुछ लौटा तो दिया लेकिन रुआँसे मुँह मोहनदास से कहा, ''तुम्हारी सेवा तो जग जाहिर है, मेरी नहीं। सेवा मैंने भी की थी, क्या वह अलग-अलग है? मैं तुम्हारे लोगों के लिए दिन-रात खटती रही, क्या यह सेवा नहीं।'' (पृ. 105)। गिरिराज जी के अनुसार इस बिन्दु पर ''मोहनदास की विजय नहीं थी उनकी जिद की विजय थी।'' (पृ. 105)। 9 जनवरी 1915 को मोहनदास लन्दन पहुँचे थे जहाँ उनका जोरदार स्वागत हुआ और वहाँ के गर्वनर ने कस्तूरबा का परिचय 'एक नयी नायिका' के रूप में कराया था। (पृ. 188)।

भारत लौटने पर गाँधी और कस्तूरबा में निवास स्थान को लेकर विवाद छिड़ा। कस्तूरबा एक स्थायी घर चाहती थीं और गाँधी इसके पक्ष में नहीं थी। हर महिला अपना घर चाहती है। अन्ततः मोहनदास ने अहमदाबाद को ही इस कार्य हेतु चुना। एक वकील ने उनके लिए एक बंगले का प्रस्ताव रखा। गाँधी ने बंगले को आश्रम का रूप दिया और उसका नाम 'सावरमती आश्रम' रखा, जो हर जाति और वर्ग के लिए खुला था, यहाँ तक कि अछूतों के लिए भी। 1915 में पच्चीस लोगों के साथ, जिसमें औरतें और बच्चें भी थे, मोहनदास आश्रम में गये। कस्तूरबा भी खुश थीं। आश्रम के सिद्धान्त तय किये गये—सत्य, अहिंसा, संयम, अपरिग्रह, चोरी का बहिष्कार। बाद में तीन सिद्धान्त और जोड़े गये—विदेशी वस्तुओं का बहिस्कार, आत्मनिर्भरता और सबसे महत्त्वपूर्ण अस्पृश्यता का निषेध था। बापू ने सबको इन सिद्धान्तों की कसम दिलायी। लेकिन एक दिन एक दलित परिवार आश्रम में रहने के लिए आया, अपनी पत्नी और दो बच्चों के साथ। यह आश्रमवासियों के सामने चुनौती थी। आश्रमवासियों का व्यवहार विचित्र था। बापू की प्रतिक्रिया भी स्पष्ट थी : ''अगर ऐसा रहा तो मैं स्वयं जाकर दलित बस्ती में रहने लगूँगा।'' तब जाकर सभी लोग माने और वह दलित परिवार भी वहाँ रहने लगा। अन्ततः बा को एक

दिन दलित बच्ची को खेलते हुए देखकर बेहद प्रसन्न हुई। उन्हें दक्षिण अफ्रीका का टाल्सटॉय फार्म याद आया जहाँ दलित परिवार भी बिना रोक-टोक के रहते थे। बा ने बच्ची को गोद में ले लिया और उन्हें यह "महसूस हुआ कि मैं गलत थी और बापू इस सन्दर्भ में भी सही थी।'... जब सभी ईश्वर की सन्तान हैं, तो इसमें भिन्नता क्यों? (पृ. 194)।

1917 में कस्तूरबा और गाँधी दोनों चम्पारन में अपने-अपने ढंग से सक्रिय थे। कस्तूरबा औरतों के बीच थीं जिसका व्यापक असर पड़ा था। अब उनमें बड़ा परिवर्तन आया था। एक बार कटनी स्टेशन पर गाड़ी पहुँची जहाँ हजारों लोग गाँधी की जय-जयकार करते पहुँचे थे। उसी भीड़ में मैले-कुचैले, फटे कपड़े पहने हरिलाल एक हाथ में सन्तरा लिये आया और बा को दिया और गाँधी से कहा, 'तुम इतने महान् हो, तुम्हें जरूरत नहीं, तुम्हें बा ने महान् बनाया' (पृ. 230)। बा को हरिलाल की चिन्ता सताती रहती थी।

आश्रम में आगन्तुकों के आने पर वह चाय बनाकर पिलाती थी जो आश्रम के नियमों के विरुद्ध था। लेकिन गाँधी भी बा से निर्णायक स्वर में कुछ बोल नहीं पाते थे। बा आश्रम के नियमों का उल्लंघन करती रहती थीं (पृ. 235-36)। गाँधी ने हरिजन में कस्तूरबा की 'राजकोट की बेटी' कहकर प्रशंसा भी की थी। लाइफ मैगजीन के सम्पादक विलियम फिशर ने बा के बारे में लिखा, "उनके जैसा सुन्दर, समर्पित और दयालु चेहरा, मैं सोचता हूँ, पहली बार देखा था।" फिशर के अनुसार, सहजता और सहिष्णुता उनकी झुर्रियों में झिलमेला रही थीं।'

बा धीरे-धीरे राजनीतिक रूप से सजग हो गयी थी और हिन्दू मस्लिम एकता के विरुद्ध बात करना उन्हें बुरा लगता था। यहाँ तक कि गाँधी और जिन्ना के सम्बन्धों के बारे में उनका रुख सकारात्मक था। अब उन्हें बापू की आलोचना पढ़ने अथवा सुनने पर भी दुःख होता था और वह कहती थीं, 'देखों लोग कितना झूठ बोलते हैं' (पृ. 258)।

बा एक बार दक्षिण अफ्रीका में भी जेल जा चुकी थीं। भारत में तो अनेक बार गयीं। 1931 और 1933 के बीच वह तीन बार जेल गयीं। इस बार उन्हें जेल भेजना गलत लगता था। 18 अगस्त 1942 में बीमार बा के मुँह से अनायास निकल पड़ा, 'मेरा क्या पता, मैं बाहर जाऊँ। हो सकता है मैं अभी हूँ'। बापू ने उनकी इस निराशा भरी बात पर कहा, "तू अब कस्तूरबा है, सबको राह दिखाने वाली माँ... तुम्हें तो अच्छा होना ही है।"

अन्ततः 23 फरवरी, 1944 को बा की मृत्यु हो गयी। उनकी शव को दर्शनार्थ रखा गया जिस पर अपनी श्रद्धा और शोक को व्यक्त करने के लिए बहुत सारे लोग आये जिनमें हिन्दू, मुसलमान, पारसी और ईसाई सभी धर्म के लोग थे। बा की मृत्यु पर गाँधी जी का संवेदनशील वक्तव्य महत्त्वपूर्ण है : "मेरी स्थिति उस संन्यासी की

थी जो सर्व कल्याण के लिए समर्पित हो, पर अपनों के लिए बेगाना हो जाय ... मैं जानता हूँ कि वह दुखी रहती थीं, कभी मेरे कारण, कभी अपने कारण।" उन्हें कटक में हरीलाल के आने की बात याद आयी। गाँधी ने कहा, "उसने कितना सही कहा था, जो वह जान गया था वह मैं नहीं जान पाया। तुमने मेरे कारण उसे त्याग दिया। माँ का सबसे बड़ा दुःख उसके बच्चों का भटकना और बिछुड़ जाना होता है। मैं लाया नहीं, वह आया नहीं। मुझे याद है, मैंने तुमसे कहा था, सेवा और त्याग को अपना बनानेवाले व्यक्ति को... एकला चलो... साधना चाहिए। तुम नाराज भी हुई... मैंने कोशिश की पर वह भटकता गया... सबके बीच में।' इस तरह गाँधी ने 'एकला चलो' को ही साधा था, जिसे बा नहीं समझ सकीं, इसे साधना तो दूर की कौड़ी थी।

बहुत दिनों बाद एक आवाज सुनायी दी। एक सूरदास कभी गेट पर आकर निर्गुणिया गाता था जिसे बा खड़ी होकर सुना करती थीं—

कागद लिखै सो कागदी, की व्यवहारी जीव,
आतम् दृष्टि कहा लिखै, जित देखे तित पीव।
प्रीमत को पतिया क्या लिखूँ जो कहूँ होय विदेस,
तन में मन में नैन में ताकौ कहा संदेस।
'तन में मन में, नैन में...' बुदबुदाते बापू अन्दर चले गये।

इस तरह गिरिराज किशोर का उपन्यास बा मूलतः गाँधी-केन्द्रित ही बनकर रह जाता है। कस्तूरबा की भूमिका इतनी सार्वजनिक नहीं हो पाती है कि उनका व्यक्तित्व स्वतन्त्र दिखायी दे। इसका मतलब यह नहीं कि बा महत्त्वपूर्ण नहीं थीं। महत्त्वपूर्ण थीं, लेकिन इस कारण कि वह गाँधी की पत्नी थीं। हरिलाल ने कटनी स्टेशन पर बा को सन्तरा देते हुए गाँधी से कहा था : "तुम इतने महान हो, तुम्हें जरूरत नहीं, तुम्हें बा ने महान बनाया।" (पृ. 230)। इस बात को गाँधी ने अपने जीवन के दुःखी क्षण में याद किया। इसके माने यह नहीं कि कस्तूरबा ने गाँधी को बड़ा बनाया था, गाँधी अपने सद्‌प्रयासों के बल पर महान बने थे। कस्तूरबा को अगर गाँधी का साथ न मिला होता तो, बहुत सम्भव है, वह एक सामान्य महिला ही रह गयी होतीं। इस तरह गिरिराज जी का यह उपन्यास बा अपने मूल उद्‌देश्य में मुझे असफल-सा लगता है। इस उपन्यास का शीर्षक बा न होकर अगर 'महात्मा और बा' रहा होता तो शायद बेहतर होता। किसी ने मोहनदास को 'छोटा जीसस' कहा और किसी ने 'सन्त' माना, लेकिन ऐसी कोई अभिव्यक्ति बा को लेकर नहीं है। इस तरह यह उपन्यास भी बिना गाँधी के पूरा नहीं होता। गिरिराज जी इसे भूलते से लगते हैं जो इस उपन्यास की कमजोरी का कारण है।

यशपाल की शव परीक्षा की समीक्षा

हिन्दी वाङ्मय में यशपाल मार्क्सवाद-प्रतिबद्ध क्रान्तिकारी चेतना के सर्वाधिक विपुल, श्रेष्ठ और लोकप्रिय रचनाकार हैं। रचनात्मक लेखन में राहुल को छोड़कर, इतनी मुखर प्रतिबद्धता अन्य किसी में नहीं दिखती। दरअसल, यशपाल, प्रेमचन्द परम्परा के क्रान्तिकारी विस्तार हैं। प्रेमचन्द राजनीतिक कथाकार नहीं हैं, यद्यपि उनके उपन्यासों में पर्याप्त राजनीति है। मूलतः वह कृषक-चेतना के सामाजिक कथाकार हैं। वह गाँधी जी से अभिभूत भी हुए और एक सीमा तक उनका अतिक्रमण भी किया, लेकिन उन्हें कोई ऐसा लाल दल नहीं मिला जिसकी वह सदस्यता ले सकें, जबकि ऐसे दलों की कमी नहीं थी। वस्तुतः वह क्रान्ति-उन्मुख रचनाकार हैं, न कि क्रान्तिकारी रचनाकार। यशपाल की यात्रा क्रान्तिकारी राजनीति से आरम्भ होकर क्रान्तिकारी रचनात्मक एवं वैचारिक लेखन की ओर मुड़ी। उनकी क्रान्तिकारिता राष्ट्रवादी मुख्यधारा की गाँधीवादी चेतना एवं व्यवहार से आजीवन टकराती रही। यह टकराहट *'दादा कामरेड', 'देशद्रोही', 'झूठा-सच', 'तेरी मेरी उसकी बात'* में अत्यन्त मुखर है। दिव्या और मनुष्य के रूप जैसे उपन्यास भी जो नारी-चेतना के इर्द-गिर्द रचे गये हैं, इससे अछूते नहीं हैं। उनके निबन्ध-संग्रहों में भी विचारधरात्मक टकराहटें हैं। वर्तमान आलेख उनके केवल दो निबन्ध-संग्रह *गाँधीवाद की शव परीक्षा* और चक्कर क्लब पर केन्द्रित है, क्योंकि इन दोनों में वह सब-कुछ है—जिसे यशपाल को गाँधी और गाँधीवाद की 'शव परीक्षा' को लेकर कहना था।

(1)

लेकिन मूल विषय पर केन्द्रित होने के पूर्व दो-तीन बातें पीठिका के रूप में आवश्यक हैं। पहली बात गाँधी-परिघटना को लेकर है, जिसका भारतीय इतिहास पटल पर आविर्भाव एवं प्रभाव जितना ही समस्याग्रस्त है, उतना ही सम्भावना सम्पन्न भी। इसके पूर्व का राष्ट्रवादी आन्दोलन बहुकेन्द्रीय था। लेकिन 1920 के नागपुर अधिवेशन में असहयोग आन्दोलन की अन्तिम औपचारिक स्वीकृति के साथ ही

गाँधी जी इस राष्ट्रवादी आन्दोलन की मुख्यधारा के नेता बने, और अनेकानेक विरोधों, अन्तर्विरोधों और उतार-चढ़ावों के बावजूद इसके निर्णायक शिल्पी बने रहे। राष्ट्रवादी आन्दोलन की सभी धाराएँ, चाहे मुस्लिम लीग हो या हिन्दू महासभा, होमरूलवादी हों या स्वराजवादी, क्रान्तिकारी हों या उदारवादी, श्रमिकवादी हों या किसानवादी अथवा दलितवादी, इसी गाँधी-परिघटना से टकराती रहीं या आत्मसात होती रहीं अथवा अपने को परिभाषित पुनः परिभाषित करती रहीं। लगभग किसी गैर-राजनीतिक विवेक का कमोबेश तीन दशकों तक किसी बड़े राष्ट्र के सक्रिय एवं प्रतिस्पर्द्धी राजनीतिक विवेक पर हावी बने रहने का उदाहरण अन्यत्र नहीं दिखता। इससे न केवल विशुद्ध राजनीतिक विवेक की सीमाओं का पता चलता है, बल्कि किसी सक्षम गैर-राजनीतिक विवेक के सामर्थ्य एवं सम्भावनाओं का भी उद्घाटन होता है।

दूसरी बात मार्क्सवादी विचारक एवं काव्यशास्त्री क्रिस्टॉफर कॉडवेल की विभ्रम (Illusion) की अवधारणा से निःसृत है। कॉडवेल के अनुसार इतिहास के प्रत्येक चरण का अपना कोई विशिष्ट इतिहास-जनित 'विभ्रम' होता है, जिससे वह अनुप्राणित और संचालित होता है। कॉडवेल ने 'व्यक्तिवाद' को 'बूर्जुआ विभ्रम' के रूप में अभिहित किया, जो अनियन्त्रित हो बूर्जुआ संस्कृति की पतनशीलता का कारण बना। उन्होंने तो इस संस्कृति को 'म्रियमाण' बताया और अपनी स्थापना की व्याख्या एवं पुष्टि में बहुत कुछ लिखा भी। कह सकते हैं कि मध्ययुगों का वर्चस्वशील विभ्रम धर्म था, जो उस जमाने के शौर्य एवं प्रेम से जुड़े आख्यानों तक में अपनी अभिव्यक्ति पाता रहा। औपनिवेशिक भारत के सन्दर्भ में 1857 से लेकर 1947 तक के दौर का अदम्य 'विभ्रम' राष्ट्रवाद था, जिसकी स्पष्ट अभिव्यक्ति राष्ट्रीय जीवन के विभिन्न क्षेत्रों में हुई। महात्मा गाँधी इसकी सर्वाधिक व्यापक अभिव्यक्ति रहे। वस्तुतः प्रत्येक दौर के 'विभ्रम' के इर्द-गिर्द इसके नायक, सन्त, विचारक, कवि, गायक, योद्धा और शहीद पैदा होते हैं।

तीसरी बात यह कि 1917 में रूसी क्रान्ति के साथ श्रेणीविहीन, राज्यविहीन, सर्वहारा अन्तराष्ट्रीयता का 'विभ्रम' सामने आया जो राष्ट्रवाद को अतिक्रमित करता था, चाहे वह पारम्परिक क्रान्तिकारी राष्ट्रवाद रहा हो अथवा सत्याग्रही गाँधीवादी। अब यह समाजवादी चेतना से संयुक्त था, जो भगत सिंह—यशपाल पीढ़ी का सबसे महत्त्वपूर्ण अवदान था। और अन्तिम बात यह कि आज हम इतिहास के 'उत्तर-आधुनिक' या 'उत्तर-औपनिवेशिक' दौर में हैं और राष्ट्रवाद और समाजवाद जैसे बड़े आख्यान नकारे जा रहे हैं। 1952 के बाद राष्ट्र-निर्माण की आन्तरिक चुनौतियों एवं अन्तर्विरोधों के उत्तरोत्तर उभार के साथ हमारा राष्ट्रवादी 'विभ्रम' क्षत-विक्षत होता गया है। 1993 में सोवियत संघ के विघटन के साथ ही श्रेणीविहीन, राज्यविहीन अन्तराष्ट्रीय सर्वहारावाद भी विखण्डित एवं अवमानित है, दरकिनार है। आज का वर्चस्वशील 'विभ्रम' सत्ता-प्राप्ति और आर्थिक समृद्धि है, जिसके अपने 'थिंक टैंक', धनबली, बाहुबली और चारण हैं।

आशय यह कि वर्तमान दौर में गाँधी का राष्ट्रवाद और क्रान्तिकारी कथाकार यशपाल का सर्वहारावाद दोनों ही बौद्धिक एवं राजनीतिक विश्व बाजार के खोटे सिक्के हैं। 1931 के कराची-अधिवेशन में 25 नवम्बर को अपने विरोधियों का उत्तर देते हुए महात्मा गाँधी ने अपने 'गाँधीवाद', अर्थात् अहिंसक सत्याग्रह को 'अमर' कहा था, और यशपाल 1942 में अपनी क्रान्ति-चेतन 'मनुष्यत्व की हुँकार' में समाजवाद का भविष्य देख रहे थे। आज दोनों दरकिनार हैं। इतिहास की इस विडम्बना का क्या किया जाये? शायद ऐसे ही किसी क्षण में हीगेल ने इतिहास को 'बूचड़खाना' कहा था, और एंगेल्स ने इतिहास की तुलना उस दौड़ते रथ से की थी जिसका पहिया अनावश्यक या अप्रासंगिक को कुचलता निकलता जाता है। आशय यह कि आज 'स्वराज' और 'समाजवाद', जैसे संकल्प पूँजीवादी रथ के पहियों के नीचे पड़े, अपनी-अपनी आश्वस्तियों के दायरे में, बचाव के लिए परेशान हैं।

लेकिन दोनों के पास अपने-अपने सपने थे, जो तत्कालीन समयबद्ध लक्ष्यों को अतिक्रान्त करते थे। गाँधी जी का स्वराजवादी परिप्रेक्ष्य उतना ही वैश्विक था जितना यशपाल का क्रान्तिकारी परिप्रेक्ष्य। मेरी समझ है कि सत्याग्रह की गाँधीवादी अवधारणा परिपक्व एवं विचारवान् लोगों का आदर्श बनी रहेगी; और इसी प्रकार, अन्यायग्रस्त विषमताओं से भरे इस जगत् में, न्याय एवं समता हेतु क्रान्ति की अवधारणा भी उत्साही एवं आदर्शवादी युवा मन को आकर्षित करती रहेगी। किसी व्यक्ति की हत्या से उसके श्रेष्ठ मूल्यों की हत्या नहीं हो जाती, और न ही एक प्रयोग की असफलता किसी मानववादी विचार की इतिश्री है। आश्चर्य नहीं, इस खौफनाक दौर में भी, दोनों ही सपने अपनी-अपनी सम्भावनाओं के साथ जीवित हैं। अब इनके बीच किसी बेहतर एवं स्वस्थ संवाद का प्रयास भी होना चाहिए।

(2)

यशपाल क्रान्ति की समाजवादी धारा के योद्धा रहे और फिर लेखक बने। 1938 में कांग्रेस मन्त्रिमण्डल के गठन के बाद जेल से रिहा होते ही उन्होंने कहा था—"जो काम पहले बुलेट से करने का इरादा था, उसे अब बुलेटिन से करूँगा।" नवम्बर, 1938 में उन्होंने 'विप्लव' का प्रकाशन आरम्भ किया और प्रवेशांक के अपने सम्पादकीय 'हे विप्लव' में क्रान्तिकारी हिंसा का समर्थन करते हुए घोषणा की : "यह विप्लव समाज से बर्बरता के न्याय को व्यक्ति के कुल की शक्ति, धन की शक्ति और श्रेणी की शक्ति से दूसरे मनुष्यों के शोषण का अन्त करने के लिए है (उद्घृत अजित प्रियदर्शी, 'हिन्दी अनुशीलन', दिसम्बर 2003, पृ. 84)। अर्थात् यशपाल जी के साक्ष्य वही थे, मात्र साधन बदला था। अब हाथ में पिस्तौल के स्थान पर कलम थी। उनका समग्र रचनात्मक एवं वैचारिक लेखन इसका प्रमाण है।

गाँधीवाद की शव परीक्षा के सातवें संस्करण (1965) के लिए लिखे गये अपने 'समर्पण' में यशपाल ने इस पुस्तक के मन्तव्य को स्पष्ट किया है : "गाँधी जी ने

एक राजनेता के रूप में सार्वजनिक जीवन में प्रवेश किया था, लेकिन जनता का विश्वास जीतने के लिए धर्म एवं ईश्वर, सत्य-अहिंसा का सहारा लिया और महात्मा बन गये। जिसके फलस्वरूप जो स्वाधीन भारत की कांग्रेसी सरकार बनी उससे जनता का कुछ भला न होकर नुकसान-ही-नुकसान हुआ।" यशपाल जी की दृष्टि में इसके लिए असल उत्तरदायी गाँधीवादी नहीं बल्कि गाँधीवाद है ओर, इसलिए, इसकी 'शव परीक्षा' आवश्यक है—"सर्वोदय को ध्येय मानने वाले दरिद्रनारायण के पुजारी गाँधीवाद की विफलता का कारण समझने के लिए उसके सिद्धान्तों की परख आवश्यक है।" (गाँधीवाद की शव परीक्षा, लोक भारती, आठवाँ संस्करण, 1982, पृ. 31) (नोट : इस पुस्तक के सारे उद्धरण इसी संस्करण से हैं। लेकिन इसके पूर्व कि यशपाल द्वारा सम्पन्न 'शव परीक्षा' की परीक्षा की जाये, यह आवश्यक है कि गाँधी और गाँधीवाद से सम्बन्धित उनकी प्रमुख स्थापनाओं को दृष्टि-पटल पर लाया जाये :

1. गाँधी और गाँधीवाद के दोनों दावे—अहिंसा और सत्याग्रह का "आर्थिक और राजनैतिक व्यवस्था पर, निरंकुश अधिकार रखनेवाले वर्ग का हथियार" होना अप्रत्याशित नहीं है। गाँधी जी के 'श्रेणी मैत्री' के सिद्धान्त का भी अभीष्ट यही है (पृ. 109-10)।

2. गाँधीवाद का 'मूल तत्व' है सत्य और अहिंसा की अवधारणा की सनातनता। गाँधी जी ने 'समाज की बदल चुकी परिस्थितियों में, उस शाश्वत सत्य-अहिंसा के बन्धन कायम रखने के सुझाव दिये हैं" जो तत्कालीन सत्य भले रहे हों, शाश्वत सत्य नहीं हैं और वर्तमान बदली परिस्थितियों में तो अप्रासंगिक हैं। (वही, पृ. 17)

3. गाँधीवाद ईश्वरवादी, परलोकवादी और अध्यात्मवादी है, और इस रूप में यह 'सामन्त और पूँजीवादी व्यवस्था का रक्षक है।' अर्थात यह प्रतिक्रियावादी है, पीछे-देखू है। सत्य की कसौटी आस्था और परलोक नहीं, बल्कि 'भौतिक वास्तविकताएँ एवं तथ्य' होने चाहिए। (पृ. 23)

4. यह 'अवैज्ञानिक' है क्योंकि इसने छूत-अछूत जैसी सामाजिक कुप्रथा के लिए 1934 के बिहार के विनाशकारी भूकम्प को 'ईश्वरीय दण्ड' घोषित किया, जबकि वे समाज भी भूकम्प या अन्य प्राकृतिक विपदाओं के शिकार होते हैं, जहाँ छूत-अछूत जैसी कुप्रथा नहीं है (पृ. 33)।

5. गाँधी जी औद्योगिक क्रान्ति के बाद विकसित सभ्यता और बड़े शहरों को 'मशीन की चाण्डाल सभ्यता' एवं 'महापाप' बताते हैं और उनकी दृष्टि में भारत को मैनचेस्टर बनाने की तुलना में मैनेचेस्टर के खराब उत्पादों का भारत में उपयोग अधिक लाभकर है (वही, पृ. 92-93)। गाँधी जी का यह कहना भी गलत है कि मशीनों ने श्रमिकों को गुलाम बनाया है। यशपाल जी की दृष्टि में, गाँधी जी वस्तुतः 'कल-कारखानों के सभ्यतागत प्रभाव से आतंकित हैं, क्योंकि उन पर मार्क्स और

एंगेल्स का प्रभाव नहीं है, बल्कि ताल्सताय, थोरो, इमर्सन आदि का प्रभाव है और इस रूप में गाँधी जी 'प्रतिक्रियावादी और ह्रासोन्मुखी' हैं (पृ. 95)।

6. गाँधीवाद बेकारी को मशीन में जोड़ता है, जो बेमानी है, क्योंकि बुराईमें नहीं, मशीन पर निजी पूँजी के नियन्त्रण में है, और इसका समाधान समाजवाद है, जिसे गाँधीवाद 'हिंसा' बताता है। गाँधीवाद इस बात से भी अवगत नहीं है कि मशीन सभ्यता कोई आरोपित चीज नहीं बल्कि औजारों के विकास की ही एक स्वाभाविक पंरिणति है, जिससे खाने-पहनने की चीजें सर्वसुलभ हुई हैं और रोजगार के अवसर बढ़े हैं (वही, पृ. 97)।

7. गाँधी जी का अछूतोद्धार आन्दोलन भी 'हिन्दू मालिक श्रेणी सुविधा और अधिाकारपूर्ण स्थिति की रक्षा का साधन' था (पृ.130)। अछूतों के हिन्दुओं से पृथक प्रतिनिधित्व का गाँधी जी द्वारा विरोध भी उनके श्रेणी हित-बोध का सूचक है (वही, पृ. 119)। 1921 का असहयोग आन्दोलन भी, जिसमें गाँधी जी जमींदारों के हितों की रक्षा करते हुए किसानों का समर्थन ले रहे थे, उनकी किसान विरोधी 'श्रेणी मैत्री' का उदाहरण है (पृ. 114-15)। आशय यह कि गाँधी जी और गाँधीवाद श्रम्कि-विरोधी, अछूत-विरोधी और किसान-विरोधी थे। कुल मिलाकर, गाँधीवाद जन-विरोधी था।

8. यह सही है कि गाँधीवादी सत्याग्रह ने साम्राज्यवाद-विरोध को लोकप्रिय बनाया, लेकिन यह एकाधिकारवादी है और राष्ट्रीय मुक्ति के अन्य प्रयासों की अनदेखी करता है। इतना ही नहीं, सत्याग्रह की सफलता की सार्थकता केवल बूर्जुआ दायरे तक सीमित है (पृ. 173-78)। इसके अतिरिक्त, 'हृदय परिवर्तन' का गाँधीवादी सिद्धान्त पूर्णतया असफल रहा, और यह गाँधी जी और गाँधीवाद को रटते रहनेवाले कांग्रेसी नेताओं तक को परिवर्तित न कर सका (पृ. 174, 188-89)।

9. देशी की आजादी का श्रेय गाँधीवादी सत्याग्रह को देना उचित नहीं। वस्तुतः द्वितीय विश्वयुद्ध के बाद बनी वैश्विक परिस्थिति के दबाव, और स्वयं इंग्लैण्ड में लेबर पार्टी के सत्ता में आने के चलते यह स्वाधीनता मिली। वस्तुतः, इंग्लैण्ड भारत के राष्ट्रीय मुक्ति आन्दोलन को 'वोल्शेवीकरण' से बचाना चाहता था (पृ. 188-89)। आश्चर्य नहीं, देश में जो 'राष्ट्रवादी सरकार बनी, वह वर्ग-संघर्ष की विरोधी है, वर्गविहीन समाजवाद को नकारती है, जो गाँधीवाद का भी लक्ष्य था (पृ. 189)।

चक्कर क्लब (1943; लोकभारती प्रकाशन, इलाहाबाद, सातवाँ संस्करण 1983; नोट : पुस्तक के सारे उद्धरण 1983 संस्करण से हैं) में भी यशपाल जी का प्रकृत भौतिकवाद अपने चरम पर है। इसमें भी प्रमुखतः गाँधी और गाँधीवाद को निशाना बनाया गया है। *गाँधी की शव परीक्षा* से यह भिन्न केवल इस माने में है कि इसमें लेखकीय मुद्रा व्यंग्य, हास-परिहास और गप-शप की है, और कल्पित टाइप पात्रों के माध्यम से संवाद रूप में बातें की गयी हैं, ताकि विवेचन रोचक बना रहे।

पुस्तक के पहले अध्याय में प्रेम, आत्मिक/आध्यात्मिक प्रेम, और साहित्य सम्बन्धी प्रचलित धारणाओं की 'भौतिकवादी व्याख्या' द्वारा विखण्डन है। सारांशतः, मनुष्य और पशु के बीच का अन्तर विशुद्ध बुद्धिगत है; प्रेम और लैंगिक आकर्षण प्रकृत है और मात्र सन्तानोत्पत्ति की इच्छा की उपज है; आध्यात्मिक/आत्मिक प्रेम 'नपुंसक प्रेम' है, क्योंकि यह अतृप्त इन्द्रिय-प्रेम का कल्पित भोग है; और साहित्य, 'मन का सुख' है, अर्थात् 'भोगे हुए सुखों की याद या भोग की कामना से भीतर उबलना है' (चक्कर क्लब, पृ. 24, 26, 27, 29)। स्पष्ट है, पुस्तक में यशपाल जी का इतिहासकार, दार्शनिक और कामरेड प्रकृत भौतिकता और उपादेयता को अतिक्रमित नहीं करते। प्रकारान्तर से यह भी गाँधीवाद की 'अवैज्ञानिक' दृष्टि का खण्डन है।

दूसरे अध्याय में गाँधीवाद का सीधा 'भौतिकवादी' दृष्टि से खण्डन है। कामरेड कोक दरिद्रनारायण की पूजा नहीं बल्कि 'किसान और मजदूरों का राज' चाहिए। उसकी दृष्टि में महत्त्व साध्य का है, साधन का नहीं, और सत्याग्रह भी एक प्रकार का बल-प्रयोग है, जैसे डकैती का भिखमंगे की रिरियाहट। सत्याग्रह का उद्देश्य भी 'अपनी बात मानने के लिए लोगों को विवश कर देना' है (पृ. 45-46) इस प्रकार डकैती और सत्याग्रह में कोई गुणभेद नहीं है : 'एक जगह शारीरिक बल का प्रयोग होता है, दूसरी जगह करुणा या सहानुभूति पैदा कर सकने का बल है', और 'सब एक जैसे चोर-डाकू हैं' (पृ. 46)। कहीं पर्देदार चोरी है और कहीं बेपर्दा चोरी। बस।

अध्याय तीन में मशीन-विमर्श है। गाँधीवाद की शव परीक्षा में मशीन को सभ्यता, रोजगार और सस्ते, सर्वसुलभ उत्पादों से जोड़ा गया था, चक्कर क्लब में इसे 'मनुष्यत्व', अर्थात मनुष्य के सत्व से जोड़ा गया है। दार्शनिक जी इस दृष्टि के व्याख्यता हैं–

मनुष्य केवल जीव है, मनुष्यत्व है उसका मशीन में। दूसरे जीवों और मनुष्य में अन्तर केवल यह है कि मनुष्य के पास मशीन है। शेष किस बात में अन्तर है? प्रकृति का कौन-सा काम-आहार, निद्रा, मैथुन आदि पशु नहीं करता, बताइए? .. .पशु औजार या मशीन बना नहीं सकते, मनुष्य बना सकता है। इसलिए पशु पशु है, और मनुष्य, मनुष्य है (पृ. 67-68)।

अतः दार्शनिक जी अपने श्रोताओं/पाठकों को आश्वस्त करते हैं कि मशीन से डरने की जरूरत नहीं, क्योंकि यह 'मनुष्य की सेविका है' (पृ. 78)। इतना ही नहीं, मशीनी उत्पादन से सर्वहारा का सामाजीकरण-राजनीतीकरण होता है, और उत्पादन को निजी स्वामित्व के दायरों में सिमटाकर नहीं रखा जा सकता। अर्थात् अत्यधिक मशीनीकरण समाजवादी क्रान्ति की भूमिका तैयार करता है (पृ. 79)।

चौथा अध्याय नारी की स्वतन्त्रता और अधिकार पर केन्द्रित है। यशपाल नारी-मुक्ति के प्रश्न को हमेशा उठाते हैं और उनके समाधान प्रचलित धारणाओं को तोड़ने वाले हैं। नारी-मुक्ति के लिए यह आवश्यक है कि नारी हिरणी या शेरनी की तरह आत्म-निर्भर हो और समाज के बीहड़ों में कुलाचें भरे और अपने बलबूते अपनी सन्तानों का भरण-पोषण करें (पृ. 91)। उसका परिवार और विवाह के चक्कर में पड़ना पुरुष-लिप्सा और पुरुष-वर्चस्व को स्वीकारना है। शादी द्वारा घर बसाने के यथार्थ को दार्शनिक जी यों उद्‌घाटित करते हैं:

वंश के क्रम को आगे जारी रखने के लिए यह उत्तराधिकारी 'पुरुष' सन्तान एक स्त्री लाता है ताकि वह अपने आगे और सन्तान पैदा करे जो वंश को चलाए (पृ. 102)।

नारी का सरोकार अपना एवं अपनी सन्तानों का आत्म-निर्भर भरण-पोषण है न कि यौन-शुचिता, परिवार, या विवाह। इस दृष्टि से यशपाल जी, रूस की समाजवादी व्यवस्था को आदर्श मानते हैं, जहाँ शादियाँ रजिस्टर्ड होती हैं, जहाँ वेश्याएँ नहीं है, यौन रोग भी नहीं है, और स्त्री आत्म-निर्भर है। (पृ. 110)

पाचवाँ अध्याय 'भगवान के कारिन्दे' में धर्म, कर्मफल, धर्मों की एकता, ईश्वर एवं आत्मा का अस्तित्व, इत्यादि का खण्डन है। सभी छल-प्रपंच हैं, और निहित स्वार्थों के हथियार और आमजन को धोखे में रखने के मर्यादित उपकरण हैं। हर धर्म का अपना ईश्वर है और विभिन्न धर्मों की तात्त्विक एकता की बात करना भी राजनीतिक रणनीति है—

इस जमाने में एक नये भगवान भी हैं। पिछले जमाने में हिन्दुओं-मुसलमानों का साझा नेता बन जाने के लिए दोनों को मिलाकर अकबर ने चलाया था 'दीन इलाही'। इस जमाने में भी सबके धर्म-विश्वास को अपने पीछे लगाने की कोशिश करनेवाले इस देश में हैं उन्होंने बनाया है चर्खा मार्का भगवान्। यह कहते हैं कि वेद, बाइबिल, कुरान सबका उद्‌देश्य एक है। मानों अब तक किसी ने इन किताबों को समझा नहीं, समझनेवाले वही एक पैदा हुए हैं (पृ. 122)।

इस उद्धरण से तीन बातें स्पष्ट हैं : (1) धर्मों की तात्त्विक एकता की बात करना बेमानी है; (2) हिन्दू-मुस्लिम साम्प्रदायिक सौहार्द्र की बात करना सबका नेता बनने की ललक का द्योतक है; और (3) गाँधी निहित स्वार्थों की निर्मिति हैं।

छठें अध्याय का शीर्षक है 'रामराज्य की पुड़िया'। गाँधीवादियों ने गाँधी जी के 'रामराज्य' को प्रत्येक सामाजिक मर्ज का उपचार माना और इसके अन्तर्विरोधों को समझने की कभी कोशिश नहीं की। महात्मा के 'रामराज्य' का मूल चरित्र सामन्ती और पूँजीवादी है, जिसे किसानों और मजदूरों के शोषण से मुक्त बताया जाता है। इसमें मशीनें नहीं होंगी लेकिन भूख और कंगाली भी नहीं होगी। पत्नियाँ पतिव्रता होने में ही मुक्ति का एहसास करेंगी। व्यंग्य स्पष्ट है। इस सन्दर्भ में दार्शनिक जी की एक टिप्पणी ध्यातव्य है : ''शासक राम हो या रावण, उससे शासन के उद्‌देश्य

में कोई अन्तर नहीं आता" (पृ. 135)। आखिर राम ने शूद्र ऋषि शम्बूक की हत्या की क्योंकि वह ब्रह्मणों को नाराज नहीं कर सकते थे–

राज्य ब्राह्मणों का था, क्षत्रिय उनके कारिन्दे थे। वे कहलाते थे राजा, लेकिन राज करते थे ब्राह्मणों के आशीर्वाद और अनुमति से और इसके फलस्वरूप ब्राह्मणों की सब आवश्यकताएँ पूरी करते थे (पृ. 138)।

जिन्हें ऋषि कहा जाता है वह, वस्तुतः, 'शासक श्रेणी के नेता थे और शासक श्रेणी के हित के लिए ही व्यवस्था रखते थे' (पृ. 137)। अतः रामराज्य एक 'धोखा' है, जिसे महात्मा जी ने ईश्वरीय प्रेरणा बता कर प्रस्तुत कर दिया और लोगों के मुँह बन्द हो गये। दार्शनिक जी की दृष्टि में एकमात्र समाधान है 'मजदूरों की तानाशाही' क्योंकि यह 'अहिंसक' है इसमें 'मेहनत करनेवाली जनता की इच्छा और निर्णय के पूरा होने में कोई रूकावट न होगी' (पृ. 140)।

दार्शनिक जी की दृष्टि में विचारों की स्वतन्त्रता जैसा मुद्दा भी तब तक के लिए टाल दिया जाना चाहिए जब तक इसके लायक भौतिक परिस्थितियों का निर्माण न हो जाये। वह अल्पसंख्यक की असहमति को महत्त्व देने के पक्ष में नहीं हैं क्योंकि यह बहुसंख्यक के विचारों का 'दमन' है (पृ. 141)। एक गाँधीवादी सज्जन द्वारा वर्गवादी निजाम के समर्थन के बाद इतिहासज्ञ जी अपने आदेर्श प्रारूप समाजवाद सम्बन्धी शंकाओं का समाधान देते हैं :

जब जीवन-निर्वाह के साधनों को उपयोग में लाने की शक्ति सभी लोगों में एक जैसी होगी तो कोई किसी से अधिक बलवान् किस दृष्टि से होगा? और किसी पर किसी का शासन कैसे हो सकेगा? हम कहते हैं, हिंसा और शोषण की सम्भावना ही न रहने दो। शिकार न होगा तो शिकारी मारेगा किसे? निर्बल लोग ही न हों जिनका शोषण हो सके तो फिर शासन और शोषण होगा किसका? (पृ. 142)।

इस प्रकार गाँधीवादी 'रामराज्य' की सर्वसंकटामोचनहारी पुड़िया के विकल्प में यशपाल जी अपनी समाजवादी पुड़िया अपने पाठकों को देते हैं, जो एक यूटोपिया को खारिज कर एक-दूसरे यूटोपिया को पेश करने जैसा है।

चक्कर क्लब का अन्तिम अध्याय 'मनुष्यत्व की हुँकार' प्रति-यूटोपिया से आरम्भ होकर मानवीय प्रयासों द्वारा निर्मित एक सम्भाव्य यूटोपिया के प्रति पूर्ण समर्पण के साथ समाप्त होता है। अभी दुनिया में ईश्वर है, धर्म है, स्वार्थों के रक्तरंजित संघर्ष हैं (जिसे सफेद-काली चोटियों के क्रूर संघर्ष के रूपक के रूप में प्रस्तुत किया गया है) विश्वयुद्ध हैं जिनमें मशीनी शक्ति और धन का वेजा इस्तेमाल किया जा रहा है। समाज में वर्ग, जाति और नस्ल जैसे विभेद भी हैं। लेकिन 'मनुष्यत्व' अपने पुरुषार्थ के बलबूते एक दिन परस्पर सहकार स्थापित करेगा (पृ. 149)। दार्शनिक जी आश्वस्त हैं कि जनता 'अब उपयोग की वस्तु' नहीं है, अब वह 'वयस्क' है, और इस 'वयस्क समाज' का एकमात्र आदर्श है–'सम्पूर्ण

समाज एक समाज है' (पृ. 152)। दरअसल, यही अन्तरराष्ट्रीय सर्वहारावाद की यूटोपिया है। संघर्षशील 'मनुष्यत्व' के इसी अभिनन्दन के साथ चक्कर क्लब समाप्त होता है।

(3)

दोनों पुस्तकों के इस सार-संक्षेप के बाद कुछ समीक्षात्मक टिप्पणी भी अपेक्षित है। यहाँ 'शवपरीक्षा' का कोई प्रयास नहीं है, क्योंकि मेरे लिये यशपाल जी एक जीवन्त साहित्य-सत्ता हैं, जैसे गाँधी जी एक मानक भावसत्ता; जो राजनीतिक-सामाजिक समालोचना के एक आदर्श सन्दर्भ बने रहते हैं। लेकिन हिन्दी साहित्य की वाम मनीषा के पास शवपरीक्षा की एक अच्छी-खासी परम्परा है। कभी रामविलास जी ने आचार्य द्विवेदी की 'शव साधना' की शवपरीक्षा की थी, और इधर नामवर जी ने रामविलास जी की शव-साधना को रेखांकित किया है। हंसराज रहबर सबको केवल 'बेनकाव' करते रहे। अश्क जी का पूछना ही क्या था। राहुल जी, मुक्तिबोध और रांगेय राघव ने वैदिक संस्कृति की शवपरीक्षा की, और किसी बिन्दु पर इनका इससे सार्थक संवाद नहीं बना। यशपाल द्वारा की गयी चीड़-फाड़ के निष्कर्ष सामने हैं। राहुल जी ने भी गाँधी के बारे में बहुत कुछ निषेधात्मक लिखा था, लेकिन 1948 में उनकी शहादत के बाद उन्होंने गाँधी जी की तुलना तथागत बुद्ध के साथ की। यशपाल जी ने ऐसा कुछ नहीं किया, यद्यपि झूठा-सच में गाँधी जी की शहादत से जुड़ी प्रतिक्रियाओं में कुछ प्रेक्षण हैं, जिनमें गाँधी जी को सन्त का दर्जा दिया गया है, लेकिन सन्तों के साथ जुड़ी एक अनिवार्य विडम्बना के रेखांकन के साथ-सन्त जीता-मरता तो आम दीन-दुखी के लिए है, लेकिन मरने के बाद उसे सत्तासीन और सम्पत्तिशील वर्ग हथिया लेता है। अर्थात जो तथागत और जीसस के साथ घटा, वही महात्मा के भी साथ हुआ। फिर भी, सामान्यतया उत्साही वाम-मनीषा यह भूल जाती है कि इतिहास-संस्कृति-पुष्ट महापुरुष नये-नये रूपों में अन्वेषित होते रहते हैं। यशपाल द्वारा प्रस्तुत 'शव परीक्षा' इस तथ्य से सर्वथा बेखबर है।

दूसरी बात यह कि यशपाल जी गाँधी परिघटना को उसकी अपनी शर्तों एवं मन्तव्यों के सन्दर्भ में न समझ-समझाकर, अपने विशिष्ट वेकल्पिक शर्तों के सन्दर्भ के समझते-समझाते हैं। वैकल्पिक परिप्रेक्ष्य किसी घटना-परिघटना या महापुरुष को समझने के लिए कम, उसके खण्डन के लिए अधिक उपयुक्त होते हैं। इसी कारण पालेमिक्स का साहित्य अतिक्रमित हो जाया करता है। 'शव परीक्षा' के समर्पण में ही उद्देश्य घोषित है, और वह यह कि जनता समझे कि उसके हित में क्या है—'गाँधीवादी अध्यात्म... या आर्थिक और सामाजिक 'प्रयत्न', मानों 'गाँधीवाद' कोरा अध्यात्म है।

गाँधी जी निश्चय ही पुरानी भाषा बोलते हैं। अध्यात्म, ईश्वर, आत्मा, शाश्वत सत्य और अहिंसा, इत्यादि उनके तकिया कलाम हैं। लेकिन इतने से उनको जन-विरोधी एवं व्यतीत घोषित करना, सामान्य विवेक के भी परे है। इस सन्दर्भ में मार्क्सवादी विचारक क्रिस्टॉफर कॉडवेल के कुछ प्रेक्षण प्रासंगिक एवं महत्त्वपूर्ण लगते हैं :

मुख्यतः क्रिया से सम्बन्धित होने के नाते नायक भोथरे तर्क देता है। उसका दायित्व क्रिया है, तर्क नहीं,... उसके कार्यों को देखें। ये एक शक्ति की अभिव्यक्ति होते हैं जो उनका मार्गदर्शन कर रहे होते हैं, और इन्हीं के द्वारा वे सब पर विजय प्राप्त करते हैं। इस प्रकार अपनी सारी अतार्किकताओं के बावजूद वह (नायक) अपने युग के बौद्धिक एवं प्रबुद्ध जनों को पीछे छोड़ देता है।... वह जानी-पहचानी भाषा नहीं बोलता, केवल शैशवकालीन स्मृहितयों और अधपके अन्तर्बोधों (notions) की एक असंगत खिचड़ी। लेकिन उसमें एक दर्शन क्रियान्वित हो रहा होता है जो उसके अकादमिक विरोधियों के जीवन-दर्शन से अधिक प्रज्ञावान होता है... यद्यपि नायक की भाषा खिचड़ी और अन्तर्विरोधयुक्त होती है, लेकिन उसके श्रोता उसके सन्दर्भों को समझने में कोई चूक नहीं करते (स्टडीज एण्ड फर्दर स्टडीज इन डाईन कल्चर, मन्थली रिव्यू प्रेस, न्यूयार्क एवं लन्दन; 1971, पृ. 28)।

इसी पुस्तक से एक अन्य उद्धरण जो गाँधी, जीसस और मुहम्मद, जॉन आफ आर्क जैसे नायकों की भूमिका को समझने में सहायक हो सकता है :

पिछले इतिहास का नायक जिन सामाजिक ताकतों से प्रेरित था उनकी समझ उसके पास नहीं थी, लेकिन अपनी अस्पष्ट आकांक्षाओं में वह उनकी ताकत का प्रतीक था। अक्सर वह सोचता की वह अतीत की रचना में प्रयासरत है, या जॉन आफ आर्क की तरह वह केवल 'दैव निर्देशन' या 'आवाजों' का अनुसरण कर रहा था। ऐसे नायक बिना यह जाने कि वे क्या और क्यों कर रहे हैं, अस्पष्ट रूप से ही भविष्य का निर्माण कर रहे होते हैं (पृ.40)।

कॉडवेल की दृष्टि में तो ये नायक तभी सर्वाधिक सफल होते दिखते हैं जब वे इन 'दैव-निर्देशनों' या 'आवाजों' का 'अन्धानुकरण' कर रहे होते हैं (पृ. 29)।

यहाँ ध्यातव्य यह भी है कि क्रिस्टॉफर कॉडवेल स्टालिनवादी दौर के मार्क्सवादी विचारक थे और जिनका 1940 और 1950 के दशक में व्यापक प्रभाव रहा। लेकिन वह सपाट मार्क्सवादी व्याख्याओं को अक्सर अतिक्रमित भी करते रहे। लेकिन यशपाल जी का मार्क्सवादी उपागम (approach) इतना स्थूल और प्रयोजनवादी है कि वह ऐसे नायकों को समझने में सहायक नहीं है। इसके लिए उस दौर का वह स्थूल लोकप्रिय क्रान्तिकारी 'विभ्रम' जिम्मेदार है, जिसने मानव अस्तित्व को विशुद्ध राजनीतिक एवं आर्थिक कारकों के दायरों में परिभाषित किया, और जिसने इतिहास-नायकों को, उनकी निजी विशिष्टताओं को दरकिनार करते हुए, वस्तुनिष्ठ

परिस्थितियों के अनुकूल समीकरणों के दायरे में समझा और समझाया। वह नहीं समझ सका कि नायकत्व वस्तुतः क्रियाशील, साहसी एवं प्रज्ञासम्पन्न व्यक्ति और वस्तुनिष्ट परिस्थितियों की अपेक्षाओं का एकाधिकार हो जाना है।

यशपाल जी के उपागम की यह सीमा चक्कर क्लब में अत्यन्त मुखर हो उठती है, जब वह प्रेम, साहित्य इत्यादि की भौतिक व्याख्या करते हैं। उनके लिए प्रेम केवल 'लैंगिक आकर्षण' है, आत्मिक प्रेम 'नपुंसक प्रेम' है और साहित्य भोगे-अनभोगे सुखों की 'कामना से भीतर उबलना' है, या 'मनुष्य केवल जीव है और मनुष्यत्व है उसका मशीन में।' यहाँ प्रेम और साहित्य को लेकर सिगमण्ड फ्रायड का दबाव है और 'मनुष्यत्व' की समझ को लेकर एंजेल्स का। फ्राएड के लिए सब-कुछ 'लिबिडो' या 'सैक्स इन्स्टिक्ट' था, और एंजेल्स के लिए औजार का विकास। लेकिन गाँधी जी की यात्रा 'लिबिडो' के निषेध की यात्रा है, और मनुष्य तब भी महाकाव्य, ऋग्वेद की ऋचाएँ और अल कुर्रान की आयतें रच रहा था या अजन्ता-एलोरा की गुफाओं में चित्र उत्कीर्ण कर रहा था, जब वह मशीनी सभ्यता की दृष्टि से बहुत पिछड़ा था। वस्तुतः मशीन उपकरण है, मनुष्य का 'मनुष्यत्व' नहीं, जिस पर यशपाल जी इतना बल देते हैं। कार्ल मार्क्स ने खुद 'मनुष्यत्व' को मशीन में नहीं बल्कि मनुष्य की सूक्ष्मतर एवं उतरोत्तर संवेदनशील एवं समृद्ध होती ऐन्द्रिय क्षमताओं में देखा था। अर्थात, मार्क्स ने मनुष्य को मशीनीकृत जीव नहीं बल्कि सौन्दर्यबोधी जीव के रूप में परिभाषित किया था जब उसकी हर आत्माभिव्यक्ति आत्मपुष्टि होती है (देखें, कार्ल मार्क्स : अर्ली राइटिंग्ज, पेन्विन बुक्स, 1975, पृ. 377, 379)। मिखाइल लिफ्सिज तो मार्क्स द्वारा कल्पित 'साम्यवाद' को 'सौन्दर्यबोधी क्षेत्र' (एस्थेटिक रेल्म) के रूप में अभिहित करते हैं। दरअसल बिना सौन्दर्यबोधी बने मनुष्य अर्थमानव बनने से नहीं बच सकता। यशपाल जी के पास सत्ता, मशीन और भौतिक समृद्धि से इतर कुछ उदात्त नहीं है।

यशपाल जी में मशीन के प्रति पूजा-भाव है। इसके विकास में वह मनुष्य के सत्व का विकास देखते हैं। गाँधी जी को वह कल-कारखानों के सभ्यतागत प्रभाव से 'आतंकित' बताते हैं और इसलिए उन्हें 'प्रतिक्रियावादी और ह्रासोन्मुखी' घोषत करते हैं ('शव परीक्षा', पृ.95)। एक सीमा तक वह सही है, लेकिन एक सीमा तक ही। यह विश्वास कि औद्योगिकीकरण से सर्वहारा का समाजीकरण होगा और इस प्रकार समाजवादी क्रान्ति का आधार तैयार होगा, इतिहास पटल पर सही नहीं उतरा है। रूस और चीन जैसे प्रमुखतः सामन्ती समाजों में क्रान्तियाँ हुईं, और पश्चिम के औद्योगिक देशों में नहीं हुईं। अन्तोनियो ग्राम्शी ने रूसी क्रान्ति को 1924 में ही दास कैपिटल को 'विरोधी-क्रान्ति' कहा था। इसके चर्चित अध्येता ई. एच. कार रूसी क्रान्ति को लेनिन की मेधा और दृढ़ इच्छा-शक्ति का परिणाम बताते हैं। मार्क्सवाद के महान पण्डित प्लेखानोव ने वोल्शेविक क्रान्ति को अपरिपक्व मानकर

इसका विरोध किया था। अर्थात यह लेनिनवादी क्रान्ति थी, मार्क्सवादी क्रान्ति नहीं। फलस्वरूप रूप का औद्योगिकीकरण क्रान्ति के बाद हुआ और एक विराट मध्यवर्ग का निर्माण हुआ, जो वहाँ के समाजवादी समाज के लिए घातक सिद्ध हुआ। चीनी कम्युनिस्ट पार्टी ने निजी निवेश के लिए रास्ता खोला है और अब वहाँ के पूँजीपति भी पार्टी-सदस्य हैं। पश्चिमी देशों ने क्रान्ति को 'स्थगित' करते-करते श्रमिक वर्ग का निष्प्रभावी बना डाला है। इतिहास के इस विपर्यय का क्या किया जाए? समाजवादी निर्माण का एक-देशीय प्रयोग तो असफल हो गया, और वैश्विक समाजवादी क्रान्ति कभी भी आश्वस्तिदायी नहीं रही।

गाँधी को मशीन-विरोधी कहना उचित नहीं लगता। उन्होंने इसे सभ्यता-विरोधी घोषित किया था। लेकिन वह अपने विरोध में सावधान थे। 1924 में उन्होंने अपनी स्थिति को स्पष्ट किया था : 'मेरी आपत्ति मशीन से नहीं, मशीन के प्रति उन्मादी लगाव से है' (कम्प्लीट वर्क्स, खण्ड-25, पृ. 251)। उन्होंने आगाह किया था कि मशीन का अन्धाधुन्ध उपयोग श्रमिकों को उत्पादन-प्रक्रिया से बाहर करेगा और उन्हें भूखा मरने के लिए छोड़ देगा। इस प्रकार, यह कुछ को असीम समृद्धि देगा और बहुतों को गरीब बनायेगा, क्योंकि इसके विस्तार की प्रेरणा के पीछे कोई मानववादी सोच नहीं, बल्कि धन का लोभ है। इसमें श्रमिक की हुनर की मृत्यु होगी और वह मशीन का गुलाम बन जायेगा। अगर इसका विकल्प मशीन के रहते मिल जाये तो गाँधी को मशीन से कोई आपत्ति नहीं थी-

मैं केवल श्रमिक की स्थिति में बदलाव चाहता हूँ। धन के लिए यह पागल दौड़ बन्द होनी चाहिए, और श्रमिकों को केवल जीवन-यापन योग्य पगार की ही आवश्यकता नहीं है, उसे ऐसी रोजहाई की आवश्यकता है जो गुलामी न हो। इन स्थितियों में मशीन श्रमिक के लिए भी उतनी ही मददगार होगी जितनी राज्य या मालिक के लिए, (हिन्द स्वराज ऐण्ड अदर राइटिंग्ज, कैम्ब्रिज, 1977, पृ. 166)।

1931 में उन्होंने आगाह किया था कि हमें अपनी जरूरतों और परिस्थितियों के अनुसार मशीन को स्वीकार करना चाहिए, और अगर ऐसा न हो सका तो 'मशीन सभ्यता को ही निगल जायेगी' (वही, पृ. 166)। कार्ल मार्क्स ने भी मशीनी उत्पादन पर आधारित पूँजीवादी निजाम को 'कला-साहित्य' विरोधी, अर्थात सभ्यता-विरोधी कहा था। दोनों ही मशीन के सभ्यतागत खतरे में वाकिफ थे। मार्क्स की ही तरह गाँधी ने भी औद्योगिक क्रान्ति से निकले पश्चिम द्वारा प्रस्तुत वैश्विक खतरे को पहचाना था। मशीन ने प्रभूत मात्रा में माल पैदा किया, माल के लिए व्यापार का विस्तार हुआ और व्यापार को निरापद बनाने के लिए साम्राज्य बने। अब साम्राज्यों के समाप्त होने पर नव-साम्राज्यवादी कायम किया गया है और समूची तीसरी दुनिया आज संत्रस्त है। मशीन चलती रहे, इसके लिए उपभोक्तावाद आवश्यक है और उपभोक्तावाद अपसंस्कृति का जनक है। 'हिन्द स्वराज' में गाँधी जी मशीन रूपी

बिल से निकलते हजार किस्म के सर्पों को देखते हैं (वहीं, पृ. 110)। मशीन उत्पादन से आयी समृद्धि अब केवल कारखाने नहीं चलाती, यह सरकारों को भी अपनी शर्तों पर चलाती है। आज विश्व पूँजी-शासित है, और अन्तरराष्ट्रीय सर्वहारा या तो आत्मसात कर लिया गया है या दरकिनार और निष्प्रभावी है। गाँधी का 'आतंकित' होना कितना सही था, और मार्क्स से लेकर यशपाल जी तक का आशावाद कितना गलत? 'हिन्द स्वराज' से एक उद्धरण यहाँ अपेक्षित है :

यह मान लेना मूर्खता होगी कि भारतीय राकफेलर अमरीकी राकफेलर से बेहतर होगा। गरीब भारत तो स्वाधीन हो सकता है, लेकिन अनैतिकता के माध्यम से समृद्ध बने भारत के लिए स्वतन्त्रता कठिन होगी। मुझे भय है और हमें स्वीकार करना चाहिए कि धनी लोग अंग्रेजी शासन को समर्थन देंगे; उनका स्वार्थ उसके स्थायित्व से जुड़ा है (हिन्द स्वराज एंड अदर राइटिंग्ज, 1977, पृ. 138)।

केवल इसमें 'अंग्रेजी शासन' को हटाकर पश्चिम या अमरीका लिख दें, और आज का नवसाम्राज्यवादी माहौल समझ में आ जायेगा। अतः आज 'कम्युनिस्ट मैनिफेस्टों' के साथ 'हिन्द स्वराज' पढ़ी जानी चाहिए, और भारतीय परिवेश में इन दोनों के साथ बी. आर. अम्बेडकर की पुस्तिका एन्नीहिलेशन आफ कास्ट भी। यशपाल जी की 'हिन्द स्वराज' की समालोचना अब आउट डेटेड है। नवसाम्राज्यवाद-विरोध अब केवल श्रमिक वर्ग या 'दलित' नेतृत्व में सम्भव नहीं है। श्रमिक वर्ग का पूँजीवाद-विरोध निष्प्रभावी है, लेकिन भारतीय दलित नेतृत्व तो पूँजीवाद द्वारा लगभग आत्मसात किया जा चुका है।

यशपाल जी की दृष्टि में सत्य-अहिंसा ही गाँधीवाद का 'मूल तत्व' है और यह न 'शाश्वत' है और न 'प्रासंगिक'। इतना ही नहीं, यह आर्थिक सत्ता और राजनीतिक सत्ता में बने वर्गों के निरंकुश अधिकार ...का हथियार है' ('शव परीक्षा', पृ. 7, 17)। कुल मिलाकर, यह पूँजीवाद और सामन्तवाद का पोषक है। यशपाल जी गाँधीवाद को 'अवैज्ञानिक' भी घोषित करते हैं (वही, पृ. 23)। मेरी समझ में ये सारी टिप्पणियाँ क्रान्तिकारी उत्साह के चलते हैं। गाँधी सत्य के अन्वेषी थे। अगर उनके अन्वेषण का अभीष्ट ईश्वर है भी, तो इसे वह अपने छोटे-छोटे अनुभवाश्रित, प्रयोगों की रोशनी में ही पाना चाहते हैं। उनकी आत्मकथा का प्रमुख शीर्षक है 'सत्य के प्रयोग' और यह वह बीज पुस्तक है, जिसके बिना गाँधी के सत्य और अहिंसा को नहीं समझा जा सकता। 'हिन्द स्वराज' विचारधारात्मक है, आत्मकथा में गाँधी व्यक्ति हैं दोनों को अलग-अलग करके नहीं देखा जा सकता। गाँधी मूलतः राजपुरुष नहीं थे, और इसलिए गाँधी-व्यक्ति और गाँधी-व्यक्तित्व में दूरी बहुत कम है।

गाँधीवादी सत्य-अहिंसा क्या है? गाँधी जी कहते हैं कि 'सत्य एक विशाल वृक्ष है', जिससे फल पाने का एक ही रास्ता है, मानव सेवा (सत्य के प्रयोग अथवा आत्मकथा, नवजीवन प्रकाशन, 2003, पृ. 197)।

गाँधी जी ने 1901 के कलकत्ता में आयोजित कांग्रेस अधिवेशन में भाग लिया था और यहाँ भी उन्हें 'सत्य' की कई-एक झलक मिली थी। पहला सत्य कांग्रेस स्वयं-सेवकों के बारे में था। स्वयं-सेवक आपस में टकराते रहते, एक-दूसरे को आदेशित करते और दूर से आये प्रतिनिधि असहाय खड़े रहते। ऐसा इसलिए था कि, "कांग्रेस साल में तीन दिन के लिए इकट्ठा होकर फिर सो जाती थी।" दूसरा यह कि प्रतिनिधियों में 'छूआछूत' को मानने वाले बहुत थे; 'द्राविड़ी रसोई बिल्कुल अलग थी' और इसे 'दृष्टिदोष' भी लगता था। गाँधी जी को यह 'वर्णधर्म उलटा' लगा था। तीसरा यह कि टायलेट कम थे और सभी गन्दे थे, जिनसे दुर्गन्ध निकलती रहती और स्वयं-सेवक कहते कि यह काम भंगी का है और छोटे-बड़े किसी नेता को भी यह गन्दगी नहीं अखरती। चौथा यह कि प्रदेश कार्यालय के एक जिम्मेदार व्यक्ति घोषाल बाबू के कपड़ों की बटन भी 'वैरा' लगता था और घोषाल बाबू खूब बातें करते और समयाभाव की दलील देते रहते। युवा गाँधी ने कांग्रेस-व्यवस्था के बारे में जो निष्कर्ष निकाले वे महत्त्वपूर्ण थे : (1) वहाँ समय की बर्बादी होती थी; (2) अंग्रेजी भाषा का प्राबल्य था; (3) एक आदमी द्वारा होने लायक कार्य में कई लोग लगे रहते थे; (4) अनेक महत्त्वपूर्ण कार्य बिना किये रह जाते थे; और (5) फिलहाल इसमें सुधार लाना सम्भव नहीं था (वही, पृ. 204-05)। एक सत्य कलकत्ता के 'इण्डिया क्लब' का है, जहाँ लार्ड कर्जन के दरबार में भाग लेने के लिए कई राजा-महाराज ठहरे हुए थे। दरबार हेतु उनकी खानसामा- जैसी पोशाक को लेकर गाँधी जी ने जिज्ञासा प्रकट की तो किसी राजा ने उत्तर दिया था- 'अपनी सम्पत्ति और अपनी उपाधियों को सुरक्षित रखने के लिए जो अपमान सहने पड़ते हैं, उन्हें आप कैसे जान सकते हैं? इतना ही नहीं, 'हममें और खानसामों में आपने क्या फर्क देखा है? वे हमारे खानसामा हैं, तो हम लार्ड कर्जन के खानसामा हैं' (वही, पृ. 208)। कलकत्ता के काली मन्दिर में कटते बकरों और 'लहू की नदी' देखकर इस 'क्रूर पूजा' का सत्य उद्घाटित हुआ था (वही, पृ. 213)। कलकत्ता से काशी तक की यात्रा के दौरान तीसरे दर्जे के डिब्बों की गन्दगी, यात्रियों की अभद्रता और अरुचिकर आदतों से एक सत्य निकाला था : "शिक्षित समाज को तीसरे दर्जे में यात्रा करनी चाहिए और लोगों की आदतें सुधारने का प्रयत्न करना चाहिए" (पृ. 218)। काशी के प्रख्यात विश्वनाथ मन्दिर में गाँधी को केवल सँकरी, फिसलन भरी गन्दी नालियाँ, खिलौने, मिठाइयाँ और दुकानदारों की ठगी, मक्खियों की भिनभिनाहट और शोर-शराबा तथा अशान्ति मिली था, जहाँ ध्यान और भगवत-चिन्तन बेमानी था। एक 'सत्य' यह भी थी कि श्रद्धालु या मन्दिर के प्रबन्धक किसी को यह सब नहीं खटकता था। इसी प्रकार ज्ञानवापी में ईश्वर नहीं गन्दगी और ठगी से ही साक्षात्कार हुआ। सत्यान्वेषी गाँधी इस निष्कर्ष पर पहुँचा था—

यदि किसी को भगवान की दया में शंका हो तो उसे ऐसे तीर्थक्षेत्र देखने चाहिए। वह महायोगी अपने नाम कितना ढोंग, अधर्म, पाखण्ड, इत्यादि सहन करना है? (पृ. 220)।

इसी प्रकार 1915 में हरिद्वार के कुम्भ मेले की गन्दगी और वहाँ व्याप्त पाखण्ड से वह दुःखी हुए थे, लेकिन उनका निष्कर्ष जो उनका एक सत्य था, महत्त्वपूर्ण है : "तीर्थ क्षेत्र में पवित्रता की शोध में भटकने का मोह मुझे कभी नहीं रहा। किन्तु 17 लाख लोग पाखण्डी नहीं हो सकते" (पृ. 356)। हरिद्वार में ही जनेऊ धारण को लेकर उन्होंने किसी स्वामी जी को उत्तर दिया था जो ध्यातव्य है–

हिन्दी समाज को जनेऊ का अधिकार तभी हो सकता है, जब वह अस्पृश्यता का मैल धो डाले, ऊँच-नीच की बात भूल जाये, जड़ जमाये हुए दूसरे दोषों को दूर करें और चारों ओर फैले हुए अधर्म तथा पाखण्ड का अन्त कर दे (वही, पृ. 359)।

एक अन्य सत्य का उद्‌घाटन 1915 में ही सत्याग्रह आश्रम में हुआ था, जब अस्पृश्य दूदाभाई अपने परिवार के साथ आश्रमवासी बने। दाताओं ने मदद बन्द कर दी और गाँधी जी ने आश्रम को अस्पृश्य बस्ती में स्थानान्तरण घोषणा कर दी। इसी बीच एक अनाम व्यक्ति ने तेरह हजार रुपये गुप्त दान कर दिया। धीरे-धीरे कट्टर माने जानेवाले हिन्दुओं ने भी आश्रम की मदद की। आश्रम के लोगों ने भी, आरम्भिक हिचक के बाद, दूदाभाई को आत्मीय भाव के साथ समायोजित कर लिया। गाँधी जी को सत्याभास हुआ कि अछूतापन की जड़ें हिल रही हैं, जिसके अन्य अनेक उदाहरण उनके पास थे (वही, पृ. 364)। चम्पारन में गोरे निलहों के खिलाफ उन्होंने जन-जागृति दी और कानूनी सफलता भी पायी, जिसको उन्होंने 'वहाँ ईश्वर का, अहिंसा का, और सत्य का साक्षात्कार' बताया (वही, पृ. 376)।

गाँधी जी निश्चय ही, कॉडवेल के नायक की तरह, पुरानी भाषा बोल रहे थे, लेकिन उनका कथ्य नया था। वह ईश्वर और सत्य का दर्शन मन्दिर में नहीं, जनजागरण में देख रहे थे, और अहिंसा का दर्शन अपने सफल अभियान और कानूनी विजय में। गाँधी जी ने बार-बार कहा है कि उनको नपुंसकों की अहिंसा से बहादुरों की हिंसा पसन्द है। चूँकि यशपाल जी खण्डन में लगे हैं, इसलिए वह इन सूक्ष्मताओं की ओर ध्यान नहीं देते। इसके अतिरिक्त, गाँधी जी जनता को सम्बोधित कर रहे थे, जबकि यशपाल जनता की बात बुद्धिजीवियों से कर रहे थे। सशस्त्र क्रान्ति और कलमी क्रान्ति का मिजाज और तेवर एक ही जैसा होता है। गाँधी जी अपने को 'व्यावहारिक क्रान्तिकारी' बता रहे थे। वह जनता के बीच जाकर केवल उन्हें अधिकारचेता ही नहीं बना रहे थे, उसे अपने दायित्वों का बोध भी करा रहे थे जिसे यशपाल नहीं समझ सके। 1922-23 में ही फ्रान्सीसी विचारक रोम्याँ रोलाँ ने इसे ठीक से समझा था। रोम्याँ रोलाँ की समझ में,

एक नया भारत, एक नयी आत्मा का निर्माण जो मजबूत और शुद्ध हो, केवल भारतीय तत्वों द्वारा ही सम्भव है... यूरोपीय क्रान्तिकारियों से बिल्कुल हटकर, गाँधी कानूनों और अध्यादेशों के निर्माता नहीं थे; वह एक नयी मानवता के निर्माता था (रोम्या रोलाँ, महात्मा गाँधी, 1924, पब्लिकेशन डिविजन, भारत सरकार, सातवाँ संस्करण, 1976, पृ. 61)।

रोम्या रोला की यह समझ सही थी कि महात्मा गाँधी पश्चिमी साम्राज्यवाद के देशज विकल्प थे। इसकी समझ के लिए गाँधी वाङ्मय से एक-दो उद्धरण आवश्यक हैं। पहला वक्तव्य फरवरी 14, 1916 का है :

हिन्दुत्व... मेरा पैत्रृक धर्म है... अगर मैं इसे त्रुटिपूर्ण पाता हूँ तो इसकी सुवा मुझे इसकी त्रुटियों को दूर करनी चाहिए। राजनीति के क्षेत्र में, मुझे देशज संस्थाओं का उपयोग करना चाहिए और उनकी सेवा मुझे उनकी समय-सिद्ध त्रुटियों को दूर करके करनी चाहिए। अर्थशास्त्र के क्षेत्र में, मुझे उन्हीं चीजों का उपयोग करना चाहिए जो हमारे पास-पड़ोस में पैदा की जाती हैं, और उन उद्योगों की सेवा उन्हें कार्यकुशल और पूर्ण बनाकर करनी चाहिए जहाँ उनमें अभाव दिखते हों।

दूसरा वक्तव्य पट्टाभि सीतारमैया की पुस्तक गाँधी और गाँधीज्म म (1944) से उद्धृत है—

किसी राष्ट्र का जनमत धीरे-धीरे चलता है और स्थानान्तरित होते प्राचीन कबीलों की तरह बहुत सारी घरेलू चीजों को लादे रहता है। हजार किस्म की अप्रत्याशित चीजें उसे रास्ते से हटा सकती हैं या उसे बाधित कर सकती हैं, कोई प्रतिकूल अवरोध या तात्कालिक सुविधा का लोभ उसे उसके गन्तव्य से बहुत पहले ही कहीं बसा/टिका दे सकता है। एक मेधा या केन्द्रीय संकल्प का अभाव उसे तितर-बितरकर सकता है, लेकिन अनुभव दर्शाया है कि उसमें प्रगति एक स्थायी तत्त्व होता है, जिसे उन्हें ध्यान में रखना चाहिए जो नेतृत्व के आकांक्षी हैं, अर्थात बुद्धिमान सेनानायक का स्थान अक्सर पीछे या केन्द्र में होना चाहिए, न कि सबसे आगे (पृ. 511, उद्धरण 'मेन स्ट्रीम' जन. 21, 1995, पृ. 7)।

गाँधी जी आँख-खोले, अपने जन के मनोविज्ञान और जातीय पीठिका को समझते-बूझते उनके साथ उन्हें निर्देशित करते चलना चाहते थे; लेकिन क्रान्तिकारी आगे-आगे। क्रान्तिकारी आगे निकल जाते थे और जनता पीछे छूट जाती थी। गाँधी जी, तमाम उतार-चढ़ावों के बीच, जनता से अपना सम्बन्ध बनाये रख सके। यशपाल जी भी स्वीकार करते हैं कि सत्याग्रह के द्वारा गाँधी जी ही अंग्रेजी राज के विरोध को 'सार्वजनिक' मुद्दा बना सके जिसे न क्रान्तिकारी और न ही उनके पूर्व के कांग्रेसी बना पाये थे ('...शव परीक्षा', पृ. 173)। गाँधी जी के नेतृत्व का एक राज यह भी था कि वह देशज संस्थाओं की आलोचना में समय न गँवाकर उन्हें सुधार-परिष्कार कर अद्यतन बनाने में अपनी शक्ति लगा रहे थे, जिसके चलते

जनता के साथ उनका नाभिनाल सम्बन्ध कमोवेश बना रहा। गाँधी जी मात्र साम्राज्यवाद-विरोधी राजनीतिक जन-जागरण के नेता नहीं हैं, यद्यपि यह भी उनका एक केन्द्रीय अवदान है और यह अवदान इसलिए हो सका कि उन्हें सांस्कृतिक-सामजिक आनुवंशिकी की समझ थी। इसी समझ का स्वाभाविक परिणाम था उनका 'महात्मा' रूप, जिसे शब्द दिया था गुरुदेव रवीन्द्र ने और देश ने स्वीकार किया। दरअसल, वह केवल साम्राज्य-विरोधी नायक नहीं थे, वह देश की राष्ट्रीय चेतना के संवाहक और शिल्पी भी थे। जवाहरलाल नेहरू भी जो महात्मा से प्रत्येक महत्त्वपूर्ण बिन्दु पर असहमत थे, स्वीकार करते थे कि राष्ट्रीय चेतना के दो ही प्रतिनिधि थे—रवीन्द्र और गाँधी। लगता है, मार्क्सवादी अभी आज तक जनता के भौतिक हितों के इतर उसकी भावसत्ता को नहीं समझ पाये हैं। परिणामस्वरूप, अपने संघर्षों के बावजूद ये उनके बन नहीं पाते।

चक्कर क्लब में यशपाल जी सत्याग्रह का खूब मखौल उड़ाते हैं और इसे साध्य को प्राप्त करने हेतु अनेक अन्य साधनों में एक समानधर्मा साधन मानते हैं। जैसे कोढ़ी अपना वीभत्स घाव दिखाकर, या भिखमँगा रिरियाकर, या डकैत लूटकर अपने साध्य तक पहुँचता है, वैसे ही सत्याग्रही अपना तरीका अपनाता है जो उसके लिए उपयुक्त है। साध्यवादी की यही सीमा है। यही मैकबेथ-मानसिकता है, जो अन्ततः 'शक्ति ही उचित है' के सिद्धान्त तक व्यक्ति को ले जाती है। गाँधी आगाह करते रहे कि जो हिंसा द्वारा प्राप्त किया जायेगा, उसे हिंसा द्वारा ही बचाये रखा जा सकेगा। वह यह भी कहते रहे कि हिंसक संघर्ष में वह नहीं जीतता जो सही है, बल्कि वह जीतता है जो अधिक हिंसक है। सभ्यता और संस्कृति का माप केवल भौतिक वस्तुओं की उपलब्धता नहीं है, बल्कि उन्हें प्राप्त करने और उनका उपयोग करने का तौर-तरीका है। विवाह केवल घर में सेक्स के लिए एक स्त्री का लाया जाना नहीं है, यह एक परिवार का निर्माण है, संस्कार है, पिछली पीढ़ी के अनुभवों को अगली पीढ़ी तक पहुँचाना है, एक-दूसरे के सुख-दुःख में हिस्सेदारी है। शेरनी जैसी स्वतन्त्र, कुलाचें भरती पत्नी कैसी होगी, या ऐसा ही शेर-जैसा पति कैसा होगा, इसे यशपाल जैसे नारीवादी दरकिनार कर जाते हैं। अपने न्यूनतम स्तर पर भी परिवार सेक्स के साधन का उच्चतर, अनुशासित विकास है और अगली पीढ़ी का बेहतर संरक्षण है। 'मैन' में अधिक पशुता है, और 'ह्यूमन' में अधिक मनुष्यत्व। यही तर्क हिंसा की राजनीति पर भी लागू होता है। गाँधी जी ने 4 फरवरी, 1916 को बी.एच.यू. के अपने व्याख्यान में हिंसक राजनीति को खारिज करते हुए जो कहा था, वह अत्यन्त प्रासंगिक है :

क्या हत्या सामान्य है? क्या किसी हत्यारे की तलवार किसी सम्माननीय मृत्यु की उपयुक्त पूर्वशर्त है? मैं इससे इन्कार करता हूँ... बम फेंकने वाला गुप्त साजिशें करता है, खुले में आने से डरता है, और जब पकड़ा जाता है तो अपने दिशाच्युत उत्साह का दण्ड पाता है... हमें साफ-साफ, और खुले तौर पर अपने शासकों से वह

कहना चाहिए जो हम कहना चाहते हैं, और उसके परिणामों को स्वीकार करना चाहिए अगर कही गयी बातें उन्हें नाखुश करती हैं ('कम्प्लीट वर्क्स', खण्ड-13, पृ. 214-215)।

गाँधी जी यही जीवन भर करते रहे, और ऐसा करते हुए ही जनता को साम्राज्य-विरोध का नैतिक साहस दे सके, जिसे कम्युनिस्ट बुद्धिधर्मी हीरेन मुखर्जी अपनी पुस्तक गाँधी जी : अ स्टडी में स्वीकार करते हैं– 'गाँधी की विरासत अभय है, अहिंसा नहीं' (1958; पी. पी. एच, नयी दिल्ली, 1991, पृ. 20)। गाँधी जी ने अपने युग को एक सीख दी थी- सक्षम बुराई के साथ असहयोग का साहस। यह तब भी प्रासंगिक था, और आज भी है। अपवादों का होना नियमों का खण्डन नहीं है।

अपने एक निबन्ध 'गाँधी पर अनुचिन्तन' (Reflections on Gandhi) में जार्ज आर्वेल ने, जो गाँधी-पुजारी नहीं थे, कहा कि विदेशी गुलामी के विरुद्ध संघर्ष में हिंसा कारगर हो भी सकती है, लेकिन राजनीतिक दृष्टि से स्वाधीन एवं लोकतान्त्रिक समाज में अहिंसा ही उचित है (जार्ज आर्वेल, सेकर ऐण्ड बारबर्ग/आक्टपस, लन्दन, 1980, पृ.839)। वी. एस. नायपॉल का मानना सही है कि राजनीतिक हिंसा केवल राज्य द्वारा प्रतिक्रियात्मक दमन को औचित्य प्रदान करती है। अन्तिम दिनों में भगत सिंह भी क्रान्ति को हिंसा से अलग करके देखने लगे थे। जेल में अध्ययन के पश्चात उनकी समझ को विस्तार मिला था :

पूर्व में मेरी आस्था और विश्वास में अपूर्व संशोधन हुआ। केवल हिंसक तरीकों के रोमान जो हमारी पिछली पीढ़ी में इतना प्रमुख था, का स्थान गम्भीर विचारों ने ले लिया। अब न रहस्यवाद, न अन्धविश्वास। यथार्थवाद हमारा पन्थ (कल्ट) बना। हिंसा का औचित्य अब केवल एक भयावह आवश्यकता के रूप में ही। जन-आन्दोलन के लिए अहिंसा ही अपरिहार्य नीति बनी (सेलेक्टेड राइटिंग्स आफ शहीद भगत सिंह, सं.-शिव वर्मा, नेशनल बुक सेण्टर, नयी दिल्ली, 1986, पृ. 142)।

'भयावह आवश्यकता' की स्थिति में गाँधी जी भगत सिंह से असहमत न होते। दुर्भाग्य यह है कि यशपाल जी अपनी 'शव परीक्षा' में गाधीवाद के खण्डन में क्रान्तिकारी हिंसा के औचित्य को प्रमाणित करने में लगे हैं। उनके अनुसार तो हिंसा मानों समाजवादी क्रान्ति की समानार्थी हो। इतना ही नहीं, वह श्रमिक तानाशाही की निरंकुशता अर्थात् 'सीमा रहित पूर्ण शक्ति' को अपरिहार्य मानते हैं (गाँधीवाद की शव परीक्षा, पृ. 168)। वस्तुतः वर्ग-संघर्ष की शास्त्रीय थीसिस से यही निष्कर्ष निकलता भी है। चूँकि अब तक की सभी वर्ग-सत्ताएँ निरंकुश मान ली जाती हैं, इसलिए सर्वहारा की निरंकुशता भी अपेक्षित है। संरचनात्मक बदलावों को देखने की आवश्यकता नहीं। लेकिन इसे इतिहास की अन्तिम तानाशाही के रूप में देखा गया था। मार्क्सवादी क्रान्तिकारी आदर्शवाद भी यह नहीं समझ सका कि सत्ता का चरित्र अपने को ठोस एवं अपरिहार्य बनाते जाना है, न कि अपने विलोपन का सचेतन

आधार तैयार करना है। इतिहास ने इस शास्त्रीय सिद्धान्त को अप्रासंगिक बना डाला है। कार्ल मार्क्स ने समाजवादी क्रान्ति को पूँजीवाद के 'अतिक्रमण' के रूप में देखा था, आरोपण के रूप में नहीं। रूस, चीन इत्यादि में बिना अपेक्षित भौतिक आधार के क्रान्तियाँ हुई थीं। इसी करण, 'सर्वहारा की तानाशाही' जितनी विवशता थी, उतनी ही सांस्कृतिक-मनोवैज्ञानिक दृष्टि से अस्वीकार्य भी थी। राजनीतिक मार्क्सवाद सामान्यतया भौतिक कारको की रोशनी में ही उनके गुणात्मक उछाल की भी व्याख्या करता रहा। लेकिन काव्य की सामाजिक-आर्थिक पीठिका काव्य की समझ का एक उपकरण मात्र है। अगर कॉडवेल का सहारा लें तो पौधे को दिये गये खाद-पानी की व्याख्या उसके फूल की व्याख्या नहीं है। मार्क्स ने कहा था, जन-चेतना में आत्मसात् विचार भौतिक शक्ति होते हैं। अर्थात्, इनकी भूमिका चेतना में इनकी अवस्थिति से निर्धारित होती है। यशपाल जी के दौर का लोकप्रिय मार्क्सवाद मनुष्य की अधिरचनात्मक उपलब्धियों को 'डिराइण्ड' या व्युत्पादित मानकर इन्हें अपेक्षित केन्द्रीयता नहीं प्रदान करता था, यद्यपि मनुष्यत्व की वास्तविक अभिव्यक्ति यही है। इसी कारण मार्क्सवाद मात्र नमक-रोटी का दर्शन बन गया, जो यह मूलतः नहीं था। मूलतः यह अर्थमानव से निजात पाने का दर्शन था। लेकिन तत्कालीन राजनीतिक सफलताओं की चकाचौंध में इसकी कमजोरियाँ छिप गयीं। यशपाल जी इन्हीं सफलताओं से अभिभूत थे। आश्चर्य नहीं, उनकी क्रान्ति राजसत्ता पर सर्वहारा का एकाधिकार, मशीनीकरण, उत्पादन के साधनों का सामूहिकीकरण और भौतिक समृद्धि तक सीमित रही। व्यक्ति की निजी विशिष्टताएँ दरकिनार हो गयीं। तुलना में गाँधी का सत्याग्रह अधिक सावधान है, क्योंकि यह साम्राज्य-विरोधी होने के साथ-साथ प्रत्येक सामाजिक-वैयक्तिक बुराई के साथ दृढ़ असहयोग भी है। अर्थात, यह व्यक्ति एवं समाज के नैतिक रूपान्तरण का साधन है। यहाँ साध्य और साधन एकाकार हैं। अपने परिवेश को बदलता हुआ मनुष्य अपने को भी सचेतन बदल रहा होता है। इस रूप में वह इतिहास का उपकरण होने के कारण साथ-साथ अभिकरण भी बनता रहता है। गम्भीर असहमतियों के बावजूद, अन्ततः कम्युनिस्ट दलों ने भी गाँधी का पुनर्मूल्यांकन किया है, जिसमें कुछ नक्सलपन्थी भी शामिल हैं।

अपनी '...शव परीक्षा', में यशपाल जी महात्मा को दलित-विरोधी बताते हैं, क्योंकि उन्होंने 1932 में कम्यूनल अवार्ड में अस्पश्यों को दिये गये पृथक निर्वाचन क्षेत्रों को निरस्त करने हेतु आमरण अनशन किया था, लेकिन इसके लिए वह 'गाँधी की प्रशंसा' भी करते हैं, जिन्होंने अपने अनशन द्वारा 'अंग्रेजी सरकार की कांग्रेस को कमजोर कर देने की चाल को विफल कर दिया (वही, पृ. 119)। इस सन्दर्भ में यशपाल जी द्विधायुक्त दृष्टि सही नहीं लगती। यहाँ कुछ प्रश्न उठाये जा सकते हैं। एक, उस दौर में प्रमुख अन्तर्विरोध किनके बीच था—अस्पृश्य और सवर्ण हिन्दुओं के बीच या गुलाम भारत और सामाज्यवादी सत्ता के बीच? दो, अंग्रेजी राज

का लक्ष्य अस्पृश्य-मुक्ति था या आरक्षण की राजनीति के द्वारा हिन्दू समाज का विभाजन और इस प्रकार अपने साम्राज्यवादी आधार का विस्तार? तीन, क्या अंग्रेजी शासन के रहते दलित मुक्ति सम्भव थी? क्या सचमुच गाँधी जी दलित-विरोधी थे? क्या दलित-मुक्ति और राष्ट्रीय मुक्ति के बीच कोई स्वस्थ ताल-मेल सम्भव नहीं था? ऐसे बहुत सारे सवाल हैं जिन पर थोड़ा तटस्थ भाव से विचार करना चाहिए। यशपाल जी यहाँ गाँधी की इसलिए भी आलोचना करते हैं कि उन्होंने अस्पृश्यों को हिन्दू बनाये रखा ताकि उन पर स्वर्णों का वर्चस्व कायम रह सके, क्योंकि उन्होंने अस्पृश्यता निवारण सम्बन्धी अपने वादे को नहीं निभाया (वही, पृ. 119)। इतना ही नहीं, पूना पैक्ट के तहत शूद्र प्रतिनिधित्व तो दुगुना हो गया, लेकिन वे वास्तविक प्रतिनिधित्व से वंचित हो गये (वहीं, पृ. 120)। लेकिन यहाँ भी कुछ प्रश्न खड़े होते हैं। **एक,** क्या शूद्रों को हिन्दू बताना निराधार था? सवर्णों या अन्यों द्वारा किये जा रहे अत्याचारों के बावजूद क्या वे हिन्दू वर्ण-संरचना के हिस्से नहीं थे? क्या गाँधी सवर्ण दुर्व्यवहारों के आलोचक नहीं थे? क्या किसी गुलाम समाज में समुदाय/सम्प्रदाय विशेष की स्वायत्त राजनीति के साम्प्रदायिक और अन्ततः विघटनवादी होने की सम्भावना नहीं है? लेकिन विखण्डनवादी उत्साह बहुत सारे असुविधाजनक सवालों को दरकिनार करता चलता है। यशपाल जी यह भी भूल गये कि गाँधी अस्पृश्यता-निवारण हेतु दक्षिण अफ्रीकी आश्रम-जीवन से ही सक्रिय थे, और भारत में 1915 में ही इस प्रश्न से व्यावहारिक स्तर पर जूझते रहे। हम यह भी भूल जाते हैं कि गाँधी ने ही अस्पृश्यता निवारण को 1920 में ही राष्ट्रीय मुक्ति से जोड़ा, और इसके लिए यथासम्भव व्यक्तिगत एवं सामाजिक प्रयास करते रहे। क्या उस दौर की दलित या वर्गवादी राजनीति के पिट जाने का यह एक प्रमुख कारण नहीं था कि यह राजनीतिक मुक्ति की राष्ट्रीय आकांक्षा के साथ ताल-मेल नहीं बना सकी? डॉ. अम्बेडकर को यह बात 1946 में समझ में आयी कि अंग्रेजी सत्ता ने उनका केवल राजनीतिक उपयोग किया था। कम्युनिस्ट आन्दोलन को आज तक 1942 की भूमिका के लिए सुरक्षात्मक रहना पड़ता है, यद्यपि इसने राष्ट्रीय मुक्ति आन्दोलन में कुर्बानियाँ दी थीं। मेरी समझ है कि 1946 तक अम्बेडकरी राजनीति का विरोध उतना ही उचित था, जितना 1946 से डॉ. अम्बेडकर को राष्ट्रीय मुख्यधारा में लाकर उनकी प्रतिभा का उपयोग। इस सन्दर्भ में भी गाँधी की भूमिका महत्त्वपूर्ण थी। कुल मिलाकर, अम्बेडकर साहब भी स्वाधीन भारत में अपने तबकों के लिए सुरक्षित एवं सम्मानजनक सवैधानिक आश्वस्ति ही चाहते थे, जिससे किसी को भी आपत्ति नहीं थी। इधर के दो-तीन दशकों में आया बहुमुखी दलित-उभार इस बात का प्रमाण है कि उसका भौतिक आधार मजबूत हो रहा है। अब दलित मध्यवर्ग अपनी लड़ाई लड़ता है।

यशपाल जी ने गाँधी के 'रामराज्य की आलोचना की है और इसे प्रतिक्रियावादी बताया है। उनके अनुसार इसी 'रामराज्य' में शम्बूक की हत्या हुई और सीता का

परि त्याग हुआ (चक्कर क्लब, पृ. 137)। यशपाल के अनुसार गाँधी और गाँधीवादियों का 'रामराज्य' और कुछ नहीं 'शोषण की असह्य व्यवस्था को सह्य' बनाये रखना है (वही, पृ. 138)। यह या तो गाँधी के कल्पित 'रामराज्य' का विरूपण है या उससे अनभिज्ञता। 17वीं सदी के तुलसी के 'मानस' में भी शम्बूक-वध और सीता-परित्याग के प्रसंग नहीं हैं, लेकिन इसे 20वीं सदी में गाँधी के 'रामराज्य' पर आरोपित कर दिया गया है। ऊपर कहा जा चुका है कि गाँधी जी पुरानी शब्दावलियों और प्रतीकों का उपयोग नये सन्दर्भों और अर्थों में कर रहे थे। उनके 'रामराज्य' की अवधारणा के पीछे 'ईशोपनिषद्' का 'सबैभूमि गापाल की' की सन्देश था और अपने आश्रमों का जमीनी अनुभव भी, जिनमें हर वर्ग, भाषा, जाति एवं धर्म के लोग रहते, कोई व्यक्तिगत सम्पत्ति न होती, एक ही किचेन होता, सब लोग सभी काम करते और सबके बच्चे एक ही आश्रम-स्कूल में पढ़ते। 27 दिसम्बर को 1936 में उन्होंने फैजपुर में अपने 'रामराज्य' की अवधारणा का खुलासा करते हुए कहा था कि यह 'विशुद्ध नैतिक बल पर आधारित जनता का सम्प्रभुता है' :

मेरे लिये राजनीतिक स्वतन्त्रता के माने ब्रिटिश संसद का अनुकरण नहीं है और न ही रूस के सोवियत नियमों, या फासिस्ट इटली या नाजी जर्मनी के नियम का अनुकरण है। उनकी व्यवस्थाएँ उनकी प्रतिभा के अनुकूल हैं, और हमें हमारी प्रतिभा के अनुकूल व्यवस्था चाहिए। जितना मैं इसके बारे में कह सकता हूँ उससे यह अधिक होगा। मैंने इसे रामराज्य के रूप में अभिहित किया है—अर्थात, विशुद्ध नैतिक बल पर आधारित जनता की सम्प्रभुता (क्लेक्टेड वर्क्स, खण्ड-64, पृ. 192)।

इस संकल्पना के साथ अगर उनके आश्रम के प्रयोगों और कांग्रेस के समक्ष प्रस्तुत उनके 19-सूत्रीय 'रचनात्मक कार्यक्रम', जिसमें 'आर्थिक समता' और 'सविनय अवज्ञा' भी शामिल हैं, को जोड़कर देखें तो गाँधी का रामराज्य न प्रतिगामी है और न सामन्तों एवं पूँजीपतियों का सम्पोषक। गाँधी 'व्यावहारिक समाजवाद' की बात करते हैं, अपने को अनुभवों की रोशनी में संशोधित-परिवर्धित करते चलते हैं। हीरेन मुखर्जी के अनुसार, उन्होंने दास कैपिटल भी पढ़ना आरम्भ किया था और नेहरू को लिखे एक पत्र में उन्होंने एक आन्दोलन की कल्पना की थी, जिसमें धनिकों की जरूरत नहीं होगी (गाँधी जी : अ स्टडी, पृ. 204, 215-16)।

इसी प्रकार गाँधी रूढ़ अर्थों में धार्मिक नहीं थे। उनकी पूजा सर्वाजनिक होती, जिसमें ईश्वर का उपयोग मोक्ष के लिए नहीं, सामाजिक एकता, सद्भाव और मानवीय गुणों के लिए होता। वह किसी शास्त्र-वचन या ऋषि-वचन के कायल नहीं थे और उन्होंने घोषणा की थी-

वेदों के निरपेक्ष देवत्व में मुझे विश्वास नहीं है। हिन्दू शास्त्रों में मेरा विश्वास मुझसे नहीं अपेक्षा रखता कि मैं इसके हर शब्द और हर पद्यांश को दैव-प्रेरित मान

लूँ। ...मैं किसी भी ऐसी व्याख्या से चाहे वह जितनी भी विज्ञ हो, इन्कार करता हूँ अगर यह मेरे विवेक या नैतिक बोध के विरुद्ध है (यंग इंण्डिया, 6 अक्टूबर 1921)।

और ऐसा तब लिखा जब वह अपने को 'सनातनी हिन्दू' घोषित कर रहे थे। इसी प्रकार, यशपाल जी विभिन्न धर्मों की तात्त्विक एकता की भी खिल्ली उड़ाते हैं (चक्कर क्लब, पृ. 122)। यह दृष्टि शास्त्रीय सेक्युलरवाद के अनुकूल है, जो लौकिक और लोकेतर को दो परस्पर विरोधी खानों में रखता है, जो व्यावहारिक जीवन में सम्भव नहीं लगता। इस बिन्दु पर भी गाँधी मार्क्सवादियों से अधिक समझदार निकले। चीन को कशफ्यूसियनवाद से समझौता करना पड़ा है, और पादरी और धर्मरक्षक भी वहाँ जीवित हैं। रूस में अब चर्च जानेवालों की संख्या 1917 से कहीं अधिक है। मेरी समझ है कि धार्मिक-सांस्कृतिक क्षेत्रों में उच्छेदनवाद काम नहीं करता।

'हिन्दी स्वराज में गाँधी जी धर्म की अपनी अवधारणा को स्पष्ट करते हैं—'a religion that underlies all religious' (वही, पृ. 122)। अर्थात, एक धर्म जो सभी धर्मों में अन्तर्निहित है। 1921 में 'स्वराज' की अवधारणा को स्पष्ट करते हुए बताते हैं कि बाह्य राजनीतिक एवं आर्थिक नियन्त्रण से पूर्ण स्वतन्त्रता के साथ-साथ—

इसके दो अन्य लक्ष्य हैं। एक नैतिक और सामाजिक है, जिसका सम्बन्धित परिपाक है धर्म (dharma), अर्थात रिलिजन अपने सर्वोत्तम अर्थों में। इसमें हिन्दुत्व, इस्लाम, ईसाइयत, इत्यादि सभी आते हैं, लेकिन यह (धर्म) इन सबमें श्रेष्ठ है। आप इसे सत्य (truth) के रूप में पहचान सकते हैं। यह केवल अनुभव की ईमानदारी नहीं है, बल्कि जीवन्त सत्य है जो सबमें अन्तर्निहित है और सबके बाद भी जीवित रहेगा।

यहाँ तीन बातें स्पष्ट हैं। **एक**, गाँधी किसी लोकप्रिय धर्म से अभिभूत अथवा आतंकित नहीं हैं। वह इनके बाह्याचारों को दरकिनार कर उनकी तात्त्विक एकता की फिराक में हैं। दूसरा यह कि इस तात्त्विक एकता को वह नैतिक और सामाजिक दायरों में देखते-पहचानते हैं। तीसरा एवं अन्तिम यह कि इसे वह वैयक्तितक अनुभूति से काटकर सामान्य सरोकार के रूप में देखते हैं। आशय यह कि गाँधी के धर्म-बोध में सामाजिक नैतिकताएँ अन्तर्निहित हैं। इसी कारण धर्म शास्त्रों के सन्दर्भ में भी वह अपने नैतिक विवेक को केन्द्रीयता प्रदान करते हैं। अतः अब गाँधी जी 1934 के भूकम्प को छूआछूत की अमानवीय प्रथा के लिए 'दैवीय-दण्ड' घोषित करते हैं तो, इसे ईश्वर के अस्तित्व के प्रमाण के रूप में नहीं, बल्कि पारम्परिक हिन्दू की सामाजिक अन्तरात्मा (सोशल कान्सेन्स) को झकझोरने के लिए कहते हैं। उस समय आमजन ऐसी ही फटकार समझ सकता था। आज हम कानून और जेल का भय दिखाते हैं, लेकिन जब इनका प्रावधान नहीं था तो ईश्वरीय दण्ड के भय का सहारा लिया जाता था। यशपाल जी इस उपागम, अप्रोच को 'अवैज्ञानिक' बताते हैं (... शव परीक्षा', पृ. 33)। दृष्टि 'अवैज्ञानिक' हो सकती है, अनैतिहासिक नहीं है। यशपाल जी शुद्धतावादी इसलिए हैं कि इनका सरोकार 'क्रान्तिकारी' होते हुए

भी लोकजीवन की सांस्कृतिक सच्चाइयों से कटा हुआ है। अतः धर्म को केवल प्रतिक्रियावादी भूमिका में देखना क्रान्तिकारी इकहरापन है। निषेधवादी उत्साह 'क्रान्तिकारी' जरूर लगता है, लेकिन यह टिकता नहीं है और अन्ततः उपादेय भी नहीं है। कार्ल मार्क्स और एंजेल्स ने धर्म की दोहरी भूमिका को बेहतर समझा था। 15वीं-16वीं सदी के किसान-आन्दोलन अपने उद्देश्यों में मूलतः लौकिक थे, लेकिन इनकी भाषा धार्मिक थी। मार्क्स इसे 'अफीम' भर नहीं मानते, मनुष्य की पीड़ा की अभिव्यक्ति और उसके प्रतिनिधि के रूप में भी देखते हैं। दरअसल, राजनीतिक मार्क्सवाद ने केवल 'अफीम' वाली भूमिका को ही रेखांकित किया, और यशपाल इससे अभिभूत रहे। कुल मिलाकर, यह 18वीं सदी के उत्साही बुद्धिवादी का अवशेष है। वस्तुतः निखालिस बुद्धिवाद अमानवीय अमूर्तन है, जो मानवीय अस्तित्व की जटिल संशिलष्टता की अनदेखी करता है।

यशपाल जी, गाँधी जी और गाँधीवादियों के 'श्रेणी-मैत्री' के सिद्धान्त एवं आचरण की आलोचना करते रहते हैं। उनका सोचना सही है कि 'श्रेणी-मैत्री' का सिद्धान्त सामाजिक-आर्थिक रूपान्तरण को बाधित करता है और इस प्रकार वर्चस्वशील वर्गों के हितों का सम्पोषक है। 1930 और 1940 के दशकों में यह वर्गीय दृष्टि सैद्धान्तिक रूप से विश्वसनीय लगती थी। लेकिन ब्रिटिश-शासित उपनिवेशों में यह कहीं भी वर्चस्वशील नहीं बनने पायी। इस विफलता का मूल कारण अंग्रेजी राज की लोकतान्त्रिक पीठिका थी, जिसने शैक्षिक-प्रशासनिक एवं राजनीतिक सुधारों के जरिये उपनिवेशों में अपने सामाजिक आधार को मजबूत बनाया था। इसकी इस सीमित प्रगतिशीलता में 'बाँटों और राज करो' की नीति थी अन्तर्निहित थी। 1642 और 1937-48 के ऐतिहासिक झटकों के बाद, इसने इसी नीति से अपने देश में भी क्रान्तिकारी परिस्थितियों को टाला था। पारम्परिक किस्म की 'क्रान्ति' के लिए शासन-तन्त्र की 'बूर्बन-मानसिकता' का होना आवश्यक है। अंग्रेजी राज के पास लोकतान्त्रिक परम्पराएँ थीं, वहाँ एक संवैधानिक बोध था, जिसको गाँधी जी सम्बोधित करते रहे। उसने समझ-बूझ कर भारत में अधिकारचेता मध्यवर्ग का विस्तार किया जो राजनीतिक होते भारत का स्वाभाविक नेता बना। ऐसे में श्रमिक-वर्गीय क्रान्ति की राजनीति दरकिनार होती गयी। ऐसा दक्षिण अफ्रीका में भी हुआ है, जहाँ विशुद्ध हिंसक क्रान्ति के माध्यम से सत्ता परिवर्तन हुआ है। 1989 के बाद के इस दौर में जब पश्चिमी राजनीति के प्रारूप को सार्वभौम स्वीकृति मिल चुकी हो, जब चीन में भी पूँजीवादी निवेश जोरों पर हो और कम्युनिस्ट पार्टी की सदस्यता पूँजीपतियों को भी उपलब्ध हो, जब उत्तर-होचीमीन्ह वियतनाम पूँजीवादी रास्ता अपना चुका हो, और जब एक दौर का विश्व-श्रमिकों का 'पितृदेश' सोवियत संघ पूँजीवादी रूप में बदल चुका हो, यो यशपाल जी का 'श्रेणी-मैत्री' का विरोध अप्रासंगिक लगता है, शास्त्रीय दृष्टि से चाहे यह जितना भी सही हो। वैसे अब भी

विभिन्न रूपों में वर्ग-संघर्ष रहेगा, लेकिन लोकतान्त्रिक बहुलता के दायरे में ही। अर्थात्, अब वर्ग-संघर्ष का वर्ग-युद्ध में बदला जाना सम्भव नहीं लगता। मध्यवर्ग का असीम विस्तार इसे अप्रासंगिक बनाता है। एक दौर या विकास के किसी चरण-विशेष का यथार्थ सार्वकालिक यथार्थ नहीं हुआ करता। वैसे समाज की सावयवी संरचना भी वर्ग-युद्ध को अप्रासंगिक बनाती है।

यशपाल जी की राजनीतिक सोच की एक बहुत बड़ी कमजोरी गाँधी, गाँधीवाद और नेहरूवादी सत्ता को समानार्थी मान लेना भी है। यह मान्यता समस्याग्रस्त है। एक तो गाँधी जी की दृष्टि में 'गाँधीवाद' जैसी कोई चीज नहीं है। उन्होंने बार-बार इससे इन्कार किया है। उनका तो यहाँ तक कहना था कि उन्होंने जो कहा है, उसे भूल जायें; जो लिखा है उसे जला दें; और केवल उसे ही याद रखें जिसे जिया है, लेकिन जिये में भी उसे ही जो बाद वाला है। आत्मकथा से उनकी सत्यान्वेषी एवं विकासशील आचरणशीलता का पता चलता है। अगर गाँधीवाद जैसी कोई अवधारणा है तो उसका मूल स्वर यही है। ध्यातव्य यह है कि यह 'सत्याग्रही' है, अर्थात सत्ता-विरोधी है। आचार्य नरेन्द्र देव, लोहिया आदि ने इसी सत्याग्रही गाँधी को पहचाना था। गाँधी को हिन्दू अराजकतावादी कहा भी जाता है। अतः 'गाँधीवाद' जैसी गतिशील एवं विद्रोही चेतना को कांग्रेसी सत्ता के रूप में देखना एक किस्म का सपाटपन है जैसा कि यशपाल जैसा राजनीतिक मार्क्सवादी देखता है। गौरतलब यह भी है कि कांग्रेस का गाँधी का गाँधीवाद से लगाव 'टेक्निकल' और रणनीतिक था, जो 1934 में कांग्रेस से गाँधी जी के इस्तीफे से स्पष्ट होता है। दोनों के सम्बन्ध आद्यन्त असहज रहे। यह नहीं भूलना चाहिए कि जन. 1948 में गाँधी जी का अन्तिम अनशन कांग्रेसी सत्ता के विरुद्ध था। उनहोंने कांग्रेस के विलोपन की भी बात उठायी थी। भारतीय संविधान पर गाँधी जी के विचारों की कोई छाप नहीं है। स्वाधीन भारत के प्रमुख शिल्पी जवाहरलाल नेहरू, गाँधी से अपने व्यक्तिगत लगाव के बावजूद, उनके सैद्धान्तिक पक्ष से घोषित रूप से असहमत थे। जड़ गाँधीवादी इसके लिए नेहरू को कोसते हैं, और प्रत्येक विफलता को गाँधीवाद से नेहरूवादी भटकाव को कारण मानते हैं। मेरी तो समझ है कि जड़ हिन्दुत्ववादियों ने गाँधी के शरीर की हत्या की, उत्तर-नेहरू कांग्रेसियों ने गाँधी की नैतिकता को विरूपित किया और राजनीतिक मार्क्सवादियों और फिर अम्बेडकर और अम्बेडकरवादियों ने गाँधी की नीयत को विरूपित किया है। सबके अपने-अपने दृष्टिकोण हैं और सभी अपने दृष्टिकोण की निरपेक्ष श्रेष्ठता के प्रति आश्वस्त हैं। यह आश्वस्ति ही इनकी सीमा है।

पुनः जार्ज आर्वेल के सन्दर्भित दृष्टिसम्पन्न निबन्ध 'गाँधी पर अनुचिन्तन' की ओर लौटना चाहूँगा। निबन्ध में उन्होंने गाँधी की बहुत सारी सीमाओं को रेखांकित करते हुए एक महत्त्वपूर्ण बात कही है : गाँधी जैसे व्यक्ति के मूल्यांकन में कोई भी

सहजात ऊँचे मानकों का उपयोग करता रहा है, ताकि उनके कुछ सद्गुण अनदेखे न रह जायें (आर्वेल, पृ. 834)।

ऐसा कोई ऊँचा मानक यशपाल जी के पास नहीं है। उनका गाँधी-मूल्यांकन राजनीतिक प्रतिद्वन्द्वी के रूप में है जो नितान्त अपर्याप्त है। दरअसल महानता एक गुणात्मक एवं सात्विक उछाल है जो मात्रात्मक मानकों को अतिक्रान्त करती है। इस 'उछाल' की समझ, रोम्या रोला, अल्वर्ट आइन्स्टाइन, बर्नार्ड शा और मार्टिन लूथर किंग के पास है; रवीन्द्रनाथ, नेहरू, नरेन्द्र देव और लोहिया के पास है; मार्क्सवादी हीरेन मुखर्जी और यहाँ तक कि होचीमीन्ह के पास भी है; लेकिन अम्बेडकर की शूद्र-केन्द्रीयता और शेष दोनों की श्रमिक-केन्द्रीयता का, लोकप्रिय एवं ऐतिहासिक रूप से अनिवार्य राष्ट्रवाद से ताल-मेल नहीं बैठ सका।

इधर उत्तर-औपनिवेशिक सिद्धान्तकारों ने भी गाँधी को अपने सन्दर्भ में अन्वेषित किया है। गाँधी एक ऐसे देशज प्रारूप हैं जो उत्तर-औपनिवेशिकता की एक सार्वभौम सम्भावना हैं। अतः अब 'हिन्द स्वराज' का पुनर्पाठ हो रहा है। आज हम नव-साम्राज्यवाद की वास्तविकता को समझते हुए भी इसे स्वीकार करने के लिए विवश हैं। लेकिन, बहुत सारे पश्चिमी मूल्यों को स्वीकारते हुए भी गाँधी जी अपने कतिपय निषेधों में निर्णायक थे। इसलिए लीला गाँधी का मत है कि–

गाँधी और फेनन जैसे व्यक्तित्वों का सावधान पुनर्अन्वेषण उत्तर-औपनिवेशिक थियरी के लिए लाभदायी है। ऐसा इसलिए कि जब यह थियरी उत्तर-औपनिवेशिक परिदृश्य की ओर लौटती है तो इसे दो आख्यान मिलते हैं : सत्ता का मोहक आख्यान, और उसके साथ-साथ उपनिवेशित लोगों का प्रति-आख्यान जो विनम्रता लेकिन दृढ़ता से साम्राज्यवाद के आगमन को इन्कार करता है। इन दोनों को पुनः अपनाना महत्त्वपूर्ण है, यह याद रखने के लिए कि उत्तर-औपनिवेशिकता का वंशानुक्रम इन दोनों आख्यानों से आरम्भ होता है (पोस्ट कलोनियल थियरी, 1998, आक्सफोर्ड, नयी दिल्ली, 2002, पृ. 22)।

लेकिन उत्तर-औपनिवेशिकता ने भी, उत्तर-आधुनिकता की तरह, मार्क्स को अस्वीकार किया है। इस रूप में यह नव-साम्राज्यवाद की स्थानीय या संवर्गीय अभिव्यक्ति है। गाँधी या फेनन अपने सार्वभौम प्रारूप के बावजूद, आधुनिक चेतना से स्वस्थ संवाद बना पाने में सक्षम नहीं दिखते। अम्बेडकर का आख्यान भारतीय सन्दर्भ के बाहर कोई माने नहीं रखता, लेकिन भारतीय सन्दर्भ में भी एक सीमा तक ही प्रासंगिक है। अतः हमारे लिये आवश्यक है कि हम मार्क्स, गाँधी और अम्बेडकर को पुनर्अन्वेषित करें। इसके लिए कम्युनिस्ट मैनिफेस्टों, हिन्द स्वराज और एन्नीहिलेशन ऑफ कास्ट हमारे बीज ग्रन्थ हो सकते हैं। यशपाल जी की 'शव परीक्षा' में ऐसी कोई सम्भावना नहीं है।

खण्ड–दो

नाट्य प्रस्तुतियाँ

अन्धा युग का अन्धापन

अन्धा युग को पढने की पहली प्रेरणा कविता के नये प्रतिमान में इस नाटक के दो प्रहरियों पर डॉ. नामवर सिंह की अनुशंसात्मक टिप्पणी से मिली थी। पढ़कर अभिभूत था। लेकिन उस समय भी अश्वत्थामा के प्रतिशोध का विकृति अतिरेक खटका था; कृष्ण की भूमिका को लेकर मन में शंका उठी; और छठें दशक के पूर्वाद्ध के सामाजिक यथार्थ की प्रतीकात्मक अभिव्यक्ति के रूप में यह नाटक बहुत विश्वसनीय नहीं लगा था। प्रायः दो दशक बाद मैंने इसे पुनः पढ़ा है। इसकी काव्यता के जादुई प्रभाव से अछूता नहीं हूँ। लेकिन पुरानी शंकाओं में संशोधन की कोई आवश्यकता नहीं महसूस हुई। बल्कि नये सिरे से कुछ अन्य शंकाएँ भी उठ खड़ी हुई हैं। प्रस्तुत निबन्ध इन पर ही केन्द्रित है। हाँ, मैंने अन्धा युग के मंचन पर आस्वादन अभी तक नहीं किया है। अतः इस निबन्ध को पाठकीय टिप्पणी के रूप में देखना ही न्याय-संगत होगा।

(1)

नाट्य साहित्य में पौराणिक कथाओं और मिथकों के उपयोग की परम्परा अत्यन्त प्राचीन है। इस्किलस, सोफोक्लीज और यूरिपिडीज के नाटकों के कथा-स्रोत होमर के महाकाव्य और कथाएँ बनीं। इसी प्रकार प्राचीन भारतीय नाट्यकारों के लिए रामायण और महाभारत प्रमुख उपजीव्य बने। लेकिन अभी मिथकों का प्रयोग मुख्यतः अभिधात्मक था। इसमें नया अर्थ देने अथवा प्रचलित सन्दर्भों से काटकर आख्यानों में अर्थ की नयी सम्भावना तलाशने की कोशिश नहीं थी। नाटककार के पास अपने नायक के नायकत्व के गुरुतर कुछ सम्प्रेषित करने को नहीं था। अभी पौराणिक नायक अथवा आख्यान साहित्यकार की नितान्त व्यक्तिगत अनुभूति या दृष्टि को सम्प्रेषित करने के अभिकरण नहीं बने थे। अभी कलाकार के समक्ष 'अनिर्वचनीयता का संकट' नहीं था। स्थापित सन्दर्भों और परिप्रेक्ष्यों में वह जागतिक अथवा पराजागतिक यथार्थ को समझता और सम्प्रेषित करता था। अतः शौर्य, सौन्दर्य और करुणा की त्रयी जीवन को व्याख्यायित करने में पर्याप्त थी।

इससे पूर्व कि अन्धा युग की चर्चा आरम्भ हो, आधुनिक साहित्य में मिथकों एवं पौराणिक आख्यानों के सचेतन प्रयोग के कारणों की थोड़ी चर्चा आवश्यक है। कई कारणों से इनका उपयोग लाभकर है। **एक,** सुदूरता के प्रति सहज आकर्षण के चलते ये सामान्य जन को अधिक गहराई से छूते हैं। विभिन्न कारणों से यह मिथक या आख्यान किसी समूह विशेष की सांस्कृतिक सोच और अनुभव के प्रतीक बन जाते हैं। अतः प्रत्येक व्यक्ति में निहित जातीय स्मृति को ये अचानक झंकृत कर देने में समर्थ होते हैं। इसका राज समझने में जुंग की 'जातीय या सामूहिक अवचेतन' या 'आर्किटाइप' की अवधारणा सहायक हो सकती है। **दो,** चूँकि ये 'आर्किटाइपल' मिथक संचित जातीय अनुभूति के समुच्चय होते हैं, अतः पाठक अथवा दर्शक उन्हें सहज रूप से स्वीकार कर लेते हैं। इनके सन्दर्भ में बुद्धिपरक विश्लेषण अप्रासंगिक हो जाता है। **तीन,** चूँकि कारयित्री प्रतिभा मन की चेतन अवस्था से कम, उसकी अर्द्धचेतन एवं अवचेतन अवस्थाओं से अधिक जुड़ी होती है, जहाँ मिथक प्रतीक भी संचित रहते हैं, अतः सृजन की निर्णायक घड़ियों में सर्जक का उनसे सीधा और सहज साक्षात्कार होता है। **चार,** चूँकि मिथक निश्चित सांस्कृतिक सन्दर्भों से जुड़े होते हैं, अतः रचनाकार के लिए निर्वैयक्तिक बनने की बजबूरी होती है जिसके बिना सफल नाट्य-रचना तो सम्भव नहीं ही है। **पाँच,** आधुनिक साहित्य में मिथकों का प्रयोग व्यंजनार्थ हुआ है, अभिधेयार्थ नहीं। आज इनका प्रयोग सम्प्रेषण को सघन बनाने की दृष्टि से स्थिति-विशेष की व्यंजकता को गहराई एवं विस्तार देने के लिए होता है। अर्थात ये अभीष्ट संवेद्य प्रतीकों की लाक्षणिकता को तीक्ष्ण बनाते हैं। इनके सहारे पहले कलाकार स्वयं और फिर अपने पाठकों/श्रोताओं और दर्शकों के जीवन-समुद्र की हिमशैली सच्चाइयों का साक्षात्कार करता-कराता है। आवश्यकतानुसार कलाकार उन्हें उनके मूल सन्दर्भों से काटकर उनमें निहित सम्भावनाओं का उपयोग करता है उसके लिए ये मिथक 'सैक्रेड काउ' नहीं होतें। दरअसल मिथकीय प्रतीक-विधान मनुष्य की तर्कातीत चेतना का लक्ष्य-सापेक्ष उपयोग है।

विषयान्तर होते हुए भी मिथकीय प्रतीकों के अतिशय प्रयोग के सन्दर्भ में एक बात कहनी है। इनका अतिशय प्रयोग और लोकप्रियता साहित्य-विशेष के सहृदय के तार्किक विवेक के विकास में बाधक है। एक भाषिक समूह धीरे-धीरे अतीतोन्मुख हो जाता है। मिथक पौराणिक अतीत को भी प्रामाणिक बना देते हैं। वर्तमान सामाजिक यथार्थ गौण ही नहीं बल्कि झूठा लगने लगता है। ऐसी सोच की सामाजिक और राजनीतिक अभिव्यक्ति प्रतिक्रियावादी और पुनरुत्थानवादी आन्दोलनों में होती है। भारत में हिन्दू पुनरुत्थानवाद को एक सीमा तक *रामायण* और *महाभारत* के टी.वी. सीरियल्स के सन्दर्भ में भी देखा-समझा जा सकता है। इसी प्रकार इस्लाम पुनरुत्थानवादी समाज पर अपनी गिरफ्त बनाये रखने के लिए विभिन्न संचार-माध्यमों से अपने मध्ययुगीन धार्मिक मिथकों एवं प्रतीकों का प्रचार-प्रसार करते हैं। आशय

यह कि इन्हें जीवित रखकर ही धर्म और संस्कृति सम्बन्धी अहमन्यता का अफीमीकरण भी सम्भव है।

(2)

एक लम्बे अन्तराल के बाद अंग्रेजी साहित्य में इलिएट, फ्राई, अडेन आदि ने काव्य-नाटक को अंग्रेजी रंगमंच पर पुनर्जीवित किया और लोकप्रिय बनाया। इनके पूर्व 19वीं सदी के कवि वर्ड्सवर्थ, शेली, बाइरन, टेनिसन, ब्राउनिंग आदि ने काव्य-नाटक की परम्परा को पुनर्जीवित करने का असफल चेष्टा की थी। लेकिन इनकी गीतात्मक प्रतिभा इस विधा में सफल नहीं हो सकती थी। इलिएट केवल प्रयोगधर्मी कवि और नाटककार ही नहीं थे, वे एक प्रतिभासम्पन्न समालोचक और सिद्धान्तकार भी थे। उन्होंने अपने से पूर्व के कवियों के काव्य-नाटकों की असफलता के कारणों की जाँच-पड़ताल की और पाया कि इसका मुख्य कारण उनके द्वारा शेक्सपियर की सचेतन अनुकृति थी। उनकी दृष्टि में क्लैसिक्स 'अननुकरणीय' होती है। उनके साथ ही विधाविशेष की सम्भावनाएँ चुक जाती हैं। अतः उनसे प्रेरणा तो ली जा सकती है, लेकिन उनका अनुकरण आत्मघाती होता है। अतः बर्नार्ड शा की ही तरह इलिएट ने भी अपने को सचेतन शेक्सपियर से दूर रखने की कोशिश की। लेकिन इसके साथ ही वे काव्य-नाटक को आधुनिक युग की पेचीदी जिन्दगी की सार्थक एवं सन्तोषजनक अभिव्यक्ति के रूप में अपरिहार्य मानते थे। उनकी दृष्टि में समस्यामूलक यथार्थवादी गद्य-नाटक आधुनिक बहुस्तरीय जटिल जीवन के सतही सरोकारों तक ही सीमित रह जाते हैं। इनके पास चेतना के अन्ध गह्वरों में झाँकने की शक्ति नहीं होती। ये केवल सतह की बदलती तस्वीरों के चश्मदीद गवाह भर होते हैं। लेकिन जीवन इतना ही नहीं है। मनुष्य का एक आत्मिक संसार भी है जिसमें चलनेवाले तूफान सतह के किसी भी झंझावात से अधिक तेज और डिस्टर्बिंग होते हैं। जीवन में बहुत कुछ अबूझ, तर्केतर और अनुत्तरित है, जिसकी पकड़ तथ्य-कथन और तर्कपरक समस्यामूलक नाटकों द्वारा सम्भव नहीं। इलिएट की मान्यता थी कि आभ्यन्तरिक जीवन की इसी निस्सीम, अज्ञेय और अबूझ अर्थवत्ता की व्यंजना काव्य-नाटकों द्वारा ही सम्भव है। अतः उन्होंने इस विधा को फैशन के रूप में नहीं बल्कि इसकी अपरिहार्यता के चलते अपनाया था। वह कुछ कहना चाहते थे जिसे कह पाने में उनकी कविता अक्षम थी। काव्य-नाटक ही उनके 'विजन' (vision) के अनुकूल था।

(3)

अन्धा युग का 'जटिल वितान' और उसके सम्प्रेष्य के सम्बन्ध में धर्मवीर भारती की टिप्पणी इलिएट की उपर्युक्त समझ से जाने-अनजाने मेल खाती है। अन्धा युग का वितान जागतिक यथार्थ में निहित 'कुण्ठा, निराशा, रक्तपात, प्रतिशोध, विकृति, कुरूपता, अन्धापन' में छिपे 'सत्य के दुर्लभ कण' के तलाश की विवशता से उभरा

है। इस काव्य-नाटक का सत्य निजी नहीं बल्कि नाटककार द्वारा 'व्यापक सत्य' की 'निजी उपलब्धि' है, जो उनके लिए जीवन-मरण की सीमा-रेखाओं को अप्रासंगिक बनाता है। अन्यथा, धर्मवीर भारती के लिए अन्धा युग की 'अभिशप्त भूमि' पर कदम रखना या अन्धकार के गरजते महासागर की 'पर्वताकार लहरों से खाली हाथ जूझना' और 'सारे खतरों' को मोल लेते हुए 'अनमापी गहराइयों' में उतरकर 'आस्था के, प्रकाश के, सत्य के, मर्यादा के... कणों को बचाकर धरातल पर लाना, सम्भव न हो पाया होता।

ऐसा लगता है कि भारती जी का संकट केवल सत्य के साक्षात्कार का ही नहीं बल्कि उसकी अनिर्वचनीयता का भी है। उपलब्ध सत्य की अभिव्यक्ति के लिए शब्द अपर्याप्त हैं। ऋषि, मुनि, साधक आदि भी यही कहते हैं। अगर इलिएट को प्रामाणिक माना जाये तो ऐसी स्थिति में नाटक का अन्य कोई रूप अनुपयुक्त और अपर्याप्त होता। 'फार्म' वही जो 'विजन' के अनुरूप हो। विजन से स्वतन्त्र रूप की इयत्ता ही दरअसल रूपवाद है। लेकिन प्रश्न है 'विजन' की गुणवत्ता का, उसमें निहित समझ का। इलिएट घोषित रूप से धार्मिक हैं और इसी सोच के कायल हैं। लेकिन भारती जी में वह अतीत-मोह नहीं लगता, फिर भी अन्धा युग में अभिव्यक्त 'विजन' की सार्थकता का प्रश्न खड़ा होता है। इस दृष्टि से यह नाटक बहुत उत्साहवर्द्धक नहीं है।

भारती जी ने सृजन-कर्म के 'खतरों' की बात की है। सम्भव है, यह सही हो। लेकिन मुझे उनके प्राक्कथन का तेवर नितान्त 'रेटॉरिकल' लगता है। नाटककार रूमानी संस्कारों का कायल है। कवि-कर्म के प्रति अहम्मन्यता और काव्य-सत्य को आत्यन्तिक सत्य की संज्ञा देना रूमानी कवि की एक विशेषता है। भारत में कवियों को 'स्वयम्भू', 'ऋषि', 'स्त्रष्टा', 'दृष्टा' आदि और उनकी कविताई को 'मन्त्र', 'ऋचा' आदि कहने-कहलवाने का नशा अत्यन्त पुराना है। कवि अपने अनुभूत सत्य को वस्तुगत सत्य से बड़ा मानता है। लेकिन जो आत्मगतता उसके कवि-कर्म की ताकत है, वही वस्तुगत एवं जटिल जागतिक सत्य को समझने में बाधक भी है। आश्चर्य नहीं, ज्ञान के विस्फोट के साथ ही वह धीरे-धीरे परिधि की ओर सिमटता चला गया है और ज्ञान के रूप में साहित्य विश्वसनीय नहीं रहा। दरअसल, काव्य, सत्य का अन्वेषण नहीं, बल्कि चिर-परिचित सत्य/विश्व-बोध का तीव्र सम्प्रेषण है। लेकिन भारती जी की रूमानी भावुकता सहज ही इस तथ्य की अनदेखी कर जाती है।

अब जरा अन्धा युग में व्यक्त 'आस्था', 'प्रकाश', 'सत्य' और 'मर्यादा' के दुर्लभ कणों को टटोला जाये। नाटक में वर्णित घटना-क्रम भहाभारत की अन्तिम शाम से आरम्भ होता है। एक ओर पाण्डवों के विजय का शंखनाद है, तो दूसरी ओर कौरव-नगरी का मर्मान्तिक क्रन्दन। यूरीपिडीज के नाट्य ट्राय की नारियाँ की ही तरह

अन्धा युग में भी नाटककार का ध्यान युद्ध-वर्णन या महाभारत के औचित्य अथवा अनौचित्य पर नहीं, बल्कि इसके क्रूर, अमानवीय परिणामों पर है :

दोनों ही पक्षों में विवेक हारा/दोनों ही पक्षों में जीता अन्धापन/...जो कुछ सुन्दर था, शुभ था, कोमलतम था/वह हार गया, द्वापर युग बीत गया।

अर्थात इस महासागर में विवेक की हत्या हुई है; जो कुछ भी शुभ और रक्षणीय था, वह हारा है, मिटा है। लेकिन कौरवों ने तो अपने विवेक की हत्या पहले ही कर दी थी, अन्यथा युद्ध की विवशता न होती। 'कथा-गायन' में इस तथ्य की अनदेखी हो गयी है। लेकिन दोनों प्रहरी इसे बखूबी याद रखते हैं :

प्रहरी 1 : .../रक्षक थे हम केवल/लेकिन रक्षणीय कुछ भी नही था यहाँ/

प्रहरी 2 : रक्षणीय कुछ भी नहीं था यहाँ.../संस्कृति थी यह एक बूढ़े और अन्धे की/जिसकी सन्तानों ने/महायुद्ध घोषित किये।

वह विसंगति महत्त्वपूर्ण है, क्योंकि कथा-गायन और प्रहरियों की टिप्पणियाँ नाटककार की निजी सोच हैं। महाभारत मूलतः एक धर्मयुद्ध था; विवेक और मर्यादा की रक्षा का अन्तिम प्रयास था, यह युद्ध। युद्ध के सम्पूर्ण निषेध में आक्रान्ता और आक्रान्त को एक पलड़े पर रख देना न्याय-संगत नहीं। लेकिन भारती जी ने किया यही है। इससे अश्वत्थामा के विवेकहीन प्रतिशोध को बल मिला है। इससे काव्य न्याय (Poetic jistice)का भी निर्वाह नहीं हो पाया है।

नाटककार इस विसंगति से कृष्ण के सहारे बच सकता था। कृष्ण में 'साहस है सुलझाने का' और वह 'भविष्य का रक्षक' और 'अनासक्त' है। लेकिन अब कृष्ण भी अभिशप्त है– आखेट की तरह हत होने के लिए अभिशप्त। उसने अपनी 'प्रभुता का दुरुपयोग' किया है। आशुतोष शंकर अश्वत्थामा संस्कृति को आशीर्वाद देते हैं और कृष्ण की स्थितप्रज्ञता को सन्देह के घेरे में ला देते हैं। कृष्ण से युयुत्सु का मोहभंग भी सम्पूर्ण है। उसकी भूमिका कृष्ण की 'जय' में एक 'वधिक' की रही है। नीतिज्ञ और आस्थावान् विदुर भी अपने प्रभु कृष्ण के विवेक के प्रति शंकालु हैं :

आज इस पराजय की वेला में/.../एक-एक सारे पहिये/हैं उतर गये जिससे/वह बिल्कुल निकम्मी धुरी/तुम हो/क्या तुम हो प्रभु?

अर्थात कृष्ण रूपी आस्था, सम्बल और विवेक की धुरी भी विदुर जैसे व्यक्ति को 'निकम्मी' लगने लगी है। इतना ही नहीं, कर्म, ज्ञान और भक्ति के अभीष्ट कृष्ण ने पाण्डवों को जो राज सौंपा है, उसकी स्थिति और नियति कैसी है? विजयी भीम दुर्योधन-जैसा ही मदान्ध है। युधिष्ठिर को इसका एहसास है, लेकिन वे असहाय हैं। पराजित और हत अन्यायी दुर्योधन के भाग्य से उन्हें ईर्ष्या है। 'बन्धु दुर्योधन' भाग्यशाली था जो मर गया, और

बाकी बचा मैं/देखने को अँधियारे में निर्निमेष भावी, अमंगल पग/किसको बताऊँ किन्तु/मेरे ये कुटुम्बी अज्ञानी हैं, दुर्विनीत हैं/ या जर्जर हैं।

कृपाचार्य विदुर से 'आत्मघातवाली इस युधिष्ठिर की संस्कृति' में रहने से इन्कार करते हैं उन्हें सारा मानव भविष्य आत्महत्या की संस्कृति से अभिशप्त दिखता है— 'यह आत्महत्या होगी प्रतिध्वनित/इस पूरी संस्कृति में/दर्शन में, धर्म में, कलाओं में/शासन-व्यवस्था में/आत्मघात होगा बस अन्तिम लक्ष्य मानव का।

विदुर की भी यही समझ है—'राज्य में युधिष्ठिर के/होंगे आत्मघात/विप्र लेंगे निर्वासन/कैसी यह शान्ति है/प्रभु जो तुमने दी है?

अनागत की कृष्ण द्वारा की गयी सारी संकल्पना आत्मघाती और व्यर्थ सिद्ध हुई है। दोनों प्रहरी भी जो नाटककार के मुखौटे हैं, युधिष्ठिर के राज्य में असन्तुष्ट हैं। उनके लिए अन्धे धृतराष्ट्र और धर्मराज युधिष्ठिर नागनाथ और साँपनाथ जैसे ही दिखते हैं—

प्रहरी 1 : शासन बदले।

प्रहरी 2 : स्थितियाँ बिल्कुल वैसी हैं।

आशय यह कि 'परात्पर' कृष्ण के नेतृत्व में जो सत्ता-परिवर्तन हुआ है उसमें भी सत्ता का अन्धापन पूर्ववत कायम है। इस विजय को नाटककार ने एक 'क्रमिक आत्महत्या' के रूप में निरूपित किया है। 'प्रभु' कृष्ण भी इसी क्रूर क्रम में फँसे हैं। तो क्या धृतराष्ट्र और युधिष्ठिर में कोई अन्तर नहीं? अगर धृतराष्ट्र पुत्र-मोह के अधीन थे और युधिष्ठिर भी कुटुम्ब-मोह के कारण असहाय हैं, तो फिर युधिष्ठिर धर्मराज, सन्तज्ञानी कहलाने के अधिकारी क्यों? दरअसल राम, रावण, कृष्ण, युधिष्ठिर, धृतराष्ट्र दुर्योधन आदि अपने-अपने सन्दर्भों में रूढ़ हो चुके हैं। इनके उपयोग में सावधानी अपेक्षित है। इनके साथ वहीं तक स्वतन्त्रता ली जा सकती हैं जहाँ तक इनके मूल सन्दर्भ आड़े न आते हों। अन्यथा कथानक का निर्वाह अविश्वसनीय होगा और साधारणीकरण में बाधा उपस्थिति होगी। भारती जी का निर्वाह नहीं कर पाये हैं। पात्रों के अपने पौराणिक सन्दर्भ और उनके नाटकीय सन्दर्भ बेमेल लगते हें। हाँ, अगर मूर्तिभजन उनका उद्देश्य होता तो कोई बात नहीं थी लेकिन कथानक के पीछे से जो आस्था-बोध कौंधता है उससे ऐसा नहीं लगता।

एक अन्य गम्भीर विसंगति भी खटकती है जिससे नाटककार बेफिक्र है। उसकी अपनी घोषित मंशा और अन्धा युग की अपनी उभरी मंशा में कोई मेल नहीं ह । अन्धा युग की 'स्थापना' में भारती जी भी असमंजस में हैं, लेकिन फिर भी वे घोषित करते हैं : कथा ज्योति की है अन्धों के माध्यम से।

लेकिन अश्वत्थामा का खूनी अमानवीय प्रतिशोध, संजय, युयुत्सु और प्रहरियों का सम्पूर्ण मोहभंग, युधिष्ठिर के राज्य की बन्ध्या, आत्मघाती संस्कृति आदि का अति यथार्थवादी चित्रण अन्धा युग का मूल स्वर है। यहाँ तक कि वृद्ध जरासन्ध जो कृष्ण के अन्त का निमित्त है और जिसने कृष्ण के 'नूतन निर्माण' का अन्तिम

सन्देश सुना है, वह भी असहाय दिखता है। भविष्य के प्रतीक कृष्ण अब कलियुग में आम आदमी के हाथ के खिलौने हैं। वे चाहें तो इसे तोड़ दें या उसे सुरक्षित रखें—

निश्चय ही! वे हैं भविष्य/किन्तु हाथ में तुम्हारे हैं/जिस क्षण चाहो उनको नष्ट करो/जिस क्षण चाहो उनको जीवन दो, जीवन लो।

नायकों का जमाना लद चुका है। अब आम आदमी इतिहास का निर्माता है। लेकिन आम आदमी के प्रतीक हैं संजय, अश्वत्थामा और युयुत्सु जिसकी आत्म-स्वीकृति बहुत आशादायी नहीं :

संजय—किन्तु मैं निष्क्रिय अपंग हूँ;

अश्वत्थामा—मैं हूँ अमानुषिक!

युयुत्सु—और मैं हूँ आत्मघाती अन्ध!

अर्थात अब युग का निर्माण 'परात्पर' कृष्ण द्वारा नहीं, बल्कि 'निष्क्रिय अपंग', 'अमानुषिक' और 'आत्मघाती अन्ध' द्वारा जनतन्त्र के माध्यम से होना है और व्याध जरा की असहाय चीख के साथ अन्धा युग का पटाक्षेप होता है:

वे हैं निराश/और अन्धे/और निष्क्रिय/और अर्द्धपशु/और अँधियारा गहरा होता जाता है!/क्या कोई सुनेगा/जो अन्धा नहीं है, और विकृत नहीं है, और/मानव भविष्य को बचायेगा?/मैं हूँ जरा ब्याध/और रूपान्तरण यह हुआ मेरे माध्यम से/मैंने सुने हैं ये अन्तिम वचन/मरणासन्न ईश्वर के/जिसकी मैं बाहें उठाकर दोहराता हूँ/कोई सुनेगा!/क्या कोई सुनेगा?/क्या कोई सुनेगा...।

लेकिन कोई सुननेवाला नहीं है। कृष्ण रूपी गाँधी का वध हो चुका है। युधिष्ठिर रूपी नेहरू अन्धेयुग के प्रवेश-द्वार पर असहाय खड़े हैं। आम आदमी 'अपंग', 'अन्ध' और 'अर्द्धपशु' है। लेकिन अब यह निष्क्रिय नहीं है। गाँधी के 'रूपान्तरण' के जिम्मेदार नये राजाओं के खूनी महाभारत का कृष्ण-सन्देश वह सुन रहा है और कश्मीर, पंजाब से लेकर अयोध्या, भागलपुर तक सक्रिय हैं। भारती जी शायद चकित होंगे यह देखकर कि अब जरा असहाय नहीं है।

अन्धा युग की कथ्यात्मक अन्विति को लेकर कई प्रश्न खड़े होते हैं जो इसके प्रतीक-विधान की उपयुक्तता को भी सन्दिग्ध बनाते हैं। यह नाटक कई स्तरों पर विसंगतियों का शिकार है। पहला तो यह कि नाटककार की मंशा और नाटक की मंशा के बीच गम्भीर विसंगति है, जिसकी चर्चा ऊपर हुई है। नाटककार की मंशा है अन्धों के माध्यम से ज्योति की कथा कहना; चिंघाड़ते सागर की अनमापी, अन्ध गहराई में घुसकर 'आस्था', 'प्रकाश', 'सत्य', 'मर्यादा' के कुछ कणों को बचाकर ऊपर लाना। लेकिन कथानक का अन्त होता है संजय, युयुत्सु, अश्वत्थामा की सिनिकल अन्धता और नव-निर्माण के कृष्ण-सन्देश के वाहक वधिक जरा की असहाय चीख के साथ। कृष्ण अपनी बलि देकर अश्वत्थामा की पीड़ा हरते हैं, लेकिन अश्वत्थामा में कोई मौलिक रूपान्तरण नहीं हो पाता और उसकी अन्तिम

स्वीकृति यही है कि वह 'अमानुषिक' है। युधिष्ठिर-युग की बन्ध्या और आत्मघाती संस्कृति की विस्तृत चर्चा 'आस्था', 'प्रकाश' और 'मर्यादा' की किरण के लिए कोई गुंजाइश नहीं छोड़ती। दूसरा यह कि मिथक-प्रतीकों के प्रति जिस सीमा तक स्वतन्त्रता ली गयी है वह उचित नहीं लगती। युधिष्ठिर-युग की जिस अन्धी संस्कृति की चर्चा है वह धर्मराज युधिष्ठिर के मूल सन्दर्भ से मेल नहीं खाती। महाभारत मूलतः एक धर्मयुद्ध था। वह मूल्यों और मर्यादाओं की स्थापना के लिए स्थितप्रज्ञ और परात्पर कृष्ण के विवेक से निर्देशित था। अश्वत्थामा का अन्धा प्रतिशोध एक विपथगामी आख्यान है, जो सम्पूर्ण महाभारत पर टिप्पणी नहीं हो सकता। इन विसंगतियों को कृष्ण के मुक्तिदायी अन्त के जरिये दूर किया जा सकता था। नाटककार ने थोड़ी कोशिश की जरूर है लेकिन अपेक्षित सीमा तक निर्वाह नहीं हो सका है। न 'प्रभु' की प्रभुता निभ पायी है, और न युधिष्ठिर की धर्म-परायणता ही। अन्ततः जीता है धृतराष्ट्र का अन्धापन ही।

तीसरा यह कि अन्धा युग में वर्णित सामाजिक यथार्थ और तत्कालीन सामाजिक यथार्थ में भी विसंगति है। नाटककार की सामाजिक संवेदना विश्वसनीय नहीं है। लगता है भारती जी अस्तित्ववादी सोच के भारतीय फैशन के शिकार थे। यूरोप में जिस अस्तित्ववादी कुण्ठा, अनास्था, आत्मघात, न-कुछता, उबकाई, आत्म-निर्वासन, विसंगति, आदि की चर्चा चौथे-पाँचवें दशकों में हुई थी उसके लिए वस्तुगत आधार था। हिटलर और मुसोलिनी का खूनी आतंक कायम था। लोकतन्त्र असफल सिद्ध हो रहा था। पश्चिमी दुनिया दूसरे विश्व-युद्ध की विनाश-लीला की ओर लुढ़कती जा रही थी जबकि अभी पिछले महासमर के विनाश की स्मृति ताजा थी। इलिएट की प्रारम्भिक कविताएँ 'लव सांग आफ अल्फ्रेड जे. प्रूफ्राक' (1910-11) के प्रेम-गीत से लेकर 'खोखले मानव' (The Hollowman, 1925) तक समूची ईसाई संस्कृति के अवसान की सूचक थी। इन्हीं सन्दर्भों में सार्त्र, कामू, बेकेट आदि को समझा जा सकता है। लेकिन अचानक, छठें दशक के पूर्वार्द्ध में हिन्दी कविता में अस्तित्ववादी विश्व-बोध लोकप्रिय हो उठा। यह नयी कविता का स्थायी भाव बन गया। कवियों ने इस आयातित एवं बासी 'साहित्य-बोध' का प्रचार-प्रसार बड़ी निष्ठा से किया। लेकिन यह साहित्यिक फैशन आरोपित था, जिसे लगता है, कवि भारती ने यथावत् अपना लिया। नव-स्वतन्त्र भारत में इस अस्तित्ववादी संवेदना के लिए वस्तुगत आधार नहीं था। अभी यहाँ नवनिर्माण का उल्लास था। अभी-अभी हमने अपने को गणतन्त्र घोषित किया था और प्रथम आम चुनाव में आम जनता ने उत्साहपूर्ण भागीदारी दिखायी थी। 'श्रमदान' की नयी रचनाधर्मी संस्कृति का एहसास गाँव-गाँव में किया जा सकता था। राजे-रजवाड़े समाप्त हुए थे, जमींदारियाँ टूटी थीं और सामान्तवाद-विरोध की लहर पूरे देश में थी। प्रथम पंचवर्षीय योजना लागू हुई थी, जिसे अद्भुत सफलता भी मिली। दूसरी में नये भारी उद्योगों का शुभारम्भ हो

रहा था, जिसमें काफी सच्चाई भी थी। कम्युनिस्टों की उग्र वर्गवादी राजनीति वस्तुगत परिस्थितियों के आत्मगत आकलन पर टिकी थी और इसी कारण बहुत दिनों तक चलायी भी न जा सकी। अतः अन्धा युग में वर्णित सामाजिक यथार्थ तत्कालीन सामाजिक यर्थाथ से मेल नहीं खाता। यह मूलतः अतियथार्थवादी (surrealist) है। यह कवि भारती की भावुकता और सोच के इकहरेपन के कारण अस्तित्ववादी विश्व-बोध की यथावत् स्वीकृति का परिणाम है। तत्कालीन परिस्थितियों के सन्दर्भ में इस नाटक का विश्वसनीय राष्ट्रीय रूपक के रूप में पढ़ना उचित नहीं प्रतीत होता।

चौथा यह कि भारती जी का कवि-व्यक्तित्व उनके नाटककार पर हावी है। कथा-गायक, दोनों प्रहरी, संजय और जरा भी कवि के मुखौटे हैं। कवि की अस्तित्ववादी चित्ति 'प्रभु' की मुक्तिदायी मृत्यु (यहाँ प्रभु जीसस रूप में सामने आते हैं।) से भी रूपान्तरित नहीं होती। कथा गायन को सुनें :

जिस क्षण प्रभु ने प्रस्थान किया/द्वापर युग बीत गया उस क्षण/प्रभुहीन धरा पर आस्था हत/कलयुग ने रखा प्रथम चरण।

समय और भयंकर लगने लगा है। प्रभु ने अश्वत्थामा की पीड़ा हरी है, लेकिन अश्वत्थामा में आस्था की किरण नहीं फूटती :

यह जो अनुभूति मिली है/क्या यह आस्था है?

'नरपशु अश्वत्थामा की झूठी आस्था' को युयुत्सु 'घिसा हुआ सिक्का' मानता है, जिसके 'ज्योतिवृत' में वह भटकता रहा है। संजय सम्पूर्ण कवि है, द्रष्टा है। वह जागतिक यथार्थ को देख-समझा तो सकता है, लेकिन उसमें हस्तक्षेप नहीं कर सकता-

पर मैं तो हूँ निष्क्रिय/निरपेक्ष सत्य!/मार नहीं पाता हूँ/बचा नहीं पाता हूँ/कर्म से पृथक/खोता जाता है क्रमशः अर्थ अपने अस्तित्व का!

शेक्सपियर के त्रासद नाटकों में भी उसका कवि-व्यक्तित्व नायकों पर अक्सर हावी हो जाता है। लेकिन उस समय रंगमंच की सीमाओं को काव्याभिव्यक्तियों से ढका जाता था। इसलिए पात्रों के काव्यात्मक उद्‌गार बहुत नहीं खटकते थे। 19वीं सदी के रूमानी कवियों ने जब इसे अपनाया तो रंगमंच पर असफल हो गये। रंगमंच ऐक्शन ओरिएण्टेड होता है। पात्र मंच पर विभिन्न मुद्राओं में काव्य-पाठ के लिए नहीं आते। लेकिन अन्धा युग में हुआ यही है। एक उदाहरण काफी होगा। हाथ में ब्रह्मास्त्र लिए घायल और क्रुद्ध अश्वत्थामा सनसनीखेज कविता उगलता है। ब्रह्मास्त्र के दुष्परिणाम से सभी परिचित हैं और चिन्तित भी। लेकिन इस पर वह नये सिरे से प्रकाश डालता है। डॉ. शिवमूरत सिंह का यह कहना अंशतः सही है कि अन्धा युग एक लम्बी नाट्य कविता (dramatic poem) है, जिसकी विभिन्न मुद्राओं की अभिव्यक्ति के लिए विभिन्न पात्रों को मंच पर आवश्यकतानुसार खड़ा

कर दिया गया है। पात्रों की चिति, उनका जीवन-बोध प्रायः एक जैसा है। कुछ अनास्था और असहायता-बोध से पीड़ित हैं, तो कुछ प्रतिशोध की ज्वाला में झुलस रहे हैं। पहले किस्म की पीड़ा तो नाटककार-कवि की अपनी पीड़ा है और दूसरे किस्म की पीड़ा के प्रति उसकी सच्ची सहानुभूति है। कवि हर जगह विद्यमान है। वस्तुगतता का अभाव बार-बार खटकता है। नयी कविता के रोमान के दायरे में यही सम्भव भी था। अन्धा युग की रंगमंचीय सफलता इसकी काव्यता, संगीत और मेलोड्रामा पर ही मुख्यतः टिकी है।

पाँचवीं और अन्तिम बात यह कि नाटककार हिन्दुओं के उत्तरोत्तर अवसानपरक कालबोध-सतयुग, त्रेता, द्वापर और कलियुग-की सनातनी जकड़ से मुक्त नहीं है। अतः अन्धा युग में 'अन्धों के माध्यम' से 'ज्योति' की तलाश अन्धापन में ही खत्म होती है। अन्धा युग की 'अभिशप्त भूमि' पर आस्था, प्रकाश, सत्य और मर्यादा के बीच अंकुरित नहीं हो सकते। नाटककार ने अपने प्राक्कथन में बड़े विश्वास से अन्धकार के गरजते महासागर की अनमापी गहराइयों में गोता लगाकर इन्हें प्राप्त करने की बात कही है, जो निरर्थक सिद्ध हुई है। नाटककार के समक्ष विश्वबोध का संकट है। दृष्टि पुरानी है, स्थितियाँ नयी हैं। इसलिए कवि-सत्य और वस्तु-सत्य में विसंगति हैं नाटककार के दावे और नाटक के वितान से उभरी दृष्टि में असंगति है। इसीलिए कृष्ण-गाँधी, युधिष्ठिर-नेहरू आदि की प्रतीक-व्यंजना अविश्वसनीय है। मूल्यबोध के परिप्रेक्ष्य में अन्धा युग, कुल मिलाकर, अंधियारे में अन्धों के माध्यम से आस्था, प्रकाश, सत्य आदि की अन्धी तलाश जैसा है। अन्ततः अन्धा युग का अन्धापन ही स्थापित हो पाता है; इसमें निहित मर्यादाएँ अन्वेषित रह जाती हैं।

एवम् इन्द्रजित् : अनाटकीय जीवन का नाटक

जयपुर में मित्रों ने बताया कि स्व. श्री रामानन्द अग्रवाल जो कम्युनिस्ट होने के बावजूद अद्भुत साहित्य-प्रेमी थे, विनोदी क्षणों में अक्सर कहते कि अगर उनका राज आता तो वे केवल बँगला भाषा में ही कथा साहित्य लिखने की अनुमति देते। अच्छा हुआ उनका राज नहीं आया। लेकिन बँगला कथा-साहित्य सम्बन्धी उनके उद्गार में एक सत्य की ही अतिरंजना है। एवम् इन्द्रजित्, पागल घोड़ा, टीन की तलवार जैसे अनूदित बँगला नाटकों को पढ़कर मैं भी अभिभूत रहा हूँ। परन्तु श्री अग्रवाल की विनोदपूर्ण अतिरंजना से भी मात्र इसलिए बच सका हूँ कि मुझे गिरीश करनाड, विजय तेन्दुलकर, मोहन राकेश आदि के भी नाटक पढ़ने को मिले हैं। एवम् इन्द्रजित्, टिन की तलवार की ही तरह तुगलक, खामोश अदालत जारी है, आधे-अधूरे आदि नाटकों को भी 'भारतीय नाटक' कहलाने का गौरव प्राप्त है। सच कहें तो बंकिम, शरत्, रवीन्द्र, प्रेमचन्द, भारती जैसे साहित्य मनीषियों के बाद इधर के दशकों में नाटककारों और रंग-कर्मियों ने ही जातीय सीमाओं का अतिक्रमण किया है। इनका सरोकार नाटक से रहा है, भाषा से नहीं। इस सन्दर्भ में बादल सरकार कृत एवम् इप्द्रजित का भी एक महत्त्वपूर्ण स्थान है।

एवम् इन्द्रजित (राजकमल, 1969) मूलतः एक प्रयोगधर्मी नाटक है। शिल्पगत प्रयोगधर्मिता इसकी मौलिक विशिष्टता है। इसमें यथार्थ और कल्पना का अद्भुत संयोजन है। नाटक में जीवन-यथार्थ, कथा-योजना और काव्य का अद्भुत समाहार है। पात्रों का वास्तविक जीवन ही उनका मंचीय जीवन है। कथा-योजना में अस्तित्ववादी जीवन-दृष्टि, ब्रेख्तीय तकनीक और कविता अविच्छिन्न रूप से मिले-जुले हैं। परिणामस्वरूप यह यथार्थवादी नाटक भी अपनी प्रस्तुति में फन्तासी-सा लगता है। यथार्थ को जीते हुए भी मन यथार्थ से ऊपर उठा रहता है। नाटक में लेखक का टाइरेसियस रूप इस सन्दर्भ में अत्यन्त प्रभावी है। मंचीय प्रस्तुति के लिए साज-सज्जा, तड़क-भड़क आदि अनावश्यक हैं। पूरे नाटक के दौरान पर्दा केवल तीन बार गिरता है— प्रत्येक अंक के अन्त में। पात्र आते-जाते रहते हैं और दृश्य बदलते रहते हैं। इस प्रकार दृश्य-बन्धों के अन्तर्ग्रथन में अद्भुत बारीकी है। नाटक तीन

अंकों में है, जिसमें पहला अंक सबसे बड़ा, दूसरा उससे छोटा और तीसरा सबसे छोटा है। अतः इसकी संरचना पिरामिड जैसी है। तीनों अंक जीवन के तीन विभिन्न स्तरों एवं स्थितियों को व्यंजित करते हैं। पहला अंक अमल, विमल, कमल और इन्द्रजित् की पढ़ाई-लिखाई, परीक्षा, नौकरी की चिन्ता और उसके लिए साक्षात्कार इत्यादि को प्रस्तुत करता है। दूसरे अंक में अमल, विमला, कमल का नौकरी, बीवी, कैरियर, प्रमोशन, पैसा, सुरक्षा आदि में खप एवं चुक जाने का चित्रण है। इन्द्रजित् भी इस सामान्यता में फँसता तो जरूर है, लेकिन इसका शिकार नहीं होता। वह असन्तुष्ट सुकरात है। अतः तीसरा अंक इन्द्रजित् पर ही केन्द्रित है। लेखक और मानसी कथानक के मूल सूत्रधार हैं। अमल, विमल, कमल, इन्द्रजित और लेखक के बीच की एक प्रमुख सेतु मानसी है। अमल, विमल, कमल के लिए वह बीवी है, इन्द्रजित् के लिए आदर्श प्रेयसी है, लेकिन लेखक के लिए प्रेरणास्रोत है। वह नाटककार के ही शब्दों में 'शाश्वत नारी' है, जिसे लोग अपने-अपने स्तरों से, विभिन्न रूपों में देखते और स्वीकारते हैं। इस प्रकार इस नाटक में लेखक भी एक मशीनरी है, जो अमल, विमल, कमल और इन्द्रजित् के प्रायः स्वतन्त्र प्रयासों एवं चिन्ताओं से पृथक रहते हुए भी उन्हें तर्क एवं अर्थ देता है—बिल्कुल इलिएट के द वेस्ट लैण्ड के टाइरेसियस की तरह। वर्तमान पर टिप्पणी, अनागत की चिन्ता और उसका पूर्वाभास कभी सीधे कोरस के माध्यम से, तो कभी पार्श्वगीत के माध्यम से होते रहते हैं। यहाँ नाटककार ने पार्श्वगीत की मशीनरी को अपनाया है, जो आज के नाटकों में एक सामान्य-सी बात है। यहाँ कोई नयापन नहीं है, लेकिन अन्य पात्रों की संकल्पना में नयापन, ताजगी और साथ-ही-साथ जटिलता का एहसास किया जा सकता है।

एवम् इन्द्रजित् कमरे में पढ़ने के लिए नहीं, खेलने के लिए लिखाा गया है। यह प्ले है, ड्रामा नहीं। इसमें पात्रों का कहना नहीं, करना महत्त्वपूर्ण है। अमल, विमल और कमल बिल्कुल एक जैसे हैं। अक्सर उन्हें एक ही साथ अमल-विमल-कमल के रूप में सम्बोधित किया जाता है। इनके क्रिया-कलाप और इनकी चिन्ताएँ बिल्कुल एक-सी हैं। ये पैदा हो गये हैं इसलिए डिग्रियाँ हासिल करेंगे, नौकरी करेंगे, शादी रचायेंगे, बच्चे पैदा करेंगे और प्रमोशन एवं पैसे के लिए छटपटाते-रिरियाते रिटायर करेंगे, और उनके बाद उनके बच्चे उन्हीं के एकरस एवं अर्थहीन जीवन को दुहराने के लिए अभिशप्त होंगे। इनमें से किसी के पास न व्यक्तित्व है, न चरित्र। ये सामान्य चेहराविहीन लोग हैं, जो यान्त्रिक रूप से अपना कीट-जीवन चक्र पूरा करते है। ओर मिट जाते है। यही शहरी निम्न-मध्य वर्ग की नियति है। इसकी एकमात्र उपलब्धि होती है— नौकरी, और उसके बाद उसका एकमात्र सपना होता है— एक स्वयत्त एवं सुखी परिवार। इनके आवर्ती, सिमटे जीवन में लेखक को कोई नाटकीयता नहीं दिखती। लेखक की यहीं परेशानी है। एक रस एवं आवर्ती जीवन पर नाटक कैसा! 'अपने चारों ओर में जिन्हें देखता हुँ, उनमें न रूप, न रंग है, न

वस्तु। ये सब अनाटकीय हैं।' इसके पूर्व शायद किसी नाटककार को यह शिकायत नहीं थी।

लेकिन इन्द्रजित् अन्यों से भिन्न है। वह कोर्स और परीक्षा से बाहर झाँकता है। नौकरी पाता है, लेकिन कर नहीं पाता। शादी भी करता है, लेकिन परिवार की सिमटी सीमा-रेखा में खप नहीं पाता। वह परेशान है, 'मैलएडजस्टेड' है। लेकिन समझ नहीं पाता, क्यों? उसे अपने सुकरात-तत्त्व का सही ज्ञान नहीं है। किन्तु वह लेखक का ही दूसरा 'स्व' (alterego) है। वस्तुनिष्ठता एवं 'एलिअनेशन इफेक्ट' (Alienation effect) की दृष्टि से लेखकीय व्यक्तित्व के दो धड़े कर दिये गये हैं। केवल लेखक से भी काम चल सकता था। दरअसल, इन्द्रजित् भोक्ता 'जीव' है और लेखक साक्षी भाव आत्मा। इन्द्रजित् सांसारिक मोह-पाश में फँसता, भोगता और उससे ऊबता है। वह संसार-सागर में थकता, डूबता और तिरता है। लेकिन लेखक आत्मा की तरह निर्विकार है। इसकी स्थिति साक्षी की है। अतः वह घटनाओं के बीच भी अपने द्रष्टाभाव को कायम रख पाता है। मानसी से इन्द्रजित् एवं लेखक के सम्बन्धों का सतर एवं स्वरूप भिन्न है। इन्द्रजित् के लिए वह प्रेयसी है, किन्तु लेखक के लिए शक्ति और प्रेरण का अक्षय स्रोत। जब तक इन्द्रजित् को अपनी असाधारणता का एहसास नहीं होता, तब तक वह मानसी को भोग्या, बीवी या प्रेयसी के रूप में ही देखता है। लेकिन मानसी को उसमें निहित 'असाधारणता' का एहसास है। लेखक भी उसे समझता है कि वह अमल-विमल-कमल नहीं हो सकता। उसने ज्ञान-वृक्ष का फल जो चखा है। इन्द्रजित् की परेशानी आधुनिक संवेदनशील बुद्धिधर्मी की है, जो परम्परागत आस्थाओं, रूढ़ियों एवं स्थापित समाज-व्यवस्था के प्रति शंकालु है, किन्तु उनके मोह से मुक्त नहीं है। अपनी समझ एवं संकल्प की सीमाओं की तरफ नजर न दौड़ा कर वह ज्ञान को दोषी ठहराता है, मानों अपनी आदित ज्ञान-विरोधी धार्मिक आस्थाओं की तरफ लौट जाने का बहाना ढूँढता हो। वह आज के भारतीय बुद्धिधर्मी की तरह या तो अरविन्द दर्शन के वायवीय लोक में जियेगा या 'होली' के अश्लील श्रृंगार में। चूँकि इन्द्रजित् सातवें दशक के पूर्वार्द्ध का बुद्धिधर्मी है, इसलिए वह अस्तित्ववादी और एब्सर्ड भी है। आशय यह है कि एवम् इन्द्रजित् की एक विशिष्टता उसके चरित्र-चित्रण में विविधता और उसमें निहित अर्थ-वैभव है।

एवम् इन्द्रजित् को पढते समय पिरैन्दलों के सुप्रसिद्ध नाटक 'छह चरित्र लेखक की खोज में' (Six Characters in Search of the Author) की याद बार-बार आती रही। इस नाटक में एक ही परिवार के छह सदस्य अपनी अभिव्यक्ति के लिए लेखक की तलाश में हैं। इनका सामाजिक स्तर शहरी निम्न-मध्यवर्गीय है। इनका विसंगतपूर्ण जीवन असीम नाटकीयता से भरा पड़ा है। इन्हें इसका एहसास भी है। अतः ये सक्षम नाटककार की तलाश में हैं। इनके सुख और दुःख, इनकी

सफलताएँ-असफलताएँ, इनकी त्रासदी और कामदी नितान्त इनकी हैं। लेखकीय चेतना से स्वतन्त्र इनका अपना वस्तुनिष्ठ अस्तित्व है। लेखक तो इन्हें चित्रित भर करता है। बादल सरकार ने एवम् इन्द्रजित् में स्थिति को उलट दिया है। इसमें लेखक को मध्यवर्गीय जीवन में चरित्रों की तलाश है। निम्न मध्यवर्गीय जीवन इतना एकरस और सपाट है कि इसमें नाटकीयता की कोई सम्भावना हीं नहीं। इसकी अनाटकीयता का कारण इसका घटना विहीन आवर्ती जीवन है। पुश्त-दर-पुश्त यह वर्ग एक ही प्रकार के जीवन-चक्र में फँसा रहता है :

अमल रिटायर करता है, उसका लड़का अमल नौकरी करता है। विमल बीमार हो जाता है, उसका लड़का विमल नौकरी करता है। कमल मर जाता है उसका लड़का कमल नौकरी करता है। इन्द्रजित् का लड़का इन्द्रजित्।

लेकिन यहाँ प्रश्न मध्यवर्गीय जीवन की निस्सारता का नहीं है। यह तो एक विवाद का विषय है। यहाँ अहम् प्रश्न है, कथित निस्सारता के चित्रण के लिए अपनाई गयी तकनीक का। पिरैन्दलों के चरित्र लेखक की खोज में हैं, लेकिन एवम् इन्द्रजित् में लेखक चरित्रों की खोज में है। वहाँ निम्न मध्यवर्गीय जीवन में नाटकीयता है जिसकी अभिव्यक्ति के लिए सक्षम लेखक चाहिए, यहाँ लेखक तो है लेकिन भारतीय निम्न मध्यवर्गीय जीवन में नाटकीयता नहीं है। पिरैन्दलों का दावा था कि उसने बुद्धि को आवेग दिया, लेकिन बादल सरकार के बारे में कहा जा सकता है कि इन्होंने एवम् इन्द्रजित् में आवेग को बौद्धिक तटस्थता से देखने की कोशिश की है।

किन्तु दोनों नाटकों में अद्भुत समानताएँ भी हैं। पिरैन्दलों ने अपने नाटक को सृजन-प्रक्रिया में (a play in the making) माना है। एवम् इन्द्रजित् के बारे में भी यही कहा जाना चाहिए। दोनों ही नाटकों में बहुस्तरीय अर्थगुम्फन है। दोनों में प्रमुख पात्र 'टाइप' है अथवा प्रतीक। छह चरित्र लेखक की खोज में के प्रमुख पात्र हैं— माँ, पिता, पुत्र, सौतेली पुत्री, लड़का और छोटी बच्ची। अपनी सामाजिक स्थिति में ही इनकी पहचान बनती है, लेकिन इनके 'सोशल रोल' (social role) और इनकी निजता के बीच क्रूर द्वन्द्व है, जो इन्हें नाटकीयता प्रदान करता है और इन्हें चेहराविहीन होने से बचाता है। एवम् इन्द्रजित् में अमल-विमल-कमल तथा मौसी माँ भी 'टाइप्स' हैं लेकिन इनमें से केवल इन्द्रजित, मानसी और लेखक 'टाइप' होने के साथ-साथ पिरैन्दलों के पात्रों की तरह आन्तरिक द्वन्द्वों से भरे हैं, अतः नाटकीय हैं। पिरैन्दलों का चित्रण अति यथार्थवादी है। बादल सरकार का चित्रण अति यथार्थवादी होते-होते बचा है। इन्होंने अपने नाटकों में जीवन की अर्थहीनता को रेखांकित करते-करते अचानक जीवन को स्वीकार लिया है। लेकिन इस स्वीकृति में भी पिरैन्दलों की अनुगूँज है। पिरैन्दलों का मानना था कि अस्तित्व की पीड़ा को झेलने के लिए कोई-न-कोई 'तर्कसंगत झूठ' (logical lie) आवश्यक है। एवम्

इन्द्रजित् में भी इसका सहारा लिया गया है। नाटक का पटाक्षेप एक 'तर्कसंगत झूठ' की घोषणा के साथ होता है–

तीर्थ नहीं, है केवल यात्रा
लक्ष्य नहीं, केवल पथ ही
इसी तीर्थ पर है चलना
इष्ट यही, गन्तव्य यही है।

इसके माने यह नहीं कि इस नाटक में कोई मौलिकता नहीं है। फिर भी किसी लेखक के साहित्यिक संस्कारों से स्वतन्त्र उसकी मौलिकता की समझ सम्भव नहीं। 'इलिएट' की यह समझ थी कि कोई भी कवि अथवा लेखक दूसरे कवियों एवं लेखकों के सन्दर्भ में ही अर्थ पाता है। फिर भी, पिरैन्दलों के छह चरित्र लेखक की खोज में, लेखक द्वारा पात्रों की खोज में बदल देने मात्र से ही एवम् इन्द्रजित् की रचना सम्भव नहीं हुई है। इसके कथानक का विकास, भावों का संयोजन, चरित्रों की तराश, इसमें पिरोयी गयी जीवन-दृष्टि, इत्यादि बादल सरकार की अपनी है।

इस नाटक में जगह-जगह कविताओं का सहारा लिया गया है। दरअसल, कविताएँ इस नाटक के अनिवार्य अंग हैं। लेकिन यह कोई नया प्रयोग नहीं है। हिन्दी रंगमंच पर बहुत पहले भारतेन्दु और प्रसाद ने अपने ऐतिहासिक नाटकों में यथास्थान गीतों का सशक्त उपयोग किया है। कविता सघन सम्प्रेषण है। सूक्ष्म भावों की सघन व्यंजना गीतों द्वारा सम्भव है। अनेक स्थितियों में गद्य गरीब और सक्षम लगता है। प्रेक्षा के पिछले अंक में मैंने अपने निबन्ध में इसकी चर्चा की है। आश्चर्य नहीं, आधुनिक गद्य-नाटकों में भी यथास्थान गीतों का उपयोग हुआ है। एवम् इन्द्रजित् में भी हुआ है। नाटकीय दृष्टि से इसके गीत अत्यन्त महत्त्वपूर्ण हैं। ये स्थिति पर प्रकाश डालने के साथ-साथ चरित्र पर भी प्रकाश डालते हैं। प्रायः प्रत्येक अंक का अन्त गीत से होता है। गीतों के सहारे ही पाठक चरित्रों के आन्तरिक संघर्ष को समझता है। दरअसल, अन्तर्द्वन्द्वों की भाषा ही गीत है। नाटकीयता उनके चरित्रों में होती है जिसमें अन्तर्द्वन्द्व होता है। इतिहास-पटल पर फ्रायड के आगमन के बाद कलाकारों एवं साहित्यकारों का ध्यान भौतिक द्वन्द्वों से मानसिक द्वन्द्वों की ओर गया। यह सच है कि शेक्सपियर के त्रासद पात्रों में मानसिक द्वन्द्व ही निर्णायक है। लेकिन अभी भौतिक द्वन्द्व भी अपना अर्थ रखते हैं, लेकिन अब ऐसा नहीं है। एवम् इन्द्रजित् में तीन महत्त्वपूर्ण पात्र हैं जो किसी-न-किसी रूप में अपने सर्जक के मन-मिजाज के निकट हैं। ये तीन हैं : लेखक, इन्द्रजित् और मानसी। ये तीनों ही अन्तर्द्वन्द्व से पीड़ित और परेशान हैं। आधुनिक युग का लेखक एक मैलएडजस्टेड, परेशान और पराजित जीव है। बर्नार्ड शा के नाटकों में लेखक अतिशय भावुक, अव्यावहारिक, कमजोर, बेवकूफ एवं पराजित व्यक्ति है। चेखोव के नाटकों में वह आत्महत्या तक करता है। एवम् इन्द्रजित् में भी वह विभक्त और खण्डित है :

मैं विभक्त, मैं अनुखण्डित हूँ
चूर-चूर कण-कण से निर्मित जटिल इकाई एक
जी रहा और जीऊँगा।

आश्चर्य नहीं, नाटक के अधिकांश गीत उसी के मुख से निकले हैं। इन्द्रजित् का द्वन्द्व बुद्धि और विश्वास के बीच का द्वन्द्व है :

क्या करना है बातों का अम्बार लगाकर
और बताओ, क्या मिला है
बीज तर्क के यों फैला कर?

मानसी तो विश्वास करती है, वह प्रवाह-पतित है, नियमों का पालन करती है, क्योंकि वह लड़की है। लेकिन उसमें भी बुद्धितत्त्व है, जो उसे सोचने के लिए विवश करता है और उसकी तुच्छता का एहसास कराता है :

फिर भी मैं हूँ कीट अधम-बेशर्म।
तुष्ट चतुर्दिक फैले जीवन तन्तु-जाल।

पार्श्व से आता कविता-पाठ तो स्टीरिओटाइप है, जिसमें यूनानी त्रासद नाटकों में प्रयुक्त कोरस की लम्बी परम्परा की अनुगूँज है।

आशय यह कि एवम् इन्द्रजित् में गीतों का उपयोग सोच-समझ कर, योजनाबद्ध तरीके से हुआ है। कविताएँ उन्हीं पात्रों को दी गयी हैं जिनमें आन्तरिकता है, अर्थात जिनमें कवित्व की सम्भावना है। अमल-विमल-कमल अथवा मौसी में आन्तरिकता नहीं है, इसलिए उनमें कवित्व की गुंजाइश भी नहीं। शेक्सपियर के त्रासद नाटकों में भी गीतों का यही पैटर्न है। वास्तविक गीत वहीं सम्भव है जहाँ वास्तविक द्वन्द्व है। सम्भव है, इस सन्दर्भ में बादल सरकार शेक्सपियर द्वारा संस्कारित हुए हों। हाँ, इतना अन्तर अवश्य है। शेक्सपियर के नाटाकें में अभी भौतिक द्वन्द्व का आत्मिक महत्त्व भी कायम है। वहाँ नितान्त भौतिक शायद ही कुछ हो। दोनों दुनियाएँ गहन रूप में सार्थक हैं। अतः दोनों ही प्रकार के द्वन्द्वों में काव्य की सम्भावना है। बादल सरकार आधुनिक फ्रायडोत्तर काल के व्यक्ति हैं, जब उपन्यासों और नाटकों में मनुष्य की आन्तरिकता ही केन्द्रीय है। आश्चर्य नहीं, एवम् इन्द्रजित् में अमल-विमल-कमल के जीवन में भौतिक स्तर पर बहुत-कुछ घटते रहने के बावजूद वे नाटकीय चिन्ता के केन्द्रीय बिन्दु नहीं हैं।

एवम् इन्द्रजित् के कथ्यगत स्वरूप के सम्बन्ध में भी बहुत-कुछ कहा जा सकता है। रामकमल प्रकाशन के संस्करण में अनुवादक डॉ. प्रतिभा अग्रवाल ने इस नाटक की तीन भिन्न प्रस्तुतियों की चर्चा की है। बंगाल की शौभनिक प्रस्तुति में गोविन्द गंगोपाध्याय ने इसे आशावादी नाटक के रूप में प्रस्तुत किया है। हिन्दी की दिशान्तर की मोहन महर्षि की प्रस्तुति में यह घोर निराशावादी नाटक के रूप में प्रस्तुत है। श्यामानन्द जालान की अनामिका प्रस्तुति जीवन में व्याप्त घुटन और निराशा के बीच

जीते रहने की सिसिफस जैसी विवशता की समझ देती है और इस प्रकार जीवन को निराशाओं के बीच झीनी आशा के साथ जीने के अदम्य मानव-प्रयास को रेखांकित करती है।

इन तीनों प्रस्तुतियों के लिए मूल पाठ में पर्याप्त आधार हैं। गोविन्द गंगोपाध्याय और श्यामानन्द जालान तो लेखकीय मंशा को पकड़ते हैं, लेकिन मोहन महर्षि का प्रयास मूल पाठ के मूल स्वर को दरकिनार रखता है। प्रस्तुति निर्देशक का अपना पाठ है। यह सच है कि एवम् इन्द्रजित् का पटाक्षेप आशावादी है,

लेकिन एक ऐसा आशावाद जिस पर निराशा के काले और उदास बादल छाये हैं। इसमें कामू के सिसिफस का आशावाद है, शेली के प्रामीथियस का नहीं। इस दृष्टि से श्यामानन्द जालान, गोविन्द्र बाबू की तुलना में नाटक की आन्तरिक सच्चाई के अधिक निकट हैं। लेकिन मोहन महर्षि की समझ और प्रस्तुति कुछ चुनौतियाँ प्रस्तुत करती हैं। उनकी दृष्टि में एवम् इन्द्रजित् में आशा का अनावश्यक आरोपण है जिसकी कृति के मूल स्वर से संगति नहीं बैठती। इन्द्रजित् ने इतना जान और सोच लिया है कि जीने के नाम पर कोई भ्रम पालने की जरूरत नहीं। लेखक की सिसिफसी जीवन-दृष्टि—"सब-कुछ जानते हुए भी (पत्थर को) ठेलना होगा" से वे सहमत नहीं है। इस क्रूर नियति से इन्द्रजित् घबरा उठता है : "फिर भी जिन्दा रहना होगा?" अल्बेयर कामू का मानना है कि जानने-सोचने का प्रयास ही जीवन को छोटा बनाने का प्रयास है। उसके एक नाटक द सीज का नायक दाइएगो कहता है : "मैं इस संघर्ष में चुक गया हूँ। अब मैं पुरुष नहीं हूँ और न्यायसंगत यही है कि मैं मर जाऊँ।" इन्द्रजित् भी जीवन से थक गया है। ज्ञान-वृक्ष के फल को चखने के बाद उसका भी निष्कर्ष कुछ दाइएगो जैसा ही है : "वास्तव में मृत्यु में बड़ा सुख है। न जाने कितने लोग मर कर सुखी हैं।" लगता है मोहन महर्षि ने यही सूत्र पकड़ा है और मृत्यु-दंश और अन्ततः मृत्यु की स्वीकृति को इस नाटक का केन्द्रीय विषय मान लिया है। इसीलिए उनकी प्रस्तुति में लेखक इन्द्रजित् की हत्या करा देता है, जो वास्तव में आत्महत्या है, क्योंकि इन्द्रजित् लेखक का ही एक प्रतिरूप है। फिर भी इस हत्या/आत्महत्या में सकारात्मकता देखी जा सकती है। लेखक मानसी की तरह अपनी सृजनधर्मिता के साथ जीना चाहता है और इसके लिए इन्द्रजित् की नकारात्मक बुद्धिवादिता की आवश्यकता नहीं। इस प्रकार यह हत्या/आत्महत्या एक सकारात्मक प्रतीक है, असंगत जीवन-दृष्टि के प्रति खुला विद्रोह। सोच की दिशा कामू की अस्तित्ववादी सोच से मेल खाती है, और एवम् इन्द्रजित् पर कामू के निर्णायक प्रभाव से इन्कार नहीं किया जा सकता। लेकिन मोहन महर्षि इसे बिना हत्या/आत्महत्या के प्रसंग के भी व्यंजित कर सकते थे। एक सही स्थिति की अभिव्यक्ति में उन्होंने मूल पाठ के साथ कुछ ज्यादा ही स्वतन्त्रता ले ली, जो

अनुचित है। मूल पाठ पर लेखकीय आरोपण से तो इन्कार नहीं किया जा सकता, लेकिन इससे निर्देशकीय आरोपण उचित नहीं ठहरता।

गोविन्द बाबू की शौभनिक प्रस्तुति एवम् इन्द्रजित् में चरम आशावाद व्यंजित करती है, जो नाटक की आन्तरिक बुनावट की सहज निष्पत्ति नहीं है। लेखक को अन्त तक नाटकीय चरित्र नहीं मिलते। उसके पास लिखने के लिए कुछ भी नहीं है। लेकिन उसका संकल्प है : 'फिर भी लिखना तो होगा।' घोर निराशा के बीच यह संकल्प कायम रहता है। उसे अपने रचना-कर्म की सार्थकता में तो विश्वास है, लेकिन उसके समक्ष वह जीवन-भूमि नहीं जिसमें उसकी कल्पना के बीज अंकुरित हो सके। लेखक आशावान तो है लेकिन उसकी आशा उतनी ही क्षीण और चंचल है जितनी व्यापक घने अन्धकार में जुगुनूँ का प्रकाश। दरअसल, निराशाओं के घने कुहासे में दूर कहीं झीनी जीवन-ज्योति को देखने-पकड़ने की कोशिश करते रहना ही इस नाटक का मूल स्वर है।

इस दृष्टि से सही और सटीक पकड़ श्यामानन्द जालान की है, जो लेखक को सिसिफसी नियति में देखते हैं। लेखक का अपना एहसास भी यही है। वह इन्द्रजित् एवं स्वयं को अभिशप्त सिसिफस की प्रेतात्मा मानते हैं। जिसके लिए जीवन-रूपी पत्थर को निरर्थक समझते हुए भी ठेलते रहने के सिवाय कोई अन्य विकल्प नहीं है अर्थात् कोई पूर्वनिश्चित गन्तव्य नहीं है, इसलिए तीर्थ-यात्रा भाव से जीने में भी सार्थकता है :

हाँ फिर भी जिन्दा रहना होगा, फिर भी चलते जाना होगा।
हम लोगों के लिये तीर्थ नहीं है, केवल तीर्थ-यात्रा।

लेखक की इस निर्णायक घोषणा की पुष्टि पार्श्व-गीत से भी की जाती है—

नहीं कहीं आश्वास कि
यात्रा के पूरी होने पर कोई
देवलोक सम्मुख होगा
या कि स्नेह-स्पर्श से अपने
पथ-श्रम कोई दूर करेगा
इसीलिए यह यात्रा अब है
अर्थहीन, उद्‌देश्यहीन-सी।
तो भी सोच करूँ क्यो?
हो, ऐसा ही होना है तो।

यह अनुल्लंघनीय जीवन-स्थिति की स्वीकृति है। अर्थात अस्तित्व की अर्थहीनता और उद्‌देश्यहीनता को भुलाए बगैर जीवन की स्वीकृति।

दरअसल, यही अल्बेयर कामू का सिसिफसी जीवन-बोध है, जिसमें आधारभूत असंगति (basic-absurdity) के साथ-साथ अदम्य श्रेष्ठता (Implacable nobility) भी है। कामू के अनुसार मानवीय स्थिति में-

एक क्षण आता है जब सृष्टि को त्रासद रूप में नहीं लिया जा सकता, इसे मात्र गम्भीरता से लिया जा सकता है। तब मनुष्य आशावादी होता है। लेकिन यह उसका सरोकार नहीं उसका सरोकार केवल बहाने से बचना है।

अर्थात्, मनुष्य की अदम्य श्रेष्ठता इसी में है कि वह जीवन की आधारभूत असंगति को जानते हुए भी किसी बहाना या भ्रम के चक्कर में पड़े बगैर जीवन को स्वीकार करें। इसलिए एवम् इन्द्रजित में गन्तव्य पर नहीं, पथ पर जोर है। असफलता तो सुनिश्चित है, लेकिन निराशा की निर्भ्रान्त स्वीकृति निराशा-बोध की पीड़ा का अतिक्रमण करने में सहायक सिद्ध होती है : 'हो, ऐसा ही होना है तो।' अपनी दिशान्तर प्रस्तुति में मोहन महर्षि ने इसे अपर्याप्त माना, गोविन्द बाबू इतने से अभिभूत हो उठे और श्यामानन्द ने इस मूल अस्तित्ववादी संवेदना को मंचित करने का प्रयास किया।

लेकिन एवम् इन्द्रजित् में व्यंजित जीवन-दृष्टि बिल्कुल निरापद नहीं है। इसमें कुछ दोष देखे जा सकते हैं। नाटककार के मन पर सिसिफस हावी है। अतः इस नाटक में जीवन-पथ पर चलते रहने की विवशता में ही, सिसिफस की तरह पत्थर ढकेलते रहने मात्र में ही मानव अस्तित्व की सार्थकता दिखती है। तार्किक दृष्टि से तो यह सम्भव लगता है कि बिना किसी भ्रम अथवा बहाना के जिया जा सकता है। लेकिन व्यावहारिक जीवन में शायद सम्भव नहीं है। अन्यथा, अस्तित्ववादी दर्शन में आत्महत्या को केन्द्रीय प्रश्न के रूप में नहीं उछाला गया होता। अल्बेयर कामू और सार्त्र (छठें और सातवें दशक में इनका सर्वाधिक प्रभाव है) का समूचा दार्शनिक प्रयास मानों आत्महत्या से बचने का प्रयास है। कामू ने मानव अस्तित्व में सार्थकता की तलाश असंगति, आशा और मृत्यु के बीच संवाद में किया और अपनी असंगत सोच में विद्रोह, स्वतन्त्रता और राग-द्वेष (passion) को स्वीकारते हुए आत्महत्या से इन्कार किया। इसी प्रकार न-कुछता (Nothingness) के दार्शनिक जा. पा. सार्त्र ने अस्तित्व की अर्थवत्ता को स्वतन्त्र होने के लिए अभिशप्त मानव-प्रयासों में देखा। अर्थात जीवित रहना अपने आप में अर्थवान नहीं। अस्तित्व की सार्थकता मानव-स्थिति से उत्पन्न स्वतन्त्रता और मानव गरिमा के भाव को रूपायित करते रहने की विवशता के प्रति प्रतिबद्धता में निहित है। लेकिन एवम् इन्द्रजित में प्रतिबद्धता के किसी स्पष्ट स्वरूप या परिप्रेक्ष्य का रेखांकन नहीं है। यहाँ केवल पथ है, गन्तव्य नहीं। यह तब और विचित्र लगता है जब पाठक/दर्शक अमल-विमल-कमल-मानसी की ओर नजर दौड़ाता है। इनकी जीवन-दृष्टि को स्पष्ट रूप से नकार दिया गया है। इस

प्रकार, प्रकारान्तर से, कुछ सकारात्मक कहने की कोशिश है, किन्तु मूल्यगत स्तर पर कुछ भी ठोस एवं सकारात्मक नहीं मिलता।

अब जरा एवम् इन्द्रजित् में व्यंजित जीवन-दृष्टि की ओर मुड़ा जाये। यह अपूर्ण और अस्पष्ट होने के साथ-साथ निराशाजनक भी है। नाटककार ने बौद्धिकता को या तो धार्मिक परिप्रेक्ष्य में देखा है या आधुनिकतावादी परिप्रेक्ष्य से। एवम् इन्द्रजित् में नाटककार के दो प्रवक्ता हैं– लेखक और इन्द्रजित्। ये नाटककार के व्यक्तित्व के दो पक्ष हैं। लेखक उसके रचनाधर्मी आयाम की अभिव्यक्ति है और इन्द्रजित् उसके ज्ञान-पक्ष का प्रतिनिधि है। इन्द्रजित् ज्ञानी है, तार्किक है। वह मानसी से बार-बार इसाइयों के आदि पिता आदम के मूल महापतन की चर्चा करता है। आदम को स्वर्ग से इसलिए वंचित होना पड़ा था कि उन्होंने ईश्वरीय अनुशासन का उल्लंघन कर ज्ञान-वृक्ष का फल चखा था। इन्द्रजित् भी अपने को उसी दुखद स्थिति में पाता है :

मैं भी अगर ज्ञान-वृक्ष का फल न खाता तो तुम्हारे नियमों वाले इस समाज में स्वर्ग में सुख से रहता। अब तो दीवार से सर तोड़ने के सिवाय और कोई उपाय ही नहीं है।

धार्मिक ने हमेशा ही ज्ञान को नकारा है और आस्था और अनुभूति पर बल दिया है तथा धर्म-केन्द्रित दार्शनिकों ने ज्ञान के फलक को आत्मा और परमात्मा के काल्पनिक अस्तित्व, स्वरूप एवं मिलन में आस्था तक सीमित रखा। इस प्रकार धार्मिक ज्ञान आस्था देता है, अर्थता/आप्तता की निरंकुशता में अभिनिविष्ट करता है। इसके ठीक विपरीत तर्क आप्तता के निरंकुश शासन को अस्वीकार करने का साहस प्रदान करता है। तर्क से उपजती इस अनास्था से इन्द्र घबड़ा जाता है : ''जीवित रहने के लिए मनुष्य को विश्वास की जरूरत है। भगवान पर विश्वास। भाग्य पर विश्वास। काम पर विश्वास। मनुष्य पर विश्वास। विद्रोह पर विश्वास। अपने ऊपर विश्वास।''

आश्चर्य नहीं कि वह अमल-विमल-कमल के एकरस एवं आवर्ती जीवन से भी ईर्ष्या करने लगता है : ''वे सुखी हैं, मानसी : उनके' सामने कुछ है– लक्ष्य है, आशा है, स्वप्न है।'' वह ज्ञान और तर्क की उपादेयता से ही इन्कार करने लगता है। इतना ही नहीं, इनसे उत्पन्न विवेक से भी वह ऊब गया है। उसकी समझ में तर्क और ज्ञान मनुष्य को दिशा दे ही नहीं सकते, उनके बल पर इस अर्थहीन मानव जीवन में राहत नहीं पायी जा सकती। अतः उसे मृत्यु भी आकर्षक एवं सुखकर प्रतीत होने लगती है। वह मानसी से कहता है : 'हाँ, मृत्यु का वरण। वास्तव में मृत्यु बड़ा सुख है।' लेकिन एक समय था जब इन्द्रजित् विद्रोही था :

तुम से विनय–
सान्त्वना झूठी देना छोड़ो

मन से दूर निकाल फेंक दो
आस्था और विश्वास युगों का।

लेकिन अन्ततः मानसी और लेखक उसे यह समझाने में सफल हो जाते हैं कि वह 'सिसिफस की प्रेतात्मा' है। उसकी नियति है जीवन-रूपी पत्थर को ढकेलते रहना, यह जानते हुए कि वह पुनः लुढ़क जायेगा। हर व्यक्ति जीने के लिए अभिशप्त है, बिल्कुल सिसिफस की तरह। यह इन्द्रजित् का रूपान्तरण नहीं, बल्कि समर्पण है जो न चरित्र-चित्रण की दृष्टि से और न ही नाटकीय दृष्टि से विश्वसनीय है।

प्रश्न उठता है कि इन्द्रजित् में अचानक इतना परिवर्तन क्यों? दरअसल वह रूमानी चित्त का आदमी है। ऐसा आदमी स्थिरचित्त नहीं होता। वह हमेशा एक अति से दूसरी अति तक आता-जाता रहता है। भावना-प्रधान व्यक्ति की यही कहानी होती है। चूँकि जीवन-बोध या विश्व-दृष्टि के स्तर पर वह मनोगत होता है, इसलिए वह हमेशा ही एक मैलएडजस्टेड व्यक्ति होता है। उसे सबसे शिकायत रहती है। वह केवल स्वयं को अर्थवान् एवं विवेकशील मानता है, इसलिए वह नितान्त अपनी व्यक्तिगत समझ एवं अनुभूति को ही प्रामाणिक मानकर चलता है। अतः वह या तो अराजकतावादी (Anarchist) बनता है या निषेधवादी (Nihilist) या आत्महत्या की ओर उन्मुख होता है। अर्थात् या तो समाज-हत्या या आत्महत्या। अगर बहिर्मुखी है तो अराजकतावादी होगा, और अगर अन्तर्मुखी है तो आत्महत्या की ओर लौटेगा। एक तीसरी स्थिति भी आती है। वह अपने परिवेश से ऊबकर अचानक अपने पुराने संस्कारों की ओर मुड़ता है और अन्धी आस्थाओं को जीने लगता है। यह सब सोच के अधकचरापन या कैशोर्य के चलते होता है, क्योंकि ऐसी सोच आत्मनिष्ठ होती है। अपनी सदिच्छाओं को वह विश्व पर लादना चाहता है। उसे नहीं मालूम कि विश्व का अपना वस्तुनिष्ठ तर्क है जिसका उल्लंघन सामान्यतया सम्भव नहीं होता, और अगर हो भी जाता है तो उसके विनाशक परिणाम होते हैं। मनोगतता ही इन्द्रजित् को निषेधवाद (Nihilism) की सीमा से आत्महत्या बोध तक ले जाती है। इसी के चलते उसे अन्धी आस्था भी उपादेय लगने लगती है। उस पर सोच की कायरता का भी आरोप लगाया जा सकता है। कायर-सोच व्यक्ति को कभी उसके ज्ञान और तर्क की स्वाभाविक परिणति तक नहीं जाने देती। अल्बेयर कामू का कहना है कि तर्क की तार्किक परिणति तक पहुँचना दुष्कर है।

उपर्युक्त सन्दर्भ में बादल सरकार आधुनिकतावादी सोच के अत्यधिक प्रभाव में हैं, जो 18वीं सदी यूरोप के वैज्ञानिक बुद्धिवाद के विरुद्ध प्रतिक्रिया की कड़ी है। 18वीं सदीं का बुद्धिवाद ज्ञान और तर्क के प्रति अत्यन्त आशावादी था। उसके लिए कुछ भी अज्ञेय एवं दुस्साध्य नहीं था। लेकिन 19वीं सदी में इसके विरुद्ध व्यापक वैचारिक विद्रोह हुआ। शापेनहावर और नीत्से जैसे लोग इस विद्रोह के प्रतिनिधि

दार्शनिक थे। किन्तु कार्ल मार्क्स को इसमें बड़ी सम्भावनाएँ दिखीं। उन्होंने इस बुद्धिवाद को निरन्तर शिक्षित करते रहने पर बल दिया, इसे प्रत्येक युग के प्रगतिधर्मी सामाजिक सरोकारों से अनवरत संस्कारित करते रहने की आवश्यकता को रेखांकित किया। बुद्धि को विवेकशील बनाये रखने, और विवेक को पथराने से बचाते रहने का कोई दूसरा सक्षम विकल्प नहीं दिखता। लेकिन इन्द्रजित् के सर्जक बादल सरकार पर आधुनिकतावादी बुद्धिवाद-विरोध का प्रभाव है, जिसके आधुनिकतम संस्करण के रूप में अस्तित्ववादी दर्शन की असंगत तथा धार्मिक अथवा राजनीतिक कठमुल्लापन है। अतः इन्द्रजित् का यह है कहना कि वह ज्ञान एवं तर्क से उत्पन्न विवेक से ऊब गया है, गलत है। सच यह कि उसमें वस्तुनिष्ठ तर्कसंगत विवेक का अभाव है। आश्चर्य नहीं, उसे जीवन सिसिफसी लगता है, और आत्महत्या में पलायन उसे ललचाता है।

एवम् इन्द्रजित् की पूरी संकल्पना में एक और दोष खटकता है। नाटककार में किसानों, श्रमिकों, मछेरों, सँपेरों, अर्थात् धरती और श्रम से सटे लोगों के जीवन के प्रति रूमानी लगाव है। इनके प्रति जहाँ-तहाँ व्यक्त दृष्टिकोण नितान्त रूमानी है। इसीलिए उसमें निम्न मध्यवर्गीय शहरी जीवन से रूमानी वितृष्णा भी है। कथ्य की तलाश में परेशान लेखक कहता है :

मैंने कई नाटक लिखे हैं। मैं और बहुत से नाटक लिखना चाहता हूँ। पर... मैं दुःखी-पीड़ित जन साधारण की कहानी नहीं जानता। खेतों में काम करनेवाले किसानों को भी मैं नहीं पहचानता। साँप खेलानेवाले सँपेरे, सन्थाल मुखिया, मछुए—इनमें से किसी से भी मेरा परिचय नहीं है। अपने चारों ओर मैं जिन्हें देखता हूँ उनमें न रूप है, न रंग, न वस्तु। ये सब अनाटकीय हैं। ये तो अमल, विमल, कमल और इन्द्रजित् हैं।

किसानों, श्रमिकों, सँपेरों, मछुआरों के जीवन से यह रूमानी जुड़ाव प्रतिक्रिया स्वरूप है। अपने निम्न मध्यवर्गीय शहरी जीवन से ऊबे लेखक को ग्रामीण और कबीलाई जीवन अच्छा लगता है। रेमण्ड विलियम्ज के शब्दों में इसे नकारात्मक जुड़ाव (Negative indentification) कहा जा सकता है। इससे स्थायित्व की आशा नहीं की जानी चाहिए। यह किसी समझ पर नहीं टिका है, इसीलिए यह अस्थिर होगा। असल में अमल-विमल-कमल की ही तरह श्रमिक और किसान जीवन भी आवर्ती, घटना विहीन और एकरस होता है। बल्कि वहाँ तो जीवन को ग.ि.शील बनाये रखने के लिए किसी बाह्य प्रेरणा का भी अभाव है। अमल-विमल-कमल भी जैविक एवं भौतिक धरातल पर ही जीते हैं, लेकिन उनके जीवन में नाटकीयता देखी जा सकती है, क्योंकि उनमें उतार-चढाव है, छोटी-बड़ी इच्छाएँ और महत्त्वाकांक्षाएँ हैं। पिरैन्दलो ने इसी निम्न मध्यवर्गीय शहरी जीवन में असीम नाटकीयता की सम्भावना को पहचाना था। लेकिन बादल सरकार उधर से आँख बन्द कर लेने की

कोशिश में हैं। असल में, अस्तित्ववादी जीवन-बोध एवं ऐब्सर्ड में बदलने लगता है तो जीवन से ही ऊब होने लगती है और ऐब्सर्ड नाटक में ऊब और डूबकाई ही स्थायी भाव हैं।

लेकिन, कुल के बावजूद, एवम् इन्द्रजित् में अद्‌भुत नाटकीयता है। यह अनाटकीय दिखते जीवन पर एक अद्‌भूत नाटक है। अमल-विमल-कमल अपनी इच्छारूपी मृगमरीचिका के पीछे-पीछे दौड़ते-छटपटाते रहते हैं। वे मरते दम तक दौड़ते-थकते-दौड़ते रहेंगे। इन्द्रजित् की छटपटाहट एक आधुनिक बुद्धिधर्मी की छटपटाहट है, जिसे आजवीन अतृप्त रहना है। उसमें निहित नचिकेता-तत्त्व या सुकरात-तत्त्व उसे कभी चैन की सांस नहीं लेने देता। असाधारणता का यही अभिशाप है। इसी प्रकार विभिन्न लोगों के जीवन में विभिन्न स्तरों पर मानसियाँ मिलती रहेंगी—कभी भोग्या, तो कभी प्रेयसी, तो कभी प्रेरणा एवं शक्ति के स्रोत के रूप में। जीवन बहुस्तरीय और बहुआयामीय बना रहेगा। सर्जक तो द्रष्टा है— जो साक्षी भाव से जीवन को जीता, परखता और चित्रित करता रहेगा। नाटक के रूप में एवम् इन्द्रजित् की सफलता हमारे जटिल जीवन में निहित डायलेक्टिक और उससे निःसृत राग-विराग की अन्तहीन नाटकीयता को ही अन्ततः रेखांकित करती है, जिससे नाटककार बेखबर दिखता है। अतः नाटक के रूप में एवम् इन्द्रजित् की अद्‌भुत सफलता नाटककार की जीवन-दृष्टि पर एक प्रतिकूल टिप्पणी भी है। वैसे कुल मिलाकर एवम् इन्द्रजित् अनाटकीय दिखने वाले शहरी निम्न मध्यवर्गीय जीवन पर एक अद्‌भुत नाटक है।

गान्धार कोमल गान्धार—एक विशिष्ट कथ्यात्मक प्रयास

भारतीय वाङ्मय में साहित्यिक सृजन की दृष्टि से महाभारत सर्वाधिक उर्वर उपजीव्य है। रचनाकारों ने इसके विभिन्न कथा-सूत्रों, आख्यानों, पात्रों आदि को आवश्यकतानुसार अपना विषय बनाकर इनमें नये सिरे से अर्थान्वेषण किया है। शंकर शेष कृत कोमल गान्धार एक ऐसा ही विशिष्ट प्रयास है। कथ्यगत स्तर पर यहाँ पर्याप्त नवीनता है। इसमें मिथकों और प्रतीकों को तोड़ने की कोशिश है, पात्रों को नये-नये सन्दर्भों में देखने-समझने का आग्रह है, स्वीकृत परम्परा के पुनर्मूल्यांकन का प्रयास है, विराट राजनीतिक परिघटनाओं के बीच पिसते व्यक्ति की असहाय चीख की पहचान है, प्रभामण्डित व्यक्तित्वों के अनजाने यथार्थ को समझने और रेखांकित करने की चेष्टा है, और कुछ सार्वभौम समाधान प्रस्तुत करने की लेखकीय ललक भी है। विराटता और औदात्य के चित्रण का मोह त्यागकर असाधारण में निहित अनपहचाने साधारण को रेखांकित करने की दृष्टि से यह नाटक अत्यन्त महत्त्वाकांक्षी है। इस प्रकार कई मानों में कोमल गान्धार विशिष्ट पहचान का हकदार है।

इस नाटक की विशिष्टता को समझने के लिए अन्धायुग की ओर थोड़ा ध्यान देना आवश्यक है। अन्धायुग 1954 में लिखा गया था जब द्वितीय महासमर के महाविनाश की स्मृति ताजी थी, अश्वत्थामा का ब्रह्मास्त्र एटम बम के रूप में साकार हो चुका था जिसकी मारक क्षमता से दुनिया भयभीत और स्तब्ध थी। अभी देश रक्तरंजित विभाजन और स्वतन्त्रता संग्राम के कृष्ण गाँधी की हत्या को भूल नहीं पाया था, 1952 के आम चुनाव में स्वप्नदर्शी नेहरू अपराजेय दिखे थे, और नेहरू-विरोधी समाजवादियों के मंसूबे टूटे थे। नाटक में पार्श्व-गीत और द्वारपालों की टिप्पणियाँ, जिनके माध्यम से भारती बोलते हैं, लेखकीय आक्रोश, बौखलाहट, मोहभंग आदि की अभिव्यक्ति है। रचना पर रूमानी भावुकता, अतिरंजना और मेलोड्रामा (melodrama) हावी है। नाटककार के मन पर अब मिथकीय पुरातन का प्रभामण्डल भी कायम है। अभी उसे कृष्ण के 'प्रभु' ओर परात्पर' रूप तथा गान्धारी

की 'अगाध ममता' पर भरोसा है, और सम्पूर्ण मानव-भविष्य में मनुष्य के स्वातन्त्र्य-बोध और 'नूतन-सृजन' में अटूट विश्वास है। किसी मूलगामी पुनर्मुल्यांकन का प्रयास नहीं है, और न ही अपनी प्रभामण्डित परम्पराओं एवं आस्थाओं की सामाजिक सीमा को पहचानने की चिन्ता है। लेकिन *कोमल गान्धार* की भावभूमि बिल्कुल भिन्न है। यहाँ न तो व्यक्तियों का आतंक है और न ही कोई बड़ा सपना पालने का विभ्रम है। यहाँ मानव-मुक्ति की तलाश इतिहास और राजनीति जैसे विराट् सरोकारों और कृष्ण जैसे प्रभुओं से अलग हटकर व्यक्तियों के परस्पर आत्मीय संस्पर्श और निजी सपनों में है। यहाँ व्यक्तियों की मुक्ति होती है, मानवता की नहीं। अपनी-अपनी मुक्ति के लिए हर व्यक्ति को अपने-अपने खोये *'कोमल गान्धार'* को पहचानना और प्राप्त करना पड़ता है। कुछ मानों में *अन्धायुग* और *कोमल गान्धार* में अन्तर है जो शक्सपियर के *जूलिएस सीजर* और बर्नार्ड शा के *सीजर एण्ड क्लियोपेट्रा* में है। *कोमल गान्धार* में परिहास के लिए गुंजाइश नहीं है, और न ही शंकर शेष के पास वैसी प्रखरता है; लेकिन प्रतिमा-भंजन की कोशिश यहाँ पर्याप्त है जिसका *अन्धायुग* में नितान्त अभाव है। 1954 में अभी बनी-बनायी धारणाओं और प्रतिमाओं का राज है, मोहभंग नितान्त बौद्धिक और इसलिए आरोपित है। 1982 तक आते-आते प्रतिमाएँ टूटी हैं। अब बौद्धिक तटस्थता से उनकी ओर देखना सम्भव है।

कोमल गान्धार संजय के आत्मालाप से आरम्भ होता है जो समग्र नाटक के समझ की कुंजी है। यह आत्मालाप अनागत विनाश का आभास देता है जो छली गयी आशाओं-आकांक्षाओं का साकार प्रतिफलन है। अबला गान्धारी को कोमल गान्धार से भीष्म द्वारा अपने शस्त्र-सज्जित सबल कारवाँ के साथ जन्मान्ध धृतराष्ट्र से व्याहने हेतु लाया जा रहा है। उससे छिपाया गया है कि उसे से छिपाया गया है कि उसे धृतराष्ट्र जन्मान्ध हैं। हस्तिनापुर को कोई वैध उत्तराधिकारी चाहिए, बस। इससे पूर्व देवयानी, सत्यवती, अम्बा, अम्बिका, अम्बालिका, माद्री आदि के साथ कुरू-कुल की इच्छा, मर्यादा, प्रताप और उत्तराधिकार आदि के नाम पर बहुत कुछ घट चुका है। अशक्त बुद्धिजीवी संजय को कौरव-कुल रूपी जहाज अबला नारियों के आँसुओं में डूबता दिखता है। इस सन्दर्भ में संजय के आत्मालाप की प्रारम्भिक पंक्तियाँ ध्यातव्य है :

पहाड़ों पर धीरे-धीरे उतर रही है सन्ध्या। नीले पटिये-सा आकाश। उस पर मरते हुए सूरज की देह। लगता है किसी ने खोब दिया है। उसकी छाती में समय का खंजर। बिखर रहा है अंधेरा-सा स्याह रक्त। गले में हिचकियाँ फँसाये मौन खड़ी है विधवाओं-सी दिशाएँ (कोमल गान्धार, पराग प्रकाशन, दिल्ली, 1982, पृ. 9)।

कितना अर्थवान्, रोमांचक, अभिव्यक्तिशीली और पूर्वाभाषी बिम्ब है यह! काल-खंजर मानों एक समूची परम्परा की छाती में खोब दिया गया हो! योद्धा, बुद्धिजीवी सभी इसके सामने असहाय हैं। सत्य को जानते हुए भी कर्त्तव्य की आड़

में झूठ ढोते रहने के लिए सभी विवश हैं। *कोमल गान्धार* इसी कर्त्तव्यबोध के कल्पनाशून्य निर्वहन और तज्जनित आत्मघात का रेखांकन है—एक संस्कृति जिसमें कर्त्तव्य के नाम पर अविवेक प्रभामण्डित है।

नाटककार के समक्ष दो कन्द्रीय प्रश्न हैं : एक, महाभारत जैसा सर्वनाशी युद्ध क्यों अवश्यंभावी हो गया, और दो, महाभारत से बचाव कैसे सम्भव है? ये प्रश्न व्यास के लिए तो महत्त्वपूर्ण थे ही, हमारे लिए भी महत्त्वपूर्ण हैं। इस दिशा में मनुष्य ने विवेक का कोई खास परिचय नहीं दिया है युद्ध आज भी सत्तासीनों का खेल है, लेकिन प्रत्येक युग में विवेकशील लोग इसकी समझ और समाधान के लिए परेशान रहे हैं। व्यास की समझ में महाभारत के मूल में धृतराष्ट्र का पुत्र-मोह है, दुर्योधन का लोभ और अहंकार है और सर्वोपरि, वर्णधर्म का उल्लंघन या अवसान है जिसकी ओर भीष्म हाथ उठाकर लोगों का ध्यान खींच रहे हें। समाधान के रूप में व्यास ने लोभ, मोह आदि का त्याग और वर्णश्रम धर्म का अनासक्त निर्वहन बताया। कोमल गान्धार का लेखक इस समझ और समाधान दोनों को अस्वीकार करता है। उसकी सहानुभूति धृतराष्ट्र और दुर्योधन के साथ है। दोनों का 'घृणा और तिरस्कार' का बच्चा बताया गया है। एक जन्मान्ध है और दूसरा ममता से वंचित। दोनों परिस्थितियों के शिकार हैं, उनके नियामक नहीं। इसलिए कारण और जिम्मेदारी की खोज कहीं और होनी चाहिए। इस सन्दर्भ में कोमल गान्धार में अनेक बिन्दु उभारे गये हैं जिनमें प्रमुख हैं : (1) विकृत कुरू-कुल परम्परा; (2) विरूपित मूल्य-बोध; (3) व्यक्ति की अस्मिता से बेखबर राजनीति; और (4) नारी-अस्मिता की अवमानना। वैसे तो ये सारे अन्तर्ग्रथित है, लेकिन अध्ययन की सुविधा के लिए कोमल गान्धार की रोशनी में इन पर थोड़ा अलग-अलग विचार अपेक्षित हैं।

विकृत कुरू-कुल परम्परा

कोमल गान्धार को पढ़ते समय बार-बार दो प्रसिद्ध यूनानी नाटक याद आते रहे- इस्किलस कृत ओरिस्तिया और सोफोक्लीज कृत राजा ओदीपस। ओरिस्तीज और ओदीयस अपने पूर्वजों के कुकर्मों का कुफल भोगने के लिए अभिशप्त है। देवता मनुष्य की अहंकार-जनित अवज्ञा को दंडित करने के लिए निरन्तर तत्पर हैं। लेकिन तब भी मनुष्य देव-निर्मित नियमों उल्लंघन करता रहता है और स्वतः अपने किये का कुफल भोगता हुआ अपने औलादों को भी भोगने के लिए बहुत कुछ छोड़ जाता है। समूचे 'तंतालस' और 'लेअस' परिवार का यही हाल है। पीढ़ी दर पीढ़ी लोग अभिशप्त जीवत रहते हैं। कोमल गान्धार में दैवीय हस्तक्षेप के लिए कोई जगह नहीं है। निमित्तवादी कृष्ण इससे निष्काषित हैं। यहाँ कुरु-कुल विनाश को कुरु-कुल परम्परा के भीतर ही देखने का प्रयास है। कामासक्त बूढ़े ययाति ने ऋषि-पुत्री देवयानी को भोगने के लिए अपने पुत्र पुरू से जवानी माँगी थी और शान्तनु ने तेजस्वी पुत्र देवव्रत की जवानी की कीमत पर सत्यवती को भोगा था। बुजुर्ग अपनी

बेहूदी इच्छाओं को अपने उत्तराधिकारियों पर लादते रहे और मर्यादा के नाम पर छोटे उन्हें स्वीकारते और ढोते रहे। इसी आज्ञा पालन को मूल्य का दर्जा दे दिया गया। रघुकुल भी इस अभिशाप से मुक्त नहीं दिखता। समूचा समाज मानों केवल राजा, गुरु और पिता के लिए ही बना हो। संजय, भीष्म से कहता है : 'अपने बेटे का यौवन माँगना आपके कल के लिए कोई नयी बात नहीं है।' (पृ. 22)। ऐसे ही एक प्रसंग में गान्धारी धृतराष्ट्र से कहती है : 'इसके आगे कोई परम्परा भी है, क्या यहाँ? (पृ. 67)।

कोमल गान्धार में भीष्म सबकी ओर से निर्णय लेते हैं। गान्धारी का जन्मान्ध धृतराष्ट्र से विवाह करने का निर्णय भीष्म ने ले लिया है। इस सन्दर्भ में गान्धारी अथवा धृतराष्ट्र से कुछ पूछने की आवश्यकता नहीं है– 'इस विवाह में न तो महत्त्व है इस लड़की का और न ही धृतराष्ट्र का' (पृ. 19)। भीष्म ने यही किया था अम्बिका और अम्बालिका के साथ, और फिर बाद में माद्री के साथ। यहाँ 'षड्यन्त्र' का एक लम्बा सिलसिला है। गान्धारी विद्रोही के लिए तत्पर है : 'मैं इस परम्परा को तोड़ सकती हूँ, दासी; इन सबकों अपने अपराध की आग में तो जला ही सकती हूँ' (पृ. 37)। संजय आगाह भी करता है कि गान्धारी अन्य स्त्रियों से भिन्न है। लेकिन विवाह होता है और गान्धारी विवाह-मण्डप में घृणा और आक्रोश से भरी हुई सरेआम अपनी आँखों पर पट्टी बाँधकर अंधता ओढ़ लेती है। यह नकारात्मक एवं आत्मघाती प्रतिक्रिया है, लेकिन बूढ़ों द्वारा बनाये गये इस साँचे में इससे अधिक सम्भव नहीं (पृ. 51)। उसके और धृतराष्ट्र के सामने अब बर्फ का पहाड़ है। अब वे मात्र एक भावना-शून्य देह है जिससे कोई दूसरा देह पैदा किया जा सकता है। घृणा और प्रतिशोध से भरी यही नकारात्मक चित्ति गान्धारी-पुत्रों को संस्कार में मिलती है। धृतराष्ट्र गान्धारी से कहता भी है : 'घृणा और तिरस्कार का बच्चा मैं, उसी घृणा और तिरस्कार के बच्चे ये। अगर ये बच्चे द्रौपदी का वस्त्र नहीं खींचेगे तो कौन खींचेगा' (पृ. 77)

विरूपित मूल्य-बोध

प्राचीन भारतीय परम्परा का एक केन्द्रीय मूल्य रहा है प्रतिज्ञा-पालन का वचनबद्धता, जो 'रघुकुल रीति' और 'भीष्म-प्रतिज्ञा' के रूप में समादृत रहा है। कोमल गान्धार में इसे जड़ता और आत्मघात के रूप में देखा गया है। शंकर शेष की दृष्टि में भीष्म-प्रतिज्ञा और गान्धारी-संकल्प भी महाभारत के महाविनाश के महत्त्वपूर्ण कारण हैं। प्रतिज्ञाएँ स्थिति विशेष में उत्पन्न आवेश में की जाती हैं और हर स्थिति में उनका निर्वहन होता है और सम्बन्धित स्त्री अथवा पुरुष प्रभामंडित किये जाने लगते हैं। उनकी अस्वाभाविकता और अविवेक की ओर किसी का ध्यान नहीं जाता। जीवन गतिशील है, स्थितियाँ बदलती हैं और पुरानी सोच-समझ पर खड़े पुराने संकल्प अप्रासंगिक हो जाते हैं। व्यक्ति नयी चुनौतियों का सामना करने लायक ही

नहीं रह जाता और असहाय बन जाता है। देवव्रत ने अपने कामासक्त पिता के खातिर ब्रह्मचर्य-पालन का संकल्प लिया जिसके निर्वहन ने उसे भीष्म बनाया, लेकिन महाभारत अवश्यंभावी बन गया। नाटक में भीष्म को इसकी पीड़ादायी समझ है, लेकिन हाथ से तीर छूट चुका है: 'जीवन को गतिहीन मानने से बड़ी भूल नहीं। सार्वजनिक शपथ का आवेश था कभी। पर हर आवेश उतरता जाता है' (पृ. 21)। अब भीष्म अपनी प्रतिमा को बनाये रखने के लिए अन्यों की धारणाओं के अनुसार जीने के लिए विवश हैं और उसका जीवन 'एक चलती...विडम्बना' है (पृ. 23)। भीष्म व्यक्तिगत स्तर पर द्वन्द्वग्रस्त और सामाजिक स्तर पर अशक्त हैं। हस्तिनापुर की सुरक्षा का संकल्प उन्हें धृतराष्ट्र और दुर्योधन से बाँधे रहता है। वह अपराध-बोध से पीड़ित हैं। उन्होंने अपने साथ अन्याय किया है इसलिए धृतराष्ट्र इसलिए धृतराष्ट्र के साथ अन्याय नहीं होने देंगे : 'वह अन्धा है, लेकिन उसका शरीर तो अन्धा नहीं। शरीर रहते शरीर-धर्म से मुक्ति कहाँ?' (पृ.21)। साथ ही, हस्तिानपुर सुरक्षित रह सके इसलिए उसे एक वैध उत्तराधिकारी मिले : 'कौरवों को उत्तराधिकारी नहीं चाहिए क्या? उसके लिए जरूरी हैं दो शरीर... और एक कर्मकांड' (पृ. 19)। उत्तराधिकारी के प्रश्न पर भीष्म ने सत्यवती के पिता को ब्रह्मचर्य रहने का वचन दिया था, अम्बिका और अम्बालिका को युद्ध-भूमि में जीता था, नियोग रचाया गया, गान्धारी लायी गयी, और उत्तराधिकारी के लिए ही 'महाभारत' लड़ा गया। इतना ही नहीं, 'इच्छा मृत्यु' का वरदान रहते हुए भी उन्हें सुखद मृत्यु तक न मिल सकी। स्थितियाँ भिन्न होतीं, अगर देवव्रत ने अपने पिता की अनसुनी की होती, ब्रह्मचर्य व्रत न लिया होता। यह सम्भव है कि देवव्रत भीषण के रूप में महिमामंडित न हो पाता, लेकिन करुवंश और उससे जुड़े लोगों का विनाश बच गया होता। आवेश के क्षण में व्रत लिया गया और उसके निर्वाह में सम्मान तो मिला लेकिन सुख नहीं मिला, शक्ति तो मिली लेकिन उससे किसी की सुरक्षा न की जा सकी। कोमल गंधार में भीष्म व्यक्ति के रूप में विभाजित हैं और व्यक्तित्व के रूप में महिमामंडित किन्तु अशक्त।

इसी प्रकार घृणा, आक्रोश और प्रतिशोध के वशीभूत हो गान्धारी ने सरेआम अन्धता-वरण का व्रत लिया जिसने उसे पत्नी और माँ जैसे महत्त्वपूर्ण दायित्वों से विरत कर दिया। उसके पत्नी-रूप की स्थिति का अन्दाजा विवाहोपरांत धृतराष्ट्र से प्रथम-मिलन में ही स्पष्ट हो जाता है :

कौरवों को चाहिए था एक शरीर, जिससे बहता हो राज रक्त... ऐसा शरीर, जिसमें राज रक्त वाले दूसरे शरीर पैदा किये जा सके... बताइए, इससे ज्यादा क्या मेरे अस्तित्व को स्वीकारा है आपके इस महान कुल ने? (पृ. 50)।

पत्नी के रूप में अशक्त होकर गान्धारी माँ के रूप में भी अशक्त हो गयी। अपने बेटों को ममता न दे पाने के चलते उससे माता का अधिकार भी छिन गया।

धृतराष्ट्र की शिकायत है कि उसने घृणा को सिद्धान्त का दर्जा दे डाला है (पृ. 47), और मरण-शय्या पर पड़े घायल दुर्योधन की शिकायत है कि 'महासती' बनने के चक्कर में उसने अपने बेटों को ममता से वंचित रखाः

होगी तेरे मन में हमारे लिए अपार ममता, मैंने कब कहा! लेकिन उसकी आँच हम लोगों तक कभी नहीं आयी! उसके उफान का कभी हमने अनुभव नहीं किया (पृ.84)।

इतना ही नहीं।

माँ! तुम जानती हो कि तुमने पिताजी के लिए कुछ नहीं किया। अन्धापन ओढ़ कर तुम हमारे लिए कुछ करने लायक नहीं रही। इसीलिए तुमने हम पर अधिकार भाव कभी पाया ही नहीं (पृ. 86)।

प्राचीन भारत में, लगता है, प्रतिज्ञा-ज्ञापन और उसका निर्वहन सामाजिक मूल्य बन गया था। इससे लोग औरों की निगाह में बड़े बन जाते हैं, प्रभामंडित होते हैं और फिर अन्धों की धारणओं के अनुरूप जीना विवशता बन जाती है। फिर पीछे हटना सम्भव नहीं रह जाता। कोमल गान्धार में गान्धारी को पीछे हटने के लिए चार अवसर आये हैं। पहला अवसर आता है जब अपने प्रथम मिलन की रात में धृतराष्ट्र आग्रह करता है, लेकिन गान्धारी का उत्तर है :

लोग क्या कहेंगे, आज सवेरे ही तो मैंने हजारों लोगों के सामने प्रतिज्ञा की है, आज सवेरे ही महासती कहकर लोगों ने मेरी जय-जयकार किया है। अब मेरी प्रतिष्ठा आपके परिवार की प्रतिष्ठा से जुड़ गयी है। मेरा निजीपन खो गया है, महाराज अब पट्टी खोलना सम्भव नहीं है (पृ. 50-51)।

फिर दुर्योधन के जन्म पर वह पट्टी खोलना चाहती है, लेकिन धृतराष्ट्र अपने 'अहं' वश आग्रह ही नहीं करता। तीसरा अवसर आता है जब वह धृतराष्ट्र के साथ घायल दुर्योधन से मुलाकात करने युद्ध-भूमि में जाती है। दुर्योधन चाहता है कि कम-से-कम अब तो उसे अपनी ममतामयी आँखों से निहार ही लेना चाहिए :

दुर्योधन : आज देख लोगी तो यह शरीर पावन हो जायेगा, माँ।

गान्धारी : नहीं, बेटा, मैं न देखने के लिए शापित हूँ। मन्दिर के कलश को गिरने की सुविधा नहीं होती...(पृ. 88)।

और चौथा अवसर आता है जब युद्ध में सबकुछ खोकर वह शेष बचे धृतराष्ट्र को देखना चाहती है। लेकिन धृतराष्ट आड़े आता है, क्योंकि सबकुछ लुट जाने के बाद अब विजेता पाण्डवों के बीच जीने के लिए गान्धारी का 'महोत्सव', उसकी 'असाधारणता' ही एक मात्र उसका संबल है (पृ. 13)। अब अचानक दुर्योधन यह रहस्य खोलता है कि एक बार नदी में स्नान करते समय गान्धारी ने उसे देखा था तो सुनते ही वह अपराध-बोध से भर जाती है और तुरन्त धृतराष्ट्र से 'सार्वजनिक प्रतिज्ञा तोड़ने के अपराध','बेईमानी' के लिए क्षमा माँगती है और डर जाती है कि

कहीं धृतराष्ट को उसका 'चरित्र पाखण्ड और ढोंग' न लगने लगे, और कहीं वह उसे 'बहुत सस्ती और साधारण' स्त्री न समझ जाय। दूसरों की निगाहों में अपनी 'असाधारणता' को बनाये रखने के लिए वह अपने हृदय में मातृत्व के उभार को 'अपराध' मानती है। एक 'महासती' भला एक साधरण स्त्री जैसी माँ अथवा पत्नी कैसे हो सकती है! प्रतिज्ञा-निर्वहन एक सामाजिक मूल्य है। शकुनि अपनी बहन द्वारा आरोपित अंधता को नैतिक पलायन मानता है। लेकिन वह भी उसके महासतीत्व को, अपने कूटनीतिक उद्‌देश्यों के चलते, कायम रखना चाहता है, क्योंकि गान्धारी की 'प्रतिज्ञा ने हर एक को बौना बना दिया है' जिसका कूटनीतिक लाभ वह उठायेगा। धृतराष्ट्र गान्धारी की पट्‌टी को घृणा और प्रतिशोध की उपज मानता है, दुर्योधन उसे महासतीत्व का ढोंग और शकुनि उसे एक अदूरदर्शी, प्रयोजनहीन एवं आत्मघाती कदम। लेकिन तीनों उसके सामाजिक माहात्म्य को किसी-न-किसी रूप में रेखांकित करते हैं। अतः दूसरों की धारणाओं के अनुसार जीना भीष्म और गान्धारी दोनों की विवशता है। प्रश्न अपनी निजता एवं एहसास को जीने का नहीं है, प्रश्न हर कीमत पर अपनी पहचान को बनाये रखने का है।

कोमल गान्धार में गान्धारी पट्‌टी खोलती है, लेकिन तब जब वह सब-कुछ खोकर धृतराष्ट्र के साथ सन्यस्त हो चुकी है। उसे उसका *'कोमल गान्धार'* पुनः वापस मिलता है। देखने, सुनने और समझने के नये आयाम खुलते हैं। आत्मीय संस्पर्शों की दुनिया मिलती है। धृतराष्ट्र को वास्तविक सम्बल मिलता है। घृणा और प्रतिशोध अब बीते हुए दिनों की बातें हैं। जंगल में दूसरों की धारणाओं के अनुसार जीने की विवशता नहीं है। गान्धारी माँ तो नहीं बन सकी लेकिन, अन्ततः, वह अर्द्धाङ्गिनी जरूर बन पाती है। दोनों सुख और शान्ति से अपने को आत्म-विसर्जित कर पाते हैं, सुख से जी तो नहीं सके लेकिन सुख से मरते जरूर हैं। पाठक के मन में एक टीस रह जाती है कि कितना शुभ रहा होता अगर धृतराष्ट्र से अपने प्रथम मिलन में ही गान्धारी ने अपनी पट्‌टी खोल दी होती! नाटककार यह कहना चाहता है कि कोई वंश अथवा सभ्यता नहीं बच सकती अगर इसके आदर्श यथार्थ से कट गये हों, भावनाएँ स्वायत्त हो गयी हों, नेत्र परम्पराओं के प्रभामण्डल में चौंधिया गये हों, सामाजिक विवेक अप्रासंगिक मर्यादाओं के दबाव में कुण्ठित हो गया हो और संवेदनाएँ पथरा गयी हों।

नारी-अस्मिता की अवमानना

कोमल-गान्धार के प्रथमार्द्ध में नारी-अस्मिता और उनकी अवमानना के दुष्परिणाम पर बहुत बल दिया गया है। बिना पूर्व-सूचना और सहमति के अंधे धृतराष्ट्र के साथ अपने विवाह को गान्धारी नारी-अस्मिता के विरुद्ध हस्तिनापुर और गान्धार का मिला-जुला 'षड्यन्त्र' मानती है : 'मेरी सहमति का कोई अर्थ नहीं है क्या? क्यों नकार दिया मेरे अस्तित्व को पूरी तरह? (पृ. 36)। इसे वह पूरूषों का नारी-व्यक्तित्व

के विरुद्ध षड्यन्त्र बताती है :

...ये लोग समझते क्या है 'मैं स्त्री हूँ, इसलिए मुझ पर अन्याय करने का इन्हें एक नैसर्गिक अधिकारी प्राप्त है 'सब एक जात के हैं– मेरा पिता, भीष्म और यहाँ तक कि मेरा भावी पति धृतराष्ट्र भी! (पृ. 37)।

और इन सभी हस्तियों को चुनौती देती है : 'ये लोग अब समझ लें, स्त्री एक खाली जमीन नहीं है जिसे आसानी से खरीद कर शान्ति से जिया जा सके' (पृ. 38)। धृतराष्ट्र से अपने प्रथम मिलन में ही वह कुरु-कुल में व्याप्त नारी अपमान की परम्परा की ओर इशारा करती हैं : 'स्त्री का स्वाभिमान कोई अर्थ नहीं रखता क्या आपके परिवार में' (पृ. 48)। कोमल गान्धार में बुद्धिजीवी संजय तो चिन्तित है ही, धृतराष्ट्र भी चिन्तित है। वह भीष्म से कहता है कि उसने पिछली घटनाओं से कुछ सीखा नहीं है। वह बताता है कि उसकी माँ की कल्पना में स्वतः तेजस्वी भीष्म था, लेकिन नियोग की रात में उसके कमरे में आया जटा-जूट धारी, काला-कलूटा पीली आँखोंवाला ब्राह्मण, और उसकी माँ घृणा से काँप उठी थी : 'जानते हैं उसे देखकर चीख पड़ी थी मेरी माँ। घृणा से काँप गया था उसका शरीर और मन। डर से बंद कर ली थीं उसने आँखें' (पृ. 29)। माँ का वह डर और घृणा धृतराष्ट्र को संस्कार में मिली जिसे वह अपनी सन्तानों को नहीं देना चाहता :

कैसे भूल जाऊँ? ... आप जानते हैं कि मैं प्रेम की नहीं, घृणा की सन्तान हूँ। घृणा के इसी इतिहास की मैं अगली कड़ी नहीं बनना चाहता (पृ. 21)।

धृतराष्ट्र को आशंका है कि कुरु-कुल को 'स्त्रियों के शाप की आग में ही जलना है' (पृ. 41); और संजय को तो कुरु-कुल रूपी जहाज अबला नारियों के आँसुओं के समुद्र में डूबता दिखायी दे रहा है : 'सत्यवती, अम्बा, अम्बिका, अम्बालिका के आँसुओं में डुबता जा रहा है कुरु-वंश का जहाज' (पृ. 20)। लेकिन कुरु-वंश को चाहिए एक उत्तराधिकारी जिसके लिए जरूरी है एक नारी देह जिसे गान्धारी के रूप में प्राप्त किया जाता है और जिससे पैदा किया जाता है दुर्योधन जैसा उत्तराधिकार का दावेदार। कुल मिलाकर देखा जाये तो नारी-अस्मिता का अपमान और उसके दुष्परिणामों को बिन्दु बनाकर 'महाभारत' के सर्वनाश को समझने-समझाने की चेष्टा कोमल गान्धार में की गयी है।

व्यक्ति की अस्मिता से बेखबर राजनीति

कोमल गान्धार में राजनीति को व्यक्ति की अस्मिता और समाज-हित के विरुद्ध एक अपराजेय एवं अमानवीय स्थिति के रूप में देखा गया है। कम-से-कम बुद्धिधर्मी संजय तो इसे ऐसे ही देखता है। गान्धारी से धृतराष्ट्र के विवाह को वह 'अनीति कहता है, और भीष्म की 'राजनीति' क्योंकि हस्तिनापुर का उत्तराधिकार किसी की व्यक्तिगत समस्या नहीं है। इसलिए धृतराष्ट्र और गान्धारी की इच्छाएँ उनके लिए महत्त्वपूर्ण नहीं हैं। वह संजय से स्पष्ट शब्दों में कहते भी हैं : "तुम साधारण-सी

बात को कुछ ज्यादा महत्त्व दे रहे हो। इस विवाह में न तो महत्त्व है इस लड़की का और न ही धृतराष्ट्र का।" समस्या लड़के-लड़की की इच्छा की नहीं है, समस्या बहुत बड़ी है। कौरवों को उत्तराधिकारी चाहिए और 'उसके लिए जरूरी है दो शरीर... एक कर्मकाण्ड...' (पृ.19)। यहाँ तक कि शकुनि भी इस विवाह को 'षड्यन्त्र' मानता है और अपने पिता को इसके लिए 'पतित' कहता है (पृ. 40)। संजय के लिए तो यह मनुष्य की अस्मिता पर सीधा प्रहार है : राजनीति मनुष्य की अस्मिता को निगल जाये, यह मुझे स्वीकार नहीं (पृ. 20)। संजय को लगता है कि राजनीति का अपना स्वतन्त्र तर्क बनता जा रहा है और राजपूत, भीष्म व्यक्ति और समाज के हित, अहित से स्वतन्त्र होकर, 'घटनाओं' की दुनिया में जीने लगे हैं। वह घटनाओं के सहारे हमेशा केन्द्र में बने रहना चाहते हैं। भीष्म को यही रास आता है (पृ. 56)। संजय की समझ है कि उन्हें घटनाओं के इस दुश्चक्र को तोड़ना चाहिए और अपने को कुरू-वंश के लिए अपरिहार्य मान लेने वाले आत्ममोह से बचना चाहिए। कोई जरूरी नहीं है कि 'अपाहिज' धृतराष्ट्र का ब्याह किया ही जाये और कुरु-वंश को जीवित रखा ही जाये—

बहने दीजिये सबको अपने प्रवाह में। जो तैर सकेगा, टिक जायेगा। कहाँ तक साथ देंगे इन अपाहिजों का (पृ. 56)।

कोमल गान्धार से राजनीति के कमोबेश तीन परिप्रेक्ष्य उभरते हैं एक परिप्रेक्ष्य है भीष्म का कुरु-वंश के वचनबद्ध संरक्षक के रूप में उसे इसका शास्त्र-सम्मत उत्तराधिकारी चाहिए। यह उनकी नैतिक जिम्मेदारी है उनकी व्यक्तिगत नैतिकता हस्तिनापुर की सुरक्षा से जुड़ी है जो व्यक्तियों की इच्छा अथवा अनिच्छा से स्वतन्त्र है। इसके लिए वह पाण्डु और धृतराष्ट्र में कोई अन्तर नहीं करते। वह अपने वचन, परम्परा और शास्त्र के अधीन हैं। उनके लिए युधिष्ठिर और दुर्योधन में भी कोई अन्तर नहीं है। शास्त्र और परम्परा जिसके साथ होंगें वही उत्तराधिकारी बनेगा और जो उत्तराधिकार बनेगा उसका साथ देने के लिए वह वचनबद्ध हैं। दूसरा परिप्रेक्ष्य शकुनि का है जिसके लिए साक्ष्य ही सब-कुछ है, और जो मानकर चलता है कि 'केवल क्रूर और हृदयहीन होकर ही राजनीति में विजय पायी जा सकती है' (पृ. 63-64)। अतः हर कीमत पर दुर्योधन को उत्तराधिकारी बनाने के लिए वह संकल्पित है। सत्ता के क्रूर खेल में विश्वास, वचनबद्धता और लोक-मर्यादाओं के लिए कोई जगह नहीं हो सकती। यहाँ कुछ पवित्र-अपवित्र, नैतिक-अनैतिक नहीं है। जो उपादेय है वही उचित और अभीष्ट भी। तीसरा परिप्रेक्ष्य प्रमुखतः संजय द्वारा उभारा जाता है। यहाँ व्यक्ति की अस्मिता और नारी-सम्मान की चिन्ता है जो राजपुरुष भीष्म की 'निस्संगता' और 'ठण्डापन' के आगे अशक्त और अप्रसांगिक है (पृ. 18)। लेकिन वह किसी भी रूप में यह स्वीकार नहीं कर सकता कि राजनीति व्यक्ति की अस्मिता को लील जाये और नारी को उत्तराधिकारी पैदा करने के लिए

एक 'देह' से अधिक न स्वीकारे। उसकी प्रत्येक व्यक्ति अपने इच्छा, समझ और सामर्थ्य के अनुरूप अपने जीवन का सपना गढ़ता है और उसी में जीना चाहता है। अन्यों द्वारा रचा गया स्वर्ग उसे सुख एवं सुकून नहीं दे सकता। आश्चर्य नहीं, जन्मान्ध धृतराष्ट्र भी अपने विवाह के सम्बन्ध में भीष्म से कहता है : 'दूसरों के लिए फैसले करने का दंभ अगर आप छोड़ सके तो बड़ा अच्छा होगा—आपके लिए भी... और दूसरों के लिए भी!' (पृ. 54)। दरअसल, राजनीति पर यही लेखकीय परिप्रेक्ष्य है जो मुख्यतया संजय के माध्यम से व्यक्त होता है।

कोमल गान्धार में बहुत-कुछ खटकता है जिसकी तरफ ध्यान आवश्यक है। पहली बात जो खटकती है वह है परम्परापुष्ट प्रतीकों पर मनमाना अर्थारोपण। समकालीन अनुभव-बोध को परम्परागत प्रतीकों पर आरोपित किया गया है जिससे वे अपने मूल के बिल्कुल बेखबर हैं। प्रतीकों में अर्थ का लोप नहीं होता वे जड़ (पिगमक) होते हैं। उन्हें या तो यथावत् स्वीकार किया जाता है या छोड़ दिया जाता है। उनका मनमाना पुनर्मूल्यांकन कृति की कलात्मक प्रभावोत्पादकता पर प्रतिकूल असर डालता है। *कोमल गान्धार* में भीष्म और गान्धारी 'विलेन' के रूप में चित्रित हैं। भीषम नारी-अपहरणकर्त्ता, षड्यन्त्रकारी, अपराध-बोध से पीड़ित व्यक्ति के रूप में रेखांकित हैं। इसी प्रकार गान्धारी घृणा और प्रतिशोध से भरी हुई नारी-अस्मिता के प्रति अतिसंवेदनशील दिखायी गयी है। ये दोनों ही महाभारत के विनाश के लिए जिम्मेदार हैं। सम्पूर्ण लेखकीय सहानुभूति धृतराष्ट्र और दुर्योधन के साथ है, क्योंकि ये कर्त्ता नहीं है, बल्कि अन्यों के निर्णयों के शिकार हैं। इस प्रकार यह नाटक प्रतिमूल्यांकन/पुनर्मूल्यांकन के अति-उत्साह के चलते भटकी सहानुभूति का शिकार है जिससे कृति और पाठक के बीच व्यवधान उपस्थित होता है। राम, कृष्ण, बुद्ध, जीसस, सुकरात, गाँधी आदि का मनमाना प्रतिमूल्यांकन एक सीमा से बाहर सम्भव नहीं है, और अगर यह प्रयास अति-उत्साह अथवा प्रतिक्रियावश रावण, कंस, अंगुलिमाल, जुदा इसारियत, मेलेटस, गोड्से आदि को पूजा तक जाता है तो या तो लेखक दृष्टि-दोष का शिकार है अथवा वह वैकल्पिक पाठक/दर्शक को सम्बोधित कर रहा है। लेकिन किसी भी रूप में यह सार्थक मूल्य-निरूपण का प्रयास नहीं कहा जायेगा। 'न्यूट्रल' पात्रों के सहारे सारी बातें प्रभावी ढंग से कही जा सकती थीं।

कुन्ती के रूप में ममता की प्रतिमा निर्मित करने के प्रयास में गान्धारी का सचेतन प्रतिमूल्यांकन हुआ है और अपने बेटों के निर्माण में कुन्ती की भूमिका का अतिरंजना पूर्ण रेखांकन किया गया है। सारा 'महाभारत' ही मानो गान्धारी और कुन्ती के बीच लड़ गया हो। इस पक्ष की ओर धृतराष्ट्र बार-बार ध्यान खींचता है, और अपने तटस्थ, राग-द्वेष युक्त 'सिंहावलोकन' में लहूलुहान दुर्योधन भी :

आखिर युद्ध-विद्या हमने भी द्रोणचार्य से सीखी... पाण्डवों ने भी! हम संख्या में पाण्डवों से अधिक थे... लेकिन हम एक भी पाण्डव नहीं मार पाये। कहाँ रह गया अधूरापन हमारे जीवन में... रह रहकर कुन्ती की प्रतिमा उभरती है मन में... (पृ. 85)।

व्यक्ति-निमार्ण में माता की भूमिका को लेकर समूची हिन्दू सनातनी परम्परा भावुकता का शिकार रही है। दरअसल, व्यक्ति निर्माण में अनेक आत्मनिष्ठ एवं वस्तुनिष्ठ कारकों की भूमिका होती है, जिसमें माता भी एक है। और आज जटिल जन-संचार माध्यमों की दुनिया में माँ-बाप की भूमिका हाशिये पर कर दी गयी है। 1982 में लिखे गये नाटक से यह यापक बोध दिखना चाहिए था। आधुनिक युद्धों को समझने-समझाने के लिए तो यह दृष्टि बेमानी है।

इसी प्रकार युद्ध के 'मूल बीज' के रूप में 'व्यक्ति के निजी अहम्' को भी रेखांकित किया गया है (पृ. 101)। गान्धारी के अहंकार ने उसे न अच्छी पत्नी बनने दिया और न अच्छी माँ। भीष्म के अहंकार ने उसे नासमझ बनाया और 'महाभारत' अनिवार्य बनाया गया। आज के युद्ध में व्यक्ति के 'निजी अहम्' की कोई भूमिका नहीं बची है। एक नितान्त मध्ययुगीन धारणा को सनातन सत्य और सर्वाभौम बना दिया गया है। अन्तिम बात यह कि राजनीति के प्रति लेखकीय दृष्टि सम्पूर्णतः सकारात्मक है। उसकी समझ है कि राजनीति व्यक्ति की निजता को निगल जाती है, यह अराजक और षड्यन्त्रकारी होती है। षड्यन्त्रकारी बनना राजपुरुष भीष्म की विवशता है। इस दृष्टि से भीष्म और शकुनि में कोई अन्तर नहीं किया गया है। लेखकीय समझ को संजय प्रस्तुत करता है। सत्यवती के प्रति भीष्म की वचनबद्धता, हस्तिनापुर के उत्तराधिकारी के लिए उनकी धृतराष्ट्र के ब्याह की चिन्ता, इत्यादि को बुद्धिजीवी संजय राजनीतिक समस्या मानता है क्योंकि इसके केन्द्र में राजनीति है, मनुष्य नही : 'तो आपकी असली समस्या है राजनीति, मनुष्य नहीं' (पृ. 26)। लगता है, मानो राजनीति को मनुष्य के सुख-दुःख से कुछ लेना-देना ही न हो। एक व्यक्तिवादी कलाकार की तरह वह व्यक्ति की भावनाओं की स्वायत्तता चाहता है। (पृ.24)। अतः अगर 'अपाहिज अंधे' धृतराष्ट्र का ब्याह नहीं हो तो कुछ बुरा नहीं होगा (पृ. 20)। नारी-अस्मिता और व्यक्ति की अस्मिता को लेकर लेखक इतना चिन्तित है कि संजय भीष्म को कुरु-वंश के जहाज को यथावत् छोड़ देने के लिए कहता है। जो तैरना नहीं जानता हो उसे किनारे तक लाने का प्रत्येक प्रयास भी उसकी अस्मिता को चुनौती है : 'बहने दीजिए सबको प्रवाह में। जो तैर सकेगा, टिक जायेगा' (पृ. 56)। स्पष्ट है, व्यक्ति स्वातन्त्र्य कितना अमानवीय हो सकता है! दरअसल, व्यक्तिवाद पूँजीवादी मूल्य है जो कभी भी सामान्य, कमजोर एवं अक्षय व्यक्ति का सहारा नहीं बनता।

कोमल गान्धार में लेखकीय दृष्टि समाधानात्मक है, और प्रत्येक आत्यन्तिक समाधान की तरह इसमें प्रस्तुत समाधन भी अपूर्ण और एकांगी हैं। युद्ध में सब-कुछ खोकर धृतराष्ट्र और गान्धारी ने बहुत कुछ सीखा है। यह समझ बनी है कि अहंकार-जनित हंठधर्मिता सम्बन्धों के बीच दीवार खड़ी करती है जिससे 'नकारात्मक परम्परा' का सूत्रपात होता है जिसकी अनिवार्य परिणति विनाशक युद्ध होते है (वही,

पृ. 101)। उन्होंने एक बात और सीखी है कि प्रतिशोध और प्रति-अन्याय की भावना से विमुख होकर मनुष्य को 'अन्याय के विरुद्ध लड़ने का तन्त्र विकसित करना होगा' (पृ. 102)। इसलिए, भूलना और क्षमा करना और फिर राजनीतिक सरोकारों से स्वतन्त्र अपनी निजता को जीना ही अन्ततः सुखकर होगा। इसीलिए, वन में आने के बाद दोनों सब-कुछ भूलते हैं और साथ ही गान्धारी अपनी पट्टी खोलती है। सत्ता-केन्द्र हस्तिनापुर से दूर जंगल में 'कवि के मन की तरह स्वच्छ आकाश' है, 'कामना की तरह ऊँचा, व्याख्या की तरह महान, और विश्वासों की तरह सत्य' हिमालय है; आकाशोन्मुख देवदारू है; झरनों का कल-कल नाद है, वक्षस्थल की तरह उल्लसित एवं विस्तीर्ण पृथ्वी है। ये सब अब उसके अनुभव संसार के हिस्से हैं। गान्धारी को उसका खोया कोमल गान्धार पुनः प्राप्त हो जाता है, और उसी के सहारे जन्मान्ध धृतराष्ट्र का अनुभव-संसार विस्तृत होता जाता है। उसको जीवन में पहली बार आत्मीयता का संर्स्पा होता है। गान्धारी स्त्री से पत्नी में रूपान्तरित हुई है। दूसरी तरफ कुन्ती विदुर के साथ वन में आयी है। उसने भी बहुत कुछ खोया है—जवानी में पाण्डु को और फिर युद्ध में अपने सबसे बड़े बेटे कर्ण को। दूसरों की धारणाओं के दबाव में विदुर से दूर-दूर रहती रही है। अब दोनों वन में साथ-साथ हैं—बुढ़ापे में एक-दूसरे पर निर्भर। यहाँ सब-कुछ सहज है, सबका अपना-अपना कोमल गान्धार है। हस्तिनापुर की राजनीतिक उठा-पटक और राजपुरुषों के जीवन की विडम्बनाओं से दूर, सामाजिक दबावों से मुक्त, अब उन्हें सुख-शान्ति से कम-से-कम मरने की स्थिति प्राप्त हुई है : 'शान्त है हमारा मन। शान्त है हमारे राग-द्वेष' (पृ. 107)। बरबश ही जॉन मिल्टन के काव्य-नाटक सैम्सन अगोनिस्टीज की अन्तिम पंक्ति याद आती है : 'Peace ofmind, all psaions speneA' राग-द्वेषों की परिसमाप्ति के पश्चात् शान्त मन। लेकिन दोनों की भाव-भूमि में अन्तर है। कोमल गान्धार में लोग राजनीतिक-सामाजिक कोलाहल से ऊब-थक कर, बहुत कुछ खोकर वन में आयें हैं और सुख एवं आत्मोपलब्धि का एहसास करते हैं, लेकिन सैम्सन रोमन शासकों के विनाश में अपनी आहुति देता हे। मिल्टन की प्रतिबद्धता सामाजिक-राजनीतिक मूल्यों के प्रति है जिनके दायरे में ही व्यक्ति-स्वातन्त्र्य सुरक्षित रह सकता है। शंकर शेष व्यक्ति-स्वातन्त्र्य को नितान्त आत्मनिष्ठ एवं समाजेतर मूल्य के रूप में देखते हैं। आश्चर्य नहीं, अगोनिस्टीज में फन्तासी के लिए कोई जगह नहीं है, जब कि कोमल गान्धार में प्रस्तुत समाधन फन्तासी का सहारा लिए बगैर सम्भव नहीं है।

फिर भी *कोमल गान्धार* कथ्य-निरूपण के स्तर पर एक साहसिक एवं सृजनशील प्रयास है। इसमें परम्परापुष्ट धारणाओं और प्रतीकों को तोड़ने की कोशिश है, और इनकी अप्रासंगिकता एक नये तल्ख और तेवर के साथ रेखांकित है। महाभारत के कई-एक प्रसंगों एवं आख्यानों से मनमानी स्वतन्त्रता ली गयी है जो

नाटककार की सृजनशीलता की परिचायक है। बहुत सारे प्रश्न उठाये गये हैं—युद्ध, नारी-अस्मिता, व्यक्ति-स्वातन्त्र्य, राजनीति, परम्परा-बोध, स्त्री-पत्नी और माँ के जटिल अन्तःसम्बन्ध, आदि, जिनका समाहार एक नाटक के सीमित फलक पर सम्भव नहीं था। लेकिन ये नाटककार की चिन्ता के आयामों का आभास कराते हैं। इस नाटक में अपनी समकालीन अपेक्षाओं के अनुरूप 'महाभारत' कालीन सन्दर्भों एवं पात्रों की पुनर्रचना की अनवरत कोशिश है। इसी कारण इस नाटक में पर्याप्त अर्थोत्पादकता और अर्थान्वेषण है जिनका मिल्टन के सैम्सन अगोनिस्टीज और धर्मवीर भारती के *अन्धायुग* में अभाव है।

सारी रात : एक जोखिम भरा प्रयास

डॉ. शिवमूरत सिंह के आग्रह पर बादल सरकार कृत नाटक *सारी रात* (हिन्दी अनुवाद, विद्या प्रकाशन मन्दिर, नयी दिल्ली, 1991) को पढ़ा तो पहला अनुभव बड़ा ही निराशाजनक रहा। प्रथम पाठ के बाद जो मेरी सहज प्रतिक्रियाएँ हुई वे निम्नांकित हैं :

1. क्या मूलतः किसी छद्‌म विचार या छद्म जीवन-दृष्टि को लेकर उत्कृष्ट साहित्यिक कृति सम्भव है? नाटक में *ओल्ड टेस्टामेण्ट* के एक पैराबल में व्यक्त यह धारणा कि ज्ञान मनुष्य के पतन का मुल कारण है, को थोड़ा सुधार-परिष्कार के साथ स्वीकार कर लिया गया है। *सारी रात* में ज्ञान मनुष्य के पतन का कारण तो नहीं है, लेकिन उसकी बेचैनी का कारण अवश्य है। नाटक में वृद्ध 'ज्ञान-दंश' से पीड़ित है, और स्त्री भी। एक और छद्म-विचार उछाला गया है—सुख-शान्ति एवं आनन्द एक-दूसरे के विरोधी हैं, अर्थात निःश्रेयस आनन्द के लिए शान्ति एवं सुख का परित्याग करना ही होगा। मुझे यह स्थापना स्वीकार नहीं है। वैदिक परम्परा में भी ज्ञान मुक्ति का मार्ग है—'सा विद्या या विमुक्तये'। श्रमण परम्परा में भी सिद्धार्थ का बुद्धत्व ज्ञान पर ही टिका है। हम उनके ज्ञान के स्वरूप से असहमत हो सकते हैं, ज्ञान की भूमिका से नहीं। इसके साथ ही ऐकान्तिक साधकों की परम्परा में भी वैराग्य, शान्ति और आनन्द एक-दूसरे में निहित हैं। दरअसल आनन्द, सुख एवं शान्ति की गुणात्मक रूप से उच्चतर मानसिक स्थिति है जो एक किस्म के विश्व-बोध से प्राप्त होता है। यह स्थिति काल्पनिक हो सकती है, लेकिन असहज या अज्ञेय नहीं है।

2. *'कान्फ्लिक्ट'* के बिना नाटक सम्भव नहीं है, और कान्फ्लिक्ट शारीरिक, वैचारिक या मनोवैज्ञानिक होता है। समूचा नाटक मनोवैज्ञानिक कान्फ्लिक्ट पर टिका है। बाह्य क्रियाओं का नितान्त अभाव है। परिप्रेक्ष्यगत टकराव भी नहीं है, क्योंकि 'पुरुष' कभी किसी कान्फ्लिक्ट का आग्रेनिक हिस्सा नहीं है। अन्ततः उसका 'फिलिस्तीन' संसार सुरक्षित है। नये अनुभवों की रोशनी में केवल स्त्री ने, अपनी देहेतर सम्भावनाओं को सुरक्षित रखते हुए पुरुष के संसार से समझौता सीखा

है। पटाक्षेप होते-होते वृद्ध का भी यही संकेत है। वृद्ध और स्त्री के बीच भी कोई द्वन्द्व नहीं है, क्योंकि दोनों एक ही पथ के पथिक हैं। भौतिक क्रिया के रूप में केवल घनघोर बरसात, स्त्री-पुरुष का चलना, टार्च जलाना, वृद्ध का आना, खिचड़ी बनाना, बिस्तर लगाना और बात-चीत करना है। सारी महत्त्वपूर्ण क्रियाएँ मानसिक स्तर की हैं, और वे भी अस्पष्ट एवं अमूर्त। अतः मंचन की दृष्टि से यह नाटक सफल होगा, मुझे सन्देह है, और ग ाज़ीपुर में तो इसकी असफलता सुनिश्चित है। यहाँ डॉ. शिवमूरत सिंह के लाख प्रयासों के बावजूद न सधे रंगकर्मी हैं और न अपेक्षित मंच सज्जा एवं आलोक व्यवस्था है ताकि पात्रों की मुद्राओं एवं भंगिमाओं को अतिरिक्त निखार दिया जा सके।

3. *सारी रात* कोई स्वस्थ जीवन-दृष्टि नहीं प्रस्तुत करता। यह निष्कर्ष देता है कि जीवन की क्रूर जटिलताओं के बावजूद इसे जीना होगा या जीना चाहिए, क्योंकि मृत्यु से जीवन बेहतर है। बादल सरकार में संसार की स्वीकृति तो है, लेकिन इस स्वीकृति के लिए कोई ठोस आधार नहीं प्रस्तुत है। जीना और संसार में रहना एक अपरिहार्य विवशता है। एवम् इन्द्रजित् में बुद्धिजीवी इन्द्रजित् वापस लौटता है; बाकी इतिहास में इतिहास के पक्ष-विपक्ष प्रस्तुत कर दिये जाते हैं; *पगला घोड़ा* में शशि, कार्तिक और लड़की सभी अन्त में जीवित रहने को श्रेयस्कर बताते हैं, और *सारी रात* में भी संसार में, अपनी संसारेतर सम्भावनाओं को बचाते हुए जीने का इल्म सिखाया गया है—जीवन को साक्षी भाव से जीने का इल्म, क्योंकि इसमें बहुत कुछ किया नहीं जा सकता। लेकिन यह तो बुद्धिजीवी की 'सरवाइवल स्ट्रैटेजी' है। क्या जीना केवल बुद्धिजीवी की ही समस्या है? कम-से-कम नाटककार को तो यही लगता है। "सारी रात" में जीना केवल वृद्ध और स्त्री की समस्या है, पुरुष की नहीं। नाटक में पात्र समझदार-नासमझ, संवेदनशील-संवेदनहीन जैसे टाइप्स हैं। पुरुष तक नाटककार की सहानुभूति नहीं पहुँच पाती। इस दुष्टि से देखने पर सारी रात एक आधुनिक मोरैलिटी प्ले जैसा लगता है।

4. प्रथम पाठ में यह भी लगा कि *सारी रात* एक लम्बी रूमानी कविता है जिसमें एक-दो छद्म अवधारणाओं को प्रभामण्डित किया गया है। लगा कि यह एक काव्य-मुद्रा का नाटकीय प्रत्यक्षीकरण है जिसमें किसी काल्पनिक मनोमय सम्पूर्णता को शब्देतर अनुभूति बताकर रहस्यीकृत किया गया है। काव्य में इच्छित आनन्द कुछ वेदान्ती भाव लिये है।

लेकिन प्रथम पाठ के बाद की अपनी उपर्युक्त प्रतिक्रियाओं के प्रति मैं बहुत आश्वस्त नहीं था। तात्कालिक प्रभाव किसी कृति के मूल्यांकन का निष्कर्ष नहीं हो सकता। इसके अतिरिक्त *सारी रात* तो नाटक है और किसी भी नाटक का समग्र सौन्दर्य रंगशाला में ही उभरता है। मैंने इसकी कोई प्रस्तुति देखी भी नहीं है। अतः इसे पुनः पढ़ा और जितना कुछ ग्रहण कर सका उसे यहाँ व्यक्त कर देना ही समीचीन है।

सारी रात के प्रथम दृश्य ने विशेष रूप से आकर्षित किया, शेक्सपियर के नाटकों के प्रारम्भिक दृश्यों की तरह। इस दृश्य में ही नाटककार ने सब-कुछ कह-सा दिया है, शेष दो दृश्य तो उसी तो उसी के अर्थ-विस्तार हैं। रात के अँधियारे में घनघोर वृष्टि से परेशान एक दम्पति जो स्त्री एवं पुरुष के रूप में अभिहित हैं, सुनसान में स्थित एक पुराने से मकान के एक कमरे में, जिसका दरवाजा हमेशा खुला रहता है, प्रवेश करते हैं। स्त्री-पुरुष व्यक्ति नहीं हैं, दम्पति के रूप में 'टाइप्स' हैं जिसमें नारी की निजता के लिए कोई स्थान नहीं है। उनकी आपसी बात-चीत से स्पष्ट है कि पुरुष स्त्री की संवेदनशीलता की उपेक्षा करता है। उसके लिए वह मात्र एक स्त्री है, पत्नी है, और बस। सही वही है जो पति के रूप में पुरुष कहता या करता है। कमरा बड़ा है और उसमें सामान अस्त-व्यस्त बिखरे पड़े हैं। फिर भी उस अस्त-व्यस्तता में भी कुछ 'तारतम्यता' है जो इस बात की सूचक है कि इसमें कोई रहता है। कमरे में आवाजें गूँजती हैं, प्रतिध्वनियाँ होती हैं जिन्हें स्त्री सुनती है, लेकिन पुरुष नहीं सुन पाता- 'आवाज गूँजती है? नहीं तो। मुझे तो नहीं लगा' (पृ. 19)। शेक्सपियर के *हैमलेट* में आत्मा की आवाज संवेदनशील *'हैमलेट'* तो सुनता है लेकिन उसकी कल्पनाविहीन माँ गर्ट्रूड नहीं सुन पाती। या मैकबेथ में डंकन की हत्या के बाद मैकबेथ भयानक आवाजों से परेशान है, लेकिन जिद्दी एवं कल्पनाशून्य लेडी मैकबेथ को कुछ भी सुनायी नहीं देता। दरअसल, मैकबेथ द्वारा सुनी गयी आवाजें अपराध-बोध से पीड़ित उसकी आत्मा की प्रतिध्वनियाँ हैं। स्त्री इन प्रतिध्वनियों से परेशान कमरे से भाग जाना चाहती है, लेकिन बाहर बरसात है। इसी बीच पुरुष की टार्च की रोशनी में कमरे के एक छोर पर एक 'वृद्ध' दिखता है—साधारण चेहरा और वेशभूषा लेकिन अपनी 'असाधारणता' का कुछ एहसास कराता। पुरुष, स्त्री और वृद्ध अब कमरे में आमने-सामने हैं, और विशेषतः स्त्री और पुरुष के जीवन में अन्तनिर्हित द्वन्द्व एवं समाहार की सम्भावनाओं की तलाश के माध्यम से नाटक की कथ्यता के आयाम खुलते हैं।

नाटक का प्रारम्भ अति नाटकीय है—भारी बरसात, बाढ़ जैसा दृश्य, उसमें आश्रय खोजते युवा दम्पति, भूत-बँगला, अँधेरे की घुटन, खुला दरवाजा, गूँजती आवाजें, अस्त-व्यस्त असबाब और उसमें टार्च की रोशनी में असाधारण-सा दिखता वृद्ध। कमरा नाटक का एक केन्द्रीय रूपक है। अस्त-व्यस्त असबाबोंवाला कमरा ही संसार है जिसकी 'तारतम्यता' की एक सीमा है, अर्थात् जो मूलतः अतार्किक है जिसे वृद्ध समझता है, स्त्री में समझने की बेचैनी है और पुरुष उसमें इतना रच-पच गया है कि वह समझने लायक ही नहीं है। अपनी अबोध संवेदनशीलता के चलते स्त्री बेचैन है, और ज्ञानद वृद्ध होंठो पर विडम्बनात्मक हास लिये जागता-जीता है। वृद्ध जानता है कि बस इतना ही सम्भव है। कमरे की प्रतिध्वनियाँ संकेत देती हैं कि

संवेदनशील व्यक्ति दुनिया से भले बेदाग बच निकले, स्वयं से नहीं बच सकता जिसे वृद्ध नाटक के दूसरे दृश्य मे स्पष्ट करता है :

पुरुष : तो फिर इतनी बेकार चीजें आप ने जमा क्यों कर रखी हैं?

वृद्ध : फेंकना सम्भव नहीं। कुछ भी फेंकना, कुछ भी भूलना सम्भव नहीं। यह सब मेरा बोझ है, मेरा बोझ। इसे न जाने कितने दिनों तक ढोते जाना होगा, न जाने कितने दिनों तक...

स्त्री भी ऐसे ही किसी बोझ से पीड़ित है। पुरुष पर ऐसा कोई बोझ नहीं है। उसे खूब भूख लगती है, खूब नींद भी आती है और उसने अपनी दैनन्दिनी को घड़ी की सुई के अनुसार साध रखा है। उसके पास स्त्री की तरह फालतू सोचने, कल्पना करने और कविता करने की फुर्सत नहीं है।

कुदरत के प्रकोप ने इन तीन अनजानों—दम्पति अर्थात् पुरुष एवं स्त्री 'जो सर्वथा एक-दूसरे से अपरिचित हैं' और वृद्ध को एक साथ कर दिया है, शेक्सपियर के किंग लियर के तूफान की तरह। लियर में असीम दुःख से विवेक उपजा है, लियर और एद्गर आदि स्वयं को और अपनी परिस्थितियों को समझ पाये हैं। सारी रात में भी समझ से समाधान मिला है, और परिस्थितियों का अतिक्रमण भी हुआ है। लियर के क्रोध का शमन हुआ है और उसके हृदय से स्नेह का संगीत फूटा है। दुःख और मृत्यु दोनों अतिक्रमित हुए हैं। सारी रात में भी यही प्रयास है। स्त्री रंजन को पाना चाहती है और वह रंजन वृद्ध में वर्तमान है, वृद्ध भी कुछ रंजन जैसा ही है—

स्त्री : रंजन को आप जानते हैं?

वृद्ध : लगता है जानता हूँ। वह कौन है यह नहीं जानता। उसका चेहरा कैसा है, यह भी नहीं जानता।

स्त्री : तब?

वृद्ध : इस समय आप जिसकी बात कुछ-कुछ समझ पा रही हैं, उसे जानता हूँ। वह मेरा वंशधर होगा। मैं हो चुका हूँ, वह होगा। मैं जान चुका हूँ, वह जानेगा। मैं जगा रहता हूँ, वह जगा रहेगा।

आत्म-साक्षात्कार तो हुआ है लेकिन सोचने से, जबकि किंग लियर में यह दुख से हुआ है। एकाकी चिन्तन भी समाधान देता लगता है, लेकिन व्यवहार में इसका टिकना आसान नहीं। इस सन्दर्भ में किंग लियर का कोई शानी नहीं है।

एक रूप में बादल सरकार मुझे पसन्त आते हैं। इनके नाटकों में जीवन की क्रूर विसंगतियों के रेखांकन के बावजूद जीवन से पलायन नहीं है। संसार में बुद्धिजीवी माल ऐडजस्टेड जरूर है, इससे ऊबता भी खूब है, इससे पलायन की तीव्र आकांक्षा भी रखता है, लेकिन अन्ततः इसे स्वीकार भी करता है। जीना भी एक दायित्व है, किसी निःश्रेयस या गन्तव्य से बिल्कुल स्वतन्त्र। एवम् इन्द्रजित् में इन्द्रजित् जीवन में लौटता है क्योंकि यही लेखकीय विवेक के अनुकूल है। इसी

प्रकार पगला घोड़ा में आत्म-हत्याओं एवं मशान की धू-धू करती चिताओं के बीच भी यही ध्वनित है—'जिन्दा रहने पर सब सम्भव हो सकता है।... दरअसल संशयों के बीच, सम्भावनाओं के लिए जीना ही जीवन है।' नाटक के अन्त में मशान में शशि और कार्तिक की बात-चीत से भी इसी जीवन-दृष्टि का रेखांकन होता है—

शशि : उसके कुछ और दिन जिन्दा रहने से क्या होता?

कार्तिक : हो सकता है कुछ भी न होता। कौन जाने, कुछ हो ही जाता। कौन कह सकता है।

सारी रात में भी थोड़ी दार्शनिकता का पुट लिये यह जीवन-बोध थोड़े त्रासद आयाम के साथ अभिव्यक्ति पाता है :

होने दो जो कुछ होता है/इतना ही पर्याप्त कि/आँखों में मन के सपनों को/देखा-समझा जाना/होने दो जो शेष हो रहा/इतना ही सन्तोष कि/मेरी अपलक निद्राहीन रात्रि ने/असम्भव के सम्भव होने को भी/देखा-जाना समझा।

इसी समझ और एहसास के साथ सारी रात का पटाक्षेप होता है। इस बिन्दु पर पुनः किंग लियर की याद आती है—...Men must endureèTheir going hence, even as their coming hither : Ripeness is all. यही 'राअपनेस' अर्थात 'परिपक्वता' सारी रात में भी अभिव्यक्ति पाती है, यह अलग बात है कि इसमें 'लियर' का औदात्य नहीं है।

बादल सरकार के नाटकों में अक्सर कोई ऐसा अदृश्य प्रतीक आता है जो पहली बने रहने के बावजूद निर्णायक भूमिका रखता है। *पगला घोड़ा* एक अदृश्य एवं अतार्किक इयत्ता है जिसका अंकित जीवन में कोई निर्णायक हस्तक्षेप है। नाटक के अन्त में लड़की की आत्मा का आर्त्तनाद जीवन की इस विडम्बना का उद्घोष है—

मुझे चिता पर से उतार लाओ। अभी भी जलकर राख नहीं हुई हूँ- अभी भी जल रही हूँ—उतार लाओ—पगला घोड़ा। मुझे लौटा लाओ, मुझे उतार लाओ, पगला घोड़ा!

जिसने जीवन को वहाँ पहुँचाया है उसी को गुहार, यूनानी नायकों की तरह जो नियति (fate) और देवताओं को गुहार लगाते हुए उन्हीं के शिकार हो जाते हैं। जीवन में जो अदृश्य है, अबूझ है वही अत्यन्त निर्णायक है। *पगला घोड़ा* की ही तरह सारी रात में भी रंजन है। यह एक अदृश्य किन्तु अत्यन्त सम्मोहक प्रतीक है जो स्त्री के संवेदनशील एवं कल्पनाशील मन की मुराद है—"...मुझे शान्ति नहीं चाहिए। मैं आनन्द चाहती हूँ, रंजन को चाहती हूँ। रंजन को बुला दो" (पृ. 82)। और रंजन क्या है?

वृद्ध : रंजन! रंजन एक रात है, निद्राहीन रात। एक असम्भव से वातावरण की एक असम्भव-सी निद्राहीन रात। (पृ. 83)।

लेकिल कल्पनाशील चेतना तो इसी असम्भव की तालाश में रहती है—

वृद्ध : तुमने सपनों में रंजन को गढ़ा है, अपनी कल्पना में उसकी मूर्ति निर्मित की है। रंजन तो नहीं।

स्त्री : रंजन ऐसा ही है। मैं जिस रंजन को जानती हूँ वह आकाश है, धरती उसे बाँध नहीं सकती। वह रंजन वायु है, मैं उसका स्पर्श पाती हूँ, पर उसे पकड़ नहीं पाती। वह रंजन एक व्याप्ति है... (सारी रात, पृ. 70-71)।

इस प्रकार रंजन एक अदृश्य, अमूर्त मोहक प्रतीक है, एक असम्भाव्यता है जिसे पाने के लिए स्त्री बेचैन हैं। दरअसल, यह रूमानियत, अमूर्तता के प्रति यह समर्पित लेखकीय संकल्पना के केन्द्र में है। बादल सरकार ने पहला प्रतीक *पगला घोड़ा* को लोक-कथाओं से लिया है, और दूसरे प्रतीक 'रंजन' को रवीन्द्र साहित्य से। रवीन्द्र के चर्चित नाटक रक्तकरबी में रंजन प्रेम और सौन्दर्य का प्रतीक है जो वर्तमान यान्त्रिक शासन-व्यवस्था का निषेध है और इस रूप में अन्यों का प्रेरणा-स्रोत। *सारी रात* में भी रंजन अपने मूल कल्पक की अतिन्द्रीयता को बचाये हुए है। यहाँ वह आनन्द का प्रतीक है जिसे सुख एवं शान्ति की कीमत पर ही पाया जा सकता है। "लगता है आनन्द और शान्ति दोनों एक-दूसरे के दुश्मन हैं" वृद्ध कहता है जो नाटककार का प्रतिनिधि पात्र है। स्त्री के लिए रंजन एक कवित्वपूर्ण अर्थ है जो परिचित सत्य से अधिक सत्य है। प्रतीक की अमूर्तता उन्हें इब्सन के निकट ले जाती है, और उनकी काव्य दृष्टि गोर्की जैसी है।

इस नाटक की प्रस्तुति के सन्दर्भ में डॉ. शिवमूरत सिंह की एक परेशानी यह है कि प्रस्तुति का अन्त स्त्री की वापसी से किया जाय या उसके गृहत्याग से। मेरी समझ है कि नाटक का पटाक्षेप स्त्री की गृह-वापसी से होना चाहिए। यही बादल सरकार के जीवन-बोध के अनुकूल है जो उनके अन्य नाटकों में भी अभिव्यक्त है। *सारी रात* का लेखकीय 'पाठ' भी यही ध्वनित करता है। बादल सरकार घर-संसार के नाटककार हैं, प्रव्रज्या के नाटककार नहीं। उनके नाटकों में व्यक्त जीवन-बोध का सत्व है—जीवन की सीमाओं को समझते हुए उसकी सम्भावनाओं के प्रति संवेदनशील बने रहकर जीना। अर्थात, वे समझदार सांसारिकता के नाटककार हैं। उनके पात्र अन्ततः इस समझदारी तक पहुँचते हैं जो चेखोव के नाटकों में भी सम्भव नहीं हो पाता। चेखोव के पात्र जीवन की वास्तविकता को न समझ पाते हैं और न स्वीकार कर पाते हैं। उनका जीना निरन्तर संकटग्रस्त रहता है, लोगों के बीच अकेलापन को झेलना उनकी विवशता है। इसीलिए उनके नाटकों का पटाक्षेप असीम मोहभंग या आत्महत्या से होता है। जीवन की इस विडम्बना का एहसास बादल सरकार को भी है, लेकिन नाटकों से ध्वनित जीवन-बोध इसे अतिक्रमित करता दिखता है। *पगला घोड़ा* में आत्महत्याएँ जीवन की सार्थकता का एहसास कराती हैं। एवम् इन्द्रजित् में इन्द्रजित् जीवन के औसतपन के बीच जीवित रहने की विवशता को अन्ततः स्वीकार करता है। जीवन-पथ की दुरूहता ही इस पर कायम रहने की प्रेरणा है। जीवन का मर्म गन्तव्य में नहीं यात्रा में निहित है। यह बात *सारी रात* में भी दूसरे रूप में कहीं गयी है।

सारी रात के अन्त में बरसात बन्द हो चुकी है और रात समाप्त होने को है। स्त्री 'रंजन' की ओर जिस तीव्रता से अभिमुख होती है उसी अनुपात में पुरुष से वह दूर होती है। पुरुष का 'घर' सम्बन्धी मध्यवर्गीय स्वप्न बिखर चुका है। स्त्री को अब घर की सुरक्षित सपाट जिन्दगी की अपेक्षा सड़क की अनजान एवं जोखिम भरी जिन्दगी अधिक पसन्द है, और इस कारण, अब उसे पुरुष का आश्रय नहीं चाहिए—'मैं किसी के आश्रय का मुँह नहीं देखती। रास्ता छोड़ो।' हताश हो पुरुष वृद्ध की ओर मुड़ता है— "तुमने क्यों मेरा जीवन नष्ट किया? मैंने तुम्हारा क्या बिगाड़ा था?" वृद्ध कहता है 'वह है तो?; जिसे पुरुष 'होना' नहीं मानता। वृद्ध के पास कोई ठोस उत्तर नहीं है। उसके 'निद्राहीन नेत्र' भी स्वयं 'प्रश्न' बन गये हैं। अन्ततः स्त्री के लिए भी वह कोई उत्तर नहीं रह जाता। उसके हाथ 'ठण्डे' हैं, उसमें अपनी वृद्धावस्था का एहसास गहराता है और रात बीतने तथा बरसात बन्द होने के साथ-साथ वह भी 'शेष' होता जा रहा है। फिर स्त्री का क्या होगा? इस स्थिति में वृद्ध और स्त्री का अन्तिम संवाद महत्त्वपूर्ण है—

स्त्री : मेरा तब क्या बचेगा?

वृद्ध : क्यों? घर!

स्त्री : मेरा घर बह गया है।

वृद्ध : घर बहा नहीं है। सोचा था बह जायेगा, मैंने ऐसा ही चाहा भी था, पर बहा नहीं। घर बहा नहीं। बहुत बड़ी विपत्ति में भी नहीं बहता।

स्त्री : मेरा घर अब किस आधार पर खड़ा होगा?

वृद्ध : पता नहीं। प्रेम, विश्वास, परिचय यह सब नहीं, कुछ और ही है जिस आधार पर घर खड़ा रहेगा। शायद अभ्यास, शायद रात की नींद, शायद दिन की रोशनी।

स्त्री : और रंजन?

वृद्ध : रंजन! रंजन एक रात है, निद्राहीन रात। एक असम्भव से वातावरण की एक असम्भव-सी निद्राहीन रात। उसे भूलना न चाहो तो मत भूलो।

स्त्री : नहीं, मैं नहीं भूलूँगी, कभी नहीं भूलूँगी। वह रात मेरी है। एक रात। एक पूरी रात, सारी रात।

स्पष्ट है, इस सारी रात स्त्री ने अपनी रंजन सम्बन्धी कल्पना को साकार-सा होते पाया है। इसे सँजोये रहकर ही वह पुरुष के साथ नये सिरे से 'घर' बनाने का 'अभ्यास' करेगी।

लेकिन, प्रश्न रह जाता है कि अगर 'रंजन' 'एक असम्भव-सी निद्राहीन रात' है तो फिर 'घर' कैसे खड़ा रहेगा? 'प्रेम, विश्वास, परिचय' से वंचित रहकर मात्र 'अभ्यास' की नींव पर 'घर' कैसे टिकेगा? 'घर' बहुत कुछ की अपेक्षा रखता है—लगाव की, आत्मीयता-बोध की। इसके बिना डेरा बन सकता है, आवास हो

सकता है, लेकिन 'घर' सम्भव नहीं है। जो भी हो, स्त्री की घर वापसी तय है, चाहे वह समस्याग्रस्त कितनी भी हो।

वैसे व्याख्या तो हर स्थिति की सम्भव है, लेकिन नाटक का अन्त उलझन पैदा करता है। डॉ. शिवमूरत सिंह का कहना है कि बादल सरकार विचार तो बहुत बड़ा उठाते हैं, लेकिन अन्त तक निर्वाह नहीं कर पाते। उनका कहना है कि बादल सरकार इस नाटक को स्त्री की कथा बताते हैं और शेष दो पात्रों को उनके चरित्र के विकास में उपकरण मानते हैं। लेकिन नाटक का पटाक्षेप वृद्ध की काव्यात्मक अनुभूति से होता है :

होने दो जो शेष हो रहा/इतना ही सन्तोष कि
मेरा अपलक निद्राहीन रात्रि ने/असम्भव के
सम्भव होने को भी देखा-जाना-समझा।

लेकिन समस्या यह है कि विषय के निरूपण में वृद्ध एक उपलब्ध पुरुष के रूप में प्रस्तुत है और नाटक के अन्त में उसी ने 'देखा-जाना-समझा' है। डॉ. शिवमूरत का यह सुझाव सही है कि ऐसी अभिव्यक्ति स्त्री के द्वारा होनी चाहिए थी। स्त्री की जीवन-दृष्टि में क्या विकास हुआ? स्पष्ट नहीं है। प्रारम्भ में वह अनुभव के जिस बिन्दु पर थी उसी बिन्दु पर अन्ततः छोड़ दी जाती है। एक *सारी रात* का अनुभव अन्य रातों के अनुभव से भिन्न नहीं है। केवल अमूर्त अभीप्सित रंजन, वृद्ध के रूप में, कुछ मूर्त होता सा दिखा है। लेकिन उसके भी हाथ 'ठण्डे' हैं और वह रंजन को वृद्ध, मृत और स्वयं को रंजन की प्रेतात्मा बताता है। स्त्री के लिए रंजन जितना अबूझ तब था उतना ही अबूझ अब भी है। इतना ही नहीं, समझ में नहीं आता कि वृद्ध को अन्त में इतना चुका हुआ क्यों दिखाया गया है? बरसात और रात्रि के समाप्त होते-होते वह स्वयं को क्यों 'शेष' होता बताता है? वह चला था स्त्री का घर बनाने लेकिन अन्त में उसी वहीं वापस भेजता है। अन्त होते-होते वृद्ध तो ढह जाता है और स्त्री खड़ी नहीं हो पाती। अतः डॉ. शिवमूरत का यह कहना कि बादल सरकार 'अपने नाटकों में उठाते तो चीनी का बोरा हैं लेकिन सिर तक पहुँचते-पहुँचते इतने छिद्र हो जाते हैं कि उसमें अन्ततः बहुत कम चीनी शेष रह जाती है', निराधार नहीं है। *पगला घोड़ा* और *बाकी इतिहास* के कथ्य की भी यही सीमा है। अन्ततः कुछ आरोपित-सा लगने लगता है, बनार्ड शॉ के नाटकों की ही तरह। नाटकीय निष्कर्ष नाटककार का निष्कर्ष हो जाता है, नाटकीय स्थितियों की निष्पत्ति नहीं लगता। लेकिन ऐसा क्यों है? सम्भवतः सोच की अस्पष्टता के चलते, छद्म-विचारों को नाटकीय आयाम देने के अव्यावहारिक प्रयास के चलते, जो उनके रूमानी मिजाज के कारण है। यह मिजाज जीवन से असन्तुष्ट रहता है, लेकिन उसके पास कोई व्यावहारिक विकल्प नहीं होता। बादल सरकार असम्भव एवं असम्भाव्य स्थितियों को कलात्मक रूप प्रदान करने के लिए विवश से दिखते हैं– उनके

साहित्य लोक की एक विशेषता यही है। लेकिन उनके जैसे घर-संसार के नाटककार में इतना अमूर्तन, असम्भव की इतनी व्यग्र तलाश समीचीन नहीं मालूम पड़तीं। इससे उनके नाटकों की संरचना पर भी प्रतिकूल प्रभाव पड़ता है। खैर कुल मिलाकर, *सारी रात* भी एक अनूठा जोखिम-भरा प्रयास है जो अपनी सीमाओं के बावजूद अनूठा है। बादल सरकार के नाटक उनकी सृजनात्मक ऊर्जा के कलात्मक विस्फोट से लगते हैं।

बाकी इतिहास—'माध्यम की एक अविस्मरणीय प्रस्तुति

गाजीपुर की सांस्कृतिक संस्था 'माध्यम' प्रायः प्रतिवर्ष एक बार नाट्य प्रस्तुति के द्वारा शहर में आनन्द एवं रोशनी बिखेर जाती है। गत 16 मार्च, 1997 को इसकी ओर से प्रसिद्ध नाटककार बादल सरकार के चर्चित नाटक *बाकी इतिहास* की एक अत्यन्त सफल प्रस्तुति द्वारा इसने एक सांस्कृतिक कौतूहल पैदा किया और उस शाम शहर के सांस्कृतिक जीवन को एक अविस्मरणीय अवसर में बदल दिया। *बाकी इतिहास* एक अत्यन्त जटिल नाटक है जो एक ही साथ मार्क्सवादी, फ्रायडवादी एवं अस्तित्ववादी तीनों है। नाटककार यह सम्प्रेषित करना चाहता है कि मानव-चेतना जितनी अपनी बाह्य भौतिक परिस्थितियों से नियन्त्रित होती है उतना ही यह आयत्त संस्कारों एवं निर्मित कुण्ठाओं से भी। यह नाटक गाल्सवर्दी, आर्थर मिलर और टेनेसी विलिएम्ज की एक अच्छी कलात्मक अन्विति है।

बाकी इतिहास एक आधुनिक नाटक है। यह शहरी मध्यवर्गीय बुद्धिजीवियों को असहाय शिकार (victim) के रूप में पेश करता है। ये बुद्धिजीवी अपनी सफलताओं एवं असफलताओं दोनों में ही उन भौतिक असुरक्षाओं के शिकार होते हैं जो उनके आत्मीय रिश्तों को भी संकटग्रस्त बनाते हैं। ये अपने उस विशिष्ट ढोंग के शिकार होते हैं जिन्हें उनकी जर्जर आर्थिक स्थिति देर तक सँभाल नहीं पाती, और उन गहरी कुण्ठाओं के शिकार होते हैं जिन्हें वह समझ नहीं पाते और न ही अतिक्रमित कर पाते हैं। दरअसल, इस नाटक का यह निरूपण ही इसे नव्यता एवं विशिष्टता प्रदान करता है।

दम्पति लेखक वासन्ती और शरद किसी सीतानाथ की आत्महत्या की अखबारी सूचना से उद्वेलित हैं और वासन्ती एक कहानी के द्वारा उस आत्महत्या के कारणों की मीमांसा का अंकन करती है। बचपन की निर्धनता के आतंक से पीड़ित सीतानाथ की पत्नी कनक अपने लिए एक सुरक्षा का स्वर्ग चाहती है—थोड़ी जमीन, एक मकान और थोड़ा बैंक बैलेन्स जिसे सीतानाथ अपने मध्यवर्गीय ढोंग के चलते नहीं दे पाता। अतः धन के स्वर्ग की असीम कल्पना के लिये कनक अपने पति के

एक धनी मनचले मित्र निखिल के यहाँ चली जाती है। कनक को यह कसक है कि यदि उसका पिता जीवित होता तो उसे वे दिन देखने को नहीं मिलते, जबकि सत्य यह है कि उसका नशेड़ी पिता ही उसके पति सीतानाथ को 'ब्लैकमेल' करता लूटता रहा है और वह अपनी पत्नी को इस क्रूर एवं घिनौने यथार्थ से बचाये रखने की चेष्टा में चुपचाप अपने को लुटाता रहा है। यह स्थितिगत विडम्बना है। जिन्दगी के थपेड़ों से परेशान, थका-हारा, टूटा-लुटा एवं हताश वह आत्महत्या कर लेता है।

लेकिन शरद को वासन्ती का यह अंकन अस्वाभाविक लगता है। उसकी दृष्टि में भौतिक अभाव आत्महत्या की सीमा तक लाचार नहीं कर सकते। अतः वह फ्रायड और अडलर का सहारा लेकर इस आत्महत्या के लिए उसकी एक मनोगत कुण्ठा को अंकित करता है। सीतानाथ 10-12 साल की छोटी अबोध बच्ची के साथ हुए बलात्कार के लिए अपने को दोषी मानकर अपराध-बोध से इस सीमा तक शिकार होता है कि उसे प्रत्येक पुरुष और वह स्वयं भी बलात्कारी, और प्रत्येक लड़की या महिला बलात्कार की संभावित शिकार दिखती है। प्रत्येक किस्म का लैंगिक सम्बन्ध उसे बलात्कार लगता है। उसका अपनी पत्नी से भी कोई रिश्ता नहीं है। लोलिता पढ़ने के लिए वह अशोक नाम के छात्र को निष्कासित करता है, लेकिन उसे *लेडी चैटर्लीज लवर* एक उत्कृष्ट साहित्यिक कृति लगती है, क्योंकि इसमें 'सेक्स' स्वाभाविक है। लेकिन जीवन में वह इस स्वाभाविकता की पहचान भी खो चुका है। अपराध-बोध का शिकार वह अपने इर्द-गिर्द के माहौल से अपने को अलग-थलग करता जाता है और अन्ततः अपने को बिल्कुल असुरक्षित, लाचार, अकेला और निराश पाकर आत्महत्या कर लेता है।

कथा का सर्जक-सूत्रधार शरद स्वतः जीवन की एक छोटी बड़ी निरर्थकताओं एवं विसंगतियों का शिकार है। लगता है सीतानाथ उसका अपना 'आल्टर इगो' है। उसे सारा मानव-इतिहास निरर्थक क्रूरताओं एवं अहंमन्यताओं से भरा दिखता है—मिश्र, यूनान एवं रोम के गुलाम, कैलीगुमा, चंगेज और नादिरशाह, प्रथम विश्वयुद्ध, हिटलर और द्वितीय विश्वयुद्ध, और अब आणविक युद्धों की जी-तोड़ तैयारी। कितनी सभ्यतागत गति ली है, मानव-इतिहास ने? स्वयं उसके जीवन को क्या मिला है? आर्थिक तंगी, पेशे में प्रोन्नति का अभाव और ऊपर से ज्ञानी-विज्ञानी बनने का दबाव। वह भी रस्सी के लिए आत्महत्या के लिए तैयार ही है कि प्रोफेसर वासुदेव उसकी प्रोन्नति की सूचना लिये आता है। हरिकिशन जा रहा है और इस कारण इसके स्थान पर अब शरद असिस्टेण्ट प्रोफेसर बना दिया जायेगा। अर्थात् अगर वह न जाता तो वह कभी नहीं बनता। कैसी विसंगति एवं विडम्बना है? एक के जाने के साथ दूसरे का भविष्य जुड़ा है? यह सोचकर शरद को प्रसन्नता नहीं दुःख होता है। लेकिन फिर भी वह सँभलता है। डूबते को तिनके का सहारा। कुछ आशा तो मिली जीवन में, जिसके सहारे वह अपना जीवन जी सकेगा। यही उसका बाकी

इतिहास है। अब वह लेखकीय व्यक्तित्व नहीं बल्कि वासुदेवी व्यक्तित्व जीयेगा, संवेदनहीन एवं खुदगर्ज जीवन के कीचड़ का सुख उठाएगा।

इतने सूत्रों को समेटने वाला यह नाटक सम्प्रेषणीय प्रस्तुति की दृष्टि से एक बड़ी चुनौती है। इतना ही नहीं, इसका सारा संघर्ष मूलतः आन्तरिक है जिसकी प्रस्तुति आसान नहीं है, और वह भी गाज़ीपुर जैसे शहर में जहाँ अभी इतने गम्भीर मंचन की किसी सुव्यवस्थित पीठिका का नितान्त अभाव है। लेकिन निर्देशक डॉ. शिवमूरत सिंह की इस कला के प्रति निष्ठा एवं समर्पण ने बहुत कुछ सम्भव बनाया। शरद की भूमिका में शरद पटेल और सीतानाथ की भूमिका में सुधीर निगम ने अपना अविस्मरणीय प्रभाव छोड़ा। वासन्ती एवं कनक की भूमिका में मंजुला सिंह ने भी जगह-जगह अद्‌भुत ऊँचाइयों को स्पर्श किया। कनक के लम्पट पिता और प्रोफेसर वासुदेव की भूमिका में विश्वनाथ जी ने थोड़ी अति नाटकीयता का परिचय दिया जिससे स्थिति में निहित विडम्बना और पीड़ा की गहराई वांछित मुखरता न पा सकी। कुछ तो अभिनेताओं के अभाव के चलते मंजुला, रमेश पटेल और सुधीर निगम को दोहरी भूमिका में उतरना पड़ा। प्रस्तुति में कभी-कभी दर्शक-अभिज्ञता खटकती थी, मानों अभिनेता जीवन न जी रहे हों बल्कि नाटक खेल रहे हों। इससे मंचीय यथार्थ का विभ्रम यदा-कदा टूटता दिखायी दिया। मंच-सज्जा और प्रकाश व्यवस्था व्याप्त सीमाओं में सन्तोषजनक थीं। लेकिन कुल मिलाकर जो अन्विति बनी वह सम्प्रेषणीय एवं कलात्मक थी और मूल नाटक की आकांक्षाओं एवं अपेक्षाओं के साथ न्याय था। मंचन दर्शकों को ढाई घण्टे तक बाँधे रहा, और वह भी एक ऐसे कलात्मक धरातल पर ले जाकर जिसके लिए यहाँ का दर्शक इनीशियेटेड नहीं है। निर्देशक ने अपनी गहरी सूझ-बूझ का परिचय दिया। नवधनाढ्य एवं सुखवादी निखिल के अस्तित्व को केवल संकेतों के सहारे खड़ा किया। इससे सम्प्रेषण भी हो गया और अतिरिक्त कलाकार की आवश्यकता भी नहीं पड़ी। निर्देशक ने थोड़ी विवेचन की स्वतन्त्रता भी ली। प्रस्तुति में शरद अन्त में सीना तानकर खड़ा होता है और संवेदनहीन खुदगर्ज जीवन को स्वीकार कर, लगता है वासुदेव बनकर ही जीने का संकल्प लिये हो। मूलपाठ में शरद सिर पर हाथ रखे, परेशान, दुश्चिन्ताओं में पड़ा बैठा है। आज तो आत्महत्या टल गयी, लेकिन कल की यह नियति लगती है।

निर्देशक डॉ. शिवमूरत सिंह से पूछने पर उन्होंने बताया कि अगर शरद, वासुदेव न बने तो *बाकी इतिहास* को कहाँ से समझा जाये। उन्होंने ग़ाजीपुरी लेखकों की ओर संकेत किया जो लेखक की आड़ में मूलतः शरद ही तो हैं। जो इनकी नियति है वही शरद की भी नियति है। आखिरकार शरद और सीतानाथ बनकर जीवन तो नहीं जिया जा सकता। इस प्रकार इस स्वीकृति से अस्तित्व की विडम्बना समझ में आती है, और शरद की स्वीकृति समूचे आधुनिक जीवन पर एक क्रूर टिप्पणी बनती है। यह ध्वनित तो है, लेकिन शायद ही दशकों ने इसे पकड़ा हो। प्रस्तुति में एक

कमजोरी भी दिखी जो, दरअसल, मूलपाठ की कमजोरी है। एक बार सीतानाथ जब अपनी कुण्ठा को समझ लेता है, अशोक का निष्कासन वापस ले लेता है, कनक को अपना कोमल स्पर्श देता है, तो फिर वह आत्महत्या क्यों करता हैं? क्या केवल रोमांच के लिए? प्रस्तुत स्थिति मनोरोग चिकित्सा की दृष्टि से उचित नहीं है। प्रस्तुति में इस बात का ध्यान रखा जाना चाहिए था। बाकी इतिहास का मूलपाठ संशोधन और परिवर्तन की आवश्यकता का एहसास कराता है। कुछ तो निर्देशक ने किया है, लेकिन कुछ को उसने यथावत प्रस्तुत किया है। खैर, निर्देशक के लिए स्वतन्त्रता की एक सीमा बनती है। कुल मिलाकर बाकी इतिहास की प्रस्तुति 'माध्यम' के अब तक के इतिहास की सर्वोत्तम प्रस्तुति मानी जायेगी। वैसे तो इसकी हर प्रस्तुति महत्त्वाकांक्षी रही है, लेकिन यह निर्विवाद रूप से कहा जा सकता है कि बाकी इतिहास की प्रस्तुति में उसकी महत्त्वाकांक्षा साकार होती दिखी।

पूर्वार्द्ध का मंचन : एक यादगार शाम

04 जनवरी, 1981 की शाम आदर्श इण्टर कालेज, गाजीपुर के प्रांगण में डॉ. शिवमूरत सिंह के नाटक पूर्वार्द्ध के मंचन को देखना एक यादगार शाम था। उस शाम गाजीपुर शहर अपनी टूटी भौतिक समृद्धि और कमजोर पड़ी सांस्कृतिक स्थिति को मानो अतिक्रमित कर गया हो। यह प्रस्तुति कलात्मक दृष्टि से प्रभावशाली और सौन्दर्यशास्त्रीय दृष्टि से सन्तोषजनक थी। इस मंचन ने यहाँ के लोगों की सांस्कृतिक भूख को बढ़ाया जो किसी भी मंचन के निर्देशक और नाट्यकर्मियों की चाह रहती है। दरअसल, इस ने मंचन की चाह को बढ़ाया और साथ ही श्री राम नागर तथा उनके साथ के अन्य नाट्यकर्मियों को भी कुछ करते रहने के लिए प्रोत्साहित किया।

कई रूपों में पूर्वार्द्ध का यह मंचन महत्त्वपूर्ण था। तकनीकी रूप और कथ्य के स्तर पर एक उपलब्धि थी, इसके बावजूद कि यह लेखक का पहला महत्त्वपूर्ण प्रयास रहा। कथ्य के स्तर पर पूँजीवाद पर बहुकोणीय आक्रमण था और प्रेमचन्द को याद करते हूए इसे लेखक ने 'जजमानी सभ्यता' कहा है। वैसे इस सामाजिक समालोचना में हिन्दी रंगमंच बहुत दिनों से सक्रिय है, लेकिन इस नाटक में नवता है, क्योंकि यह चरित्रांकन के केन्द्र में न रखकर परिस्थितियों को केन्द्र में रखता है। इस रूप में मनुष्य अच्छा या बुरा नहीं होता। इसमें व्यक्ति की असफलताओं के लिए उसे दोषी नहीं ठहराया जा सकता। उसे अब अकेले में देखना उचित नहीं लगता। इस व्यवस्था के रचनाकार मनुष्य ने स्वयं को इस व्यवस्था का शिकार बना लिया है। व्यवस्था जब एक बार क्रियाशील होती है तो फिर यह मनुष्य को अपना असहाय शिकार बना लेती है। अब मनुष्य जो इस व्यवस्था का निर्माता है, स्वयं इसका शिकार बन जाता है। इस नाटक के विभिन्न पात्र बदलती परिस्थितियों की विभिन्न भूमिकाओं में आते हैं, अपनी भूमिका निभाते हैं और चले जाते हैं। इस

नाटक में मनुष्य अपनी भूमिका नहीं चुनता है। परिस्थितियों में वह अपनी वर्तमान भूमिका निभाता है और चला जाता है।

शेक्सपीयर के त्रासद नाटकों की तरह यहाँ भी मनुष्य को परिस्थितियों के दायरे में ही उतरना पड़ता है। उसकी अपनी अच्छी या बुरी चाह हो सकती है, महत्त्वाकांक्षाएँ और आकांक्षाएँ हो सकती हैं, लेकिन ये सारी अप्रासंगिक हो जाती हैं। शेक्सपीयर के नाटकों की तरह यहाँ पहले दृश्य में ही प्रतीकात्मक स्वर है। नाटक सूर्योदय के साथ आरम्भ होता है। सूरज की प्रारम्भिक किरणें सुस्त प्रकृति में गतिशीलता लाती हैं। वातावरण फूलों की गन्ध और चिड़ियों की चहचह से भर जाता है, लेकिन मनुष्य का संसार प्रकृति, रिद्म और कला से सन्तृप्त होता है। प्रारम्भिक किरणें क्या देखती हैं? वे जिस चीज की गवाह हैं वे मात्र मनुष्य के सांसारिक अवदान से विभ्रम और संघर्ष पाती हैं। यह संसार है जो असहाय चीखों, कराहों और नपुंसक शिकायतों से भरा हुआ है। यह मासूम आँसुओं से भरा पड़ा है। समृद्धि और अवसरों का बँटवारा विवेकहीन है। यह सामाजिक अच्छाइयों को नष्ट करता रहता है। समाज के धनी और समृद्ध लोग अपनी निष्ठुर सामाजिक अप्रासंगिकता में चलते जाते हैं। व्यवस्था के निमित्त गरीब अपने को निराश और लाचार होने का एहसास करते हैं। यह संसार भौतिक अवसादों, आध्यात्मिक सम्भावनाओं और नैतिक आयामों के गिरफ्त में हैं। सम्पूर्ण नाटक एक व्यवस्था है जिसे 'महाजनी व्यवस्था' या पूँजीवादी व्यवस्था के रूप में हम जानते हैं। यह व्यवस्था पर तीक्ष्ण टिप्पणी है। यही वह व्यवस्था है जिसमें सामान्य लोगों की कोई पूछ नहीं है। डॉ. शिवमूरत सिंह के अनुसार इसमें वे 'किश्तों में मरने के लिए विवश' हैं। उनके लिए जीवन मृत्यु का एक भयानक अनुभव है। इसमें मनुष्य एक 'चलती हुई कब्र' है।

लेकिन इस अनुभव के साथ यह नाटक बन्द नहीं होता। अगर ऐसा होता तो यह बेमतलब का नाटक होता। तब यह मात्र एक सामान्य, पारम्परिक, प्रकृतिवादी नाटक होता और यथार्थवाद इसकी एकमात्र चिन्ता होती। बिना ऐतिहासिक परिप्रेक्ष्य के यथार्थवाद ही रिअलिज्   म है। इसी बिन्दु पर अधिकांश लेखक रुक जाते हैं। कलात्मक कारणों का उनके लिए कोई भी स्पष्ट अथवा अस्पष्ट संकेत उनकी कलाकृति को 'टेण्डेन्शस' बनाता है और इस प्रकार उनके कलात्मक तत्व को समाप्त कर देता है। क्या सचमुच को कला मात्र अनुभव विशेष की अभिव्यक्ति है? नहीं। कोई भी कला अपने को बनाती है, सम्प्रेषण की प्रक्रिया में। सभी बड़े लेखक अपने पाठकों की चेतना का निर्माण करते हैं। वे अत्यन्त सूक्ष्मता से मात्र उनकी विश्व-दृष्टि को बदलते हैं और उसे जीवन का अर्थ और उद्देश्य देते हैं। मैं यह आग्रह नहीं कर रहा हूँ कि लेखकों को नैतिकता और वैयक्तिक सुधार लाना चाहिए। इतना सीधा रास्ता बेमानी है। हम एक ऐसे समाज में जीते हैं जिसमें ऐसी स्थितियाँ बनती हैं जहाँ जीने के लिए नैतिक संवेदनाओं के साथ समझौते करने पड़ते हैं। किसी भी प्रतियोगी समाज में एक खास प्रकृति होती है जिसे आत्म बचाव की instincts करते हैं। मनुष्य हर क्षण अपनी

स्थिति के प्रति असावधान हो जाता है। वह तो कभी-कभी विरोधी भी बन जाता है, अपने सारे नैतिक और सामाजिक विचारों के।

अपने हर कदम पर पूर्वार्द्ध मानव स्थितियों के अगले आयामों के प्रति संवेदनशील दिखता है। यह फोटोग्राफिक यथार्थ और सुमधुर नैतिकता से लगभग स्वतन्त्र है। यह दोनों को अतिक्रमित भी करता है, मानव स्थितियों के ऐतिहासिक आयामों के सन्दर्भ में। यह एक अभागे और अधिकारहीन व्यक्ति का गुस्सा भी दिखाता है जो व्यवस्था संचालक के विरुद्ध होता है। अन्त में यह नाटक उनके सामाजिकीकरण और राजनीतीकरण की ओर भी संकेत करता है। यह नाटक दो चीजों को स्थापित करना चाहता है : **प्रथम** व्यक्तिगत पीड़ा और अपनी मुक्ति के व्यक्तिगत प्रयास कभी मददगार नहीं बनते; और **दूसरा है** मुक्ति जिसे अगर इसे प्राप्त करना ही पड़े तो व्यवस्था में लगे लोगों के उदार प्रयोगों के माध्यम से बनीं, बल्कि संगठित शक्ति और शिकार के संघर्षों में, जो अपनी ऐतिहासिक भूमिका को पहचान हैं। नाटक में बहुत सारी स्थितियाँ गोर्की के माँ जैसी ही हैं, जो सर्वहारा का महाकाव्य माना जाता है। परिस्थितियाँ जिनके संकेत हैं, वे प्रायः घटनाओं के तर्क से ही आती हैं। इस स्थिति में ही यह नाटक कलात्मक आयाम को सन्तुष्ट करता है।

नाटक का उपर्युक्त विश्लेषण एक त्रुटिहीनता और शुद्धतावादी प्रभाव छोड़ता है लेकिन यथार्थवादी कला भी ठोस होती है और पूर्णता और शुद्धता की श्रेणियाँ मात्र अमूर्तन के क्षेत्र में ही काम करती हैं। यहीं वे यथार्थ के काठिन्य (चेनिंग) के प्रभाव से भी मुक्त रहती हैं। स्वभावतय डॉ. शिवमूरत के इस नाटक में कतिपय सीमाएँ स्पष्ट सी हैं—

1. पहली कथ्यगत सीमा है। इसके अनुभव का छोटा क्षेत्र जिसके प्रति लेखक बहुत सावधान नहीं दिखता। पूँजीवादी समाज के निचले मध्यवर्ग की बेचैनी, चिन्ताओं, उनकी टूटी जिन्दगी को लेता तो है, लेकिन अगर इसी बिन्दु पर लेखक रुक जाता और वृहत्तर सन्दर्भों में अन्ततः कोई समाधान न देता तो मुझे कोई परेशानी नहीं होती। लेकिन नाटक अन्त में राजनैतिक दृष्टि से सजग संगठित शक्ति और अन्ततः सामाजिक समाधान कि मनुष्य शोषण की जंजीरों से बच जाये, ने मेरा ध्यान अपनी ओर खींचा। यह पूर्णतः गलत है। यह मुझे लेखक की अपनी वर्गीय स्थिति के साथ धोखाधड़ी लगता है। लेखक यह महसूस करता नहीं लगता कि ऊपरी मध्यमवर्ग जो सर्वहारा और समाज से नफरत करता है और सर्वहारा के लिए राजनीतिक वर्चस्व की बात भी करता है। यह पूँजीवादी समाज के सामाजिक-आर्थिक सोपान में एक विचित्र -सी स्थिति के चलते है। लेखक स्वतः इस वर्ग से सम्बन्धित है, और इसी कारण इसकी वर्गीय सहानुभूति, प्रशंसा और विचारधारा सब-कुछ जाने-अनजाने ढंग से नाटक की संरचना में घुसे रहते हैं। वह यह नहीं देख पाता कि निम्न मध्यमवर्ग किसी-न-किसी रूप में अपनी

मुक्ति का हल निकाल सकता है, लेकिन शोषण मुक्त समाज की रचना में वह सचेतन हथियार नहीं बनेगा।

2. नाटक की दूसरी सीमा इसी प्रथम से निकलती है। **पहली,** यह सही है कि हर हालत में यह पूँजीवादी व्यवस्था पर आक्रमण करता रहता है, लेकिन एक स्थान पर यह अमेरिकन पूँजीवाद की भौतिक व मानवीय उपलब्धियों पर बल देता है, बिना यह समझे कि अमेरिका ही आज पूँजीवाद का मुख्य रक्षक है और अमेरिकन स्वर्ण की चमक बहुत दूर तक दूसरों के आँसुओं में लिपटी है। यह नहीं मालूम पड़ता कि लेखक पूँजीवाद पर दायें से आक्रमण कर रहा है अथवा बायें से। फिर भी लेखक अपनी समझ से बायें से आक्रमण करता है। यह किसी भी लेखक के लिए आवश्यक है कि वह थोड़ा और गहराई से पूँजीवादी शोषण की क्रिया को समझे।

3. भाषा अति साहित्यिक है और यदा-कदा यह महसूस होता है कि जानबूझकर यह बनावटी और अलंकारिक भी है। पढ़ते समय बार-बार जयशंकर प्रसाद की याद आती है। यद्यपि डॉ. शिवमूरत प्रसादीय हद तक गीतात्मक प्रवाह और संगीत की जिंगलिंग सीमा तक नहीं जाते। साधारणतया इनकी भाषा सम्प्रेषणीयता की सीमा में रहती है। श्रोतागण जिन्होंने आवश्यक साहित्यिक साधना नहीं की है, उन्हें कठिनाई से समझ में आता है। यही सजग थिएटर की सीमा है जो आज तक संघर्षशील है कि किसी प्रकार लोकप्रिय सिनेमा और नाटक की कलात्मकता को समायोजित करें।

4. मंच की सज्जा और प्रकाश व्यवस्था इत्यादि में काफी कलात्मकता थी। नाटक की पूरी सेटिंग में मुख्य साज-सज्जा थी। यह मुझे खली, क्योंकि उनके अधनंगे पात्र एक स्टूल लिये मंच पर आते-जाते रहे। दूसरा, इसलिए कि ये सारी चीजें नाटक के सम्प्रेषण में बाधक थीं। सम्प्रेषण पक्ष स्टेज को गलियों, खेतों और कारखानों में ले जाने के लिए था। यह तभी सम्भव है जब स्टेज की साज-सज्जा को सजग होकर तोड़ा जाये। लेकिन जब इसे दूसरे कोण से देखा जाये तो यह सतह का विरोधाभास एक गहरे विरोधाभास की याद ताजा कर देता है। यह उस विरोधाभास के आयाम को प्रस्तुत करता है जिसमें शोषित जन अपने सारे वास्तविक यथार्थ—बिल्कुल अधनंगे, स्वार्थी इत्यादि के साथ उनको देखता है, जो खुशहाल जिन्दगी जीते हैं। यह विरोधाभास समृद्धि और गरीबी के बीच का है जिसे अन्ततः गरीब लोग एहसास करते हैं। पर यह विरोधाभास अत्यन्त ही भयानक और विडम्बनात्मक है।

संक्षेप में पूर्वार्द्ध मूलतः एक समस्यामूलक नाटक है, लेकिन गाल्सवर्दी की दया और व्यंग्य आदि के साथ न कि शॉ की विट, इलाक्वेन्स और ह्यूमर के साथ। अगर जी. बी. शॉ की एक अभिव्यक्ति 'एक प्रचार का उच्चीकृत टुकड़ा' (Heightened piece of propaganda) का याद रखें, बिना यह भूले कि कैसे उच्चीकरण होता है,

कि कैसे जीवन की यह विडम्बना, जो जीवन के प्रतीकों, गम्भीर चिन्तन, प्रयोगात्मक तकनीक इत्यादि से आती हैं। अन्त में यह नाटक पूँजीवादी व्यवस्था के इस कीचड़ से निकलने का रास्ता तो सुझाता ही है, जो एक पुरुषार्थी आशावाद और समाजवादी यथार्थवाद जैसा ही है। लेकिन इसमें भी ऐतिहासिक परिप्रेक्ष्य का अभाव है जो खटकता है। फिर भी यह पूँजीवादी व्यवस्था की पैशाचिक क्षमता पर कठोर आक्रमण है ताकि मानवीय सम्बन्ध क्रियान्वित हो सकें।

समकालीनता का प्रश्न और हिन्दी उपन्यास

हिन्दी उपन्यासों की समकालीनता की चर्चा अपेक्षित लेकिन मुश्किल है। हर वर्ष सैकड़ों उपन्यास लिखे जाते हैं और उन पर गम्भीर चर्चाएँ भी होती हैं। न सबको पढ़ना सम्भव है और न सभी पढ़े हुओं पर लिखना। अतः सेलेक्टिव होना विवशता है। इसे अगर कोई अक्षमता माने तो बहुत आपत्तिजनक नहीं है।

इस विवेचचन में समकालीनता को सामयिकता के सन्दर्भ में देखने-समझने का प्रयास है—- एक ऐसी सामयिकता के रूप में जो आत्मातिक्रमित हो आनेवाली पीढ़ी या पीढ़ियों का सन्दर्भ बनती है। सामयिकता के कुछ उद्वेलनकारी सन्दर्भ-बिन्दुओं का चुनाव और उनका औपन्यासिक अंकन, वर्तमान आलेख का प्रमुख उद्‌देश्य है। उद्वेलनकारी बिन्दुओं में प्रमुख है : राष्ट्रीय चेतना का संरक्षण, साम्प्रदायिक उभार और उन्माद, इतिहास में 'दलित' का उत्तेजक प्रवेश, और नारीवादी विमर्श। इन्हीं से जुड़े कतिपयं उपन्यासों में चर्चा का यहॉ प्रयास है।

हिन्दी उपन्यासों में राष्ट्रीय चेतना के क्षरण की कहानी बहुत पुरानी है। बूर्जुआ राष्ट्रीवादी चेतनावाले लोग तो इसे प्रेमचन्द और यशपाल में भी देख सकते हैं, लेकिन इनके राष्ट्रवादी संकल्प इतने मुखर हैं कि आरोप दरकिनार हो जाते हैं। निर्मल वर्मा की यह मान्यता सही है कि स्वाधीनता-पूर्व की हमारी राष्ट्रीय-चेतना विभाजित रही है, लेकिन इतना निरापद है कि विभाजन के बावजूद आकांक्षाएँ राष्ट्रीय रही हैं। राष्ट्रवादी चेतना के दरकिनार होने की व्यावहारिक कथा 1952 के चुनावों से आरम्भ होती है जिसकी आशंका डॉ. बी. आर. अम्बेडकर ने 25 नवम्बर, 1949 को संविधान सभा के अन्तिम सम्बोधन में व्यक्त किया था। उन्होंने भारतीय समाज की विषम संरचना की ओर ध्यान आकृष्ट करते हुए सब-कुछ नेताओं के राजनीतिक विवेक पर छोड़ दिया था। उनके संबोधन का समापन वाक्य था : ''अगर यह संविधान असफल होगा तो इस कारण नहीं कि संविधान बुरा था, बल्कि इस कारण कि आदमी (इसे क्रियान्वित करनेवाले नेतागण--लेखक) ही बुरे थे।''

1952 के चुनावों की पीठिका में ही **फणीश्वरनाथ रेणु** का "मैला आँचल" (1954) लिखा गया था जो हिन्दी की एक कालजयी रचना के रूप में सर्वस्वीकृत है। "मैला आँचल", कुलमिलाकर, जात-पाँत और सामाजिक-आर्थिक विषमता के इबाव में राष्ट्रवादी-समाजवादी चेतना के पराभव का ही महाआख्यान है। फिर भी अभी बासदेव, वामन जैसे लोग दिखते हैं। जो किसी-न-किसी रूप में अपनी पुरानी पड़प को बचाये हुए हैं। लेकिन श्रीलाल शुक्ल के "राग दरबारी"(1968) तकम आते-आते उस तड़प के लिए कोई जगह नहीं बची है। मैरीगंज की बन्द दुनिया में लोकतन्त्र एक विद्रूप यथार्थ है ओर यह सत्ता, संपत्ति और बाहुबल के द्वारा हाइजैक किया जा चुका है। श्रीलाल जी सिनिक की मुद्रा में लोकतन्त्र के इस विद्रूप पर अट्टहास करते दिखते हैं जिसमें गुस्सा तो है ही, लेकिन वह पतनशील चेतना भी सक्रिय लगती है जो विद्रूपांकन में आनन्द पाती है। 1962 की राष्ट्रीय पराजय से उपजा यह मोहभंग 1960 के दशक के उपन्यासों में एक सामान्य एहसास है जो "आधा गाँव" (1968), "टोपी शुक्ला" (1969), "अलग-अलग वैतरणी"(1967), इत्यादि में अभिव्यक्ति पाता है। इसके बावजूद अभी कुछ संकल्प बचे हैं-- अभी फुन्नन मियाँ, इफ्फन और टोपी शुक्ला या विपिन, देवनाथ जैसे लोग हैं जो विरोधों के बीच अपने-अपने मूल्यों को जीने का संकल्प रखते हैं। अभी समाजवादी सपना है, गाँधीवादी निष्ठाएँ हैं, इतिहास - बोध है और सामंती अवशेषों के बावजूद इतिहास के नये अभिकरण हैं। लेकिन **अलका सरावगी** तक आते-आते "कलिकथा वाया बाईपास" (1998) में "राग दरबारी" (1968) का परिहास राष्ट्रीय चेतना के विलोपन का त्रासद एहसास में बदल जाता है। "कलिकथा वाया बाईपास" में किशोर बाबू, आमोलक और शान्तनु जो अपनी किशोरावस्था को सुभाष और गाँधी के राष्ट्रवादी आह्वान को समर्पित कर चुके होते हैं, अब अपने ही परिवार में दरकिनार और पराये हैं। उनके इर्द-गिर्द की बदली दुनिया उनकी समझ के परे है। अब नयी पीढ़ी से संवाद सम्भव नहीं है। 15 अगस्त, 1997 का स्वाधीनता दिवस है। स्वतन्त्रता की 50वीं वर्षगाँठ पर खूब धूम-धाम से संसद भवन में औपचारिक आयोजन हो रहे हैं जिसकी संघर्षमय स्मृति को नयी पीढ़ी शेयर नहीं करती। स्वाधीन भारत की सन्तानें स्वतन्त्र्य की स्वदेशी चेतना को नहीं समझतीं। किशोरी बाबू का बेटा कुछ 'गिफ्ट' देकर अपने पिता को 'सरप्राइज' देना चाहता है। सुबह-सुबह जब वह खादी का धोती-कुर्ता पहनकर बैठे हैं, उन्हें वह भेंट के रूप में प्लास्टिक का मिनियेचर तिरंगा देता है। किशोरी बाबू अवाक् हैं। फिर भी यह सोचकर सन्तोष करते हैं कि इसे कुर्ते के पाकेट पर लगा लेंगे। उनको जो दूसरा 'सरप्राइज गिफ्ट' दिया जा रहा है वह कोई कम्पनी के किसी नये मॉडल की कार की कुंजी है जिसे उसने अभी-अभी खरीदा है। अर्थात्, नयी पीढ़ी एक ओर अपने इतिहास से कटी है और दूसरी ओर वह विश्वबाजार में अपने स्वतन्त्र्य की सम्भावनाएँ

देख रही हैं। दोनो ही बातें एक-दूसरे से जुड़ी-बँधी हैं। किशेरी बाबू की और साथ-साथ लेखकीय प्रतिक्रिया देखें--

एक चाभी से अगर स्वतन्त्रता मिल जाती तो इतने लोगों को जान देने की क्या जरूरत थी? ऐसे शब्द के साथ इस तरह का हल्का मजाक उन्हें बहुत खराब लगा। विज्ञापनों के युग ने सबकी मति हर ली है-- जैसे-तैसे शब्दों का इस्तेमाल। वही एक करिश्मा पैदा करने का तरीका है, जैसे सुनील गावस्कर से कमेण्टेटर पूछता है-''आप के पास लिखने का फ्लेपर कहाँ से आया?'' सुनील गावस्कर जेब से फ्लेपर कम्पनी का पेन निकाल कर दिखाता है और कहता है-- ''क्योंकि मैं फ्लैपर पेन से लिखता हूँ।''

इसी प्रकार उनके बेटे को अपनी जूट मिल का माल बेचना है। लेकिन समय इतना बदला है कि खरीदनेवाली कम्पनियों के अधिकारियों की रुचि माल की गुणवत्ता में नहीं, घूसखोरी में है। न कवल नैतिक मिजाज बदला है, भाषा भी बदली है :

कहाँ पापा, सेल्स डिपार्टमेण्ट ने सैम्पल रिजेक्ट कर दिया। उसका आदमी लम्बी घूस खाना चाहता है। अपना तो हर मिल में परसेन्टेज फिक्स्ड है। पर यह आदमी राजी नहीं हो रहा कहता है, बीस 'गाधी' से कम नहीं लेगा। अब क्या करें?

किशोरी बाबू के पास कोई समाधान नहीं है। स्वाधीनता संग्राम की इस परिणति का पूर्वाभास उन्हें नहीं था। राष्ट्रवादी उत्साह में उन्होंने अपने बूर्जुआ संस्कारों को अतिक्रान्त किया था जो नयी पीढ़ी की विवशता बने हैं। नयी पीढ़ी बाजारवाद की सीढ़ियाँ चढ़ती वैश्विक और व्यावसायिक है। उदात्त राष्ट्रवादी स्मृतियाँ या संस्कार उसके पास नहीं है। स्वाधीनता विडम्बित हो चुकी है। गाँधी और सुभाष अब प्रहसन के सन्दर्भ हैं। परिवेश से कटे बूढ़े किशोरी बाबू अब संस्कारों में पलायन करते हैं-- अब वह ''गीता'' पढ़ते हैं, स्थितप्रज्ञ बनते गये है और अगल-बगल की चीजें उन्हें नहीं छूतीं। फ्रीडम, इंकलाब, नेता, पार्टी जैसे शब्द अब उन्हें भी 'फूहड़' लगते हैं इसलिए उनका उच्चारण नहीं करते। उनकी अन्तर्मुखता उन्हें पागल होने से बचाती है, और परिवार भी उनकी इस ''जड़ भरत'' की स्थिति से प्रसन्न है। अन्ततः किशोरी बाबू एक विडम्बित उपस्थिति हैं।

लेकिन जिस ''जड़ भरत'' की स्थिति को सरावगी एक त्रासद, विडम्बित के रूप में, एक सभ्यतागत संकट के रूप में प्रस्तुत करती है, उसे निर्म वर्मा आदर्शीकृत करते लगते हैं। निर्मल ने भी स्वाधीनता संग्राम को अपनी किशोरावस्था में देखा होगा। विवेकानन्द, गाँधी, अरविन्द आदि उनके मानक प्रतीत भी हैं। लेकिन निर्मल वर्मा का कोई भी उपन्यास इस संघर्षो पर नहीं टिकता। उनकी संवेदना या तो अनुभूत तत्काल पर टिकती है, या स्मृति केसहारे इसे लाँघकर, ऐतिहासिक अनुभवों को

दरकिनार करती, अपने 'सनातनी' संस्कारों में पलायन कर जाती है। "रात का रिपोर्टर" में सम्भावनाएँ थीं, लेकिन उसमें भी कोई ऐतिहासिक सत्य या अनुभव मुखर नहीं हो पाता। उनके औरपन्यासिक लेखन का परिपाक "अन्तिम अरण्य"(2000) में भी सारे पात्र इन्हीं दो ध्रुवों को साथ-साथ जीते हैं-- मि. मेहता, दर्शनशास्त्रविद् निरंजन बाबू, अन्ना और सर्वोपरि, 'वह' के रूप में उपस्थित स्वयं लेखक। उपन्यास जग-अन्वेषण न होकर आत्मान्वेषण है जो "जड़ भरत" की दूसरी स्थिति है। उपन्यास के आरम्भ में ही अपने अनुचिन्तन के एक क्षण में "वह" सोचता है--

अब हँसी आती है, क्या कोई अपने तन की त्वचा और मन की मैल से बाहर जा सकता है? कहीं भी जाओ, ये दोनों चीजें पीछा नहीं छोड़ती (पृ. 24)।

इसी अत्मान्वेषण की प्रक्रिया में दर्शनशास्त्रविद् निरंजन बाबू ने जयपुर की प्रोफेसरी छोड़कर शिमला की पहाड़ियों के एकान्त में सेब का बागीचा लगाया है, लेकिन वह अपने परिवार के साथ न यहाँ ऊपर ठहर पाते हैं और न वहाँ जयपुर में नीचे। उनके जीवन और कथन से उपन्यास के नरेटर "वह" ने जो निष्कर्ष निकाला है वह महत्त्वपूर्ण है :

एक जगह का सत्य किसी दूसरी जगह जाकर फीका पड़ जाता है, वह वहीं ठीक है, जहाँ से उमगता है, हम तक पहुँचते-पहुँचते वह झूठ जान पड़ता है (पृ. 238)

उपन्यास का समापन "वह" के द्वारा मेहता साहब की अस्थि-राख की पोटली के हरिद्वार की सरपा नदी में समर्पण के साथ होता है। नदी में बहती पोटली पर कौए उतरते हैं, लेकिन अपनी भूख मिटाने के लिए नहीं, "उन तृष्णाओं को चुगने के लिए जो लोग पीछे छोड़ जाते हैं।" इतना ही नहीं, इन कागों को वे ही बुला पाते हैं जिनके पास मात्र शब्द और आवाज नहीं बल्कि अपेक्षित "भाव" भी है-- वह भाव जो जानता है कि शरीरांत जीवन का अन्त नहीं, कि मनुष्य की आत्मा, उसका मन उसके नश्वर शरीर से बड़ा है (पृ. 278-79)। आधुनिकता संस्कारों को अरहस्यीकृत करना चाहती है, लेकिन निर्मल इन्हें रहस्यीकृत कर उदात्त बनाते हैं। अपने एक आलेख में वह जीवन में अंधविश्वासों और कृत्रिम कर्मकाण्डों को भी अपरिहार्य बताते हैं, क्योंकि त्वचा और मांस के चिथड़े से अलग आत्मा की अवस्थिति सम्भव नहीं। वह मानते हैं कि जीवन में सच और झूठ को अलगा पाना सम्भव नहीं है, ठीक वैसे ही जैसे धर्म-भाव को कर्मकांड से, या आत्मा को शरीर से। यह भी एक प्रकार की "जड़ भरत" वाली ही स्थिति है।

6 दिसम्बर 1992 की बाबरी मस्जिद दुर्घअना को लेकर दो महाऔपन्यासिक प्रयास चर्चित हुए-- कमलेश्वरकृत **कितने पाकिस्तान?** (2000) और दूधनाथ सिंह कृत **आख़िरी कलाम** (2003)। वैसे इसकी प्रत्यक्ष अथवा परोक्ष अनुगूँज "कलिकथा वाया बाईपास", "अन्तिम अरण्य" और "पहला गिरिमिटिया"(2004) में भी सुनी

जा सकती है। ''कलिकथा वाया बाईपास'' में भी बड़े सरोकार हैं--- स्वाधीनता संग्राम के टूटते मूल्य हैं, भूमण्डलीकरण और बाजारीकरण के विध्वंसक प्रभाव हैं, साम्प्रदायिक कटुताएँ हैं, लेकिन इसमें वह विध्वंसक ऊर्जा, वह आक्रामक मुखरता, नायकत्व निर्मित करने की वह लालसा, कल्पना की वह बर्बरता अतिकथन, अपरीक्षित दृढ़ कथन या शिल्प की वह बोल्ड अनगढ़ता नहीं है जो ''कितने पाकिस्तान?'' और ''आख़िरी कलाम'' को विशिष्ट बनाती हैं। अलका सरावगी के पास शिष्ट शिल्प है, साफिस्टिकेशन है, तकनीकी प्रयोग हैं, व्यंग्य और विडम्बना है जिसकी समझा और आस्वाद के लिए पाठक को थोड़ा धैर्य रखना पड़ता है। लेकिन ''कितने पाकिस्तान'' और ''आख़िरी कलाम'' चीखते हुए अपने पाठकों तक पहुँचते और उन्हें पकड़ते हैं। इनकी शिल्पगत कमजोरियों, अपरीक्षित दृढ़ कथनों इत्यादि के चलते नामवर जी ने श्रेष्ठ कृति के रूप में इन्हे खारिज कर दिया है। कारण समझ में आते हैं। लेकिन शिल्पगत खुरदुरेपन के बावजूद इनमें विशेषतः ''आख़िरी कलाम'' में कहानीपन है, एक अन्तःसूत्रता है आग और ऊर्जा है जिससे शिल्प का अनुशासन टूटता है। दोनों ही उपन्यास एपिसोडिक प्रकृति के हैं, लेकिन दोनों में एक निखालिस सेक्युलर भावबोध और सात्त्विक क्रोध है जो उबलता दिखता है। ''कितने पाकिस्तान?'' की कुछ स्पष्ट सीमाएँ है। इतिहास का इतना विराट् फलक चुना गया है कि इसे स्वीपिंग होने से बचाया नहीं जा सकता था। दारा शिकोह और औरंगजेब को छोड़कर इतिहास के कोटर से कोई मुकम्मल, हाड़-मांस वाला पात्र खड़ा नहीं होता। एक अदीब है जो लेखक का मुखपात्र है, लेकिन उसकी भी शक्ल-सूरत से हम नावाकिफ रह जाते हैं। यह युगद्रष्टा अदीब इतिहास के प्रत्येक संवेदनशील मोड़ पर टिप्पणी करता, मूल्य-निर्णय देता है। कहीं-कहीं लेखक का शेखचिल्लीपन खटकता है, जैसे उपन्यास के आरम्भ में ही प्रधानमन्त्री और सुरक्षामन्त्री को लिखे गये खुले पत्र। संवादों में फिल्मी उत्तेजना है, स्थापनाओं में अतिसरलीकरण है, और अतिरेकी दृढ़कथन हैं। जैसे - ''हर दौर अपने कुकर्मों पर पछताता है'', ''शायद पछताने की ताकत रखने वाली स्मृतियाँ ही जीवित रहती हैं'', ''पाकिस्तान एक नफरत का नाम है'', ''हमें मृत्यु के बहाने जीवन को तलाशना होगा'', ''आँसू ही जीवन को जीवित रख सकते हैं'', इत्यादि, इत्यादि। ऐसे सामान्य कथनों से उपन्यास भरा पड़ा है। वैसे यह अनियन्त्रित मुखरता ही कमलेश्वरपन है जो उनकी लगभग प्रत्येक कृति में विद्यमान है। फिर भी अपने स्वीप में यह उपन्यास औदात्य का एहसास कराता है जो निर्मल वर्मा या सरावगी में नहीं है। लेखक की मान्यता है कि राष्ट्र-निर्माण के लिए गाँधी, सुभाष, खान गफ्फार खान और अदीब (कमलेश्वर) के पागलपन की आवश्यकता है। अन्त में रचनाकार एक ''अन्धा कबीर'' आविष्कृत करता है जो गाँधी के प्रिय गीत ''वैष्णवजन तो तेने कहिये जो पीर परायी जाने रे'' को गाता पहले पोखरन जाकर

''बोधिवृक्ष'' लगायेगा और फिर सरहद पार चेगाई की पहाड़ियों में भी जहाँ पाकिस्तान ने अणु-विस्फोट किया था। अन्त में उपन्यास थोड़ा कांक्रीट बनता है जहाँ पाकिस्तानी सलमा और उनके ''मुहाजिर'' नाना की आन्तरिक पीड़ा के लिए जगह बनी है। लेकिन यह भी एक भारतीय अदीब की समझ है, पाकिस्तानी अदीब की नहीं । लेखक की दृष्टि में हर अदीब देश-काल निरपेक्ष है। उपन्यास में स्मृतियों का जलवा तो है, लेकिन परिस्थितियों से वास्तविक मुठभेड़ नहीं है। अन्तिम लमहों में एक ''अश्रुवैद्य'' का अंकन है जो कभी आँसू इकठ्ठा करता था लेकिन अब आधे-अधूरे सपने इकठ्ठा करने लगा है। उसे विश्वास है कि किसी प्रामिथ्यू का आक्रोश औरगिलनिमेश का पौरुष उसके सपने को पूरा करेंगे जब वह नील नहीं, डैन्यूब, हिरोशिमा की ओका नदी और नागाशाकी की खाड़ी में स्नान कर उन्हें ''पवित्र'' कर सकेगा। इस उपन्यास का महत्त्व इस माने में है कि यह निर्भीक रूप से साम्प्रदायिकता के प्रश्न को उठाता है, हिन्दु-मुस्लिम साझी तहजीब का आकांक्षी है और अदीबों की भूमिका को प्रतिष्ठित करता है। अदीब में यह विश्वास हीगेल की एक स्थापना की याद दिलाता है -- मिनरवा का विवेक अँधेरे में ही जागता है। जब चारों ओर निराशा का अँधियारा हो, तो लेखकीय विवेक उसमें आशा की किरण होता है। कहा जा सकता है कि ''कितने पाकिस्तान?'' कथ्यात्मक औदात्य और कलात्मक असफलता का उपन्यास है।

''कितने पाकिस्तान?'' का आयाम इतना विराट् है कि बाबरी मस्जिद की घटना अपेक्षित केन्द्रीयता नहीं प्राप्त कर पाती। लेकिन ''आख़िरी कलाम'' (2003) में सीधे 6 दिसम्बर, 1992 से मुठभेड़ है। इसमें भी बोल्डनेस है। इसमें अपरीक्षित दृढ़कथन भी हैं और प्रथम द्रष्टया, इसका गठन भी एपिसोडिक है। इस सबके बावजूद इनमें एकसूत्रता देखी जा सकती है--इसमें एक केन्द्रीय नायक है, एक केन्द्रीय घटना है और एक केन्द्रीय सेण्टिमेण्ट है। परस्पर विरोधी स्थितियों एवं पात्रों का एक कलात्मक परिपाक है, यह उपन्यास। इसमें अगर आमजन की आस्थाओं और अन्धविश्वासों का दोहन करते राजनीतिक एवं धार्मिक निहित स्वार्थ हैं तो इन्हीं के प्रतिवाद में खड़ा जुझारू महानायक तत्सत् पाण्डेय है जो 4-6 दिसम्बर, 1992 की अयोध्या की 'गदर' की क्रूर भयावहता के ताण्डव से अकेले रू-ब-रू हो शहीद होता है। 83 वर्षीय तत्सत् 'धर्म की मण्डी' अयोध्या जाता है और अत्यन्त ही प्रतिकूल एवं उत्तेजक माहौल में महिमामण्डित पुस्तकों की गुलामी के विरुद्ध अपना प्रतिवाद दर्ज करता है। इतना ही नहीं, 6 दिसम्बर को आस्थाबद्ध भीड़ को चीरता और धर्म तथा राजनीति के व्यवसायियों को दरकिनार करता मन्दिर के गर्भगृह तक जाता है और अपनी प्रतिवादी उपस्थिति का एहसास करता शहीद होता है। सम्भवतः हिन्दी उपन्यास में दूधनाथ का तत्सत् पाण्डेय प्रेमचन्द के सूरदास के बाद पहला महानायक

है जिससे स्वतन्त्र कृति की कल्पना सम्भव नहीं है। उपन्यास में अचेतानन्द, लहकट बाबा, रामदीन मिसिर, बिल्लेश्वर और गायत्री जैसे अनेक सामान्य पात्र हैं जो अपनी-अपनी स्वतन्त्र उपस्थिति का एहसास कराते हैं। आहत वफादारियों के इस दौर में बिल्लेश्वर और सर्वात्मन जैसे पात्र तो सार्थक हैं ही, प्रतिनायकों के इस मस्त दौर में आचार्य तत्सत् पाण्डेय का निरूपरण अत्यन्त ही आश्वस्तदायी है।

इस उपन्यास में लेखक उस 'स्फटिक फॉक' को भी समझना चाहता है जो पार्टी और जनता, नेता और पार्टी कार्यकर्त्ता, आस्था और धर्म, धर्म और जाति, धर्म और धर्म, इत्यादि के बीच व्याप्त है। दूधनाथ सम्भवतः पहले वामपन्थी रचनाकार हैं जो मिथकीकृत 'महान' जनता के सामान्यबोध को इक्सपोज करते है–''मै आप से सच कहता हूँ साथी, धरम-करम के मामले में ये हिन्दुत्ववादियों का साथ देंगे और वोट अपनी जातिवालों को देंगे। धर्म इनका डर है और जाति इनकी आस्था'' (पृ. 199)। लेखक के पास एक ईमानदार सेक्युलर विवेक भी है जो फैजाबाद के एक मौलाना से यह कहलवा पाता है– ''वक्फ की जमीन पर लाल झण्डा नहीं लगेगा'' (पृ. 202)। यह न केवल मुस्लिम चेतना का सेक्युलर वामपन्थी चेतना से कट जाने का उदाहरण है, बल्कि मुस्लिम चेतना के साम्प्रदायीकरण का भी एक उदाहरण है। इस प्रकार ''आखिरी कलाम'' एक सशक्त सेक्युलर रचनात्मक प्रतिवाद है–-सत्ता का प्रतिवाद, धर्म का प्रतिवाद, किताबी गुलामी का प्रतिवाद, जनता के सामान्यबोध का प्रतिवाद, जाति और सम्प्रदाय का प्रतिवाद, कम्युनिस्ट भीरुता और निष्क्रियता का प्रतिवाद, इत्यादि। ''आख़िरी कलाम'' एक श्रेष्ठ कृति है क्योंकि सामायिक होकर भी अपने सेक्युलर प्रतिवादी विजन के सहारे यह ''समय-छवि'' के पार जाती है। अगर नामवर जी के शब्दों में कहें तो 'सामयिक' छवि होते हूए भी यह उपन्यस 'समकालीन' बना रहता है।

इधर **विनोद कुमार शुक्ल** के दो उपन्यास ''नौकर की कमीज''(2000) और ''दीवार में एक खिड़की रहती थी'' (2004) चर्चा में हैं जब से नामवर जी ने ''नौकर की कमीज'' को ''गोदान'', ''त्यागपत्र'', ''शेखर एक जीवनी'' और ''मैला आँचल'' के साथ 'कालजयी' कृति घोषित कर दिया है। प्रथमदृष्टया, अपने कवि और कथाकार दोनो ही रूपों में विनोद कुमार शुक्ल अबूझ और उबाऊ हैं। उनकी किस्सा गोई उतनी ही उलझाऊ है जितना कुबेरनाथ राय का लालित्य। फिर भी ''नौकर की कमीज'' दूसरे-तीसरे पाठ में टिकाऊ प्रभाव छोड़ता है। व्यवस्था की जकड़ में छटपटाते एक सामान्य संवेदनशील व्यक्ति के असहाय क्रोध और अन्ततः उसके प्रतिवादी संकल्प की कथा है, यह उपन्यास। इसका मुख्यपात्र सन्तू बाबू एक लिपिक है जो तीन ओर से दबाव में हैं– भाई और माँ की परिवारिक अपेक्षाओं का दबाव जिस पर खरा उतरना उसके बूते का नहीं है, मकान मालिक डॉक्टर और विशेषतः डाक्टरनी

का दबाव जिनकी खिदमत उसकी पत्नी करती रहती है ताकि किराये के चूते हुए कमरे को खाली न करना पड़े, और तीसरा कार्यालय का दबाव जिससे उसकी रोजी-रोटी जुड़ी है। 'कमीज' व्यवस्था की प्रतीक है और जो घरेलू नौकर इसमें फिट नहीं होता वह साहब द्वारा आयोग्य ठहरा कर बाहर कर दिया जाता है। साहब ने इसे पहले से ही बनवा रखा है, अन्यों को केवल इसमें 'फिट' होना है। गौराआ बाबू ने स्वयं को साहब की आपेक्षाओं के अनुरूप अपने को ढाल लिया है, और देवांगन बाबू अपनी दार्शनिक उदासीनता के साथ सब-कुछ पर हँसते रहते हैं। सन्तू बोबू जो इसमें फिट नहीं हो पाता, जानता है—"एक आदमी की घृणा से काम नहीं चलेगा" (पृ. 120)। लेकिन अन्ततः एक स्थिति ऐसी आती है कि सन्तू बाबू अपनी कमीज को निकाल कर फेंकता है। गौराआ बाबू इसे बचाना चाहता है, लेकिन तीनों की छीना-झपटी में कमीज चिथड़े-चिथड़े हो जाती है। अन्ततः तीनों मिलकर कमीज के बचे-खुचे टुकड़ों को जलाते हैं। अर्थात, जब तीनों एकजुट हैं तो व्यवस्था के प्रतीक को नष्ट किया जा सकता है। अन्ततः सन्तू और उसकी पत्नी के मन से डॉक्टर और उसकी पत्नी का भी भय समाप्त होता है, और वह अपनी पत्नी से कहता है—

आँधी ही आ जाये। कम-से-कम पूरी छत उड़ जाये तब या तो झकमारी डाक्टर इसे बनवायेगा या इसे छोड़कर अपना कोई दूसरा घर लेंगे। डरना बिल्कुल नहीं । इससे बच्चे पर असर पड़ेगा। (वही, पृ. 206)।

इस प्रकार सन्तू बाबू परिवार, प्रशासन और व्यवस्था तीनों के दबाव से मुक्त होता है। वह यह भी समझ सका है कि डरी हुई पीढ़िया अपने रीछे डरपोक सन्तानें छोड़ती हैं और डरे हुए लोग व्यवस्थाओं को झेलते हुए इन्हें कायम रखते हैं। अतः सन्तू दम्पति स्वयं निर्भीक होकर गर्भस्थ शिशु को भयमुक्त करेगी। प्रत्येक पीढ़ी को मुक्तिकामी होना चाहिए, अपने लिए ही नहीं अनागत की पीढ़ियों के लिए भी। अनुभूतियों की जटिल बुनावट और एक नितान्त निजी अभिव्यक्तिपरक भाषा के बीच से गुजरते हुए इस बोध को अर्जित करना पड़ता है। शायद ही कोई पाठक जो साहित्यिक रूप से संस्कारित नहीं है, या शुक्लजी को पढ़ने के लिए तुला नहीं है, इस उपन्यास को पढ़ने का धैर्य बनाये रख सके।

अगर "नौकर की कमीज" व्यवस्था के व्यवहृत दबावों का निदर्शन और प्रतिवाद है तो "दीवार में एक खिड़की रहती थी" उस अनदेखे को दिखाने और भूले—बिसरों की याद दिलाने का प्रयास है जिसे हम अपनी कारोबारी जिन्दगी के दबावों में दरकिनार करते रहते हैं—"याद किया हुआ जो दुनिया में है उससे अधिक भूला हुआ दुनिया में था" (पृ. 160)। रघुवर प्रसाद साइकिल को "धोना" नहीं "नहलाना" कहते हैं जो अन्यों को अटपटा लगता है। अभी रघुवर प्रसाद की दृष्टि उपभोक्तावादी नहीं है। हाथी पर सवार रघुवरप्रसाद बगुलों के उड़ते झुण्ड देख रहे हैं जहाँ दुर्घटना

की कोई आशंका नहीं है। उन्हें मानव-निर्मित हवाई जहाज याद आते हैं जो एक बगुले से टकराकर दुघर्टनाग्रस्त हो जाते है। अर्थात्, जो प्राकृतिक हैं वह जितना आश्वस्तिदायी है उतना सभ्यतागत या मानव-निर्मित नहीं। यह उपन्यास ऐसे अर्थ—संकेतों से भरा पड़ा है। लेकिन इसमें प्रयुक्त खिड़की, गुलर के पेड़ पर बैठा किशोर, हाथी, साइकिल, इत्यादि जैसे इतने निजी प्रतीक हैं कि सम्प्रेषण की समस्या बनी रहती है। इसमें विट है, प्रकृति से संस्पर्श है, आत्मीय रिश्तों के सूक्ष्म संकेत हैं, अनुभूतियाँ यथार्थ से अनवरत टकराती अनुचिन्तन के लिए नये-नये आयान देती रहती है, और प्रयुक्त फन्तासी 'काफ्काएस्क' न होकर लीलामय है जिसका प्रयोग राजाराव ने "द कैट ऐण्ड शेक्सपियर" में किया है। इसके बावजूद सामान्य पाठक के लिए उपन्यास का आस्वादन श्रमसाध्य है, न कि चित्ताकर्षक एवं आनन्ददायी। श्री शुक्ल आप पाठक के कथाकार नहीं हैं। फिर भी, उनको पढ़ते हुए यह जरूर आभास होता है कि उनके उपन्यास आधुनिकता के तन्त्रवादी विस्तार में पथराती मानव सम्वेदना को बचाने के कलात्मक प्रयास हैं।

हमारे समय में **दलित और स्त्री—लेखन** भी अत्यन्त सक्रिय हैं। जहाँ तक उपन्यास-लेखन का प्रश्न है, दलित लेखन बहुत पीछे है। फिर भी ये दोनों प्रवृत्या और प्रकृत्या विमर्शात्मक हैं क्योंकि दोनों ही अपनी स्वतन्त्रताओं के विस्तार के लिए संघर्षरत हैं। एक सवर्ण-सत्ता का प्रतिवाद है और दूसरा पुरुष-सत्ता का। अपने विशिष्ट जीवनानुभवों एवं परिप्रेक्ष्य, आक्रामक तेवर, सिमटी लेकिन सघन संवेदनशीलता इत्यादि से इन्होंने समकालीन कथा-साहित्य को समृद्ध किया है। प्रतिवाद इनका प्रमुख स्वर है, और अगर नीत्शे के शब्दों में कहें तो "मूल्यों का पुनर्मूल्यांकन" या सम्बन्धों की पुनर्व्याख्या और पुनर्व्यवस्था इनका केन्द्रीय आग्रह है।

अब स्त्री न तो मृणाल की तरह अपनी अन्तर्भूत पीड़ा एवं विद्रोह-भाव को मन में दबाये शहीद होने के लिए तैयार है, और न ही धनिया की तरह अपने पति होरी को वैतरणी पार कराने के लिए अपनी कमाई देने और पछाड़ खाने के लिए। पहले स्त्री-पुरुष सम्बन्धों में तनाव और परस्पर समर्पण की बात थी, परिवार को अक्षत बनाये रखने की चिन्ता थी, स्त्री-पुरुष सम्बन्धों पर परम्परा का एक आदर्शवादी रोमान छाया हुआ था। स्त्री अब इन सबसे मुक्ति चाहती है। इसके लिए अकेले कीमत चुकाते जाना वह न्यायसंगत नहीं मानती। अतः नारीवाद उपन्यासों में पुरुष 'विलेन' की भूमिका में है। अब आँखों में आँसू कम, प्रतिवाद अधिक है, सेण्टिमेण्टालिटी कम इण्टेलेक्चुअलिटी अधिक है इसलिए अब तादात्म्य नहीं थोड़ा पार्थक्य चाहिए। दूरी बने बगैर मूल्य-निर्णय सम्भव नहीं।

समकालीन नारी कथा-लेखन **चित्तकोबरा** की उद्धत, आत्मरत देहता नहीं है, यद्यपि यौन-सम्बन्धों का अंकन अधिक खुला है। अब **आप का बण्टी** वाली चिन्ता

भी कम है, क्योंकि अब नारी अपने को 'बण्टी' में नहीं देखना चाहती। अब वह सम्बन्धों के जाल से बाहर निकल कर अपनी स्वतन्त्र अस्मिता के लिए उत्सुक है। अब सेक्स जीवन अधिक खुला और उदग्र रूप में प्रस्तुत होता है, और सामान्यतया यह य तो आनन्द है या परपीड़न, दायित्व तो किसी भी माने में नहीं। शायद इसी कारण वैवाहिक जीवन ''नरक-दर-नरक'' लगता है।

लेकिन पुष्पा मैत्रेयी के उपन्यास **अलमा कबूतरी** में पुरुष-तन्त्र की शिकार अलमा कबूतरी के लिए जबरन सेक्स और विवाह की औपचारिकता ही राजनीतिक भविष्य के शुभ-संकेत बनते हैं जो राजनीतिक जीवन पर एक अत्यन्त निष्ठुर निर्णय भी है। हर क्षेत्र में स्थापित पुरुष-वर्चस्व नारी-अस्मिता को विडम्बित करता है। लेकिन पुष्पा मैत्रेयी के एक अन्य उपन्यास **विजन** को पढ़ते समय नारीवाद दृष्टि की सीमा की समझ भी स्पष्ट होती है। चूँकि नारीवादी सामान्यबोध प्रत्येक पुरुष को स्त्री-पुरुष सम्बन्धों के दायरों में अतिचारी और वर्चस्ववादी मानता है, इसलिए उपन्यास में औरत-प्रतिभा का डॉक्टर पति अपनी डॉक्टर पत्नी की मौलिक प्रतिभा से कुण्ठित और ईर्ष्यालु है और उसकी पेशेगत अभिव्यक्ति और विकास में भी रोड़े अँटकते हैं। उसके डॉक्टर श्वसुर भी यही रास्ता पकड़े हैं। कथानक में सास का कोई उल्लेख नहीं है, और इस प्रकार नारी अस्मिता को सुरक्षित बनाये रखा जाता है, जबकि हिन्दू घरों का सामान्य यथार्थ यह है कि अक्सर श्वसुर बहू के पक्ष में खड़ा दिखता है और सास अपने बेटे के। इसी प्रकार एक दूसरी लेडी डॉ. प्रभा की शादी एक सामान्य-से व्यक्ति से कर दी गयी है जो 21वीं सदी का सच नहीं है। इस प्रकार मैत्रेयी का यह अंकन नारीवादी स्टीरिओटाइप है या किसी खास अपवादजनक उदाहरण का सार्वभौमीकरण। दोनों ही रूपों में न केवल विश्वसनीयता का संकट है, बल्कि कला की इण्टीग्रिटी का भी। यह नारी संवेदना के स्टीरिओटाइप में पथराते जाने का भी सूचक है। लगता है कि लेखिका **इदन्नमम्‌** की समावेशी लय को पुनः पकड़ नहीं पायी, और ''अलमा कबूतरी'' में भी पकड़ते-पकड़ते चूक गयी क्योंकि अन्त में अलमा कबूतरी के लिए जो राजनीतिक क्षितिज उभरता दिखता है वह नैतिक प्रश्न खड़ा करता है। समझना मुश्किल है कि यहाँ नारी जीवन विडम्बित है या विजयी। लेखिका यौन-क्रिया सम्बन्धी दृश्यों में आवश्यकता से अधिक रमती नजर आती है। नारी-प्रतिशोध एक मासूम नौजवान के साथ बलात्कार और उसके जननांग को तोड़ने तक जाता है। दरअसल, प्रतिवाद भी जब फैशन या चलन हो जाता है तो नैतिक न रहकर फार्मूलेबाज हो जाता है और सनसनीखेज बनाने के लिए उत्तेजक डिवाइसेज का सहारा लेता है।

तुलना में मृणा पाण्डेय का उपन्यास ''रास्तों पर भटकते हुए'' अधिक प्रामाणिक है, क्योंकि यहाँ नारी-उत्पीड़न की जड़ में केवल पुरुष की वर्चस्ववादी

खलनायकी नहीं, उत्तर-आधुनिक उपभोक्तावादी दृष्टि भी है जिसके कमोबेश सभी शिकार हैं।

इधर लगभग एक दशक से **दलित लेखन** कविता, कहानी, आत्मकथा और परम्परा के पुनर्मूल्यांकन हेतु उग्र आलोचनात्मक हस्तक्षेप के चलते अब यह चर्चा में है। आत्मकथा लेखन की दृष्टि से तो इससे अपनी विशेष पहचान बनायी है, लेकिन उपन्यास-लेखन की दृष्टि से कोई ऐसा कुछ कह पाना सम्भव नहीं है। उपन्यास संख्या की दृष्टि से अल्प और गुणात्मक दृष्टि से समस्याग्रस्त हैं। तत्क्षण **मोहनदास नैमिशराय** के दो उपन्यास—**वीरांगना झलकारी बाई** और **आज बाजार बंद है** याद आ रहे हैं। विषयवस्तु के चयन की दृष्टि से तो ये आकर्षक हैं, लेकिन लेखकीय निर्णय का उतावलापन, इतिहास-बोध की अनदेखी, संरचनात्मक बिखराव और विषय से भावनात्मक उलझाव के चलते विमर्श और आस्वाद दोनों ही स्तरों पर समस्यासग्रस्त बने रहते हैं। नैमिशराय मूलतः दलित मिशनरी हैंऔर इस कारण भाषिक और भावात्मक सूक्ष्मताएँ दरकिनार रह जाती है। मिशनरी लेखक की एक और सीमा है—दोहराव, जो कृति को उबाऊ बनाता है। तुलना में दलित जीवन और इसकी समस्याओं पर केन्द्रित **विवेकी राय** का **बबूल जगदीश चंद्र** का **मोरी की ईट** और **दूधनाथ सिंह** का **निष्कासन** या **अखिलेश** की कहानी **ग्रहण** कलात्मक दृष्टि से अधिक सम्भावना सम्पन्न हैं। ये कृतियाँ भी दलित मुद्दों को ताकत के साथ उठाती हैं। शायद इस कारण कि अपनी सामाजिक स्थिति के चलते ये कथाकार अपनी विषयवस्तु से अपेक्षित कलात्मक दूरी बना पाते हैं। दलित लेखकों की स्वानुभूति की तरह, इनकी सहानुभूति गरम अश्रु, भावुकता, लाल-नेत्र या आक्रोश की शिकार नहीं बनती।

हाल के वर्षों में दो दलित उपन्यास जरूर पढ़ने को मिले हैं जो निश्चय ही किसी बड़ी आशा का संचार करते हैं। एक है **शिवमूर्ति** का **तर्पण** (2002) और दूसरा है **एस. आर. हरनोट** का **हिडिम्बा** (2004)। "तर्पण" में न केवल सवर्ण माइन्डसेट की सम्यक पड़ताल है बल्कि बदलते दलित माइण्डसेट का विश्वसनीय अंकन भी है। इसमें नयी दलित पीढ़ी आक्रोश व्यक्त करती है, संगठित होने का प्रयास करती है, आवश्यकतानुसार कानून का भी सहारा लेती है और फरेब का जवाब फरेब से और अपमान का जवाब प्रतिक्रियात्मक हिंसा से देने पर उतारू है। पुरानी पीढ़ी जिसने अपने शोषण और अवमानना को अपनी नियति मान लिया था अब नयी पीढ़ी के दबाव में है और अन्ततः दब्बू पियारे अपने बेटे को बचाने के लिए हिम्मत के साथ एकबालिया जुर्म कुबूल कर जेल जाता है। अर्थात्, अब नयी दलित पीढ़ी नये सामाजिक व्याकरण रचने के लिए संघर्षरत है और पुरानी पीढ़ी भी उसके पीछे चलने के लिए विवश है। इसी प्रकार हरनोट के उपन्यास **हिडिम्बा** में बूढ़ा शावडू जड़ मन्त्री

और उसके गुर्गों के हत्यारे षड्यन्त्रों को झेलता अपनी जगह कायम रहता है, और अन्ततः एक सार्वजनिक मंच पर, मन्त्री की उपस्थिति में ही, अपनी जमीन को सीधे एक चैरिटेबल ट्रस्ट को दान कर मन्त्री को हक्काबक्का करता है और सीना-फुलाये सन्तुष्ट मन से मंच से उतरता है। इस उपन्यसा का समापन मुझे **हेमिंग्वे** की क्लासिक कृति **बूढ़ा आदमी और समुद्र** की याद दिलाता है जिसका निष्कर्ष है : ''आदमी को बर्बाद किया जा सकता है लेकिन उसे पराजित नहीं जियास जा सकता।'' शावडू नड़ अपनी जमीन देकर भी पराजित नहीं है। इस उपन्यास की दूसरी विशेषता इसमें प्राकृतिक सौन्दर्य की व्यापक उपस्थिति है जिसके लिए दलित रचनाओं में स्थान नहीं दिखता। लेकिन, कुल मिलाकर, इसमें ''तर्पण'' जैसी सूक्ष्मता, साफिस्टिकेशन, व्यंग्य-विडम्बना, हास-परिहास, दलित समाज में पीढ़ीगत तनाव इत्यादि जैसी विविधता नहीं है। दरअसल ''तर्पण'' एक दलित क्लासिक कृति होने का अधिकारी है।

'महाभोज' में दलित उपस्थिति

मन्नू भण्डारी कृत 'महाभोज' प्रेमचन्दोत्तर उपन्यासों की परम्परा में एक महत्त्वपूर्ण उपन्यास है। 1979 में प्रकाशित यह उपन्यास 'अपात्काल' के ठीक बाद की अवधि को समेटता है जब केन्द्र और फिर उत्तरी भारत के राज्यों में सत्ता-परिवर्तन हुआ था यह परिवर्तन 'दूसरी आजादी' के रूप में माना जाता था। 'लोकनायक' जयप्रकाश नारायण की 'सम्पूर्ण क्रान्ति' अभियान के फलस्वरूप उत्तर भारत आन्दोलित हुआ था और श्रीमती गाँधी को आपात्काल घोषित कर एक वर्ष के लिए संसद का कार्यकाल बढ़ाना पड़ा था। बड़ विरोधी नेता इस घोषणा के साथ ही गिरफ्तार कर लिए गये थे जिनमें 'लोकनायक' भी थे। व्यापक स्तर पर राजनीतिक विरोधियों की धर-पकड़ का सिलसिला चला था। संजय गाँधी के नेतृत्व में नसबन्दी और सफाई अभियान चला जिसमें क्रूर प्रशासनिक अतिचार हुए और कांग्रेस संगठन में नया खून लाने के नाम पर राजनीति के लंपटीकरण का श्रीगणेश हुआ जो अब क्रिया-प्रतिक्रिया के दुष्चक्र में मे फँसकर राजनीति के अपराधीकरण का रूप ले चुका है। फलस्वरूप 'सम्पूर्ण क्रान्ति' अभियान के प्रति जनमानस में सहानुभूति उमड़ी थी। 'आपातल' के बाद हुए संसदीय चुनाव और फिर उत्तर एवं मध्य भारत के कांग्रेस प्रशासित राज्यों में विधान सभाई चुनावों में कांग्रेस की पराजय हुई थी। केन्द्र में जनता पार्टी नाम का एक ढीला-ढाला गठबन्धन सत्तासीन हुआ था। राज्यों में भी कमोबेश इसी गठबन्धन ने सत्ता सँभाला। इस सठबन्धन की सांगठलिक एवं विचारधारात्मक सीमाएँ थीं। संगठन कांग्रेस के वयोवृद्ध नेता और दखिणपन्थी गाँधीवादी मोरार जी देसाई प्रधानमन्त्री बने थे और किसानवादी गाँधीवादी चौधरी चरण सिंह क्रमशः उप-प्रधानमन्त्री एवं गृहमन्त्री। साथ ही इसमें राजनारायण जैसे अराजक समाजवादी और अटल-आडवाणी जैसे सांस्कृतिक राष्ट्रवादी थे। इसमें बाबू जगजीवनराम जैसा तपा-तपाया हरिजन नेता था और हेमवती नन्दन बहुगुणा जैसा घोषित सेक्युलरवादी भी और संगठन के शीर्ष पर थे 'युवातुर्क' चन्द्रशेखर। इस संगठन के बनने और 1977 में सत्तासीन होने तथा दो-ढाई वर्षों तक सत्ता में टिके रहने का कोई

विचारधारात्मक आधार नहीं था। इसका एकमात्र आधार उग्र इन्दिरा-विरोध और कांग्रेस-विरोध था और इसने सत्ता-प्राप्ति के बाद स्वतन्त्रता और साफ-सुथरे प्रशासन को अपना राजनीतिक मुद्‌दा बनाया था। इसका नेतृत्व भी कमोबेश विद्रोही, निष्कासित या असन्तुष्ट कांग्रेसियों के ही हाथ में था जो कुल मिलाकर परिवर्तनकामी कम, व्यवस्थावादी या सत्तावादी अधिक था। 'महाभोज' में इसी परिप्रेक्ष्य की परिव्याप्ति है।

इस गठबन्धन की एक और विशेषता थी जो वर्तमान आलेख के मूल कथ्य से जुड़ी हुई है। इस गठबन्धन में 'असन्तुष्ट' कांग्रेसी बाबू जगजीवनराम के रूप में एक लोकप्रिय एवं सम्मानित हरिजन उपस्थिति भी थी। अब तक 'हरिजन' कांग्रेस का परम्परिक मतदाता रहा था। उसके मतों के लिए कांग्रेस जगजीवनराम बाबू की मुखापेक्षी नहीं थी। लेकिन आपात्काल के बाद हुए संसदीय एवं विधानसभाई चुनावों में हरिजन मतदाता कांग्रेस से विमुख होता दिखा जिसका श्रेय कमोबेश बाबू जगजीवनराम को था। इस विमुखता के आगे चलकर कांग्रेस के लिए गम्भीर राजनीतिक परिणाम निकले। फिर भी उस दौर में हरिजन उपस्थिति का अहसास भले हुआ हो, अभी वह असरदार नहीं थी। 'लोकनायक' के लाख चाहने के बावजूद जगजीवनराम बाबू प्रधानमन्त्री नहीं बन सके थे। अपने लोकप्रियता और प्रशासनिक क्षमता के बावजूद उन्हें कबीना मन्त्री के रूप में ही सन्तुष्ट रह जाना पड़ा था। आशय यह कि 'सम्पूर्ण क्रान्ति' की राजनीतिक फलश्रुति में भी अस्पृश्य तबके 'हरिजन' ही बने रहे। एक संगठित मतदाता जिसकी अपनी कोई स्वतन्त्र राजनीतिक चाह नहीं थी। आश्चर्य नहीं, राजनीतिक-प्रशासनिक शक्ति के बँटवारे को लेकर केन्द्र और राजय की सतताओं में कोई अन्तर नहीं आया। सत्ता-परिवर्तन के बावजूद दलित अस्तियों की सामाजिक हकीकत पूर्ववत् रही। उनके लिए नीतिगत निर्णय चाहे जो होते रहे हों, उन्हे क्रियान्वित करने की राजनीतिक इच्छाशक्ति का अभाव कायम रहा। 'सम्पूर्ण क्रान्ति' की फलश्रुति भी सतता की राजनीति थी जिसका एकमात्र व्यवहृत व्याकरण सत्ता हथियाना और फिर उसे हथियाये रहना है। दा साहब औरसुकुल जी जैसे लोग ही इसके वास्तविक किरदार बने रहे। इनकी राजनीतिक महत्त्वाकांक्षाओं एवं तज्जनित अपेक्षाओं के बाहर जो कुछ भी था वह असवैधानिक, गैर-कानूनी, हिंस्र और असभ्य था जिनसे केवल कानून और व्यवस्था की लाठी और फरेब से ही सलटा जा सकता था। 'महाभोज' में अंकित सरोहा का उपचुनाव सारी नैतिक और लोकतान्त्रिक मर्यादाओं को ताख पर रखकर लड़ा जा रहा है। सरोहा की हरिजन बस्ती इस चुनाव की आग में झुलस, सिसक रही है। बीसू, बिन्दा और रुक्मा जैसे युवक और युवती तथा संवेदनशील एवं ईमानदार एस. पी. सक्सेना इस चुनावी महायज्ञ की समिधा हैं। 'महाभोज' में इस जटिल राजनीतिक सामाजिक स्थिति का मार्मिक अंकन है।

सामाजिक-राजनीतिक दृष्टि से पंगु बने इस हरिजन तबके का दलित के रूप में उभार की ओर संकेत भी आवश्यक है। सनातन परम्परा ने पहले इसे दस्यु फिर शूद्र और कालान्तर में अन्त्यज एवं अस्पृश्य घोषित किया। 'जन्मना जायते शूद्रः संस्कारात द्विज उच्यते', 'शुनिचेव श्वपाके च पण्डिताः समदर्शिनः' और 'सर्वे भवन्तु सुखिनः सर्वे सन्तु निरामयाः', जेसी उदात्त मानवीय घोषणओं के बावजूद शूद्रों को जन्म के आधार पर वर्ण ओर जाति—कर्म के फौलादी साँचे में इस प्रकार जकड़ दिया गया था कि हिन्दू समाज में इनके लिएऊर्ध्वोन्मुखी सामाजिक संचरण (upward social mobility) के लिए कोई गुंजाइश नहीं रही। एक दुःखी ब्राह्मण के प्रलाप के दबाव में वाल्मीकि के राम ने शम्बूक की हत्या की क्योंकि वह दूर कहीं जंगल में तपस्यारत था जिसका अधिकार केवल ब्राह्मण को था। किसी शुद्र द्वारा संन्यास धारण औरतपस्या, वर्ण धर्म का अक्षमय उललंघन था जिसके कारण ब्राह्मण-पुत्र की मृत्यु हुई थी। 'महाभारत' मं जन्म की शुद्धता-अशुद्धता के ही चलते कर्ण के शौर्य और प्रतिष्ठा की अनदेखी की गयी। एकलव्य को अपना अँगूठा गँवाना पड़ा जिसके चलते वह अपने वीरतव के स्वाभाविक प्रस्फुटन एवं अभिव्यक्ति से वंचित रह गया। सूत-पूत विदुर के ज्ञान एवं विवेक की भूमिका निष्प्रभावी सिद्ध हुई। क्षत्रिय विश्वामित्र को ब्रह्ममर्षि बनने के लिए युगों तक साधना करनी पड़ी जिसके लिए एक ब्राह्मण जन्मना अधिकृत था। अभी 20वीं सदी के पूर्वाह्न में स्वामी सहजानन्द जैसे क्षमतावान व्यक्ति को भी 'सरस्वती संन्यासी' बनने के लिए ब्राह्मण संन्यासियों से लोहा लेना पड़ा था। इस सामाजिक संवेदनात्मक जड़ता का कुफल शुद्र एवं अन्त्यज जातियों को सर्वाधिक भोगना पड़ा। प्रतिभा सम्पन्न शुद्र को भी 'द्विजों' की सेवा तक सीमित किया गया और वह भी अमानवीय शर्तों के साथ। जाति/वर्ण से जन्मना हीन को कर्म एवं गुण से भी हीन समझा गया। शिक्षा, सम्पत्ति एवं राजनीतिक अधिकार से वंचित होता शूद्र 'अछूत बन गया। समूचा अम्बेडकर चिन्तन इसी सामाजिक जघन्यता का उग्र प्रतिवाद और इससे निकलने की बेचैनी है। इस प्रकार प्रतिवाद और बेचैनी के माध्यम से ही दलित अस्मिता को समझा जा सकता है।

प्रतिवाद तो महात्मा गाँधी ने भी किया था, लेकिन अपने 'सनातनी' संस्कारों के दायरों में ही। उन्होंने जड़ हिन्दू समाज और इसकी पथरायी सामाजिक संवेदना को तत्कालीन परिस्थितियों में यथासम्भव विवेकशील, उदार एवं मानवीय बनाने के लिए प्रमुखतः व्यावहारिक रास्ता अपनाया। दक्षिण अफ्रीका के उनके आश्रमों 'फिनिक्स सेटलमेन्ट'(1904) और 'टाल्सटाय फार्म' (1910) में तथा भारत के 'साबरमती आश्रम' (1915) में विभिन्न जातियों एवं धर्मों के लोग सौमनस्य एवं सम्मान भाव से एक साथ रहते हुए 'सतयाग्रही' बने रहे। अर्थात् उनके आश्रमों में

पहचान एवं दायित्वों के वितरण की जन्माधारित परिपाटी को समाप्त कर दिया गया था। 1931 की दूसरी 'गोलमेज सभा' में डॉ. अम्बेडकर से टकराहट और फिर 1932 में 'पूना पैक्ट' के बाद 1933 में गाँधी ने साप्ताहिक पत्रिका 'हरिजन' का सम्पादन आरम्भ किया, जिसका मूल उद्देश्य हिन्दू समाज में व्याप्त छूत-अछूत की कुत्सित भावना को समाप्त कर एक समरस हिन्दू समाज का निर्माण था, जिसकी व्यावहारिक शुरुआत उन्होंने अपने 'फिनिक्स सेटलमेण्ट' में 1904 से ही की थी। महात्मा गाँधी को 'हरिजन' शब्द उनके 'अछूत' अनुयायियों द्वारा महाराष्ट्र के सन्त नरसी मेहता के एक भजन से सुझाया था। यह शब्द मध्यकालीन भक्तों और सन्तों के बीच बहुत प्रिय एवं सम्मानसूचक था। गाँधी जी का आशय था कि चूँकि अस्पृश्य भी 'हरिजन' अर्थात् ईश्वर के जन या ईश्वर के प्रिय हैं अतः सामाजिक भेदभाव ईश्वर की अवज्ञा है, अधर्म है। लेकिन डॉ. अम्बेडकर इस शब्द के चलन के विरुद्ध थे, और दलितों के सन्दर्भ में इसे दुर्भाग्यपूर्ण मानने लगे। उनकी दृष्टि में इस शब्द के प्रयोग के बावजूद अछूतों की सामाजिक स्थिति में कोई फर्क आने वाला नहीं था। खूबसूरत शब्दों से ढक देने मात्र से छिपे यथार्थ की फूहड़ता नहीं समाप्त हो जाती। गुलाम को उसकी गुलामी का एहसास कराने के लिए उसे गुलाम कहना आवश्यक है। अपनी सामाजिक वास्तविकता को समझे बैर वह कभी मुक्ति का प्रयास भी नहीं कर सकता। डॉ. अम्बेडकर बार-बार गौतम बुद्ध को उद्धत करते—'सत्य को असत्य के रूप में जानों'। अतः अछूतपन को समाप्त करने के लिए सवर्णों में सामाजिक विवेक पैदा करने का प्रयास न कर (जो गाँधी कर रहे थे) उन्होंने अस्पृश्यों के लिए राजनीतिक अधिकारों की माँग की। उनके सारे संघर्ष ओर समझौते इन राजनीतिक अधिकारों के परिप्रेक्ष्य में ही थे। इनसे काटकर उन्हें देखना-समझना उनके साथ अन्याय होगा।

डॉ. अम्बेडकर तीन शब्दों का प्रयोग करते रहे—'अनटचेबुल्स', 'डिप्रेस्ड क्लासेज' और बाद में 'शेड्यूल क्लासेज'। उन्होंने 'हरिजन' शब्द का कभी प्रयोग नहीं किया। डॉ. आम्बेडकर के अनुयायी 'हरिजन शब्द को देवदासी-सन्तानों से जोड़ते हैं क्योंकि दक्षिण भारत के कतिपय राज्यों में हरिजन शब्द देवदासियों की सन्तानों के लिए प्रयुक्त होता रहा है। अतः इनकी दृष्टि में 'हरिजन' शब्द का प्रयोग दलित व्यक्तित्व को अवमानित करता है। और यह मंशा से शरारतपूर्ण है। साथ ही इसमें विद्रोह तो नहीं ही है, प्रतिवाद भी नहीं है। इसमें अछूतों के सभी पारम्परिक वर्णाधारित एवं जातिबद्ध हिन्दू समाज का अंग बने रहकर इसके द्वारा आरोपित क्षमताओं एवं हीनताबोध को अतिक्रान्त कर एक सम्मानजनक समायोजन की सद्भावना एवं आकांक्षा भर है। उग्र दलितवाद तो इसमें केवल साजिश और शरारत देखता है। अतः दलित आन्दोलन के एक पुरोधा श्री अर्जुन डांग्ले दलित चेतना को 'विद्रोह और

निषेध' से जोड़ते हैं जो उन लोगों की आशा आकांक्षा और मुक्ति से जुड़ा है जो सामाजिक, आर्थिक एवं सांस्कृतिक दमन के शिकार रहे हैं। वैसे तो इस चेतना को गौतम बुद्ध, चोखामेला, महात्मा फुले आदि से जोड़ा जाता है, लेकिन इसके वास्तविक स्रोत डॉ. अम्बेडकर के सांस्कृतिक चिन्तन और उनके आन्दोलन हैं।

अम्बेडकर चिन्तन से ओत-प्रोत महाराष्ट्र के कतिपय अस्पृश्य साहित्यिक बुद्धिजीवियों ने 1958 में 'दलित साहित्य सम्मेलन' आयोजित किया जिसमें दलित शब्द की व्याख्या की गयी। डॉ. अम्बेडकर के क्रान्तिकारी विचारों ने महाराष्ट्र के महारो में एक नया आत्म-सम्मान जागृत किया ओर दलित साहित्य इसी आत्म-सम्मान की चेतना की अभिव्यक्ति था।' इसके प्रमुख किरदारो में बाबूराव बागुल, अन्ना भाऊ साठे, शंकर राव खारत, नारायण सुर्वे आदि दलित साहित्यकार थे। इस साहित्यिक आन्दोलन में अतिरिक्त धार और प्रमुखता आयी जब 1972 में अमरीका के नीग्रो साहित्यिक बुद्धिजीवियों के 'ब्लैक पैन्थर्स' की तर्ज पर महाराष्ट्र में 'दलित पैन्थर्स' आन्दोलन की शुरुआत नामदेव धासाल, अर्जुन डांग्ले और जे.वी. पवार की पहल पर हुई। इससे जुड़े 'दलित' रचनाकार राजनीतिक रूप से भी सक्रिय थे। इनमें सामाजिक परिवर्तन की क्रान्तिकारी स्पृहा थी। इनकी भाषा उत्तेजक थी और इन्होंने पारम्परिक हिन्दू समाज की मर्यादाओं और मूल्यों का आक्रामक निषेध किया, जिनका ये शिकार रह चुके थे। इस प्रकार प्रगतिशील साहित्य की तरह दलित साहित्य भी केवल साहित्य नहीं था। अंतर इतना भर था कि इसकी साहित्यिक चेतना के केन्द्र में कार्ल मार्क्स नहीं बल्कि बाबा साहब अम्बेडकर थे, और यह वर्गबोध और बवर्ग शोषण से संचालित न होकर जात-पाँत-बोध और जातिवादी उत्पीड़न एवं शोषण की भावना से संचालित था।

इसे समझने के लिए निम्नांकित तीन तथ्यों पर ध्यान देना आवश्यक है। पहला तथ्य डॉ. अम्बेडकर की 1935 की यह घोषणा कि वे हिन्दू के रूप में जन्मे भले हो, हिन्दू के रूप में मरना चाहीं चाहेंगे। उन्होंने अपने सामाजिक आन्दोलनों की शुरुआत 'पवित्र' तालाब में दलितों द्वारा उनके नेतृत्व में स्नान करने की मुहिम औरनगर के हिन्दुओं द्वारा उग्र विरोध एक महत्त्वपूर्ण घटना है। पूना पैक्ट के बाद उन्होंने दलितों के मन्दिर प्रवेश आन्दोलनों में भी भाग लिया और पुरोहितों के विरोध की उग्रता को देखा इसी सिलसिले में पंजाब में जालंधर के 'सत्यशोधक मण्डल' के आयोजकों ने 1935 में एक जात-पॉत विरोधी आयोजन किया जिसकी अध्यक्षता डॉ. अम्बेडकर को करनी थी। लेकिन संचालक मण्डल उनके लिखित अध्यक्षीय उद्‌बोधन में कुछ संशोधन चाहता था। मुद्‌दा था उन शास्त्रों एवं धर्मग्रन्थों की आलोचना जिनसे जाति–पॉत के विभाजन को समर्थन मिलता है। डॉ. अम्बेडकर ने संशोधन से इनकार कर दिया और उसमें भाग नहीं लिया। इस अनुभव से उनमें

यह समझ बनी कि हिन्दू बर्बाद भले हो जाये बदल नहीं सकता। लेकिन गाँधी जी में यह आशा अन्त तक बनी रही कि हिन्दुओं को बदला जा सकता हे। 1935 तक आते-आते डॉ. अम्बेडकर ने यह आशा त्याग दी ओर आपनी राह पकड़ी। दूसरा तथ्य यह कि लगभग 20 वर्षों के अध्ययन चिन्तन एवं सामाजिक राजनीतिक आन्दोलनों से गुजरने के बाद उन्होंने 14 अक्टूबर, 1956 को नागपुर में अपने पाँच लाख अनुयायियों के साथ बौद्ध धर्म अंगीकार किया और अपने अनुयायियों से 22 प्रतिज्ञाएँ करायी। इन प्रतिज्ञाओं का एक निषेध पक्ष्ज्ञ था और वह यह कि उनके बौद्ध अनुयायी हिन्दु ईश्वर, ब्रह्मा, देवी-देवता, परम्परा, विश्वास, वर्ण, जाति इत्यादि को सर्वथा त्याग देंगे। इनका सकारात्मक पक्ष यह था कि वे भगवान् बुद्ध की देशना के अनुसार जीवन जीयेंगे। करुण, शील, प्रज्ञा एवं मैत्री को अपना आदर्श बनायेंगे। तीसरा तथ्य यह कि अपने अनुयायियों को उन्होंने एक सूत्र सुझाया—'शिक्षित हो, संघर्ष करो और संगठित हो।' मार्क्स ने श्रमिकों के कम्युनिस्ट विचारधारा एवं संघर्ष के सहारे 'क्लास-इन-इटसेल्फ' से 'क्लास-फार-इट सेल्फ' में रूपान्तरण की प्रक्रिया को रेखांकित किया था। डॉ. अम्बेडकर ने दलित-के-रूप-में-दलित को, दलित-के-लिए-दलित में रूपान्तरित किया। गाँधी का 'हरिजन' हरिजन-इन-इटसेल्फ को अतिक्रान्त करता नहीं लगता क्योंकि वह इसके लिए परमुखापेक्षी है। अतः वह अपने मालिकों की विचारधारा एवं विश्वासों केदायरों का अतिक्रमण नहीं कर पाता।

1979 में जब 'महाभोज' प्रकाशित हुआ तब अभी 'दलित' चेतना का निर्माण नहीं हुआ था। अभी दलित जातियाँ हरिजन चेतना के दायरों में ही सिमटी थीं। अतः गाँधीवाद का मुखौटा ओढ़े सततापरस्त राजनीति उनके मुक्तिदाता होने का कमोबेश विश्वसनीय रूप से दावा करती थी। राजनीति अभी दा साहब जेसे शक्ति-सम्पन्न एवं चालाक तथा सुकुल जी जैसे समृद्ध चुनाव बाज नेताओं का ही सरोकार थी। दोनों का केन्द्रीय सरोकार सत्ता थी। चुनावी नारे और कार्यक्रम सत्ता तक पहुँचने और फिर सत्ता में येन-केन प्रकारेण बने रहने के हथकण्डे थे।

ऐसी स्थिति में उपन्यास में बीसू की हत्या, बिन्दा की असहाय बौखलाहट, हीरा और रुक्मा की निरपराध पीड़ाएँ, दहशतगर्द जोरावर सिंह जैसे लोग इस सत्तापरस्त राजनीति के उपकरण हैं। सत्ता का जिन्न इस प्रकार हावी है कि बीसू की हत्या भ चुनावी राजनीति के तुरुप का पत्ता बनकर बेमानी हो जाती है। लोचन बाबू की भावुकता एवं 'आदर्शवाद' भी सत्ता संरचना में हल्की-सी सुगबुगाहट से अधिक कुछ पैदा नहीं कर पाते क्योंकि उसे भी राव साहब और चौधरी जैसे कुर्सीपरस्त नेता जोड़-घटना, मोल-तोल के अवसर के रूप में लेते हैं। गाँधीवादी दा साहब अपने 'गीताधर्म' से सम्पृक्त, बिल्कुल स्थितप्रज्ञ मुद्रा में राजनीति की गोटी बैठाने और चुनावी राजनीति तय करने में माहिर हैं। संवेदना शून्य और नैतिकता रिक्त 'निष्काम

कर्म' कितना अचूक, गुणाभागी, दृढ़ और लक्ष्यबद्ध क्रूरता का शिकार होसकता है, इसके उदाहरण मुख्यमन्त्री दा साहब हैं, जो 'दूसरी आजादी' के एक अलम्बरदार रहे हैं। वे एक ही साथ शालीन, दृढ़, चालाक और क्रूर हैं। वे निस्पृह भाव से सत्ता का उपयोग-दुरुपयोग करते हैं। कभी भावुक नहीं होते इसलिए वे किसी से प्रभावित भी नहीं होते, और न ही राजनीतिक दृष्टि से संवेदनशील कोई घटना उनके मानसिक सन्तुलन को बिगाड़ पाती है। वे एक ही साथ दहशतगर्द जोरावर और उसके शिकार हीरा देानों को अपनी चुनावी रणनीति में समेट सकते हैं। कुर्सी की ताकत और अपने क्रूर मानसिक सन्तुलन के बलबूते अचूक राजनीतिक निशाना साधते वे परिस्थितियों के नियामक और व्यक्तियों के नियन्त्रक बने रहते हैं। बीसू की हत्या, हीरा की असहाय तड़प, बिन्दा की न्यायार्थ बौखलाहट और ईमानदार एवं निष्ठावान एस.पी. सक्सेना के प्रयास उनका कुछ बिगाड़ नहीं पाते। ये सभी दा साहब और सुकुल जी के बीच धधकी चुनावी आग में खर-पतवार की तरह स्वाहा हो जाते हैं। उनकी लोकतान्त्रिक सत्ता का क्रूर रथ निर्विकार भाव से जोरावर सिंह जैसों द्वारा खींचा जाता रहता है। जिसके नीचे सरोहा की दलित बस्ती उसमें बसे बीसू, बिन्दा एवं रुक्मा जैसे संवेदनशील लोग कुचले जाते रहे हैं और हीरा जैसे लोग विकल्पों के अभाव में उसी रथ से सटे असहाय बने सिसकते रहने के लिए अधिक अभिशप्त हैं। सरोहा में राजनीतिक उततेजना से अधिक कुछ नहीं होता और सब-कुछ चुनावी राजनीति की प्रतिद्वन्द्विता की आग में भस्म हो जाता है। 'पहली' आजादी के प्रतिनिधि राजनीतिक सपूत सुकुल जी हैं, और 'दूसरी' आजादी के दा साहब। सत्ता का मुखौटा बदलता है। लेकिन स्थितियाँ यथावत बनी रहती हैं। भारतीय लोकतन्त्र की यही विडम्बना है और इस विडम्बना के सर्वाधिकार शिकार भारतीय दलित हैं। 'महाभोज' इस क्रूर राजनीतिक विडम्बना पर एक बेबाक टिप्पणी है।

'महाभोज' दलित-केन्द्रित कथा है। शेष पात्र या स्थितियाँ अनुषंगी हैं। उपन्यास का आरम्भ सरोहा गाँव के एक संवेदनशील दलित युवक बिसेसर की 'लावारिस लाश' से होता है जिसे गिद्ध नोच-नोच कर खा रहे हैं वैसे, बिसेसर लावारिश नहीं है। उसके माँ-बाप हैं, रुक्मा और बिन्दा जैसे मित्र हैं। फिर भी बीसू की हत्या हुई है और दि चढ़ते-चढ़ते चुनावी सरगर्मी और तिकड़म के बीच यह लाश चुनाव जीतते-हारने से जुड़कर राजनीतिक हथकण्डा बन जाती है। समूचा चुनाव इसी लाश को केन्द्र में रखकर होता है क्योंकि दलित मतों की अहमियत है। अगर यह अहमियत न होती तो यह लाश अनदेखी और अचर्चित ही रह जाती। हत्यारों का पक्ष चुनाव जीत गया है और कागजी फरेब से हतया का आरोप बीसू के मित्र बिन्दा पर मढ़कर उसे हिरासत में पुलिस की ठोकरों के सुपुर्द कर दिया गया है जहाँ वह आवेश में थरथराता हुआ चीखता है–'मार डालो, मार डालो। तुमने बीसू को मार

डाला, मुझे भी मार डालो, लेकिन देखना बीसू की इच्छा को कोई नहीं मार सकता।' पुलिस की निर्मम पिटाई से धीरे-धीरे बिन्दा का आवेश सिसकियों में और गर्जना, कराह में बदल जाती है। लेकिन बीसू की इच्छा सक्रिय है—यह इच्छा कि सरोहा गाँव की दलित बस्ती को जलाने, फूकनेवाले आपराधियों का पर्दाफाश होना ही चाहिए। बिन्दा जेल में है, लेकिन बाहर निलम्बित एस. पी. सक्सेना और पत्नी रुक्मा आगजनी और बीसू की हत्या से जुड़े प्रमाणों के लिए रेलगाड़ी से न्यायार्थ दिल्ली की ओर अग्रसर हैं। लोकतान्त्रिक न्याय से अभी मोहभंग नहीं हुआ है। इसमें गहन आस्था के साथ उपन्यास का समापन होता है। रचनाकार का समर्पण वक्तव्य भी इसी पाठ से मेल खाता है—"दुर्निवार सम्मोहन भरी उस खतरनाक लपकती अग्नि लीक के लिए जो बीसू और बिन्दा तक ही नहीं रूकी रहती।, आशय यह कि बीसू लावारिश नहीं है। बिन्दा भले ही जेल के सींकचों के पीछे चीख रहा हो, लेकिन रुक्मा और एस.पी. सक्सेना के रूप में सम्मोहन भरी वह 'खतरनाक लपकती अग्निलीक' रुकी नहीं है।" 'महाभेज' को भारतीय लोकतन्त्र की कानूनी पेचीदगी में उलझी इस आशा पर गम्भीर टिप्पणी के रूप में भी पढ़ा समझा जा सकता है कानून उलझाऊ है, लोकतन्त्र सत्तावादी है, कानून सम्मत न्याय का संघर्ष भी खतरनाक बना दिया गया है। और 'महाभोज' के रचनांकार का 'विजन' भी इस लोकतन्त्र की स्पष्ट विडम्बनाओं की समझ के बावजूद रुक्मा और सक्सेना की तरह इसी पेचीदगी में आशा की किरण तलाश रहा है। लेकिन यह सीमा तो अम्बेडकरवादी दलित की भी है जो इलित हति को संविधान और कानून के दायरे में सिमटाये रखकर 'क्रान्तिकारी' बनना चाहता है।

महाभोज में अंकित दलितों की दो पीढ़ियाँ हैं, पुरानी एवं नयी। पुरानी पीढ़ी का प्रतिनिधि है बिसेसर (बीसू) का पिता हीरा, और नयी पीढ़ी के प्रतिनिधि हैं बीसू, बिन्दा और रुक्मा। हीरा दरअसल, हरिजन चेतना का प्रतीक है। वह न्याय-अन्याय समझता तो है, लेकिन कोई अपना स्टैण्ड नहीं लेता। उल्टे मालिकों की विवशता की बात करने लगता है। एस.पी. सक्सेना के समक्ष वह सरोहा के जोरावर सिंह जैसे जाट मालिकों के अन्यायों की ओर संकेत करता हुआ बेगार, मजदूरी के मुद्दे को तो उठाता है, लेकिन खेती का नुकसान न होने पावे इसलिए मालिकों के हितों का जाने-अनजाने पक्षधर हो जाता है—"अउर ठीकौ है सरकार, मजूरन का भड़क जाये से खेतन में नुकसान जउन हो रहा है, ओकर कौन सहिहै? बिना मजूरन का कहीं खेती हुई सवैं है, सरकार?" इतना ही नहीं, दा साहब को वह 'देवता' ानता है क्योंकि उनके सत्ता में आने के बाद ही बीसू जेल से छूट सका था। वह दा साहब के प्रति उपकृत भी है क्योंकि बीसू की हत्या के बाद दा साहब उसके घर गये थे और जनसभा में मंच पर उसे अपने पास बैठाया था—

'अउर दा साहब तो देवता आदमी है, सरकार है, सरकार! हम गरीबन का कइसा मान दिहिन! उ दिन हमार घरै, आ-हमका अपने संग लिवा लै गये—नहीं तो को पूछत है गरीबन का दुख दर्द—'

वह एक ऐसा दीन-हीन पिता है जो यह जानते हुए भी कि उसके इकलौते बेटे बीसू की हत्या जोरावर और गाँव के परधान आदि ने करायी है, साफ-साफ कुछ कहने की स्थिति में नहीं है। जाँच के दौरान एस. पी. सक्सेना से उसकी बातचीत ध्यातव्य है—

"बोलो, डरो नहीं—किसी पर शक है तो नाम बाताओं उसका।"

"कम का बतायी सरकार—पर सारा गाँव— ।"

"बोलो, बोलो-बताओ— ।" हिम्मत बँधाई सक्सेना ने।

"सारा गाँव जोरावर सिंह का नाम लेई रहा है, सरकार।"

"तुम्हें भी शक है जोरावर पर?"

"हम का सक कर सके, सरकार। आँखिन से देखे बिना कइसे केहिका नाम लइलें? अउर अब नाम लेइके होइबे का, सरकार?"

हमार बीसू तो चला गवा—

हमार पाला-पोसा जवान लड़िका-अरे हमार बचवा—

और घुटनों में सर देकर फूट-फूट कर रोने लगा—

हीरा।

दरअसल हीरा पारम्परिक अस्पृश्य चेतना और गाँधीवादी चेतना के बीच का आदमी है। अभी वह इतिहास का विषय नहीं है क्योंकि वह किसी ऐतिहासिक क्रिया की पहल नहीं करता। अभी वह कर्ता न होकर दूसरों की क्रियाओं एवं पहले प्रभावों का शिकार अथवा भोक्ता है। अस्पृश्य-चेतना शिकार हुआ करती थी, हरिजन चेतना भोक्ता बनी। एक अन्यों पर सर्वथा आश्रित थी दूसरी अन्यों से अपेक्षा रखती है। हीरा दोनों के बीच झूल रहा है। अभी वह क्रिया तो नहीं ही करता, प्रतिक्रिया से भी घबराता है, डरता है। हीरा के बारे में सोचते समय प्रेमचन्द की कहानी 'सद्गति' के दुःखी की याद ताजी हो जाती है जो चुपचाप एक पुरोहित के क्रूर शोषण का शिकार हो जाता है। निश्चय ही दुखी की तुलना में हीरा कुछ मुखर है, डरते , दुबकते वह अपनी बात कह जाता है। लेकिन अभी वह हरिजन भी नहीं बन पाया है, क्योंकि अपने 'हरिजन' को गाँधी जी ने अपने सत्याग्रहों के माध्यम से अस्पृश्यता निवारण, मन्दिर प्रवेश और साम्राज्य विरोध से यथासम्भव जोड़ा था। लेकिन गाँधी जी के हरिजन-मुक्ति अभियान में न्याय चेतना और कर्त्तव्य चेतना का समन्वय था, जिसकी अपनी अन्तर्निहित, विडम्बना थी। अगर न्याय चेतना परम्परा की क्रूर जंजीरों से

मुक्ति की ओर उन्मुख करती है तो कर्त्तव्य चेतना उन्हीं में उलझाए रहती है। परिणाम यह होता है कि व्यक्ति लट्टू की तरह गतिमान् रहकर भी गतिहीन बना रहता है। हीरा अपनी इसी स्थितिगत विडम्बना का शिकार है।

बीसू और बिन्दा दूसरी पीढ़ी के हरिजन हैं जिनके पास थोड़ा अतिरिक्त अनुभव और पढ़ाई-लिखाई है। बिन्दा शहर में किसी ट्रेड यूनियन का कर्मठ कार्यकर्त्ता रहा है। अतः वह अत्यन्त मुखर और संघर्षशील है, और बीसू की हत्या के बाद तो वह उग्र हो उठा है। हीरा और 'तटस्थ' शेधकर्त्ता महेश के बयानों से स्पष्ट है कि बीसू शान्त लेकिन दृढ़ स्वभाव का था। वह पढ़ा-लिखा युवक था जो नौकरी न कर एक तरह से बस्ती के मुक्ति अभियान में लगा रहा। उसने बस्ती में ही स्कूल खोला और वहाँ के बच्चों को पढ़ाता था। साथ ही बेगारी मजदूरी जैसे मसलों को लेकर कानून के दायरे में रहते हुए खेत मजदूरों को संगठित करता था जिससे सरोहा गाँव के जोरावर सिंह और ग्राम प्रधान जैसे सरकस लोग उससे नाराज थे। इन लोगों ने पुलिस से साँठ-गाँठ कर उसे 'नक्सली' घोषित कराकर पिटवाया और जेल भिजवा दिया। फिर हरिजन बस्ती में आगजनी की गयी। 'दूसरी आजादी' के बाद जब दा साहब सत्ता में आये तो उसकी जेल से रिहाई हुई थी और जब वह आगजनी के अपराधियों के विरुद्ध न्यायर्थ प्रमाण जुटा रहा था तो उसकी हत्या कर दी गयी। हीरा के बयान से यह भी स्पष्ट था कि जेल से लौटने के बाद वह अस्वस्थ और गुम-सुम रहता, किसी से उसका झगड़ा-तकरार नहीं होता और जोरावर जैसों से भी उसकी बातचीत का सिलसिला कायम रहता। लेकिन वह बस्ती के खेत मजदूरों के हितों के सन्दर्भ में दृढ़ था। 'तटस्थ' शोधकर्ता महेश के अनुसार वह नक्सली तौर-तरीकों का आलोचक था, यद्यपि आगजनी की घटना ने तो उसे बौखला दिया था—'ही वाज नाट इन हिज प्रापर सेन्सेज'। वह इस बात से तिलमिलाया रहता कि आगजनी के वास्तविक मुजरिमों का कुछ बिगड़नेवाला नहीं है। आगजनी के बाद हरिजन बस्ती में आयी पस्तहिम्मती के सम्बन्ध में उसने महेश को बताया था—

महेश बाबू-समझ लीजिये कि पूरी-की-पूरी बस्ती का हौसला ही मर गया। आठ महीनों तक रात-दिन समझा-समझा कर इस लायक बनाया था कि छाती ठोंक कर अपना हक माँग-सकें-अब बहुत दिनों तक ये लोग अपने हक के लिए लड़ने का हौसला नहीं जुटा पयेंगें।

इस एहसास के बावजूद वह बकौल महेश, नक्सलियों के "काम करने के तरीके को गलत मानता था।" फिर भी गाँव के दबंगा लोगों और उनसे जुड़ी पुलिस की निगाह में वह खेत मजदूरों को भड़काने वाला नक्सली था। लेकिन महेश की राय में बीसू भड़काया नहीं करता था, "सर—उन्हें केवल अवेयर करता था, अपने अधिकारों के लिए।" जैसे—

सरकार ने जो मजदूरी तय की है उसे जरूर लो-नहीं दे तो काम मत करो। पर झगड़ा फसाद या मार-पीट के लिए वह कभी नहीं कहता था—इस बात में वह शायद नक्सलियों से अलग भी था।

आशय यह कि बीसू नक्सली नहीं था क्योंकि वह अपने न्यायबोध को शस्त्र बल से जोड़ने को गलत मानता था। वह केवल उत्पीड़ित लोगों को अपने अधिकारों के प्रति 'अवेयर' करता था। उसका कुसूर इतना भर था कि वह अपने लोगों को इतनी भर समझा और साहस देना चाहता था कि उनमें अपने जायज हक के लिए संघर्ष करने का हौसला आ सके। उसने क्रान्ति नहीं चही थी। वह 'दलित' भी नहीं है क्योंकि वह अम्बेडकर-चिन्तन, उनके सामाजिक धार्मिक परिप्रेक्ष्य से सर्वथा अपरिचित है। लेकिन वह हरिजन भी नहीं लगता क्योंकि उससे जुड़े प्रसंगों में कहीं गाँधी या गाँधीवादी परिप्रेक्ष्य की चर्चा नहीं है। दरअसल यह उपन्यास का विषय ही नहीं है। उपन्यास का विषय है आपातकाल के बाद आयी 'दूसरी आजादी' की राजनीति जो बीसू की लाश और उसके मासूम, असहाय पिता हीरा को हरिजन वोटरों को अपनी-अपनी ओर झुकाने के लिए चुनावी एजेण्डा बनाती है। सुकुल बाबू के लिए 'बीसू की मौत—लगता है जैसे थाली में परस कर मौका आ गया है', इसी सन्दर्भ में एक और लेखकीय टिप्पणी द्रष्टव्य है—

बीसू की मौत का हादसा हवा का रुख बदलने में बहुत कारगर हो सकता है पर निर्भर करता है इस बात पर कि कौन कितनी चतुराई से इसे अपने पक्ष में मोड़ ले। कहीं ऐसा न हो, कि उनकी थाली में परसा यह भोजन दा साहब ही गटक लें।

इस सत्ता की राजनीति में दोनों ही पक्षों के लिए दहशतगर्द जोरावर और उसके शिकार बीसू में कोई फर्क नहीं है। घटनाक्रम चुनावी रणनीति से यह स्पष्ट है कि इस राजनीति के लिए हरिजन बस्ती जितनी मूल्यवान् है उतना ही जोरावर भी। दा साहब का सेवक लखन सिंह चुनाव जीत सकता है क्योंकि दा साहब के पक्ष में सरकारी खजाना, डी.आई.जी. सिन्हा जैसे भ्रष्ट अधिकारी, जोरावर की लाठी और उनका अपना गाँधीवादी मुखौटा और ठण्डी, कूटनीतिक एवं क्रूर खोपड़ी है। इस सबकी बिना पर वे बीसू की हत्या को आतमहत्या में बदलवा डालते हैं। उन्होंने कानून को सत्ता की रखैल बना डाला है। गाँव का हरिजन सरकारी खजाना, अधिकारी, जोरावर और छदम राजनीतिक सहानुभूति के दुश्चक्र में फँसा असहाय एवं अभिशप्त है। इससे निकालने की कोशिश एक पढ़े-लिखे हरिजन युवक बीसू ने की थी और इस खूनी दुश्चक्र का शिकार हो गया।

बीसू का दोस्त बिन्दा और उसकी पत्नी रुक्मा उसकी विरासत को आगे ले जाने के लिए कटिबद्ध हैं। अपनी शहरी ट्रेड यूनियन पीठिका के फलस्वरूप बिन्दा थोड़ा अधिक मुँहफट और उग्र है। उसे बीसू की इस बात में विश्वास नहीं कि आगजनी के अपराधियों को पकड़वाने के लिए केन्द्र सरकार अथवा किसी भी सरकार के यहाँ

फरियाद की जाय। बीसू जब फरियाद के लिए उसे दिल्ली चलने के लिए कहता तो दोनों में 'झगड़ा' होता– जब से उसने आगजनी की घटना के प्रमाण जुटाये, वह पागलों की तरह पीछे पड़ा हुआ था, दिल्ली चलने के लिए। मैं यही कहता कि अब कुछ नहीं होने का-जब सरकार ही सारी बात को दबा-ढाँक रही है तो मेरे-तेरे भाग-दौड़ करने से क्या होगा। जैसी यहाँ की सरकार वैसी दिल्ली की सरकार, हमने तो सबको देख लिया साहब, एक वह शराबी सरकार थी, एक यह पिशाची सरकार—ससुरे सब एक से...।

बीसू की हत्या के बाद तहकीकात के दौरान एस. पी. सक्सेना के समक्ष सरोहा की हरिजन बस्ती में जोरावर और सरपंच के आतंक और अत्याचार की बात वह जिस तेवर से उठाता है वह इस बात का सूचक है कि हरिजन चेतना अब बेजान कानूनी दायरों में सिमटे रहने के लिए तैयार नहीं है–

जोरावर की रखैल इस थानेदार ने रिपोर्ट तैयार करके दे ही दी है भरी सभा में दा साहब भी कह ही गये कि बीसू ने आतम-हत्या की है। मशालवालों ने छाप भी दिया। बस आप लोगों के लिए तो वह बात खत्म हो गयी। पर मैं नहीं मान सकता—मरते दम तक नहीं मान सकता कि बीसू...।

अपने इस प्रतिवाद की कीमत भी वह जानता है—जो जिन्दा हैं वे अब जी नहीं सकते अपने देश में। मार दिये जाते हैं कुत्ते की मौत। जैसे बीसू को मार दिया गया है। लेकिन *महाभोज* के रचनाकार ने इस महोभंग को अपेक्षित दिशा में आगे बढ़ाने नहीं दिया है। निरपराध बिन्दा जेल के सीकचों में बन्द पुलिस की बेंत और बूट के नीचे चीख और सिसक रहा है। उत्तरोत्तर उसका क्रोध सिसकियों में बदल गया है। दा साहब के एक जमीनी कार्यकर्त्ता पाण्डेय जी को चिन्ता है कि बिन्दा की गिरफ्तारी से पाँच प्रतिशत वोट तो कटा ही समझें। लेकिन जोरावर वोटों और चुनाव परिणाम के प्रति आश्वस्त है क्योंकि 'जोरावर के राज में वे ही वोट दे पायेंगें जिन्हें जोरावर चाहेगा। इस सत्ता की राजनीति में बीसू की हत्या और बिन्दा की नाजायज गिरफ्तारी की कोई खास अहमियत नहीं है। बिन्दा के क्रोध का सिसकियों में बदल जाना, इस सन्दर्भ में अर्थगर्भी है। इतना ही नहीं, उपन्यास का अन्त सिसकती रुक्मा और निलम्बित एस. पी. सक्सेना की बस्ती में आगजनी और बीसू की हत्या का प्रमाण लिए केन्द्र सरकार के सामने न्याय के लिए फरियाद करने हेतु रवानगी के साथ होता है। यह बीसू और बिन्दा की 'खतरनाक लपकती अग्निलीक' का विस्तार नहीं है। दरअसल, यह उस पर डाली जा रही संवैधानिक और कानूनी सर्द मिट्टी है, जिसे कम-से-कम बिन्दा समझता था। उपन्यास का समापन अधिक सार्थक और मार्मिक होता अगर यह जेल में पुलिस के ठोकरों के नीचे बिन्दा की आक्रोशयुक्त चीख और प्रतिवाद के साथ हुआ होता। लेकिन लेखकीय विवेक और मंशा का क्या किया जाये।

इस आलेख की मूल समस्या 'महाभोज' में अंकित हरिजन बस्ती के करेक्टराइजेशन की है। इसमें अंकित इस बस्ती के प्रतिनिधि पात्र बीसू, बिन्दा, रुक्मा और हीरा हरिजन हैं, दलित हैं या कामरेड हैं इनके पास अम्बेडकरवादी जीवन-दर्शन नहीं है। कोई दलित सक्सेना जैसे किसी नेकनीयत न्यायप्रिय एवं उत्पीड़ित सवर्ण अधिकारी की कल्पना नहीं करता। इसके लिए सवर्ण भारतीय शोषकों की एक श्रेणी है। साथ ही किसी रुक्मा का सक्सेना के साथ न्याय के लिए जाना मात्र ही दलित संवेदना को भभका देने के लिए काफी है। इतना ही नहीं, बीसू, बिन्दा, रुक्मा या हीरा अपने शोषण एवं उत्पीड़न के लिए सांस्कृतिक-धार्मिक सन्दर्भों से अनभिज्ञ हैं जो दलित चेतना की केन्द्रीय पहचान है। अतः कहा जा सकता है कि 'महाभोज' में 'दलित चेतना' की व्याप्ति नहीं है। केवल एक माने में बीसू और रुक्मा अम्बेडकरवाद में 'रूल ऑफ लॉ' के प्रति व्याप्त संवेदना के निकट पड़ते हैं। ये उतना ही चाहते हैं, जितना कानून उन्हें देता है। सम्प्रति दलितवाद भी इसी तक सीतिम है। यह 'सामाजिक क्रान्तिकारी' है, व्यवस्था के दायरे में ही। लेकिन सन्दर्भित पात्रों में आर्थिक चेतना की प्रमुखता है जो उन्हें 'कामरेड' चेतना के निकट ले जाती है। ये बेगारी के विरुद्ध और नियमसंगत मजदूरी के लिए लड़ रहे हैं किन्तु ये नक्सली भी नहीं हैं क्योंकि ये शस्त्र नहीं उठाते, केवल हड़ताल करते हैं। आक्रामकता उधर से है इधर से नहीं। यूँ भी बीसू नक्सलियों के तौर-तरीकों को गलत मानता था। इन्हें मुखर 'हरिजन चेतना' के दायरे में भी देखा समझा जा सकता है क्योंकि ये कानूनी दायरों में ही सक्रिय हैं। इनकी सक्रियता एक किस्म का 'सत्याग्रह' है—सत्य के लिए आग्रह है। हाँ, हीरा अस्पृश्यता को अतिक्रान्त करता हरिजन है, बीसू इसे अतिक्रान्त कर चुका एक वर्गचेता हरिजन है जिसे बिन्दा कुछ और मुखरता और उग्रता प्रदान करता है।

दरअसल, 'महाभोज' इस प्रकार के उलझावों में नहीं पड़ता। अंकन के ये सामाजिक-सांस्कृतिक आयाम अम्बेडकर-चिन्तन एवं राजनीतिक प्रचार-प्रभाव के चल ते खुले हैं। यद्यपि इनकी अपनी सीमाएँ और विडम्बनाएँ भी हैं। डॉ. अम्बेडकर के विचारों के प्रभाव में सामाजिक-सांस्कृतिक सन्दर्भ राजनीतिक विमर्श एवं निर्णयों में केन्द्रस्थ हुए हैं। इससे वर्गाधारित राजनीति एवं संघर्ष दरकिनार हुए हैं और हटिंग्टन की 'सभ्यतागत टकराव' की थीसिस को बल मिला है। सम्प्रति हिन्दुत्व भी इसी थीसिस से बौद्धिक लेजिटिमेसी पाता है जैसे एक दौर में गाँधी के उदार, सुधारवादी प्रयासों से मुस्लिमलीग के द्विराष्ट्रवाद को बल मिला था।

संस्कृतिवादी प्रयासों की यही विडम्बना है। हेजीमनी के प्रयास 'दूसरों' की सांस्कृतिक अस्मिता की खाज के आधार पर बनते हैं। समकालीन दलितवाद भी इस विडम्बना से मुक्त नहीं है। लेकिन इस सवाल को इस सामाजिक- सांकृतिक परिप्रेक्ष्य से कुछ लेना-देना नहीं है। 'महाभोज' हिन्दी क्षेत्र में फैली दलित चेतना के

पूर्व का उपन्यास है। दरअसल समूचा उपन्यास 'दूसरी आजादी' के नाम पर बनी सत्ता के राजनीतिक चरित्र के खोखलापन और प्रतिपक्ष की चुनावी तिकड़म का अंकन और उद्घाटन है। इन्हीं राजनीतिक अतिचारों के सन्दर्भ में उत्पीड़ित, शोषित एवं वस्तुकृत हरिजन बस्ती के हीरा से बीसू, बिन्दा और रूक्मा में रूपान्तरित होते जाने की महाकथा भी है। इससे जमाने की हरिजन चेतना के वर्गचेता संघर्षशील एवं उग्र होते जाने की सूचना मिलती है। इसमें अम्बेडकरवादी अर्थों में 'दलित' उपस्थिति तो नहीं है, लेकिन सरोहा की दलित बस्ती गाँधीवादी 'हरिजन' की समीमा को अतिक्रान्त कर भारतीय लोकतन्त्र की बूर्जुआ वैधानिकता को समझने लगी है, यद्यपि अभी इसी के दायरे में सक्रिय है। सन्तोष की बात यह है कि 'महाभोज' में यह पस्तहिम्मत नहीं है। रुक्मा ने सिसकना बन्द कर दिया है और दिल्ली की ओर अग्रसर है। सम्भव है, देर-सबेर दिल्ली और दिल्ली के संविधान से भी मोहभंग हो जाये लेकिन इस बात पर उपन्यास मौन है।

(वर्ष 2001)
